本书出版由 2018 年北京市职业教育教学改革项目“北京高端技术技能人才贯通培养基础教育阶段课程建设提升研究与实践”（课题编号：2018-038）资助，为该课题主要成果

翱翔贯通

北京财贸职业学院贯通基础阶段教学体系构建与实践

夏　飞◎著

AOXIANG GUANTONG

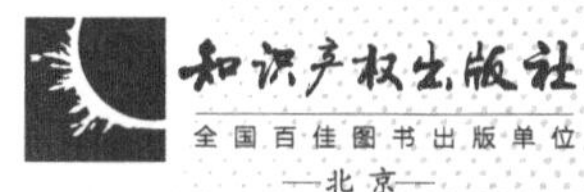

知识产权出版社
全国百佳图书出版单位
—北京—

图书在版编目（CIP）数据

翱翔贯通：北京财贸职业学院贯通基础阶段教学体系构建与实践 / 夏飞著．— 北京：知识产权出版社，2020.11

ISBN 978-7-5130-7277-9

Ⅰ．①翱… Ⅱ．①夏… Ⅲ．①高等职业教育—教学研究 Ⅳ．① G718.5

中国版本图书馆 CIP 数据核字 (2020) 第 212847 号

内容提要

本书通过归纳总结北京高端技术技能人才贯通培养项目的教育教学理论，诠释了北京高端技术技能人才贯通培养项目的内涵，并从宏观顶层设计、中观中层探索和微观基层实践三个层面进行了理论解读。本书还介绍了北京财贸职业学院学校层面和贯通基础教育学院层面关于贯通项目基础教学方面的主要规章和制度。本书重点从贯通基础课程建设体系、贯通基础教师发展体系和贯通基础教学竞赛活动体系集中展示了贯通项目基础阶段教学体系构建与实践探索成果。

责任编辑：王 辉　　　　**责任印制：**孙婷婷

翱翔贯通——北京财贸职业学院贯通基础阶段教学体系构建与实践

AOXIANG GUANTONG——BEIJING CAIMAO ZHIYE XUEYUAN GUANTONG JICHU JIEDUAN JIAOXUE TIXI GOUJIAN YU SHIJIAN

夏飞　著

出版发行：	知识产权出版社有限责任公司	**网　　址：**	http：//www.ipph.cn
			http：//www.laichushu.com
电　　话：	010-82004826		
社　　址：	北京市海淀区气象路50号院	**邮　　编：**	100081
责编电话：	010-82000860转8381	**责编邮箱：**	wanghui@cnipr.com
发行电话：	010-82000860转8101	**发行传真：**	010-82000893
印　　刷：	北京建宏印刷有限公司	**经　　销：**	新华书店及相关销售网点
开　　本：	720mm×1000 mm　1/16	**印　　张：**	17.5
版　　次：	2020年11月第1版	**印　　次：**	2020年11月第1次印刷
字　　数：	400千字	**定　　价：**	82.00元

ISBN 978-7-5130-7277-9

前　言

《国务院关于加快发展现代职业教育决定》（国发2014〔19〕号）提出：“到2020年，形成适应发展需求、产教深度融合、中职高职衔接、职业教育与普通教育相互沟通，体现终身教育理念，具有中国特色、世界水平的现代职业教育体系。”伴随着经济发展方式的转变和技术技能人才需求的高端化与国际化，人才培养的模式也要不断创新和发展。探索多样化的人才培养模式，培养多元化的技术技能人才成为完善建立现代职业教育体系的必然。

2015年开始，北京市政府启动了高端技术技能人才贯通培养试验项目（简称“贯通培养项目”），这项试验横跨职业教育与普通教育，纵连高中教育与大学教育，实施高中—高职—本科的贯通培养，是构建现代职业教育体系的有益尝试。作为北京市教育综合改革特别是构建现代职业教育体系的重要举措，本项目在全国教育领域尚属首次，集中体现了高端化、体系化和国际化的三大首都职业教育特征。2019年《国家职业教育改革实施方案》中明确指出，要完善高层次应用型人才培养体系，探索长学制培养高端技术技能人才。北京贯通培养项目是探索长学制培养高端技术技能人才的北京方案、北京模式。

北京财贸职业学院是首批实施北京贯通培养项目中“2+3+2”培养模式的院校之一。这种培养模式的特点是：学生前两年在高职院校接受基础文化课程教育（与北京市示范高中协作培养），即基础阶段。中间三年在高职院校接受专业课程及职业技术教育，后两年对接本科院校接受专业教育。贯通培养项目基础阶段担负着打牢基础，扣好学生全面而有个性发展第一颗扣子的使命。贯通培养项目基础阶段的本质是职业教育作为一种类型教育的基础教育阶段，具有基础性（为专业学习打基础、为终身学习打基础）、职业性（定位高端技术技能人才、对应高端产业及行业）和衔接性（同一层次不同类型的衔接、内部不同层次的衔接）。北京财贸职业学院高度重视贯通项目基础阶段的人才培养工作。2017年以学校朝阳校区为依托，成立贯通基础教育学院，全面负责北京财贸职业学院贯通培养项目基础阶段的人才培养工作。

如何打牢基础，提高贯通培养项目学生在基础阶段的学业水平、核心素养和综合素质，是摆在包括北京财贸职业学院在内的所有项目实施院校面前的首要课题。探索和实施适合贯通培养项目基础阶段的教学体系是个新课题也是个必须要解决好的课题。2017年开始，北京财贸职业学院贯通基础教育学院紧紧围绕贯通培养项目的人才培养目标，将立德树人和德智体美劳五育并举贯穿高端技术技能人才培养过程的始终，进行了构建财贸特质的贯通基础阶段教学体系建设的理论研究和实践探索，取得了丰硕的成果。笔者作为北京财贸职业学院贯通基础教育学院贯通基础教学的主要组织者和实施者，全程参与和见证了贯通基础教育学院师生构建教学体系的积极探索和实践。记录、梳理和提炼这些探索与实践的成果是一件非常有意义的事情。2018年，笔者作为负责人成功申报了北京市职业教育教学改革项目《北京高端技术技能人才贯通培养基础教育阶段课程建设提升研究与实践》（课题编号：2018—038），本书的完成也将是此课题的主要成果之一。

本书共分三篇。第一篇贯通教育教学理论篇，归纳总结了北京高端技术技能人才贯通培养项目的教育理论，诠释了北京高端技术技能人才贯通培养项目的内涵，并从宏观顶层设计、中观中层探索和微观基层实践三个层面解读了贯通项目的教育教学理论。第二篇贯通基础教学制度篇，介绍了北京财贸职业学院学校层面和贯通基础教育学院层面关于贯通项目基础教学方面的相关规章和制度。第三篇贯通基础教学体系篇，着重从贯通基础课程建设体系、贯通基础教师发展体系和贯通基础教学竞赛活动体系三大教学体系的构建及实践成果进行展示。

本书在撰写过程中，得到了北京市教委职业教育与成人教育处、北京财贸职业学院和中央民族大学附属中学相关领导和研究人员的大力支持和指导，并参阅借鉴了相关专家学者和同行的研究成果，得到了很多的启发和灵感。在此一并表示感谢。感谢知识产权出版社对本书出版的支持和编辑们认真负责的职业精神。

感谢赵晓燕、李彦湄、张瑞亭、何静、李莞欣、陈燕华、马诗凯、刘笑妍、布素蕾、贾爱、汪明水、姜明亮、王文红、赵兴花、胡倩倩等老师为本书提供的相关人才培养方案、课程标准、课程设计和研学实践案例。尤其要感谢的是北京财贸职业学院贯通基础教育学院的全体师生，正是你们的努力探索和生动实践才是本书得以形成的根本所在。

贯通基础阶段的教学体系还在不断发展完善中，同时由于笔者的理论水平和实践经验的局限，本书必然有不周和不当之处，敬请同行和读者批评指正。

目　录

第一篇　贯通教育教学理论篇

第二篇　贯通基础教学制度篇

第三篇　贯通基础教学体系篇

第一篇
贯通教育教学理论篇

我国经济社会发展日新月异，现代化建设中对于高技能人才需求的不断增加，促使人们对于高技能人才培养进行重新审视。当前新职业存在巨大人才缺口，经济高质量发展紧缺“两个高端人才”，即基础科学高端研究人才和生产服务一线高端技术技能人才，培养“第二个高端人才”是职业教育的重要使命。但培养生产服务一线高端技术技能人才已不再是以往中职学校或高职学院单独培养能够满足的，必须有高层次、复合型的职业教育体系予以跟进和保障。

多年来我国一直重视学术型人才却比较忽视技术与技能型人才的培养，高技能人才培养的相关理论比较匮乏，对高技能人才贯通培养实践缺少有效的理论指导。不仅如此，已有的相关研究对国家高技能人才需求高但老百姓认可度低、职校学生就业率高但报考学生生源质量差的两大矛盾并没有很好的回应，特别是如何适应实施“中国制造 2025”“一带一路”倡议构想、京津冀一体化区域发展战略等需要培养高技能人才，目前从学术界到行政部门还缺乏系统的理论研究。

当前，在我国职业教育发展中，还存在两大令人尴尬的社会现实：一是国家高技能高需求与老百姓低认可度的矛盾，二是职校学生毕业出口好就业率高与报考学生少生源质量低的矛盾。许多家长和学生选择职业院校是被动、无奈之举，也就是在考好的普通高中或本科院校没有希望的情况下才选择中职学校或高职院校。各地方陆续推出诸如职业教育中本贯通［如“3+4”（中专 3 年 + 本科 4 年）、“3+2”（高职 3 年 + 本科 2 年）培养模式试点］、四年制高职人才培养试点、现代学徒制试点，都是在中职或高职基础上的改革，但仍然没有改变报考学生少、生源质量低的问题。

怎样改变这种现状？ 2015 年起北京市在全国率先探索实施“高端技术技能人才贯通培养”试验项目，在这崇尚学历的社会氛围下，通过考试招收初中毕业生，把招生关口前移，让职业院校与示范性普通高中、本科院校、国内外大企业合作，经过七年的贯通培养，使学生获得国内或者国外的本科文凭，成为高端技术技能人才。这既是充分考虑了当前社会经济发展的人才需要和高技能人才职业培养体系现实状况，也是充分考虑老百姓对独生子女成才预期的传统社会心理，尝试通过制度创新、顶层设计，探索解决职业教育面临的招生难、缺乏吸引力尴尬处境，为我国经济社会各行业选拔、培养高端技术技能人才。它试图打破旧的藩篱，另辟蹊径，借势营造“重学历”也“重技能”社会氛围的探索。

第一章　北京高端技术技能人才贯通培养项目的内涵

一、北京高端技术技能人才贯通培养的背景和意义

（一）世界经济发展和技术进步对职业教育需求逐步高移化

近年来，全世界科学技术快速发展，生产、服务和管理等领域的信息化程度、智能化程度越来越高，工业 4.0 将通过信息技术、物联网与生产整合，形成智能制造模式，由“规模化”转向“个性化”，创新成为驱动发展的新引擎。原有职业、岗位的工作内容、任务和方式发生变化，对技术工人、管理人员、现场工程师等一线工作人员的专业理论知识、实践工作能力提出了更高的要求。企业生产一线人员能够综合应用各种技术知识解决生产现场一些不确定的实际技术问题、进行生产现场管理和监督等工作，创新能力、较高的综合素质成为现代企业一线工作人员应具备的能力素质。

（二）经济新常态需要职业教育培养大批高端技术技能人才

推动经济转型升级和创新驱动，实现价值链与产业链的升级，必须更多地依靠科技创新和劳动者素质提高。全面提高人力资本素质，不仅需要培养一大批拔尖创新人才和管理人才，更需要各类教育培养的数以亿计的技术技能人才和高素质劳动者。我们不仅要创造更多的科研成果，而且要将大量创新成果转化为现实生产力，促进先进技术的转移扩散和转化应用。所以职业教育适应新常态就是不断提升系统培养人才的能力，打通从中职到本科的上升通道，夯实中等职业教育发展基础，创新发展高等职业教育，引导一批有条件、有意愿的普通本科高校转型发展。提高技术技能型人才的层次，从培养中端技术技能型人才为主，向中高端并重以高端技术技能型人才为重点转化。积极发展多种形式的继续教育，形成技术技能人才成长“立交桥”。

（三）京津冀协同发展要求首都职业教育发展“高”定位

京津冀作为我国的核心区域，未来将形成我国经济发展的新的增长点。实现京津冀协同发展，是一个重大的国家战略。北京坚持和强化全国政治中心、文化中心、国际交往中心、科技创新中心的核心功能，首都经济产业链将从低端向高端移动，首都职业教育需要面向高端产业培养技术技能人才。北京市也多次强调首都职业教育发展定位要“高”，在教育技术日新月异和教育国际化趋势不断加强的背景下，需要更加开放、更加宽泛的视野。

1. 加快高水平培养高端技术技能人才

北京将加快推动产业升级转移，加快构建高精尖经济结构。深度调整优化三次产业内

部结构，突出高端化、服务化、集聚化、融合化、低碳化，加快形成创新引领、技术密集、价值高端的经济结构。北京高精尖经济结构的形成和发展不仅需要一大批拔尖创新人才，更需要职业教育培养的生产服务一线的高端技术技能人才，将大量科技成果转化为现实生产力。北京也要把工作重点和资源配置聚焦到以教育质量为核心的内涵建设上来，对接首都经济社会发展需求，重视学生的人文素养、职业素养、职业技能和职业精神的培养，高水平培养高端技术技能人才。

2. 更加重视培养国际化技术技能人才

北京作为国际交往中心，北京的职业教育必须重视培养国际化人才，培养面向世界、具有国际意识的开放型的技术技能人才。因此，北京职业教育必将通过“请进来”与“走出去”的方式，进一步深化国际合作，引进吸收先进理念、模式和方法，创设符合职业人才成长规律和教育规律、具有国际水准的课程与教学标准，提高北京职业教育的国际影响力和竞争力。

3. 多种模式培养多元化的技术技能人才

要实现建成一个具有中国特色世界水平的现代职业教育体系的职业教育发展目标，北京应加快步伐。伴随着经济发展方式的转变和技术技能人才需求的高端化与国际化，人才培养的模式也要不断创新和发展。探索多样化的人才培养模式，培养多元化的技术技能人才成为完善建立现代职业教育体系的必然。

（四）理论意义和实践意义

《国务院关于加快发展现代职业教育决定》（国发 2014〔19〕号）提出：“到 2020 年，形成适应发展需求、产教深度融合、中职高职衔接、职业教育与普通教育相互沟通，体现终身教育理念，具有中国特色、世界水平的现代职业教育体系。”

为贯彻落实国务院《决定》等精神，深入推进首都教育领域综合改革，2015 年 3 月，北京市教委颁布了《北京市教育委员会关于开展高端技术技能人才贯通培养试验的通知》（京教职成〔2015〕5 号）文件，提出了在北京市的部分中等职业学校、高等院校开展高端技术技能人才贯通培养试验，并从试验院校、招生人数、专业设置、培养模式等各方面进行了具体的安排和部署。

“高职院校高端技术技能人才贯通培养”项目是北京贯彻落实国务院发布的《关于加快发展现代职业教育的决定》，基于初级技术人才市场面临巨大冲击和高端技术技能人才市场供不应求的事实，为实施《中国制造 2025》、“一带一路”倡议构想和京津冀一体化区域发展战略需要，满足技能人才深造和学生自我实现的需要，在全国率先推出的，是由部分职业院校与示范性普通高中、本科院校、国内外大企业合作，选择对接产业发展优势专业，通过考试招收初中毕业生，完成高中阶段基础文化课学习后，接受高等职业教育和本科专业教育（即“2+3+2”，前 2 年学习高中阶段课程，之后 3 年学习高等职业技术学院课程，最后 2 年到国外本科应用技术学院或者在北京本科高校学习）。

二、北京高端技术技能人才贯通培养项目的基本内容

（一）高端技术技能人才

人才类型的划分一般基于两个方面：一方面是其具备不同的知识基础和能力结构，另一方面是在其职业生涯过程中面对不同对象及特征、不同工具载体与不同活动过程的价值实现方式。因此，高端技术技能人才，也主要是从其知识基础和能力结构两个方面进行判断，并在此基础上分析其工作性质、个人发展及社会贡献。

高端技术技能人才的知识基础，特别强调基础素质和核心素养以满足和适应未来可持续发展，同时应掌握当下最新高端技术，在技术学习与技术应用的基础上，能够评估技术风险、进行技术选择及技术经营，进而开展技术研究和实现技术积累。高端技术技能人才的能力结构，要求能够胜任高端岗位能力需求，在扎实的动手能力、操作能力的基础上，不断强化学习能力与岗位适应能力，进而要求具备技术创新能力和国际竞争能力，最终实现可持续发展。由此可见，高端技术技能人才主要体现在知识基础扎实，技术能力过硬，胜任岗位需求，满足个人兴趣及发展上。

高端技术技能人才的特征，主要有三个方面。一是在高、精、尖产业等新的经济发展领域，掌握当下行业企业流行的高新技术，能够胜任高端岗位、适应新职业岗位新的能力要求的技术技能人才。二是这类人才具有良好的或预期的发展前景，取得良好的物质和非物质的薪酬及待遇，满足个体的个性发展需求。三是其能力、水平和贡献得到社会认可，社会为其各种潜能发挥提供机会和舞台，具有较高的社会地位，实现了人才供给与需求的良性循环、社会经济发展与教育创新的有效互动。

从以上分析可知，高端技术技能人才就是从事高精尖产业，掌握高新技术、胜任高端岗位，实现可持续发展的综合素质高、职业技能精、创新能力强的技术技能人才。

（二）贯通培养

贯通培养是指将学历教育的各阶段作为整体进行统筹考虑的人才培养模式。普通教育中贯通式人才培养多是指博士的培养模式，也就是把硕士生阶段和博士生阶段进行统一培养的博士生培养模式。职业教育的贯通培养，是指将中职、专科高职到本科高职三个阶段进行统筹考虑的人才培养模式。其核心就是将中高职进行有机衔接，培养更高层次的技术技能人才。

（三）贯通培养项目

北京高端技术技能人才贯通培养项目是指从 2015 年开始北京市教委为深入推进教育领域综合改革，适应国家和首都经济社会发展、产业转型升级需要，探索构建北京市现代职业教育体系而推出的高端技术技能人才贯通培养试验改革项目。该项目涉及多所中职学校、高职院校、市属本科院校、多个专业大类，有多种招生模式。其指导思想是坚持立德树人、全面发展，坚持职业教育的培养方向；促进教育公平，探索素质教育的新路径，构建人才培养“立交桥”，为学生成长成才提供更多更好的发展机会。紧密围绕首都“四个中心”功能建设和经济社会高质量发展的人才需求，优化调整专业设置，培养适应高精尖产业结构、城市运行与发展、高品质民生需求的高端技术技能人才。

第二章　北京高端技术技能人才贯通培养项目的探索

——基于北京财贸职业学院2017—2020年贯通项目的视角

一、北京财贸职业学院贯通培养项目介绍

2015 年北京市推出高端技术技能人才贯通培养试验项目（以下简称“贯通培养项目”），支持部分职业院校与示范高中、本科院校、国内外大企业合作，选择对接产业发展的优势专业招收初中毕业生。北京财贸职业学院为首批实施该项目的三所高职院校之一。

2016—2020 年北京财贸职业学院与中央民族大学附属中学、首都经济贸易大学、北京工商大学、北京建筑大学及首都师范大学协同开展贯通培养项目，紧密围绕对首都战略定位具有明显支撑和服务作用的产业领域，优化调整专业设置，培养具有较高文化素质和综合职业能力的国际化、高水平、创新型、复合型高端技术技能人才。

（一）人才培养目标

面向首都财经、商贸、旅游行业，针对企业紧缺的技术、服务和管理岗位，培养具有社会主义核心价值观、较高文化素质和综合职业素养的国际化、复合型、创新型高端技术技能人才。

（二）人才培养方式

采用 7 年整体贯通培养方式，共分为三个教育教学阶段。

1. 基础教育阶段（第 1~2 学年）

与中央民族大学附属中学深度合作，共同实施基础教育阶段教育教学。学生入学后第 1~2 学年只区分项目类别，不分专业，进入职业教育阶段可按学校规定申请相应专业。

2. 职业教育阶段（第 3~5 学年）

利用北京财贸职业学院优质职业教育资源，系统设计专业理论、职业能力和职业素养课程体系，使学生接受高水平的高等职业教育。

3. 本科教育阶段（第 6~7 学年）

享受对接高校（首都经济贸易大学、北京工商大学、北京建筑大学及首都师范大学）的本科培养，接受优秀本科院校应用型专业的大学教育。

（三）贯通培养项目优势

打破传统升学模式，减少学生升学压力。7 年贯通培养可以整体设计学生的知识、能力和素质结构。既注重学生文化素质培养，又突出职业能力特色，使学生既达到普通高等

教育的文化素质要求，又具备用人单位所需的职业技能职业素养，专业性更强。

整合融通各级各类优质教育资源。国家“双高”校、北京市“特高”校（北京财贸职业学院）与北京市优质高中（中央民族大学附属中学）、北京市高水平本科院校（首都经济贸易大学、北京工商大学、北京建筑大学、首都师范大学）强强联合，与首都知名企业及大型国际企业密切合作，共同培养高端技术技能人才。

满足学生个性化学习需求。学生入学后前两年的基础教育阶段只区分项目类别，不分专业，进入专业课程教育阶段可按学校规定申请相应专业；5 年后经“专升本”转段考试升入合作院校完成本科阶段学习，或在学业及英语水平达到相应要求后，到与我校合作的国外高校继续深造；也可以在完成高职阶段学习后直接就业；7 年学习期间提供丰富的选修课程。

突出国际化培养。从第 1 学年开始系统强化英语教学，引入国际优质语言课程资源和外籍教师，前置国际课程，培养具有国际视野、通晓国际规则、善于国际交流的实用人才。在校期间资助部分优秀学生赴国（境）外访学或实践。学校与英国、澳大利亚、新西兰、美国、加拿大、德国、芬兰、丹麦等国家的二十余所院校搭建了专升本（硕）留学通道，学生可选择出国深造。

优厚的奖励与资助政策。国内学习期间享受国家奖励及资助政策，同时享受学校奖学金；优秀学生国（境）外访学或实践期间享受学校专项经费支持。

（四）人才培养特点

1. 注重文化素质教育

发挥市属重点高中的教育优势，组建一流教师团队，开发优质特色课程，营造优良育人环境，强化学生人文素养、科学素养、职业素养和身心素质，培养学生创新意识和创造思维。

2. 突出职业素养特色

从首都服务业紧缺职业需求出发，与大型国际企业合作开发专业课程，以职业岗位工作过程为主线，重构课堂教学与实践教学体系，营造职业化的教学环境和文化氛围，强化职业素质、职业精神和职业技能的养成与训练，为学生可持续发展奠定坚实基础。

3. 提高国际业务能力

服务北京市首都核心功能定位，借鉴英美先进的办学理念、教育资源、教学模式与教学方法，引进外籍师资队伍，前置国际课程和出国学习交流，对接国外合作院校进行本科学历教育，培养具有国际视野、通晓国际规则、善于国际交流的实用人才。

（五）人才培养模式

1.“导师制”培养

实施学业导师、专业导师和科研导师的“导师制”培养模式。第一、二学年基础教育阶段，为学生配备学业导师；第三年后职业教育和本科教育阶段，为学生配备专业导师。同时，在学生掌握必要专业理论和职业技能基础上，由北京财贸职业学院和相关本科院校专业教师担任科研导师。培养学生的职业能力、合作能力和创新能力。

2.“递进式”职业训练

按照“认知、体验、实践”三阶段设计职业能力训练体系。第1~2学年以文化素质教育为主，使学生形成对职业的初步认知；第3~5学年以专业知识和职业素质教育为主，使学生形成职业意识和岗位体验；第6~7学年以深化专业理论教育和职业能力培养为主，提高学生的工作胜任能力、创新能力和发展能力。综合利用校内外优质实习实训基地，“教学做”一体化培养，“递进式”开展职业训练。

3. 国际化的培养路径

从一年级开始系统强化英语教学，使学生在“沉浸式”的英文环境中迅速提升语言能力。在校期间选拔部分优秀学生参加出国学习交流、寒暑假国外游学或实践项目。全程引入国际优质课程资源和外籍教师，实现国际化培养。

（六）教学组织实施

1. 教学地点

前五年在北京财贸职业学院学习；后两年升入国内本科院校后，在本科院校学习。

2. 教学管理

基础教育阶段采用优质高中标准的管理模式，由北京财贸职业学院贯通基础教育学院开展教学和学生管理。职业教育阶段由北京财贸职业学院相关学院按专业开展教学与学生管理。最后两年，由学生升学的国内本科院校开展教学与学生管理。

3. 学籍管理

第1~3学年执行中等职业学校学籍管理办法，第4~5学年执行高等职业学校学籍管理办法。完成五学年学习任务成绩合格者，由北京财贸职业学院颁发高等职业教育毕业证书，学生经“专升本”转段考试升入国内本科院校。本科阶段成绩合格，取得普通高等教育本科层次（专升本）毕业证书或国外合作院校的本科学历证书。

学生入学后基础教育阶段（前2年）不分专业，进入专业教育阶段可在录取专业大类内选择专业。

4. 质量评价

北京财贸职业学院与合作院校开展教学质量监控与评价的全程合作，建立全过程、分阶段、专业化的人才培养质量考核评价体系。

（1）开展新生生源质量与素质分析测评、新生适应性评价，用于指导课程教学与学生管理。

（2）入学两年后进行学业水平考试。

（3）建立学生素质成长学分制度和财贸素养证书制度，学校根据学生综合素质评价的标准和要求，客观记录和认定学生在德智体美等方面的表现，反映和评价学生综合素质和职业素养的发展情况。对取得高等职业教育毕业证书且综合素质合格者，由北京财贸职业学院颁发财贸素养证书。

5. 奖励与资助政策

国外学习期间享受政府专项经费支持；国内学习期间享受国家奖励及资助政策，同时享受学校专设奖学金。

（七）招生院校

北京财贸职业学院为高端技术技能人才贯通培养试验项目的招生学校。

二、北京财贸职业学院贯通培养项目的人才培养方案

2019 年，国家教育行政部门连续发布《教育部关于职业院校专业人才培养方案制订与实施工作的指导意见》（教职成〔2019〕13 号）、《关于组织做好职业院校专业人才培养方案制订与实施工作的通知》（教职成司函〔2019〕61 号），对职业院校人才培养方案的制定提出了一系列新要求。贯通培养项目作为职业院校培养高端技术技能人才的一条路径，要遵循国家人才培养方案制定标准，同时在方案的编制和管理上也要充分重视自身的特殊性，即满足合规性、做到高标准。

（一）贯通培养项目人才培养方案制订的指导思想

贯通人才培养方案的制定必须以习近平新时代中国特色社会主义思想为指导，深入贯彻党的教育路线、方针、政策，在学校党委统一领导下开展人才培养方案的制定与实施工作。

首先，要以立德树人为根本，立足学生全面发展，突破应试教育束缚，实施素质教育，推进三全育人，推行课程思政改革，把思想政治工作贯穿教育教学全过程，实现思想政治教育与技术技能培养有机统一，促进学生作为现代公民、技术技能人才和国际化人才核心素养的形成与发展。

其次，要以类型教育为准绳，以产教融合为突破，校企合作着力推进专业与产业对接、学校资源与企业资源对接、课程内容与职业标准对接、教学过程与生产过程对接、学历证书与职业技能等级证书融通，促进教育链、人才链与产业链有机衔接。

最后，要坚持扬长教育理念，遵循高端技术技能人才成长规律和培养规律，创新人才培养模式，深化三教改革，促进就业创业，为学生发展提供适宜的和个性化的路径与环境，着力培养学生的创新精神和实践能力，满足学生职业生涯的可持续发展，促进学生人人成才。

（二）贯通培养项目人才培养方案制订的基本原则

1. 坚持立德树人，促进全面发展，服务可持续发展

坚持和加强党对学校人才培养工作的全面领导，全面推动习近平新时代中国特色社会主义思想进教材进课堂进头脑，积极培育和践行社会主义核心价值观，切实推进三全育人，推动公共基础课程和专业（技能）课程紧密结合，并与思政课程同向同行，将课程思政有机融入人才培养编制全过程，按照政策要求补齐开足公共基础课程，创新必修课程、限选课程、选修课程、拓展课程、活动课程及社会实践等课程形式，将“立德树人”切实融入课程之中。夯实学生文化素养基础、身心素养基础、职业素养基础，继承和弘扬中华优秀传统文化，拓展学生多元化的国际文化视野，培养学生的创新精神和实践能力、促进学生全面而有个性的发展，为学生适应社会生活，拓展职业生涯和学业深造提供必要的文

化基础知识和专业拓展知识。

2. 突出职业性，坚持产教融合，深化校企合作

坚持立足首都，面向高端产业和产业高端以及新兴技术岗位需求，创新培养模式、优化课程设置、更新教学方法。坚持开放办学，按照世界500强企业或行业领军企业的要求，将其人才需求、岗位胜任模型、职业资格体系等整合到人才培养方案之中，提高人才培养方案内涵的针对性和典型性。坚持现代学徒制培养模式，将人才培养方案编制得符合学校教师和企业师傅双导师教学的需要。通过上述三个“坚持”，实现专业与产业、学校资源与企业资源、课程内容与职业标准、教学过程与生产过程的对接和学历证书与职业技能等级证书的融通，强化高端人才的职业素养养成和技术技能积累。以工学结合、校企合作为途径，紧扣人才培养目标要求，与对接本科院校、北京市大型国际化企业合作开发专业课程，从职业工作分析出发，以职业岗位中的工作过程性知识为主线实施教学，营造职业化的教学环境和职业文化氛围，强化职业技能、职业素养、职业精神的养成。

3. 坚持扬长教育，促进学生多路径成长

构建以学生为中心、成果导向的多路径人才成长体系，提高学生的学习获得感。通过职业技能等级证书融入、现代学徒制试点、产业学院和技能大师工作室等多种路径，搭建“路径通达”的人才培养通道，学生在不同培养方案间的转换和对接，实现技能的复合培养。要重构课程逻辑，实施模块化课程，为学有余力的学生开发“辅修专业课程”“X证书模块课程”、创新创业实践课程、“技能提升课程”等课程模块，开展学习成果认证、积累和转换。

4. 坚持成果导向，促进课程体系科学性

人才培养方案整体设计应要以学生为中心、以学生学习成果为导向，注重发挥行业企业作用，充分考虑学校师生意见，广泛听取各方意见建议，避免闭门造车、照搬照用。实施贯通培养的专业要围绕专业群发展定位和服务面向，开展企业调研，了解人才需求，开展岗位能力分析，确定人才培养目标、培养规格和毕业要求，依照课程内容、知识点对培养目标和毕业要求的支持与达成度，加强课程整合，明晰课程逻辑关系，系统设计知识结构和课程体系。同时，同一专业（群）要注意贯通培养人才定位与普通高职人才定位、高职本科人才定位的区分，避免定位模糊、重叠，相近专业或交叉专业之间要加强交流与合作，实现专业群的课程和教学资源共享。

5. 推进课堂革命，深化三教改革

以现代教育技术和信息化手段为依托，建设智慧课堂、企业课堂、网络课堂，深化贯通项目的教师、教材、教法改革。鼓励与企业合作开发国家规划教材，使用新型活页式、工作手册式教材并配套开发信息化资源，以及时、灵活地将新技术、新工艺、新规范以及典型生产案例等引入人才培养方案所确定的课程体系之中，使课程内容在总体稳定的前提下具有一定的动态更新机制。普及项目教学、案例教学、情境教学、模块化教学等教学方式，广泛运用启发式、探究式、讨论式、参与式等教学方法，推广翻转课堂、混合式教学、理实一体教学等新型教学模式。

6. 培养国际化，体现现代化，注重应用创新

服务北京市建设国际交流中心的功能定位，开放式办学，借鉴国外先进的课程理念、教学模式与教学方法，引进外籍师资队伍，贯通对接国外合作院校进行学习或研修，培养具有深厚文化积淀、宽广的国际视野、通晓国际规则，能够从事国际业务工作的国际化人才。

借鉴国内外职业教育先进教育教学理念，采用现代化的教育技术手段、配备现代化的教学环境，在教学组织、教学方法和手段、教学评价、教学资源开发与利用等方面不断创新，充分激发学生学习兴趣，切实增强学生自主学习能力。

精细化专业核心课程的设计与实施，营造学习氛围，创设学习情境，搭建创新平台，培养学生既懂得专业的基础理论、基本知识，还具有服务创新意识和能力，具备在实际工作情境中灵活迁移知识、解决复杂问题，进行服务系统或工作流程改造、应对客户个性化服务需求的能力。

（三）贯通培养项目的人才培养模式

1. 全程贯穿的校企合作“双主体”育人机制

每个专业确定 1~2 家北京市大型知名企业开展合作育人，按照企业的就业岗位和能力要求确定人才培养目标、设置课程体系、开发课程标准、打磨教学方案、实施教学评价，根据企业需要灵活组织实施工学交替的教学活动，让合作企业真正全程化参与人才培养的全过程。

2. 国际化培养路径

引入国际职业资格标准或购买国外先进课程，合理搭建课证融通、国际认可的职业课程体系，注重英语语言应用能力和跨文化沟通、理解能力的培养。通过选拔优秀学生出国访学修习、参加寒暑假国外游学或社会实践项目等方式，培养学生国际视野、国际交流能力，实现国际化培养。

3. 工学结合“递进式”职业能力训练

按照“认知、体验、顶岗”三阶段设计职业能力训练体系，其中第三、四学年以对行业、企业、岗位认知为主，结合综合素质课程，夯实职业发展的基础；第五、六学年以企业与岗位体验为主，配合职业课程，在工学交替中完成对职业知识和职业能力的掌握；第七学年继承高等职业教育形成的顶岗实习优良传统，安排学生进入企业参加“全岗位轮岗”培训计划，通过政府购买的方式，聘请合作企业的高技能人才，用师傅带徒弟的方式，以企业真实工作任务和项目为载体，在企业真实岗位进行全岗位轮岗的过程中完成顶岗实习项目与课程。

4.“研学结合”“三导师制”培养

实施学业导师、职业导师和科研导师的“三导师制”培养。基础学习阶段为学生配备学业导师，指导学生进行学业设计，从心灵品格、学业、社交情绪、课程选修四方面制定适合的进步目标，设计课程学习计划。专业教育阶段（后 5 年）为学生配备职业导师，帮助学生进行职业生涯规划设计，有计划的训练职业能力，选修职业课程。在掌握必要职业

知识和职业技能的基础上，由北京财贸职业学院或对接本科院校的专业教师担任科研导师，开设项目制研究模块课程、组建专业研究小组，由导师带领学生参与教师科研课题的研究，以“研学结合”教学模式培养目前企业对高端技能型人才需求中最重要的能力要求—创新应用知识和解决问题的能力。

5. 线上线下混合式教学模式

适应新一代学习者对网络化学习与移动学习的需求，利用信息化实现辅教辅学或纯网络学习。通过自建或购买资源的方式，建设大量网络学习资源，建设网络学习和教学管理平台，尝试线上线下相结合的教学模式，实现学生学习方式上的革新。

（四）贯通培养项目人才培养方案制定的内容要素

贯通人才培养方案的制定从内容要素上要遵循国家专业教学标准特别是教育部及职成司对人才培养方案的相关规定，包括专业名称及代码、入学要求、修业年限、职业面向、培养目标与培养规格、课程设置、学时安排、教学进程总体安排、实施保障、毕业要求等内容。其中，专业名称及代码、入学要求、修业年限、职业面向是对专业基本属性的界定，相对比较明确。贯通培养的专业名称和代码遵循《普通高等学校高等职业教育（专科）专业目录（2015 年）》及之后增补专业名称及代码，可以通过灵活设置专业方向来解决其特殊性；入学要求为初中阶段教育毕业生；修业年限一般为 7 年，弹性学习不超过 10 年。

1. 贯通培养的职业面向

职业面向是确定培养目标和毕业要求的依据，是人才培养方案制定的逻辑起点，是实现教育链、人才链与产业链对接的关键环节，对分阶段制定贯通项目人才培养目标具有非常总要的意义。所属专业大类和所属专业类应依据现行专业目录确定，对应行业参照现行的《国民经济行业分类》，主要职业类别参照现行的《国家职业分类大典》，根据行业企业调研，明确主要岗位类别（或技术领域）；根据国家颁布的职业资格证书或职业技能等级证书举例，学生可根据自己的兴趣、爱好、能力通过在不同学习阶段考取不同级别的职业技能等级证书，获得技术技能积累。

2. 贯通培养项目的培养目标与规格

总目标：贯通培养项目人才培养目标，既要符合国家对人才德智体美劳全面发展的要求，又要注重其高端技术技能人才的特质。贯通培养项目应面向首都财经、商贸、旅游等高精尖产业，针对企业紧缺的新技术、新业态、新服务、新管理岗位，培养具有社会主义核心价值观和国际视野，有较高文化素质和综合职业素养，身心健康和谐发展，职业能力突出，通晓国际规则，能够创造性地解决服务和管理工作中遇到的复杂问题，具有较强岗位适应能力和职业拓展能力的国际化、高水平、复合型、创新型技术技能人才。

阶段性目标：人才培养分为基础学习（2 年）、专业课程及职业技能教育（3 年）和专业纵深拓展教育（2 年）三个阶段。

第一阶段（第 1~2 年）：接受基础文化课程教育，夯实学生公民素养、文化素养、身心素养、职业素养和国际素养，促进学生个性与兴趣发展，形成积极的学习态度，正确的世界观、人生观、价值观，为学生适应社会、职业发展和高等教育做准备，为学生终身发展奠定基础。

第二阶段（第 3~5 年）：接受专业课程及职业技能教育，培养职业兴趣，形成在某一职业岗位群内进行岗位迁移和职位提升的知识、素质和能力基础，强化职业基本技能和关键能力训练，重点解决完成岗位典型工作任务所需的职业核心能力的培养，养成良好的职业习惯与规范，提高职业素养，培养精英型职业人才。

第三阶段（第 6~7 年）：接受本科层次专业教育，促进职业生涯的纵深发展，注重理论提升与拓展，重点解决技术应用能力、岗位创新能力、问题解决能力的培养，满足学生个性化的学习需求。

3. 贯通培养项目的课程设置

遵循技术技能人才成长规律和教育规律，按照确定课程目标、选择课程类型、搭建课程结构、构建课程体系的步骤，一体化设计课程体系。在教学要求上，必修课程和选修课程需同时开设，扩大学生选择权；在课程实施的功能上，公共基础课程、专业基础课程、专业课程和实践课程均需开设；在课程内容呈现上，区分理论性课程、实践性课程、理实一体课程；在课程的组织上，开设学科课程、活动课程、实训课程、实习课程等。

在基础学习阶段，设置人文与社会、数学与科学、技术与职业、艺术与健康、综合实践五大领域，分为共同必修、分类限选、兴趣任选。在高职和本科学习阶段，课程从总体上包括公共基础课和专业（技能）课程两个大类。公共基础课程分为必修课和选修课程，占总学时的 25%~30%。公共基础必修课程包括通识课程和公共实践教育环节，公共基础选修课程包括马克思主义理论类课程、党史国史、中华优秀传统文化、美育课程等。专业（技能）课程是支撑学生达到本专业培养目标，掌握相应专业领域的技术技能类课程，占总学时的 70%~75%。专业必修课程包括职业平台课程、职业核心能力课程和专业集中实践教育环节，占总学时 55% 左右。专业选修课程为扬长教育发展课程，这类课程是根据行业发展、职业发展、区域经济等对专业人才的复合型、创新型要求设置的模块化选修课程，占总学时的 15% 左右，包括专业（群）方向课（一般 10 学分）和进阶发展课（一般 10 学分）。专业（群）方向课可以是新技术、新变革带来的融合型课程，也可以是社会分工更为精细化所带来的纵深型课程，其目的是横向拓展或纵向深化学生的专业素质和专业能力，一种综合能力一个模块，要求学生按模块整体选修。进阶发展课包括 X 证书模块课、辅修专业模块课、双创教育模块课、技能大赛模块课、精益技能模块课（如精细木工、3D 打印、项目制课程）等，是落实扬长教育理念、实现学生综合素质、创新能力培养，促进能力复合、个性发展的课程载体。要求学生按模块整体选修。

贯通培养必修环节与选修环节比例约为 3 ∶ 1，理论学时与实践学时比例约为 2 ∶ 1。其中，后五年的理论学时与实践学时比例控制在 1 ∶ 1 左右。理论课和理实一体的课程课时以 16 或 18 的倍数安排，课程内可按单元模块设置，纯实践性课程（军训、社会实践、专业实习、毕业设计）按一周 24 课时，1 学分计算。

4. 贯通培养项目的教学安排

按照认知规律和教学资源高效利用的原则安排课程顺序和授课方式，鼓励开展线上线下混合式教学或利用学校认可的公共平台的慕课资源实施教学。公共基础课原则上排在第一到第六学期，也可根据专业教学需要做灵活安排；专业（技能）课程的安排与实施应综合考虑教学资源配置情况，由相关部门相互协调、合理安排。依据校企合作、工学交替的教学需求，根据专业和课程特色，可采取分段制的形式安排。

（1）每学期教学周安排。

每学期总教学周为 20 周，排课按照 16 周或 18 周，考试与教学总结周 2~4 周。

（2）周学时数。

基础文化课程教育阶段（2 年）周均 32 学时；专业课程及职业技能教育阶段外培专业周 28 学时以内；内培专业周 24~26 学时；本科专业教育阶段一般为周 20~22 学时，可根据国内外院校要求调整。

（3）排课安排。

基础文化课程教育（2 年）阶段原则上以 40~45 分钟一节课为单位安排课表，专业课程及职业技能教育（3 年）和本科专业教育（2 年）阶段以两节课为单位安排课表。根据课程教学模块设置情况，采用并行与串行排课相结合的方式。

（4）教学组织。

以学业水平为基础实施小班化、分层教学。

（5）教学进程安排。

教学安排最核心的是教学进程安排，即对本专业高端技术技能人才培养、教育教学实施进程的总体安排，是专业人才培养方案实施的具体体现。以表格的形式列出本专业开设课程类别、课程性质、课程名称、课程编码、学时学分、学期课程安排、考核方式，并反映有关学时比例要求。由于前两年是基础学习阶段，在课程体系上与后五年可以有所区别。

5. 贯通培养项目的实施保障

实施保障主要包括教学资源、教学方法、学习评价、质量管理等方面。

教学资源主要指能够满足学生专业学习、教师专业教学研究和教学实施需要的教材、图书及数字资源等。在教材选用上，要建立由专业教师、行业专家和教研人员等组成的教材选用机构，完善教材选用制度，经过规范程序，按照国家规定选用优质教材。在数字资源配备上，充分利用学校现有各类信息化资源，倡导使用新型活页式、工作手册式教材并配套开发信息化资源，做到种类丰富、形式多样、使用便捷、动态更新、共建共享。同时，加大力度鼓励教师积极进行教材和资源的开发，尽快建立起与贯通人才培养要求向匹配的课程和教学资源。在教学方法上，充分开展学情分析，根据贯通项目学生各阶段的特点和课程内容，选择合适的教学方法，职业院校常用的教学方法有项目教学法、案例教学法、角色扮演法、任务驱动法、小组讨论法、模拟教学法等等。在学习评价上，以学生为中心，改革学业评价系统，研究并建立基于课程置换与学分累积的开放性毕业质量标准，健全多元化考核评价体系，进一步完善学生学习过程中的监测、评估与反馈机制，加大调研报告、课题训练、平时作业、课堂研讨、汇报、制作成果、课程论文等过程性作业在总成绩中的占比。同时，适应学生在线学校需求，应采用学习量来计算学生总的学习时间，包括课堂学习和课外学习，含课前预习、课中自学、课后复习拓展等。在质量管理上，学校应建立三个机制，即：专业动态调整机制、课程建设水平和教学质量诊断与改进机制、毕业生跟踪反馈及社会评价机制。同时，不断完善在行业企业调研、人才培养方案更新、课程资源建设、师资队伍打造、教育教学评价、实习实训管理等各个方面的质量标准。通过标准引领建设、机制有效运作，实现对人才培养的教学实施、全程监控、质量评价和持续改进，不断提高人才培养质量。

6. 贯通培养项目的毕业要求

毕业要求是学生通过规定年限的学习，完成人才培养方案所规定课程的学习和实践环节，修满规定的学时和学分，获得必需的职业技能等级证书、职业资格证书，素质、知识、能力达到本专业人才培养目标和培养规格的要求。由于贯通培养学制较长，而且在每个阶段允许学生毕业，未来可以拿到中职毕业证书、高职毕业证书和高职本科毕业证书，因此，鼓励应运用大数据等信息化手段记录、分析学生成长记录档案、职业素养达标等方面的内容，纳入综合素质考核，并将考核情况作为是否准予毕业的重要依据。

三、北京财贸职业学院贯通培养项目基础阶段课程方案

北京财贸职业学院贯通培养项目基础阶段通过实施人文与技术相结合、传统与现代相结合、基础与职业认知相结合的课程修习，夯实学生核心素养、促进学生健康、均衡而又个性的成长，培养具有“民族情怀、人文见长、才能卓越、社会担当”品质的学生，为学生适应社会、职业发展和高等教育做好准备，为学生终身发展奠定基础。

一、教学目标

在义务教育的基础上，进一步促进学生作为现代公民、高技术技能人才、国际化人才核心素养的形成和发展。

——初步形成正确的世界观、人生观和价值观。热爱祖国，拥护中国共产党；弘扬中华优秀传统文化，革命文化和社会主义先进文化，树立为民族振兴和社会进步做贡献的远大志向。

——形成现代公民的基本素养。履行公民义务，行使公民权利，具有民主、法制意识和社会责任感；尊重和理解文化的多样性，初步具有开放意识和全球视野；珍爱自然，保护环境，具有生态文明意识。

——具有终身学习和主动发展的能力。掌握必备的基础知识和基本技能，不断提升人文素养、科学素养和信息素养；敢于质疑、善于反思、勇于探索，具有一定的创新精神与实践能力。

——具有强健的体魄、顽强的意志，形成积极健康的生活方式和审美情趣。学会交流

与合作，具有团队精神。能够独立生活，具有初步的生涯规划能力和活动组织能力。

——初步树立职业理想和奠定职业自立基础。对特定专业、职业及其发展趋势有初步了解，并能接纳相关专业和相应职业，认同其职业价值和职业精神。

——具有国际视野和双语技能，形成国际理解的基本素养。对国际职业、技术发展、生产方式变革和公共服务等具备主动了解、学习和创新的意识和基本能力。

二、设计思路

根据项目人才培养“宽基础、高技能、国际化、创新型”的基本定位，基础文化课程设计坚持立德树人和素质教育的根本要求，确立基本思路为：学习领域化、课程菜单化、选择自主化、教学高效化、评价多样化、资源丰富化。

——学习领域化。从奠定学生社会生活、职业发展和高等教育学习的宽厚基础出发，分人文与社会、数学与科学、技术与职业、体育与健康等四个领域统筹普职融通、本土与国际、必修与选修的相关课程群。

——课程菜单化。学科课程、综合课程、活动课程、主题课程等按模块设计形成课程菜单，每一模块有明确的课程目标、学习内容、教学模式和修习的要求、建议，形成相对独立和完整的学习单元。

——选择自主化。为促进学生全面而有个性的发展，每个领域设计相应的必修和选修课程，鼓励学生自行设计个性化的学习方案。

——教学高效化。创设宽松、互动、个性化的学习环境，关注学生学习过程，优化课堂教学方式，推进信息技术在教学中的深度应用，促进自主、合作、探究、体验等学生的深度学习。

——评价多样化。根据目标多元、方式多样、注重过程的评价原则，综合运用观察、交流、测验、实际操作、作品展示、自评和互评等多种方式，为学生建立综合、动态的成长记录手册，开展综合素质评价，全面反映学生的成长历程。

——资源丰富化。打破体制机制限制，整合优质高中、高职院校、高校、社会机构等多种教育及社会资源，积极引入国际优质课程资源，为课程实施奠定基本的素材性资源和条件性资源。

三、课程体系

1. 课程结构

基础教育阶段课程体系分为人文与社会、数学与科学、技术与职业、艺术与健康、综合实践五大领域，课程类型包括通识课程和校本课程，课程性质分为共同必修、分类限选和兴趣任选。

2. 学时与学分

基础教育阶段两个学年课内学时共计 2610 学时，总 159 学分，周均 36 学时。每学期 20 个教学周，排课按 18 周安排，18 学时计 1 个学分。

3. 课程领域

学习领域	科目	教学内容	学分
人文与社会	语文	基础模块 1、2、3，职业模块 1	20
	综合英语	基础模块 1、2、3，职业模块 1	16
	英语听说	单项技能训练课，由外籍教师授课	8
	历史	基础模块 1、2、3，职业模块 1	8
	地理	基础模块 1、2、3，职业模块 1	8
	政治	政治 1、政治 2、政治 3、政治 4	8
	英语提升		8
	文科综合	文科选修课程	8
数学与科学	数学	基础模块 1、2、3，职业模块 1	20
	物理	必修 1、必修 2	1
	化学	必修 1、必修 2	1
	生物	必修 1、必修 2	1
	理科综合	物理选修、生物选修、化学选修	1
技术与职业	信息技术	信息技术基础、多媒体技术应用	8
	财贸通识	礼仪、点钞、小键盘、艺术设计鉴赏与实践等	4
艺术与健康	体育	基础模块 1、2、3，职业模块 1	8
	音乐	音乐鉴赏	2
	美术	美术鉴赏、书画、现代媒体艺术	2
	心理		1
	劳动技能		4
	艺术与体育选修	美术工艺、民歌民舞、影视赏析、琴棋书画、球类、健美瑜伽、户外运动、田径等	8
综合实践	军训	入学前集中军训两周	2
	财贸素养	感恩和爱心两个板块	4
	专业认知	第四学期集中安排一周进行	2
	研学旅行实践	第二学期集中安排一周进行	2
	研究性学习	每学年完成 1 个研究课题	2
	社会实践	社团、志愿、社会调查与实践、公益活动	2
合计			159

四、教学进程表

贯通项目基础教育阶段教学进程表

<table>
<tr><th rowspan="3">课程领域</th><th rowspan="3">课程性质</th><th rowspan="3">课程类型</th><th rowspan="3">课程名称</th><th rowspan="3">学分</th><th colspan="4">学期教学周及周学时安排</th><th rowspan="3">学时</th></tr>
<tr><th>第一学期</th><th>第二学期</th><th>第三学期</th><th>第四学期</th></tr>
<tr><th>18周</th><th>18周</th><th>18周</th><th>18周</th></tr>
<tr><td rowspan="8">人文与社会</td><td rowspan="6">共同必修</td><td rowspan="6">通识</td><td>语文</td><td>20</td><td>5</td><td>5</td><td>5</td><td>5</td><td>360</td></tr>
<tr><td>英语</td><td>16</td><td>4</td><td>4</td><td>4</td><td>4</td><td>288</td></tr>
<tr><td>英语听说（外教）</td><td>8</td><td>2</td><td>2</td><td>2</td><td>2</td><td>144</td></tr>
<tr><td>政治</td><td>8</td><td>2</td><td>2</td><td>2</td><td>2</td><td>144</td></tr>
<tr><td>历史</td><td>8</td><td>2</td><td>2</td><td>2</td><td>2</td><td>144</td></tr>
<tr><td>地理</td><td>8</td><td>2</td><td>2</td><td>2</td><td>2</td><td>144</td></tr>
<tr><td>分类限选</td><td rowspan="2">校本</td><td>英语提升</td><td>8</td><td>2</td><td>2</td><td>2</td><td>2</td><td>144</td></tr>
<tr><td>兴趣任选</td><td>文科综合</td><td>8</td><td>2</td><td>2</td><td>2</td><td>2</td><td>144</td></tr>
<tr><td colspan="4">人文与社会领域小计</td><td>84</td><td>21</td><td>21</td><td>21</td><td>21</td><td>1512</td></tr>
<tr><td rowspan="5">数学与科学</td><td rowspan="4">共同必修</td><td rowspan="4">通识</td><td>数学</td><td>20</td><td>5</td><td>5</td><td>5</td><td>5</td><td>360</td></tr>
<tr><td>物理</td><td>1</td><td>1</td><td>0</td><td>0</td><td>0</td><td>18</td></tr>
<tr><td>化学</td><td>1</td><td>0</td><td>1</td><td>0</td><td>0</td><td>18</td></tr>
<tr><td>生物</td><td>1</td><td>0</td><td>0</td><td>1</td><td>0</td><td>18</td></tr>
<tr><td>兴趣任选</td><td>校本</td><td>理科综合</td><td>1</td><td>0</td><td>0</td><td>0</td><td>1</td><td>18</td></tr>
<tr><td colspan="4">数学与科学领域小计</td><td>24</td><td>6</td><td>6</td><td>6</td><td>6</td><td>432</td></tr>
<tr><td rowspan="2">技术与职业</td><td>共同必修</td><td>通识</td><td>信息技术</td><td>8</td><td>2</td><td>2</td><td>2</td><td>2</td><td>144</td></tr>
<tr><td>分类限选</td><td>校本</td><td>财贸通识</td><td>4</td><td>1</td><td>1</td><td>1</td><td>1</td><td>72</td></tr>
<tr><td colspan="4">技术与职业领域小计</td><td>12</td><td>3</td><td>3</td><td>3</td><td>3</td><td>216</td></tr>
<tr><td rowspan="4">艺术与健康</td><td rowspan="4">共同必修</td><td rowspan="4">通识</td><td>体育</td><td>8</td><td>2</td><td>2</td><td>2</td><td>2</td><td>144</td></tr>
<tr><td>音乐</td><td>2</td><td>1</td><td>1</td><td>0</td><td>0</td><td>36</td></tr>
<tr><td>美术</td><td>2</td><td>0</td><td>0</td><td>1</td><td>1</td><td>36</td></tr>
<tr><td>心理</td><td>1</td><td>1</td><td>0</td><td>0</td><td>0</td><td>18</td></tr>
</table>

续表

课程领域	课程性质	课程类型	课程名称	学分	学期教学周及周学时安排				学时
					第一学期	第二学期	第三学期	第四学期	
					18周	18周	18周	18周	
艺术与健康	兴趣任选	校本	劳动技能	4	1	1	1	1	72
			艺术与体育选修	8	2	2	2	2	144
体育与健康领域小计				25	7	6	6	6	450
综合实践	共同必修	通识	军训	2	入学前集中军训两周				
		校本	财贸素养	4	感恩和爱心两个板块				
			专业认知	2	第四学期集中安排一周进行				
			研学旅行实践	2	第二学期集中安排一周进行				
	兴趣任选		研究性学习活动	2	每学年完成 1 个研究课题				
			社会实践	2	社团活动 / 志愿活动 / 社会实践				
综合实践领域小计学分（不计入课内学时）				14					
合计				159	37	36	36	36	2610

五、教学管理与组织

（一）量身定制成长计划

结合人才培养目标，给每个学生制订个人成长计划。该计划会充分尊重学生本人的意愿，从德智体美劳等方面制定适合的进步目标，帮助学生建立成长标杆。

（二）设计模块化授课计划

每门课程由若干模块组成，模块分为必修与选修两类，每个模块基本课时为 18~36 学时。模块之间既相互独立，又反映教学内容的逻辑联系。每一模块都有明确的教育目标，并围绕某一特定专题，整合学生经验和相关内容，构成相对完整的学习单元或训练项目。

（三）实现灵活的选课方式

选修的方式包括按课程选修和课内按模块选修，学生灵活选课、小班教学、小组学习，给予学生兴趣发展和个性化成长必要的空间。

（四）小班教学

每班 30 人左右，实施一对一个性化培养模式，尊重学生个体差异，保护人格尊严，放大学生亮点，建立自信心，真正做到因材施教。

（五）开展丰富多彩的特色活动，确保学生快乐学习

构建多学科竞赛体系和“三节两会一讲堂”文化活动体系。打造优质第一课堂、活力第二课堂、多彩第三课堂，丰富扬长教育平台。

五、考核与评价

课程评价将结果性评价与形成性评价相结合，关注学生的课堂表现和活动参与，课业形式包括应知应会考试、社会调查报告、文献综述报告、科学研究报告、汇报与展示、方案设计、读书笔记等多种形式，真实记录和展示学生的学习效果与质量。

第三章　北京高端技术技能人才贯通培养项目的实践

——基于北京财贸职业学院贯通基础教育学院的视角

作为北京市首批高端技术技能人才贯通培养试验项目试点学校之一，北京财贸职业学院高度重视贯通项目基础教育阶段的人才培养工作。2017 年以学校朝阳校区为依托，成立贯通基础教育学院，全面负责北京财贸职业学院贯通培养项目基础教育阶段的人才培养工作，并将朝阳校区定位为学校贯通培养项目基础教育基地。

贯通基础教育学院与中央民族大学附属中学深度合作，共同实施基础教育阶段教育教学。两校共享优质师资，强强联合，优势互补。合作系统设计、积极构建和完善德智体美劳五育并举全面培养的贯通基础教育教学体系，落实立德树人，打造扬长教育平台，为贯通学子的全面发展奠定坚实基础。贯通基础教育学院四年多来认真落实“高厚宽新”贯通人才培养目标，聚焦构建和完善财贸特质贯通基础教育教学体系，推进贯通教育教学治理体系建设和治理能力现代化，教育教学成果不断显现。春华秋实，已经顺利完成了 2016 级、2017 级、2018 级三届学生的转学习阶段工作，将 1327 名合格的贯通学子送到北财院高职阶段继续学习。

一、教学育人建设体系：“思政课程＋课程思政”同向育人体系

立德树人是教育的根本任务，更是教育的第一质量观。贯通基础阶段教学要以思政课程和课程思政建设为抓手，构建“思政课程＋课程思政”同向的教学育人体系，实现立德树人根本任务的落实落细落小。

（1）积极构建贯通基础和高职阶段思政课程一体化管理机制，把牢贯通思政课程育人的第一阵地。作为落实立德树人根本任务的关键课程，思政课在育人导向上没有年龄、学段的本质区别，两学段在育人目标上具有一致性、同向性，都是为学生成人成长成才服务。贯通基础教育学院积极与学校马克思主义学院合作，坚持系统思维、整体推进，从低到高、由浅入深，分层次、分阶段地安排教育内容，推进贯通基础和高职阶段思政课建设有效衔接，形成育人合力，帮助“拔节孕穗期”贯通学生形成正确的价值判断体系。在建设层面做好制度设计和内容建设，在综合考虑两学段思政课育人一致性与学生身心发展差异性基础上，科学制定教材建设规划，既体现阶段性特征，又适应连续性要求，建设好基础阶段和贯通高职循序渐进、螺旋上升的思政课。在课程目标规划上做好学段设计与系统规划，明确两学段思政课建设目标（基础阶段提升政治素养、高职阶段增强使命担当）。

在课程体系上，整合各类思想政治教育资源，加强课程群建设，形成必修课加选修的课程体系。在课程内容上，遵循学生认知规律，体现递进性，涵盖高职阶段的理论性学习、基础阶段的常识性学习。推动贯通高职和基础阶段思政课教师交流互动，搭建两学段思政课教师学习交流平台。构建两学段思政课教师一体化备课机制，加强思政课教师纵向备课，实行集体备课制度，发挥专家示范带动作用；并充分运用信息技术搭建教师互动交流平台，发挥即时通信技术等优势，加强两学段思政课教师合作，实现教学信息资源共享、提升思政教育协同意识。

（2）构建贯通基础阶段各学科课程全方位课程思政体系。在贯通基础阶段各个学科课程建设中将课程思政的元素和内容有机融入，系统设计，突出学科核心素养，突出学科育人优势。在课程标准中体现思政元素，在课程内容明确思政内容，在课程教学过程中融汇思政思想，在课程考核评价中加大思政指标考核的权重。已经立项 11 门课程进行校级课程思政建设，2020 年将全部课程纳入学院课程思政建设体系中。

二、课程建设体系：构建和完善融通“基础与职业”的课程体系

通过两校共同努力构建并不断完善了融通“基础与职业”的贯通项目基础阶段课程体系。形成了以生为本、因材施教的基础教育阶段课程体系。课程重点对标专业培养，职业认知和职业素养渗透其中。根据学生的年龄段和学校贯通项目的特点和要求，构建三类课程。第一类课程以高中文化必修课程为主，重在夯实学生文化基础；第二类课程以财贸通识类认知或入门技能为主，重在培养专业基本素养和情感；第三类课程是开发并构建了大量选修类课程、社团类课程及实践类课程等。这一课程体系，体现了人文与科技结合、传统与现代链接、基础与职业融通的特点，力求夯实学生核心素养、促进学生均衡而有个性的成长，培养出具有“国家情怀、人文见长、才能卓越、社会担当”品质的学生，为学生适应高职阶段的学习以及未来职业发展和社会生活做准备，为学生终身发展奠定基础。

课程构建秉承北京财贸职业学院“扬长教育”和中央民族大学附中“共美教育”的办学理念，严格遵循贯通项目人才培养目标，涵盖了人文与社会、数学与科学、技术与职业、艺术与健康、综合实践五大领域。语数英重应用品质，政史地塑人文素养，理化生聚生活常识，音体美促全面发展。引入英语机构教学，聘请外籍教师承担口语教学。与首都师范大学对接，系统设计了贯通学前教育特别是第三年的课程体系并有效实施教学。安排进行 8 门左右（礼仪、点钞、小键盘、艺术设计鉴赏与实践、物流通用技术等）财贸通识课。设置专业认知体验周，与学校专业二级学院合作设立财贸大讲堂——贯通讲堂，为学生专业选择以及职业规划奠定基础。以“走北京”和“看中国”为主题进行研学旅行实践课程，弘扬和践行中国优秀传统文化、革命文化和社会主义先进文化。

持续推进“三教改革”，继续深化“两融入两对接”（融入德育要素、融入职业元素，对接高职专业、对接本科专业）课程改革思路，四年的构建实践，不断完善，尤其对基础文化必修课程进行校本化处理，制定完成了贯通基础课程课程标准和学生学业质量标准。开发出不少有质量有特色的校本材料。如语文、数学、英语、政治、历史、地理等统考科

目教师，编写了贯通基础阶段全部教案和学案；编写出版《贯通基础阶段语文读本》《贯通数学（基础和综合模块）》《贯通英语（基础模块）》，印制了语文、数学、美术、研学实践等成果手册。

每年开设选修课和社团课 80 多门次，课程资源丰富多彩，深受同学们欢迎。2016 年以来共开设了 203 门选修课。选修课和社团课程的设置突出基础性、实用性和趣味性，有利于拓展贯通学生的知识与技能，培养职业素养。

三、教学管理体系：严谨有序，各主要环节规范完善

以人为本，打造有刚性而又有温度的教育教学管理服务保障体系。规范完善教学管理的各主要环节和流程，加强教学质量监控，提高管理效能。

（一）教学制度规范

贯通基础阶段教学管理的各主要环节规范完善。从教师教学的各项基本规范到教学检查、教师说课、听课、评课、教学督导、教师公开课研究课到考试、学案设计、作业设计和批改、试卷命制与分析、学生学业评价等一系教学制度逐步完善。在学校教务处的指导下，针对贯通实际情况，完善了一系列的制度及要求，如编订教师教学工作手册、教学常规检查细则、校本选修课记录手册、听课记录、记分册、考勤册、作息时间表，购买社会服务课程协议的商定，制定外籍教师教学工作的基本要求，编订考务工作细则如监考员职责、考场规则、考试违规违纪认定及处理办法等。制定了贯通学生综合成绩考核与评定方案。

（二）教学管理严谨

要求全体教师利用职业教育的理念指导课堂教学，把职业教育所倡导的自主、合作、探究学习的特征凸显出来，强调教师在推进课堂教学方法改革中要注意把传统教学中优点长处与新教学理念的精神实质充分地糅合在一起，灵活运用于课堂教学。要求做好教学反思，写好教学后记，把教学心得、收获与反思进行认真总结后，与同学科教师之间互相交流、学习，共同促进与提高。

加强对教师的教学工作检查，规范教学行为。开学初，制订本学期教学计划和教学进度，教务定期检查，发现问题及时与教师沟通，使教学工作落到实处。如 2020 年春季学期，提前督促并检查教师提前准备教案、提前完成财贸在线资源上传情况、课后提交在线教学记录情况，教学运行工作留痕，对教师课堂教学进行听课，了解教与学的情况；对每周学生信息员反馈的教学方面的情况及时与任课教师沟通，搭建起教与学沟通的桥梁，努力协调解决存在的问题，促进教学与效率的提升，提高学生的获得感和成就感。

扎实开展课堂教学检查，如每节课，教务均安排人员检查教师的到位情况，对缺勤或迟到现象进行记录并及时联系教师，保障正常的教学秩序。同时，对学生的不良行为进行提醒、警示，做到教书与育人同时进行。检查教学文件，主要检查教师贯彻教师工作规范情况，教师的教案、作业、授课计划等完成情况。如 2020 年春季学期期中教学检查期间，教务各负责老师下载、整理、统计教案 1646 份，在线教学记录 2132 份，作业 1738 份。

通过检查，教师教案和教学记录符合要求，体现了教与学的良性互动，作业的布置能做到按教学进度，批改及时，对学生有鼓励的作用，适应了线上教学的要求。同时为保证在线日常教学过程中不落下一个学生，教学与学生系统密切配合，协同工作，每天对未按时上课的学生及时跟进，填写工作日缺勤学生日报表，每天督促提醒学生，保证了停课不停学工作的落实落地。

（三）考试组织周密

严格规范考试制度。先后集中组织了四届学生的入学摸底、月考、期中、期末、会考模拟、会考等系列考试，形成了严格有序的贯通基础考试制度。（包括对每次考试的试卷命制与分析、学生成绩分析和运用等）。规范考试过程，发挥考试对教与学的检测、激励与评价功能。每学期组织期中和期末考试。教务统一组织全院语文、数学、英语、政治、历史、地理、雅思（英语提升）7门学科的统考。提前通知各教研室和备课组精心准备期中、期末考试试卷，根据贯通学生的实际和各学科的特点，命题体现难易梯度。考试组织周密，监考教师认真监考。考试期间，严格考试程序要求，严肃考场纪律。院领导和教务、学生工作人员对考场逐一进行检查，发现问题及时解决，对违规违纪学生及时通报，营造了良好的考试氛围。教研室、备课组对考试内容、题型、答案、评分标准等进行研磨，确保考试的严肃性、有效性和针对性。每次考试试卷都是密封装订后批改，流水作业，以保证考试成绩的真实可靠和公正。考后认真组织阅卷，做好试卷分析工作，找出存在问题并提出相应的改进措施，使教学更具实效性。

（四）教学评价量化

根据学校要求，结合贯通基础教育学院的实际情况，在教学院长指导下，充分了解各教研室及教师反馈意见基础上，制定学院的教学质量评价量化指标，主要分为三个部分：学生评价、教学规范、同行评价。教学质量评价突出社会主义核心价值观的导向引领作用，重点考察教师在教学态度、教学能力、教研教改、教学效果等方面综合表现。每一学年结束后，教务将每位教师分项所得分数以及总评成绩发给相应的教师，旨在明确自身问题，找准努力方向，鼓励先进，鞭策后进。

四、教师发展体系：教学团队携手奋进，队伍建设成效显著

（一）教学团队建设携手共进

贯通基础教育学院与民大附中领导精细规划与参与，共同实施贯通基础师资队伍建设。每年上课的教师贯通基础教育学院专职教师、民大附中教师、学校校内兼课教师、学校外聘教师、购买服务的合作机构教师、外籍教师等100余人。自2016年以来，民大附中派驻贯通基础教育学院两位专职教务人员分别承担教务科长和教学管理员，负责教学常规管理等工作。每学期专职在贯通任课的教师超20人，还有近10名教师兼职贯通课程。同时，每学科安排一位民大附中学科组长或高级教师，担任督学或学科指导专家。全体教师融合团结，同心同向发力，圆满了完成贯通基础阶段每年3.5万多课时教学工作量。

积极开展教师综合素质提升培训，从教学方法、教学理念、教学能力等多个方面不断

提升教师素质，每学期都会集中开展教师培训。为落实北京财贸职业学院“双高校”“特高校”建设任务，促进教师教学能力的提高，提升教师教育教学素养，搭建教师成长平台。贯通基础教育学院组织了两届教师教学基本功比赛和教学大练兵活动，从教师说课、教案、板书书写等三个方面考察教师的教学基本功。共有 23 个学科 205 人次教师参加。教学基本功系列比赛的开展，为教师进步和成长搭建了展示自我的平台，提高了教师的专业化水平和业务素质。5 份教案入选 2019 年北京财贸职业学院“教学大练兵”优质教案汇编。

（二）教研室备课组建设精益求精

成立了贯通语文、数学、英语、体育、文综、理综、艺术 7 个教研室，同时成立两个年级的备课组。固定在每个周四的下午开展集体教研活动。教研室组织教师认真研究教材，认真集体备课，精心设计教法，积极构建合作、探究、自主的学习型教学团队。

教研室是学科建设的核心并推动课程建设，备课组是课程教学实施中心，具体落实课程建设成果转化为教学效果。北京财贸职业学院教师担任贯通教研室主任，民大附中教师则承担了绝大多数学科的备课组长工作。备课组长接到教研室安排后根据课程方案，在熟悉课程标准、采用教材与版本的基础上，结合年级学生的实际情况与组内教师共同研讨编制年级学期授课计划。各班任课教师在此基础上根据本班学生实际情况编制学期授课计划。

教研室、备课组对备课质量高标准严要求，每个学科两个年级组每周分别至少组织 1 次集体备课并参加每周的海淀区学科统一教研。老师们在各自备课的基础上集思广益，博采众长，共同调整探讨适合贯通学生的教学设计。大到每节课学习哪些知识点、采用什么样的教学方法，小到上课提问哪些问题、提问哪些层面的学生，某个知识点应该怎样进行处理都进行了较为充分的准备。集体备课后各位教师根据所带班级学情，结合本人教学风格，形成个人教案。

教研室、备课组组织开展公开课等教学观摩活动。2016 年以来每学年平均开展近 50 次公开课，每学年听课教师近 300 人次。通过公开课，为教师相互学习、交流经验搭建平台和创造机会，对规范课堂常规，提高教学水平发挥了积极作用。

通过两校教学团队的携手奋进，贯通基础教育学院的教师队伍迅速成长。20 多名教师获评高级和中级职称（其中获评高级职称5人）。现有2名学校教学名师，4名优秀教师，1 名学校师德先进标兵，1 人荣获北京高校第十一届青年教师基本功比赛三等奖，40 余人次获得学校教学质量优秀奖。立项教学内涵、教学改革、科研课题等 60 多个项目。发表 80 多篇学术论文。语文和数学两个教学团队代表学校参加了 2020 年北京市职业院校教师教学能力比赛。2018 年还获批成为北京市职业院校贯通项目语文师资培训基地。

五、竞赛活动体系：搭建竞赛和文化平台让学生人人出彩

（一）竞赛筑台，深化学科竞赛体系

激发学生学习兴趣，引导学生对知识的活学活用，是贯通基础教育学院教学改革的一个重要方向和目标。通过不断的探索和实践，秉承“以赛促教、以赛促学”的学科教学改革理念，形成了系列学生学科竞赛活动体系。构建和完善语数英“一月一季一节”竞赛体

系，规范其他各学科赛事活动。深化贯通学生人人能参加、人人都受益的贯通多学科竞赛体系。

已经举办了五届的语文文化月主要由古诗词吟唱比赛、课本剧比赛、朗诵比赛、手抄报展示、好书欣赏等系列活动组成。数学竞赛季由应用计算能力、笔算能力、空间组合体模型设计、思维导图和数学综合知识竞赛组成。英语文化节举办英语演讲、英文歌曲、英语文化知识竞赛、单词争霸赛、配音比赛、短剧大赛、嘉年华等活动。文综教研室举行政治知识竞赛和各地特色文化展示。艺术教研室举办贯通学子绘画大赛、音乐才艺大赛。理综教研室举办信息技术文字录入达人秀和科学知识小达人活动。学前教育团队主办“美丽校园”环保创意 DIY 大赛和学前教育技能展示。体育教研室组建了贯通篮球、田径和健美操运动队，每年举办春季田径运动会、秋季趣味运动会和贯通篮球赛。

（二）文化赋能，丰富贯通活动体系

精心打造“三节两会一讲堂”为载体的贯通文化活动体系，丰富和完善文化活动内涵。“三节”包括学科竞赛节、文化艺术节、阳光体育节。“两会”即新年联欢会、春季运动会。“一讲堂”即贯通大讲堂，组织系列专题讲座（包括知识、文化、素养、健康、安全、法制等多个方面）。对贯通学子实施学业精准帮扶，利用晚自习时间开设帮扶学困生的励志班和提升学优生的菁培班。

在学科品牌竞赛和文化活动的开展中，贯通学生的参与度高，受益面大，不同程度的学生都能找到学习的切入点和展示点，极大地激发了贯通学生的学习兴趣。学生先后获得全国青少年未来工程师竞赛木梁承重赛项一等奖和二等奖，广播之声全国青少年艺术大赛（民乐）全国总决赛古筝项目铜奖，世界自然遗产地图大赛全国优秀奖，青少年原创绘本国际大赛奖，北京市青少年未来工程师竞赛木梁承重赛项一等奖，全国中学生英语写作比赛北京赛区二等奖等。

第二篇
贯通基础教学制度篇

第四章　学校贯通项目基础阶段教学制度

北京财贸职业学院高端技术技能人才贯通培养试验项目
基础学习阶段教学工作常规（试行）

为实现高端技能人才贯通培养试验项目的教学工作的程序化、规范化和科学化，保证教学管理工作的规范化、制度化和科学化，确保教学工作正常运行，现根据北京市中学各科教学常规、《北京市教育委员关于进一步提高中小学教学质量切实减轻学生课业负担的意见》（京教基〔2008〕16号）和《中等职业学校教学管理规定》，特制定本教学工作常规。

一、教学准备

（一）制订学期授课计划

学期授课计划是学期课程教学活动的具体安排。任课教师在接到任课安排后，应根据课程方案、教学大纲（课程标准）、校历、教学进程表，在熟悉课程标准、教科书、相关参考资料的基础上，了解任课班级学生实际情况编制学期授课计划。

1. 学期授课计划主要内容

（1）课程名称、教师姓名、班级名称、学期、采用教材的名称与版本。

（2）学生情况分析：授课班级总人数、男女生人数；已掌握基础知识、基本技能情况等各个层次学生学习的基本情况。

（3）教学目的和要求：指通过本学期该课程的教学，学生应掌握的知识内容和培养能力、素质提高方面的要求。

（4）课程标准和教材分析：对学内容的内在联系和在学科教学中的地位进行全面分析，确定教学重点与难点分析。

（5）教学内容及教学进度：包括授课周次、节次（或课时数）、章节名称、内容摘要、课型、教具、课内外作业题号（或题数）、阶段测验、复习、实验教学等安排，考核的方式、次数等内容。

（6）教学措施：包括拟采用的教学方法与教学手段，应配备的教学设施、设备、仪器等。

（7）提高教学质量的措施：针对学生实际情况因材施教，制定可行的提高教学质量的具体措施。

2. 学期授课计划的编制要求

（1）各学期每门课程均需编制学期授课计划。课时与进度相同的同一门课程，不同的教师应编制各自的学期授课计划。

（2）任课教师应在开课前完成填写，开课前一周内将学期授课计划报学科组审核，学科组长批准后执行，并报基础教育学院备查。

（3）学期授课计划一经批准，不得擅自改动，特殊情况必须调整时，应由任课教师提出书面理由，经学科组长签署意见后，报基础教育学院批准。

（二）备课

备课是教师完成课前教学设计，进而顺利完成教学任务的关键。教师要认真钻研教学大纲（课程标准）、熟悉教材，在充分把握学科总体目标和阶段教学目标、任务和要求的基础上，准确抓住教学重点难点；针对学生间的个体差异因材施教，选择合适的教法和学法；根据学期授课计划，写好教案，认真设计每堂课的教学活动。

1. 教师个人备课

（1）备课标。教师备课前要认真领会课程标准，充分理解学科总目标，在教学设计中体现课程理念、落实课程目标、达到课程标准。

（2）备教材。深入钻研教材，熟悉教材，理清教材的知识框架、层次结构；充分利用课外教学资源；明确各章节的重点、难点、疑点以及教学任务，准确确定每节课在教学中应该达到的教学目标。

（3）备学生。充分了解学生知识和技能水平。关注学生总体共性特点以及个性差异，从学生的实际出发，增强教学的针对性和有效性，确保各个层次的学生都得到发展。

（4）备教法。掌握多种教学方法，根据特定的教学内容和教学目标，灵活选择和运用符合学生认知规律，有利于发挥自身特长的教学方法。

（5）备资源。根据教材内容慎用、精用、巧用各类教学资源，通过合理、科学、有效利用各类资源激发学生学习兴趣，帮助学生理解教学内容。

（6）备板书。对每一个教学单元精心设计板书，做到内容精炼、文字简洁、重点突出、条理清晰、布局合理、书写规范，把一节课的中心内容展现于黑板上，让学生易于理解，便于记忆。

2. 教师集体备课

学科组应每个月组织 1 次集体备课，通过集体备课集思广益，博采众长，达到统一教学目的，研究重点难点解决措施和优化教学方法的目的。

（1）集体备课时同年级平行班同一课程要求做到五统一：教学目的统一、教学重点统一、教学进度统一、课型和课时安排练一、考核标准统一。

（2）集体备课时要做到五定：定备课组组长、定时间、定内容、定地点、定中心发言人（主备人）。集体备课前每个教师要有自己的教案；在集体备课中大家形成共识，形成共案；集体备课后，教师根据自己所带班级的学生特点，结合本人教学风格，形成适用的教案。

（3）集体备课中每位教师应对教学研究过程、每位教师的有效发言、建设性意见进行记录，及时进行总结和反思，不断提高备课质量。

3. 编写教案

教师应严格按授课计划认真撰写教案。教案内容一般包括：课题、课时、授课班级、授课日期、课型、教学目标、重点和难点、教学方法、教学手段、教学过程、板书设计、课堂练习及课后作业，教学后记（反思）等。每节课、每种课型均应有完整的教案。

理、化、生实验课或其他需要实际操作的课程，教案应有实验目的与要求、实验原理、仪器设备、操作规程、可能发生的误差及预防措施、注意事项等部分。教师应课前进行实际操作，以保证课堂教学的顺利进行。

教案以 1 节课（45 分钟）为单位编写，其中的教学过程要体现详尽的教学内容、师生互动环节、教学时间分配及明确的教学意图。不得照搬照抄教材、教参、网上教案和旧教案（课件），每个教案应有明确的使用时间，严禁教师无教案上课或沿用过时的旧教案上课，电子教案必须有使用痕迹［电子教案是按教案编写要求、运用文字处理等软件制作并储存在计算机外部存储器上的文档。课件（教学软件）是以教案为基础、运用多媒体制作软件制作的、用于课堂教学的多媒体文件（教学软件）。课件（教学软件）不能代替电子教案］。

任课教师在学期开课前必须备有 4 周以上的教案，学期中应提前写好 2 周教案。学科组长应每两周对所有教师的教案进行审核签字，未经审核的教案不得使用。

二、教学实施

（一）课堂教学

课堂教学是教学的基本组织形式，要积极建立融洽的师生关系，创造和谐的课堂气氛，激发学生的学习积极性和潜力。适度运用现代信息技术，充分发挥教学情感的功能，提高教学艺术，合理安排教学环节。

1. 教学目标明确，教学内容准确

每节课都应有清晰而恰当的教学目标，教学的各个环节都必须紧扣教学目标。教学要讲究知识的科学性、系统性，重点突出，难度适当；不任意增减教学内容，确保所授知识及技能的准确性和实用性，突出能力的培养。既教知识，又教思想，在教学中渗透德育内容。

2. 教学方法科学

教师要根据教学内容、学生实际和自身特点，科学地选择教学方法和教学手段，合理使用教学资源，适时适度运用多媒体辅助教学。要突出学生的主体地位，调动学生的学习积极性，关注教学内容的呈现方式和学生的学习方式，为学生自主学习、合作学习、探究学习提供充分的时间和空间。

对于实验课，任课教师要与实验员一起做好实验实训前的准备，并对实验项目进行试作。做好学生分组安排。学生实验实训前，教师应简明扼要地向学生讲解本次实验实训的目的、要求、内容、方法和操作规程，严格按规范要求操作。实验过程中，教师要进行巡回指导，及时发现学生在实验过程中出现的错误并及时纠正。

3. 信息反馈及时

教师要善于观察和分析学生的学习情绪，有效指导学生掌握学习方法，注重有效信息的收集，适时调控教学过程，弥补学生在知识、技能上的缺陷。

实验课实验结束后，教师要检查学生实验任务完成情况；认真检查设备、仪器的使用情况，并及时对实验结果和实验报告进行评价，评定成绩。

4. 教学行为规范

教师要严格按学校课表上课，不得擅自调课、停课，不得擅自推销教辅资料，准时上下课，教师必须在上课预备铃响时到达授课地点，督促学生做好课前准备；课前清查学生人数，发现学生异常缺课要及时向班主任或学生管理部门通报；下课不得拖堂，上下课师生互致问候。

教师在课堂上应做到仪表端庄，衣着整洁、款式大方，不穿过于暴露的服装、不穿拖鞋、短裤，不浓妆艳抹，不留怪异发型。教态亲切、和蔼。不抽烟、不坐讲。授课言语规范，板书设计合理，书写工整。上课不得无故离开教室，不做与教学无关的事，关闭随身移动通信设备。

教师应尊重学生、严格要求学生、关心爱护学生，不讽刺挖苦学生；严禁体罚与变相体罚学生，严禁指派或允许他人调用学生，严禁在学生中传播有害学生身心健康的信息。

5. 深入反思，积累经验

教师课后要及时总结教学的成功经验，反思教学中的问题与不足，思考、研究解决问题的对策，为今后改进教学提供借鉴。

（二）作业批改

作业是课堂教学的延续，是巩固、提高和检查教学效果的重要手段。一般包括预习或复习教材，阅读有关的课外书籍，完成书面作业、口头作业和技能操作练习等。加强对作业的批改和教学的及时反馈。对有困难的学生进行面批，及时了解学生的学习效果，有针对性地进行集体辅导或个别辅导。不得盲目从教辅资料中指定作业和用简单对答案的方法批改作业。要严格控制课外作业量。

高中各学科书面作业总量一般不得超过 2 小时。

1. 作业内容精选

作业设计要根据课程标准和教学目标要求，准确，全面覆盖相关知识点，突出重点。凡是布置的作业，教师须先做一遍，了解作业的深度和广度，准确把握作业的难易程度及完成时间。提倡适时适量设计一些具有研究性、实践性、综合性等多样化的课外作业。

2. 作业量适当

不得布置机械重复和大量抄写的作业，严禁布置惩罚性作业。在精选作业的前提下，合理控制作业数量。对完成作业的形式、时间和书写要有明确要求。提倡分层、分类布置作业，难易要适度，设计要有梯度，满足不同层次学生的需要。

3. 作业要求明确

严格要求学生认真、独立完成作业，各学科应根据本学科的特点及不同类型的作业，提出作业书写格式的字体要规范，书写格式要统一，要求要一致，使学生养成良好的学习习惯和严谨的科学态度。

4. 批改反馈及时

作业批改必须及时，作业要全批全改，严禁让学生代批作业。当天作业一般应第二天一早收齐，一般作业收齐后的当天批改，作文一周内批改，不得几次作业作一次处理；作业要统一批改等级，规范使用各种批阅符号，注明批改日期，以及作业订正的要求；可采用标明正误、加注批语和评语、集中讲评等形式将学生完成作业的情况反馈给学生，及时督促学生纠正作业中的错误或不规范的问题，同时教师对学生改正的错误要及时给予复批。

（三）课外辅导

教师要根据教学要求开展课外辅导活动，不得随意占用学生的自习课；要明确辅导的对象和任务，研究辅导策略，确定辅导重点，制订辅导计划，满足不同群体和个体发展的需求，增强辅导的针对性。

学科组长要按年级有计划地安排每位教师的辅导答疑时间，各科要求保证每周有不少于 4 课时的辅导答疑时间。

对学有余力或具有某种特长的学生，应加强指导和培养，为他们提供超前学习或发挥特长条件和机会。

对学习困难的学生，应通过针对性训练弥补基础性知识缺陷，帮助其克服困难，改善学习效果。

对个别学生中存在的特殊问题，应及时地给予针对性帮助，不仅要关注学业上的问题，更要关心学生的心理感受，要多给他们一份关爱，教会其学习方法，培养其学习习惯和学习能力。让他们在学习活动中不断体验学习的成功感，增强学习的信心和兴趣。

（四）调、代、停课

为稳定教学秩序，应严格执行教学进程表和课程表，确因特殊情况需要临时调整的，要到基础教育学院办理调课、代课或停课手续。

1. 调课

教师因公、因病或因事（须有公差证明或请假批条）不能按课表上课时，由本人填写《课程 调（停、代）课申请表》，提出调课方案，至少提前一天提交申请由学科组长审核，由基础教育学院教学副院长审批同意后，基础教育学院备案并通知有关教师和班级执行。

2. 代课

教师因公、因病或因事（须有公差证明或请假批条）不能按课表上课时，本人填写《课程 调（停、代）课申请表》，至少提前一天由学科组长提出安排意见，请其他教师代课，经基础教育学院教学副院长审批同意后，基础教育学院备案并通知有关教师和班级执行。

3. 停课

在规定的教学时间内教师不得随意停课。教师因公、因病或因事（须有公差证明或请假批条）不能按课表上课，学科组长确实无法安排他人代课而需暂时停课时，教师个人提前一天填写申请由学科组长审核，经基础教育学院教学副院长审批后，由基础教育学院统一安排补课时间，通知相关班级后执行；由于学院工作安排需要临时停课的，须报批学院主管教学副院长，并由基础教育学院发出通知相关班级执行。因国家法定节假日调课的统一执行学院相关文件。

三、课程考核

考试是检查和评定学生掌握知识和技能的程度，督促学生系统复习和巩固所学知识和技能的重要环节；也是教师对自己教学效果的总结和检查，改进教学方法，提高教学质量的有效手段。凡教学计划规定开设的课程都必须进行考核。考试要把终结性评价与过程性评价有机结合起来，教师要结合课程标准和学生实际编制试题。

全学期的考试组织一般举行期中、期末考试两个阶段的考试，由基础教育学院统一命题、统一组织，笔试时间一般为 90~120 分钟，其他方式的考试时长由任课教师根据考核要求和考试内容确定。

（一）命题

1. 丰富考评方法

基础教育学院要积极创造条件引导教师进行考试评价研究和实践，关注学生的成长过程，建立学生的成长记录。提倡口试、开（闭）卷考试、实际操作评价、调查报告、科学研究报告、汇报与展示、方案设计、读书笔记等多种考评方式，努力构建评价主体多元、评价形式多样的评价体系。

2. 科学组织命题

命题应严格按照课程标准（教学大纲）和教材的要求，由学科组制订命题方案，从全面考查学生的基础知识、基本技能和智力发展水平出发，注重学生的实际，以学生发展为本，突出考试的激励、反馈、调整和改进的功能。试题覆盖面要广、突出教学重点，题目量适当；题型要多样，除必须熟记的知识外要避免出靠死记硬背回答的题目。

采用任何某一考试方式的每门课程应拟定难易程度相等、试题分量相当、试题重复率不超过 15% 的 3 份试卷，并附有标准答案及评分标准。每份考试试卷，要按学院试卷统一编制标准，注明考试课程名称、考试班级、考试学期、每道试题的分值等信息。学科组应指定教师进行可行性试做，确认在规定的考试时限内，一般水平的学生均能完成答卷后，认真填写“北京财贸职业学院考试出卷审核表”，连同试卷电子版和一份书面试卷交基础教育学院。

各科试卷应于考试前 3 周送交基础教育学院统一负责印制。试卷在命题、印制、分卷、保存过程中，应严格保密，教师辅导学生复习不得以任何方式向学生透露或暗示题意。

同一学期使用同一教材且教学内容和进度相同的同一门课程应采用同一试卷。已考过的试卷不宜重复使用。

对课程标准和教材较稳定的课程要逐步建立试题库（或试卷库），逐步实行随机组卷，实现教考分离。

（二）考务

1. 试卷管理严密

（1）所有试卷，应由专人统一保管。停课考试前，将每门课程的试卷装入档案袋密封，注明课程名称、专业班级及使用和备用的试卷编号。答题纸由基础教育学院统一印发，草稿纸可以依据具体情况由基础教育学院负责准备。考试前 30 分钟，监考教师方可到考务组领取试卷。

（2）所有在开考前接触试卷的人员，必须对试卷的保密负责。如发现泄密问题时，应追究责任，并视情节轻重给予泄密者相应的行政处分。凡考前泄密的试卷，应重新抽取备用卷重印。

2. 考试组织严谨

（1）学校要加强对学生的学风、考风教育，基础教育学院要制定考试纪律、考场规则，监考员职责。各班主任在考前要做好备考动员工作，宣讲考试纪律、考场规则。

（2）考试的组织与实施由基础教育学院负责，各班考试课程、考试日期、考场编排、监考人员安排，经基础教育学院教学副院长审核后于考前 1 周印发给各班级和监考人员。

（3）基础教育学院在考试前统一布置桌椅、清理考场。考试期间应安排巡视小组巡查考场秩序，处理考试中突发事件。

（4）每个考场安排两名监考员，考生实行单人单座，监考员要严格履行职责，认真执行考场规则，不得擅自离开考场。在考试中，发现违纪行为者，提出警告并及时制止，对情节严重者报主考处理，并填好考场记录。

（5）考试结束后，监考教师要及时清点、整理试卷，如实填写考场记录。基础教育学院对已查实旷考、违反考场规则的学生要及时进行处理。

（三）阅卷

1. 严肃阅卷

期中、期末考试试卷原则上密封装订，严格按评分标准阅卷，由学科组组织评卷，尽可能采取流水阅卷方式以确保学生成绩的客观公正。教师评卷要严肃、认真、公正，按评分标准给分，客观地评价学生的考试成绩。

2. 认定成绩

学期成绩的认定：学期成绩 = 平时成绩（40%）+ 期中考试成绩（20%）+ 期末考试成绩（40%）。

考试后 3 天内要结束阅卷评分工作，任课教师将所教班级的学生记分册、试卷及试卷分析送基础教育学院。书面成绩单上报基础教育学院之前，对于在成绩登录过程中有过修改之内容，必须经任课教师本人，在修正处用红笔签字确认，并署以修正日期。凡因各种原因没有参加考试的学生，必须在其成绩册中注明“缓考”“旷考”，作弊学生应注明“作弊”等字样。评阅后的试卷和学生成绩一经上报，任何人不得擅自更改。如学生对评分有异议时，在规定的时间内由本人提出申请，填写《学生成绩复核申请表》，经基础教育学院教学副院长同意后，由学科组长和阅卷教师在两周内一起查阅试卷，进行成绩复核。如确有错需要更正的，任课教师应填写《成绩更正单》经学科组长审核后，连同《学生成绩复核申请表》，送基础教育学院更正备案。

3. 及时总结

阅卷结束后，教师要及时对每个班级、每个学生进行全面的质量分析，填写《教学情况总结表》，总结教学工作中的经验和教训，提出改进教学的措施。其内容一般包括：试题构成、学生成绩情况及试卷的难度和区分度分析、答题情况及分析、通过考试反映教与学存在的问题、改进教学的意见等。

（四）补考

考试成绩不及格的学生由基础教育学院统一安排补考，补考时间一般安排在开学后第 2 周进行，补考学生名单由基础教育学院汇总，班主任通知学生，补考试卷由学科组长指定教师阅卷。

四、选修课与社会生活实践

选修课是扩大学生知识面，培养、发展学生潜能和兴趣特长的课程。选修课按选修的方式包括按课程选修和课内按模块选修两类，选修课的开设给予学生兴趣发展和个性化成长必要的空间。学生可以根据个人的志趣及学习能力，自主选择修读，并取得规定的学分。

（一）选课的基本程序

1. 公示选课安排，提供选课指导。每学期末最后 4 周内，基础教育学院应公布下学期拟开设的选修课安排意见（课程名称、学分、主要内容、开课时间等）。班主任应结合学生个性特点，指导学生选课。

2. 学生选课。学生在规定的选课时限内随机选课。选课结束后，人数不满 20 人的课程可以取消，但须向学生公示并给学生补选或改选机会。

3. 选课过程一般在每学期末最后 1 周内完成，打印教师教学任务书发至任课教师。

4. 任课教师要加强选修课的课堂考勤。凡缺课达 1/3 者，应取消其考核资格。

（二）社会生活实践

基础教育学院应充分利用各种教育教学资源，有计划地组织和指导学生参加课外学习活动，拓展学生学习时空，充分发挥学生个性，扩大学生知识视野，提高专业素质，增长社会实践活动能力，促进全面发展。

各项课外活动都应有组织、有计划地进行，有教师辅导，有明确的活动目的，内容健康。

1. 开展形式多样的美育活动

学校应根据实际条件和专业特点、学生的年龄特征，举办艺术节、体育节、参观参观博物馆、观看话剧、音乐剧、聆听音乐会等各类课外活动，培养健康的情趣，培养学生鉴赏美、体现美、创造美的能力，陶冶高尚的道德情操。

2. 开展体现国际化特点的课外活动

学校可根据专业特点，结合教学，加强外语应用能力，开展英语周、英语课本剧、英语创意大赛、英语演讲比赛、英语歌曲比赛、英语故事会、利用寒暑假组织国际游学活动等外语类专项活动，开拓学生的视野，丰富学生的英语知识，提高学生的英语语言能力。

3. 组织各种社会实践活动

学校要经常组织学生参加社会大课堂的学习，通过开展社区服务、环保宣传、义卖会、去孤儿院、养老院献爱心等社会公益活动，向学生进行德育和职业道德教育，提高学生的思想政治素质和社会实践活动能力。

五、教研活动

教研活动是教师之间相互交流、提高教学质量的关键，通过教研活动达到增强教师业务素质，提高教育教学质量的目的，教研活动不仅是教学常规工作中的一部分，更是促进教师自我成长的要素，教研活动做到“四个到位”即计划到位、时间到位、实施到位、考评到位。

（1）每学期学科组长要根据学校整体工作计划部署学科组工作，制订出具体、务实、有效的教研工作计划，并认真组织和具体实施教研计划。期中对教学常规、计划等进行检查，期末进行总结。

（2）学科组每周组织 1 次教研活动，每次活动应安排具体内容，要针对教育教学实践中遇到的实际问题，围绕如何改进教学模式、提高教学质量、提高业务能力等专题开展形式多样的教研活动。

（3）教师要积极参加教研活动，特殊情况要履行请假手续，学科组长要严格考勤，翔实记录教研活动过程及教师出勤情况。

（4）每学期学科组要组织一定数量的公开观摩课，组织教师开展集体评课，通过点评、总结、交流，实现共同进步。

（5）营造浓厚的科研氛围，鼓励教师积极开展教学科研课题，向有关教育教学报纸、杂志投稿发表教育教学论文或经验总结。

（6）加强档案管理工作，重视教育、教学及教研成果及经验的收集、建档和推广应用。

北京财贸职业学院高端技术技能人才贯通培养试验项目基础学习阶段课堂教学质量监控与评价办法（试行）

为保证高端技术技能人才贯通培养试验项目（以下简称“项目”）顺利开展，建立日常教学质量监控与保障体系，提高人才培养质量，特制定本办法。

一、课堂教学质量监控与评价对象、内容

课堂教学质量监控与评价的对象为学院高端技术技能人才贯通培养试验项目基础学习阶段的全体任课教师（含外聘教师）。通过监控教师教学工作常规（授课计划制定、备课、课堂教学、课外辅导、作业批改、听评课、考试等各环节）的执行情况，对课堂教学质量进行客观评价。

二、课堂教学质量监控系统的构成

高端技术技能人才贯通培养试验项目基础学习阶段的课堂教学质量监控与评价工作实行学院和基础教育学院两级管理。

（1）学院课堂教学质量监控系统，由主管教学工作的副院长牵头，教务处具体负责。

（2）基础教育学院的课堂教学质量监控系统由基础教育学院院长牵头，主管项目基础学习阶段教学工作的副院长负责实施。

三、院系两级课堂教学质量监控系统的工作职责

（一）院级课堂教学质量监控系统的工作职责

（1）负责项目基础学习阶段整体教学质量监控体系的规划与建设，制订相关评价参考量表。

（2）根据项目人才培养质量要求和教师教学工作常规，制定教师课堂教学质量评价办法和淘汰机制。

（3）负责选聘院级教学督导成员，负责指导、协助系级教学督导组开展具体工作，引导教师教学水平提升。

（4）不定期组织本项目的院级教学观摩、教学技能竞赛等促进教师教学能力提升的活动。

（二）基础教育学院的工作职责

（1）负责本项目教学质量监控与评价体系的建立，报教务处备案，经主管院长审批后予以执行。

（2）负责组织本项目的各类教学检查和全员评教工作，并将检查结果报教务处备案。

（3）负责建立项目系级教学督导组并开展工作，及时处理有关问题，并反馈信息。

（4）根据学院教学工作安排，每学期组织期初、期中、期末，以及日常教学检查工作，监督教师执行教学工作常规，确保教学秩序。

（5）积极组织开展教师教学、教改经验交流或观摩、讲课比赛等活动，对本项目领导班子及专任教师听课情况进行监督。

（6）配合学院、教务处做好专项检查工作。

四、课堂教学质量监控系统的监控措施

（一）教学检查制度

教学检查制度包括日常教学秩序检查和阶段性教学检查。教学检查工作由基础教育学院具体组织实施，以基础教育学院的自查为主，教务处负责督促、检查基础教育学院的教学检查工作，并有针对性地开展教学抽查，发现问题，提出整改意见，并督查问题整改情况。

1. 日常教学秩序检查

日常教学秩序检查包括教师到课情况检查（按时上、下课，遵守教师教学工作常规中的各项要求），课堂教学情况检查，学生出勤情况抽查等。

基础教育学院应建立日常教学秩序检查组织机构和工作制度，负责本项目日常教学秩序检查工作，并定期发布《教学简报》，确保正常教学工作的开展。

2. 阶段性教学检查

根据学院整体安排，由基础教育学院自行确定期初稳定教学秩序与执行教学规范检查、期中教学检查、期末教学完成情况检查与课程考核工作检查等阶段性教学检查工作的内容、时间及工作安排，检查结果报教务处备案。

（二）听课制度

听课制度既是实施教学质量监控的有效措施，也能促使学院领导和各级管理人员深入教学第一线了解教学情况，加强教学管理，更好地为教学工作服务。同时，听课制度也有利于教师互相学习，取长补短，形成重视教学、教研的好风气。有关听课制度要求如下：

（1）每位教师每学期听课次数不得少于 10 节课。

（2）基础教育学院以学科组为单位有计划地组织听课，保证本项目所有教师的课都要被听到。

（3）每次听课都应做听课笔记，记录授课的全过程，并写出评课意见，真实、客观、公正地填写《课堂教学质量评价表》，课后与教师进行简短的交流。

（三）督导制度

强化教学督导工作是完善教育质量保障体系，实施有效教学监控的重要措施。为保证项目更好地开展，学院成立院系两级教学督导组，负责协助基础教育学院开展各项教学检查工作。督导组成员的聘任条件、管理办法参照《北京财贸职业学院院系两级教学督导试行办法》执行。

（四）学生评教制度

学生评教是课堂教学质量评价的重要方面，按照公正、客观、公平的原则开展。

（1）学生评教在各年级全部班级中全面开展，包括专任教师、外聘教师、行政兼课教师，做到每一门课、每一位教师都要参与评价。

（2）本项目的学生评教工作由基础教育学院负责组织实施，需在课程进行到2/3后开展。

（3）学生评教问卷的统计处理工作，由基础教育学院负责统计汇总和分析。问卷统计结果应及时反馈给任课教师。

（五）课堂教学日志制度

课堂教学日志是记载任课教师上课地点、课堂教学内容、教学进度、学生考勤、违纪情况等教学基本情况的教学管理方面的重要资料。基础教育学院要组织班主任、学科教师和学习委员培训，督促各班按照要求填写好课堂教学日志。班主任要经常检查课堂教学日志的填写情况，发现问题要及时处理。各学科组要定期对课堂教学日志填写和管理情况进行专项评价，并公布评价结果。

（六）教学预警和淘汰制度

结合教学秩序检查和教学质量评价的结果，学院建立教学预警和淘汰制度。对教学检查中发现的不严格遵守《教学工作常规》的，但又未达到教学事故处理标准的教师，给予教学通报批评；对严重违反教学工作常规，造成教学事故的教师，按照《北京财贸职业学院教学事故的鉴定和处理办法》，给予教学事故认定及通报处理；对所有承担本项目教学任务的教师进行年度教学质量综合评价排名，排名后3%的教师根据具体情况给予试岗、待岗或转岗处理。

五、教师课堂教学质量评价办法

教务处质量监控部门负责对教师日常教学质量和基础教育学院的自查工作进行抽查，共同做好教师课堂教学质量评价工作。具体评价办法如下。

1. 教师的教学质量综合评价指标可由五部分构成，即：学生评价、教学督导听课评价、教师同行评价、教学规范评价和学生成绩；各部分的权重建议为30%、15%、10%、15%、30%。基础教育学院也可结合本项目的具体情况，依据本办法自主设计教师教学质量的综合评价指标体系，分配各指标权重；评价指标报教务处并经学院主管领导审批通过后，可予以执行。

2. 教师课堂教学质量评价各项目的评价方法如下。

（1）学生评教。

学生评教每学期进行一次，具体方法同前。

（2）教学督导听课评价。

教学督导听课评价以教学督导听课为依据，根据当学年督导专家听课评价的平均成绩，计算此项得分，每位教师每学期至少应被教学督导听课1次。

（3）教师同行评价。

教学同行评价由基础教育学院负责组织，以教研室为单位，根据相应的评价标准，每学年组织一次。基础教育学院要组成领导小组，做好动员和准备工作，教务处负责同行评价工作的检查与监督。

（4）教学规范评价。

基础教育学院根据学院《教学工作常规》的相关标准和要求，制定本单位教学规范评价标准，基础教育学院应成立由基础教育学院领导、教学督导、学科组长等组成的评价小组，对照评价标准为每位教师打分。教学规范评价每学期组织一次，评价结果取两个学期评价结果的平均值。

（5）学生成绩。

学生成绩主要考察教师的授课完成情况及授课质量，以学生的期中、期末考试成绩为主要依据对教师进行评价。其中，期中考试占 40%，期末考试占 60%，学生成绩评价实施细则另行出台。学生成绩评价每学期开展一次，评价结果取两个学期评价结果的平均值。

六、课堂教学质量评价结果

（1）基础教育学院将教师课堂教学质量评价体系中各项目的结果进行汇总，报送教务处备案，并以适当的方式向教师个人反馈教师课堂教学质量综合评价结果。

（2）教师课堂教学质量评价结果占本项目所有任课教师前 20% 的教师可获教学质量优秀奖。

（3）教师课堂教学质量评价结果作为学院专任教师职称评定、聘任及各项评优、评奖的重要依据。

（4）教师课堂教学质量评价结果作为学院专任教师评选“优秀教师”“教学名师”的重要依据。

（5）对于学年教学质量综合评价结果排名为本项目后 3% 的专任教师，予以试岗，由基础教育学院为其安排导师进行教学帮助和辅导，制订适应该教师的发展计划和进修、学习项目，以促进其教学质量的提高。连续三年教学质量综合评价排名位于本项目后 3% 的专任教师，予以待岗，不再安排教学任务，进行离岗培训，培训时间不超过一个学期，培训期间保留基本工资，不再享受岗位津贴等福利待遇。培训结束经基础教育学院、教务处、人事处考核通过后方可上岗。重新上岗后教学质量综合评价仍在本项目排名后 3% 的专任教师，根据实际情况给予转岗的处理，由学院统一安排其他岗位工作。对于学年教学质量综合评价结果低于 90 分的外聘教师，依据合作协议，予以解聘。

（6）申诉与复议。教师对个人评价结果有异议的可以由本人以书面形式向所在部门提出申诉，经所在部门、教务处复议处理后通知本人，如教师本人对复议结果不服，可直接向学院领导提出书面申诉。

七、其他

本办法自公布之日起执行，适应于高端技术技能人才贯通培养试验项目基础学习阶段的教学工作；学生转入高职阶段学习之后，执行《北京财贸职业学院高职教育课堂教学质量监控与评价办法》（财贸职院发〔2013〕35号）。

本办法由教务处负责解释。

北京财贸职业学院2020年贯通培养试验项目学生“转学习阶段”办法

为做好2020年贯通培养试验项目学生转入职业教育阶段学习的有关工作，根据《北京市教育委员会关于开展高端技术技能型人才贯通培养试验的通知》（京教职成〔2017〕8号）、《北京市教育委员会关于开展高端技术技能型人才贯通培养试验的通知》（京教职成〔2018〕1号）和《北京财贸职业学院高端技术技能人才贯通培养试验项目第一学年至第二学年学籍管理实施细则（试行）》，结合市教委职成处对此项工作的指导精神，特制定此办法。

一、学生转段条件与资格确定

根据学校贯通培养试验项目的学籍管理规定，凡具有正式注册学籍的2017级贯通培养试验项目学前教育专业、2018级贯通培养试验项目学生，完成基础教育阶段全部课程学习，经学业成绩审核合格，按照学校规定转入职业教育阶段继续学习；学业成绩审核不合格达到留级条件者，按留级处理，不具有“转学习阶段”资格。

二、专业设置与招生计划

根据贯通培养试验项目各学段的衔接要求，职业教育阶段的专业设置原则上与对接本科高校的专业设置保持一致。2017级贯通培养试验项目学前教育专业转入职业教育阶段后专业不变，2018级贯通培养试验项目职业教育阶段的拟设置专业和招生计划如下表所示。

2018级贯通项目专业设置及拟招生计划一览表

<table>
<tr><th>序号</th><th>专业设置</th><th>专业方向</th><th>对接本科院校</th><th>国内本科学校专业</th><th>拟招生计划</th></tr>
<tr><td>1</td><td>会计</td><td>注册会计师</td><td rowspan="5">首都经济贸易大学</td><td rowspan="2">会计学</td><td>70</td></tr>
<tr><td>2</td><td>会计</td><td>管理会计师</td><td>50</td></tr>
<tr><td>3</td><td>国际金融</td><td></td><td>金融学</td><td>60</td></tr>
<tr><td>4</td><td>工商企业管理</td><td></td><td rowspan="2">工商管理</td><td>70</td></tr>
<tr><td>5</td><td>旅游管理</td><td>国际领队与旅行规划师</td><td>30</td></tr>
</table>

续表

序号	专业设置	专业方向	对接本科院校	国内本科学校专业	拟招生计划
6	视觉传播设计与制作	时尚视觉设计与品牌管理	北京工商大学	视觉传达设计	40
7	建设工程管理	建造师	北京建筑大学	工程管理	35
8	工程造价	造价师		工程造价	30
合计					385

三、2018 级贯通专业志愿填报

学生根据自身学习兴趣、学习情况和职业发展规划，通过填报志愿的方式，自主申报专业。学校将按照公平、公正、公开原则，在学生基础教育阶段综合成绩评定结果的基础上，原则上尊重学生和家长的自主选择。

每名学生填报三个平行志愿专业，专业志愿申报表必须由本人和法定监护人共同签字才能有效。学前教育专业学生可填报其他专业，普通专业学生不可填报学前教育专业。

四、学生综合成绩认定

学生综合成绩认定依据《北京财贸职业学院贯通培养试验项目基础教育阶段学生综合成绩考核与评定方案》（北财院教发〔2018〕75 号）的有关要求和规定。

五、专业录取规则

按照学生填报的志愿和各专业拟招生计划，以学生综合成绩评定结果为依据，采用平行志愿录取方式进行录取，具体规则如下。

1. 平行志愿录取规则

专业录取时按照“成绩优先、遵循志愿”的原则进行，即先按照学生的综合成绩降序排序，然后根据学生专业志愿顺序和各专业拟招生计划数依次进行录取。

2. 专业志愿征集

在全部专业录取结束出现以下两种情况时，学校将进行专业志愿征集：一是未被任何专业录取的学生可参加未完成招生计划专业的志愿征集；二是专业录取人数不足学校规定开班人数时，该专业不予设置，填报该专业志愿的学生参加志愿征集。志愿征集时，每名学生最多填报两个平行志愿。

六、转段工作程序与时间安排

1. 专业认知

4 月 20 日至 5 月 15 日，贯通基础教育学院配合各接受学院组织 2018 级贯通学生开展在线专业认知。各接收学院开展专业宣传工作，帮助学生了解专业和行业发展动态，树立专业兴趣和职业志向，为选专业做准备。

2. 转段专业意向调研

5 月 18 日前，由贯通基础教育学院辅助教务处通过问卷星完成对 2018 级贯通学生的转段专业意向调研，参考调研结果拟定各专业招生计划。

3. 综合成绩认定与公示

6 月 24 日前，由贯通基础教育学院认定学生的综合成绩，将高端贯通学生综合成绩进行降序排序。如综合成绩相同，则依次按照英语成绩、语文成绩、数学成绩再次进行降序排序。

贯通基础教育学院对学生综合成绩排名予以公示，公示期三天。

4. 专业志愿填报与录取

7 月 5 日前，组织学生通过网络进行志愿填报。由于疫情原因，学生网络志愿填报的确认环节，采取自行打印网络志愿书，学生、家长分别签字后，拍照提交贯通基础教育学院的方式。照片与纸质版材料具有同等法律效力。学校招生办公室按照录取规则进行正式专业录取。

各专业录取结束后，学校对录取结果予以公示，公示期三天。

第五章　贯通基础教育学院教学规章制度

北京财贸职业学院贯通培养试验项目基础教育阶段
学生综合成绩考核与评定方案

根据北京市教育委员会和北京财贸职业学院关于开展高端技术技能人才贯通培养试验项目的相关文件，制定本方案。

一、综合成绩考核与评定的目标与原则

（一）目标

培育和践行社会主义核心价值观，实施扬长教育，促进学生全面与可持续发展；落实学校贯通培养试验项目“高、厚、宽、新”的人才培养目标，培养具有国际视野、国家情怀、人文素养的高端技术技能人才。

（二）原则

贯通项目基础教育阶段学生综合成绩考核与评定应遵循以下原则。

（1）引导性原则。综合成绩是对学生完成基础教育阶段学习后，包括学业水平、综合素养等方面的综合评定。评定结果可应用到学校对贯通项目基础教育阶段学生教育管理的各个方面，对学生的学习能力与人格发展培养有导向性。

（2）激励性原则。综合成绩的评定应有利于引导学生全面而有个性的发展，应与贯通培养试验项目基础教育阶段的育人目标及要求相一致，对学生的全面发展起到促进作用。

二、综合成绩考核与评定办法

综合成绩的评定由一类必修课程学业考核（50%）、二类必修课程学业考核（25%）和综合素养考核（25%）三部分构成，其中三部分占有不同的权重，评定结果计为百分制。

（1）一类必修课程学业考核：一类必修课程学业考核占整个综合成绩的比重为 50%。一类必修课程包括语文、数学、英语、政治、历史、地理等六门课程。每门课程每学期进行两次全年级统一考试，学期结束后按照平时成绩（40%）、期中成绩（20%）、期末成绩（40%）三部分综合评定学期成绩（百分制）。一类必修课程学业考核将六门课程所有学期成绩总和计算出平均值即为一类必修课程学业考核成绩。学期补考成绩和平时成绩的核定另见学校相关说明。一类必修课程学业成绩考核由教学管理部门完成认定。

（2）二类必修课程学业考核：二类必修课程学业考核占整个综合成绩的比重为 25%。

普通贯通专业大类的二类必修课程包括英语提升（雅思）、英语口语、信息技术、体育、音乐、美术、物理、化学、生物和财贸通识等其他非一类必修课程。

学前教育专业大类的二类必修课程包括英语提升（雅思）、英语口语、信息技术、体育、物理、化学、生物、自然、美术、舞蹈、视唱与练耳、乐理、钢琴、书法等其他非一类必修课程。其中美术、舞蹈、音乐（包括视唱与练耳、乐理）、钢琴、书法等课程占整个综合成绩的比重为15%，英语提升（雅思）、英语口语、信息技术、体育、物理、化学、生物、自然等课程占整个综合成绩的比重为10%。

每门课程学期结束后按照平时成绩和测试成绩评定学期成绩（百分制）。二类必修课程学业考核将二类必修课程所有学期成绩总和计算出平均值即为二类必修课程学业考核成绩。学期补考成绩和平时成绩的核定另见学校相关说明。二类必修课程学业成绩考核由教学管理部门完成认定。

（3）综合素养考核：综合素养考核占整个综合成绩的比重为25%。综合素养由学生日常行为、各类活动及奖惩等方面构成。综合素养成绩＝日常行为评定成绩 ×50%＋各类活动成绩 ×50%＋加减分项目 ×10%。各类活动包括班级建设类、宿舍文化类、社团活动类、素养教育类。（其中班级建设类活动成绩 ×10%；宿舍文化类成绩 ×10%；社团活动类成绩 ×10%，素养教育类活动成绩 ×20%）综合素养成绩考核由学生管理部门完成认定。

（4）综合成绩考核计算公式：学生综合成绩考核实行百分制。学生综合成绩＝一类必修课考核成绩平均分 ×50%+ 二类必修课考核成绩平均分 ×25%＋综合素养成绩平均分 ×25%。

三、综合成绩考核与评定结果的使用

（1）综合成绩考核与评定结果是贯通项目基础教育阶段结束后能否进入下一阶段学习的参考依据。

（2）综合成绩考核与评定结果是贯通项目基础教育阶段学生各类评先选优的重要依据。

（3）贯通项目基础教育阶段结束后，学校将依据当年专业指标和学生申报专业志愿，按照综合成绩考核与认定分数优先的原则，依次进行专业分配。

北京财贸职业学院教务处

贯通基础教育学院

2018 年 12 月 21 日

贯通基础教育学院教师教学工作基本要求

根据《北京财贸职业学院教师课堂教学行为规范》和《贯通基础学习阶段教学工作常规》，特制定以下教师教学工作基本要求。

（1）主体责任。课堂教学是学校人才培养工作的主渠道和主阵地。任课教师是课堂教学工作的主导者，是管理、控制教学过程的第一责任人，对课堂教学的设计、组织、安排、学生课堂学习质量、课堂纪律负责。

（2）认真备课。根据本学期学科授课计划认真备课，结合学情提前准备好教案和课件。

（3）按时到岗。任课教师应提前 5 分钟到达教室（含实训、实验教室），携带教学文件（教案、教材或讲义等）以及学生考勤册、记分册。任课教师应严格按照课表在规定时间、地点上课，未经学院批准不得随意调课、停课。不迟到，不早退，不拖堂。

（4）严格考勤。考勤册用于上课前点名用，学生病假、事假需出具学院认可的医院证明或学生管理部门签章等，（如当时没有医院证明，可由班级考勤员通知请假学生下次课补充提供）学生如无证明、假条，不在班按旷课计（迟到或早退 3 次记为一次旷课，如果一学期内有学生累计旷课达 3 课时，请及时通报教务科）。

（5）课堂教学与管理。任课教师上课应衣着得体，举止文明，原则上应站立讲授，上课前和课程结束后要求学生起立并互致答礼。加强课堂教学管理，教师应明确课堂教学目标、课堂学习纪律和行为规范，严格要求学生，及时制止和教育学生在课堂上的不当行为，维护正常的课堂教学秩序。上课前提醒学生将手机放入手机袋内，对上课期间有玩手机、吃东西、趴桌睡觉等行为的学生及时提醒。如有学生不服从管理（出现顶撞老师的言行），可明确告知其已经扰乱课堂秩序，课后将由教务科、学生科进行处理。如遇突发情况，学生之间发生冲突或学生擅自离开教室等，教师需先控制局势，即时通知到教务科、学生科人员。（教务科电话 85976965，学生科电话 85982035）以上均需做好记录。

（6）加强沟通。与本教研室学科或备课组教师及时沟通交流教学进度、教学内容、重难点知识的突破、作业安排、活动组织、考试范围等内容，促进本学科教学工作平稳有序开展。

（7）成绩评定。学生学期总评成绩（百分制）由三部分组成，平时成绩占比 40%，期中成绩占比 20%，期末成绩占比 40%。记分册是日常学生上课回答问题、课堂表现、作业完成等情况记分的记录，期末时该部分汇总为平时成绩，务必要有过程性记录。（平时成绩的评定因学科不同，无法统一标准，但各学科组或备课组内应有基本一致的评价依据，如考勤、课堂表现、笔记、作业、参加竞赛活动等）

贯通基础教育学院

2019 年 10 月 15 日

贯通基础教育学院学生综合素质类竞赛项目管理办法（试行）

为进一步规范学院综合素质类竞赛工作，提高贯通学生参加各类竞赛项目的参与度和成绩，全面提升育人工作质量，按照《北京财贸职业学院学生综合素质类竞赛项目管理办法（试行）》（北财院发〔2016〕39号）文件要求，结合贯通基础教育学院实际，特制定本办法。

一、项目界定

综合素质类竞赛主要指“学科类、文化艺术体育类、财贸素养类、创新创业类”等竞赛项目。

二、组织机构

学院成立综合素质类竞赛工作委员会

组　长：郭秋生　董雪梅

副组长：夏　飞　王国德　周晓凌

成　员：马诗凯　李　淮　刘　雷　李彦媚　屠宗萍

何　静　王海茹　周　莉　张艳云　李　成　张　冲

综合素质类竞赛工作委员会负责领导、协调学院各项学生综合素质类竞赛工作。办公室设在教务科和学生科（教务科负责审核各学科类竞赛文件，学生科负责审核文艺、财贸素养类竞赛文件）落实竞赛参赛补助及奖励等各项工作，开展相关工作总结，以及相关档案资料的整理、归档等。

三、竞赛管理

（一）竞赛认定

参加院级以上（含院级）竞赛项目，拟参赛部门应向综合素质类竞赛工作委员会提交参赛申请（校级及以上比赛并附竞赛通知），由综合素质类竞赛工作委员会及学校认定该竞赛是否适用本办法。

（二）获奖认定

每年1月和7月，以教研室和科室为单位，向综合素质类竞赛工作委员会提交本学期获奖奖励申请，综合素质类竞赛工作委员会按照文件要求，给予统一认定。

四、竞赛等级分类

（一）国家级竞赛

由国家政府部门主办的各项竞赛；由各类国家级学会、协会、行指委等主办的相关赛事。

（二）市级竞赛

由省（市）政府部门主办的各项竞赛或全国竞赛的省（市）级选拔赛；由各类省（市）级学会、协会、行指委等主办的相关赛事。

（三）校级竞赛

由学校综合素质类竞赛工作委员会审定的全校范围的财贸素养竞赛活动。

（四）院级竞赛

由学院综合素质类竞赛工作委员会审定的全院范围的竞赛活动。

五、竞赛补贴

学校对参加市级以上（含市级）综合素质类竞赛的师生给予补助，各类补贴和支出事宜按照《北京财贸职业学院学生综合素质类竞赛项目管理办法（试行）》中相关规定执行。

六、课时认定

学校对参加市级以上（含市级）综合素质类竞赛的师生给予课时认定，课时认定具体事宜按照《北京财贸职业学院学生综合素质类竞赛项目管理办法（试行）》中相关规定执行。

七、竞赛奖励

（一）对参加市级以上竞赛项目获得奖项的师生给予奖金奖励

对参加校级竞赛项目获得奖项的学生给予奖金奖励。对参加院级竞赛项目获得奖项的学生给予相应金额的奖品奖励。

竞赛参赛团队奖励标准（每项次）

主办方	获奖等级	特等奖（元）	一等（元）	二等（元）	三等（元）
政府部门	国家级	60000	30000	20000	10000
	北京市级	10000	5000	3000	2000
学会、协会、行指委	国家级	10000	5000	3000	2000
	北京市级	3000	2000	1000	500
学校	校 级	500	300	200	100
学院	院级		100	80	50

校级及以上奖励事宜按照《北京财贸职业学院学生综合素质类竞赛项目管理办法（试行）》中相关规定执行。院级学生获奖奖品奖励经学院综合素质类竞赛工作委员会审批后，由学院日常经费支出。

（二）对参加院级及以上各项竞赛获奖的学生将给予学生综合素养加分

具体加分事宜和标准按照《贯通基础教育阶段学生综合素养加减分细则》中相关规定执行。

八、附则

体育田径类、球类竞赛奖励参照北京财贸职业学院体育运动委员会相关文件执行。最终解释权归学院综合素质类竞赛工作委员会所有。

本办法自 2018 年 9 月 1 日起实施。

贯通基础教育学院

2018 年 7 月 1 日

第三篇
贯通基础教学体系篇

贯通基础教育学院与中央民族大学附属中学深度合作，共同实施基础教育阶段教育教学。两校共享优质师资，强强联合，优势互补。合作系统设计、积极构建和完善德智体美劳五育并举全面培养的贯通基础教育教学体系，落实立德树人，打造扬长教育平台，为贯通学子的全面发展奠定坚实基础。认真落实“高厚宽新”贯通人才培养目标，聚焦构建和完善财贸特质贯通基础教育教学体系，推进贯通教育教学治理体系建设和治理能力现代化，教育教学成果不断显现。

贯通基础教育教学体系主要由课程建设体系、教学管理体系、教师发展体系和教学竞赛活动体系等四大体系构成。其中教学管理体系已经在本书的第二篇《贯通基础教学制度篇》进行了部分论述。本章将着重从贯通基础课程建设体系、贯通基础教师发展体系和贯通基础教学竞赛活动体系等三大教学体系的构建及实践成果来进行展示。

第六章　贯通基础课程建设体系

贯通基础教育学院构建并不断完善融通“基础与职业”的贯通项目基础阶段课程体系，形成了以生为本、因材施教的基础教育阶段课程体系。课程重点对标专业培养，职业认知和职业素养渗透其中。根据学生的年龄段和贯通项目的特点和要求，构建三类课程。第一类课程以高中文化必修课程为主，重在夯实学生文化基础；第二类课程以财贸通识类认知或入门技能为主，重在培养专业基本素养和情感；第三类课程是开发并构建了大量选修类课程、社团类课程及实践类课程等。这一课程体系，体现了人文与科技结合、传统与现代链接、基础与职业融通的特点，力求夯实学生核心素养、促进学生均衡而有个性的成长，培养出具有“国家情怀、人文见长、才能卓越、社会担当”品质的学生，为学生适应高职阶段的学习以及未来职业发展和社会生活做准备，为学生终身发展奠定基础。

由基础文化课、专业认知课或财贸通识课、研学旅行实践课组成必修课程体系，由选修课和社团课程组成的选修课程体系。

（1）巩固提高必修课程质量。语数英重应用品质，政史地塑人文素养，理化生聚生活常识，音体美促全面发展。继续引入合作机构、聘请外籍教师，提升学生国际化素养。开设8门次财贸职业通识课。知行合一，设置贯通专业认知讲堂和体验周、开展以“走北京”和“看中国”为主题研学旅行实践活动。

（2）加大选修课程和扬长教育进阶课程的开发力度，深入挖掘贯通学生的潜力和志趣。选修课程资源丰富多彩，深受同学们欢迎。2016年以来共开设了203门选修课。选修课和社团课程的设置突出基础性、实用性和趣味性，有利于拓展贯通学生的知识与技能，培养职业素养。

（3）持续推进“三教改革”，继续深化“两融入两对接”（融入德育要素、融入职业元素，对接高职专业、对接本科专业）课程改革思路，制定完成贯通基础阶段课程标准、出版贯通基础校本教材、改革教学方法。

第一节　贯通基础文化课程建设

贯通培养项目基础阶段语文课程标准
（2019版）

党的十九大明确提出：“要全面贯彻党的教育方针，落实立德树人根本任务，发展素质教育，推进教育公平，培养德智体美全面发展的社会主义建设者和接班人。”基础教育课程承载着党的教育方针和教育思想，规定了教育目标和教育内容，是国家意志在教育领域的直接体现，在立德树人中发挥着关键作用。

2017 年，普通高中新课程方案和语文学科等学科课程标准修改工作已全部完成，并于 2018 年秋季开始执行。针对高端技术技能人才贯通培养项目基础阶段学情，北京财贸职业学院贯通基础教育学院语文教研室在普通高中语文课程标准的基础上，进行了一定程度上的校本化改造，努力使之既符合贯通培养项目实际情况，又具备科学性和操作性，构建具有北京财贸职业学院特色的贯通基础阶段语文课程标准。

一、课程性质与基本理念

（一）课程性质

语文课程是一门学习祖国语言文字运用的综合性、实践性课程。工具性与人文性的统一，是语文课程的基本特点。

高端技术技能人才贯通培养项目基础阶段（以下简称“贯通基础阶段”）语文课程是学生发展思维、形成能力、提高素质的基础，对学生的职业生涯、终身学习和个性发展起奠基作用。贯通基础阶段语文课程，应使学生在学习基础语言文学知识、掌握从事职业生涯“必需、够用”的语文能力的基础上，进一步提高语文素养，形成良好的思想道德修养和科学人文修养，为终身学习、全面个性成长和良好职业生涯发展奠定基础，为传承和发展中华文化、增强民族凝聚力和创造力发挥应有的作用。

（二）基本理念

1. 立足贯通学情，注重语言实践

贯通基础阶段语文课程要坚持以学生发展为本，立足实际学情，充分关注学生成长特点，激发学生学习语文的积极性和主动性，通过丰富的语言实践活动让学生在体验中感悟和获得语言知识，学会规范用语，提升语言文字运用能力。

2. 融入职业元素，凸显职教特色

贯通基础阶段语文课程要兼顾职业教育以服务发展为宗旨、以促进就业为导向的根本属性，关注学生的专业背景，适时通过选择适合的教学内容和教学要求，有机融入职业元素，引导学生学会运用语言知识和技能解决实际问题，在语文学习中体现职业教育特色，使学生的语文能力向职场能力迁移。

3. 注重文化熏陶，培育人文素养

贯通基础阶段语文课程要充分利用文本资源，引导和激励学生阅读中外经典名篇，引导学生丰富语言积累，培养良好语感，掌握学习语文的基本方法，养成良好的学习习惯，提高运用祖国语言文字的能力，培养自觉的审美意识和高尚的审美情趣，引导学生自觉继承中华优秀传统文化和革命文化，吸收世界各民族文化精华，积极参与中国特色社会主义先进文化的建设与传播。同时，在教学中因地制宜，弘扬北京精神，学习北京特色文化，培养学生热爱家乡、热爱北京的情怀。

4. 拓宽学习渠道，倡导学会学习

语文课程要坚持学习的自主性和开放性，不仅要重视“学得”，更要强调“习得”，

让学生学会学习；要加强信息技术与课程的整合，优化学习方式，让学生善于学习；要课内课外有机结合，充分利用社会所提供的丰富的语文教学资源，引导学生多渠道地学习和历练，体验学语用文的快乐，夯实终身学习和可持续发展的基础。

二、课程目标与核心素养

（一）学科核心素养

1. 语言建构与运用

语言建构与运用是指学生在丰富的语言实践中，通过主动的积累、梳理和整合，逐步掌握祖国语言文字特点及其运用规律，形成个体言语经验，发展在具体语言情境中正确有效地运用祖国语言文字进行交流沟通的能力。

2. 思维发展与提升

思维发展与提升是指学生在语文学习过程中，通过语言运用，获得直觉思维、形象思维、逻辑思维、辩证思维和创造思维的发展，以及深刻性、敏捷性、灵活性、批判性和独创性等思维品质的提升。

3. 审美鉴赏与创造

审美鉴赏与创造是指学生在语文学习中，通过审美体验、评价等活动形成正确的审美意识、健康向上的审美情趣与鉴赏品位，并在此过程中逐步掌握表现美、创造美的方法。

4. 文化传承与理解

文化传承与理解是指学生在语文学习中，继承和弘扬中华优秀传统文化、革命文化、社会主义先进文化，理解和借鉴不同民族和地区的文化，拓展文化视野，增强文化自觉，提升中国特色社会主义文化自信，热爱祖国语言文字，热爱中华文化，防止文化上的民族虚无主义。

（二）课程目标

通过本课程学习，学生应达成如下目标。

（1）具有语文学习兴趣，学习态度端正，学习习惯良好。能在课内课外主动阅读，并注意日常生活中的观察、思考和积累，体验与理解多元化、多层次的社会生活。

（2）夯实语文学习基础，能正确理解与运用规范语言，具备适应现代社会生活、就业和继续学习需要的听说、阅读与写作的能力。

（3）树立学以致用意识，能联系专业学习和职业素养养成，进行语言实践活动，强化语文实际应用，提高语文综合运用能力。

（4）掌握语文学习方法，能够通过检索、阅读、思考和积累，选择、运用信息技术和手段，解决学习过程中的相关问题，形成终身学习与可持续发展的能力。

（5）热爱祖国语言文字，认识中华文化的博大精深，汲取传统文化智慧，感受人类文明精华，陶冶道德情操，提升人文素养，形成健康的审美情趣、积极的人生态度及正确的价值观。

（6）关注职业能力的培养，以职业角色为重要支撑，将语文潜能转化为未来职业能力，与社会经济发展相适应，培养创新精神、工匠精神，加强职业道德和职业素养教育。

三、课程结构

（一）设计依据

（1）以中国特色社会主义理论体系为指导，落实立德树人根本任务，遵循教育规律，着力发展学生的核心素养，促进学生全面而有个性地发展。

（2）从祖国语文的特点和高端技术技能人才贯通培养项目基础阶段学生学习语文的规律出发，以语文学科核心素养为纲，以学生的语文实践为主线，设计“语文学习任务群”，以任务为导向，以学习项目为载体，整合学习情境、学习内容、学习方法和学习资源，引导学生在运用语言的过程中提升语文素养。

（3）学习任务群以自主、合作、探究性学习为主要学习方式，凸显学生学习语文的根本途径。

（4）基础教育阶段语文课程必须体现时代性、基础性和选择性。适应职业教育基础阶段发展趋势，适应社会对人才的多样化需求，建设全新的基础阶段语文课程结构体系和实施机制，在课程内容的设计和选择上，应该体现工匠精神、职业精神、职业道德和职业素养，为具有不同需求的学生提供更大的自主发展空间。

（二）课程结构

高端技术技能人才贯通培养项目基础阶段语文课程由必修、选修和拓展三类课程构成。中华优秀传统文化、革命文化和社会主义先进文化方面的内容始终贯串必修、选修、拓展课程。

必修课程 6 个:“整本书阅读与研讨”“当代文化参与”“语言积累、梳理与探究”“文学阅读与写作”“思辨性阅读与表达”“实用性阅读与交流”。

选修课程 6 个:“整本书阅读与研讨”“当代文化参与”“语言积累、梳理与探究”“商业类文学文化作品研读”“旅游类文学文化作品研读”“建筑与艺术类文学文化作品研读”。

拓展课程是满足学生继续学习与个性发展需要的任意内容，内容侧重于与培养未来职业能力相关，按专题组织，由教师根据学情决定，不作统一规定。

为落实上述学习任务群，在教材编写上，采用混合式项目群（即单元任务群）的形式。单元任务群有明确的主题，有多个子任务群，有选择地呼应不同“语文学习任务群”的目标。

北京财贸职业学院贯通项目基础阶段混合式项目群共设置 12 个，分别为：发现美好、感受真情、追求进步、乡土情怀、生命赞歌、学会思考、商业活动、家国情怀、学会学习、文字之美、珍惜和平、人与自然、放飞梦想、关注社会、国际理解、实践创新。每个任务群下设两个子任务，如“发现美好”设有“自然之美”与“人文之美”，“感受真情”分为“真挚情感”与“学会感恩”，“追求进步”分为“认识自我”和“欣赏他人”等。

（三）学分与选课

必修课程，开设 4 个学期，14 学分；选修课程，开设 2 个学期，设计 6 学分课程，供学生自由选择。

必修课程，每名学生必须修习；选修课程，学生根据个人需求选择修习；拓展课程，学生可自由选择学习。学习任务群的比重按学分计，安排如下。

贯通基础阶段语文课程结构及学分

<table>
<tr><th>必修（18学分）</th><th>选择性必修（8学分）</th><th>拓展（4学分）</th></tr>
<tr><td>整本书阅读与研讨
（2学分）</td><td colspan="2" rowspan="2">（整本书阅读与研讨、当代文化参与在选修和拓展阶段不设学分，穿插在其他学习任务群中）</td></tr>
<tr><td>当代文化参与
（1学分）</td></tr>
<tr><td>语言积累、梳理与探究
（2学分）</td><td>语言积累、梳理与探究
（2学分）</td><td rowspan="5">教师选择的任意满足学生继续学习与个性发展需要的内容，侧重于与培养未来职业能力相关</td></tr>
<tr><td rowspan="2">文学阅读与写作
（8学分）</td><td>商业类文学文化作品研读
（2学分）</td></tr>
<tr><td>旅游类文学文化作品研读
（2学分）</td></tr>
<tr><td>思辨性阅读与表达
（2学分）</td><td rowspan="2">建筑与艺术类文学文化作品研读
（2学分）</td></tr>
<tr><td>实用性阅读与交流
（3学分）</td></tr>
</table>

四、课程内容

学习任务群 1　整本书阅读与研讨

本任务群在必修阶段安排 2 学分。

应完成一部长篇小说和一部古代文学著作的阅读，重在引导学生建构整本书的阅读经验与方法。课时可安排在两个学期，宜集中使用，便于学生静下心来，集中时间和精力，认真阅读一本书。

1. 学习目标

（1）在指定范围内选择阅读一部长篇小说。通读全书，整体把握其思想内容和艺术特点。从最使自己感动的故事、人物、场景、语言等方面入手，反复阅读品味，深入探究，欣赏语言表达的精彩之处，梳理小说的感人场景乃至整体的艺术架构，理清人物关系，感受、欣赏人物形象，探究人物的精神世界，体会小说的主旨，研究小说的艺术价值。（2）

在指定范围内选择阅读一部古代文学著作。通读全书，勾画圈点，争取读懂；把握书中的重要观点和作品的价值取向。阅读与本书相关的资料，了解本书的思想特点。（3）完成不低于 2000 字的全书梗概或提要、读书笔记与作品评介 2 篇，要求用自己的语言撰写。（4）参加一次以上课下读书分享会活动。

2. 教学内容

根据教师推荐阅读的书目，选择性进行阅读。

学习任务群 2　当代文化参与

本任务群在必修阶段安排 1 学分。可由教师根据教材内容或学校实际情况，有选择地组织教学。在选修阶段不单设学分，可与其他学习任务群组合，设计一些课内外相结合的学习活动。本任务群的学习贯串必修、选修两个阶段。

1. 学习目标

（1）关注职业特点与行业动向，通过各种传媒，自主梳理材料，确定调查对象，完成一份职业调查报告或企业行业分析。（2）以小组为单位，关注当代校园生活，开展校园文化调查，搜集整理材料，选择一个方面进行思考，写一份关于建设健康和谐的校园文化的活动策划书，例如：宿舍文化建设活动策划、诗词诵读会策划等。（3）加入一个语文学习共同体（例如：文学社、读书会等），或参与至少两次各类语文学习活动，如读书交流、辩论演说、诗歌朗诵、戏剧表演等。（4）通过社会调查、观看演出、参与文化公益活动等，丰富语文学习方式，积极参与当代文化生活。

2. 教学内容

通过开放式学习，以参与性、体验性、探究性的语文学习活动为主。

学习任务群 3　语言积累、梳理与探究

本任务群的学习贯串必修、选修和拓展三个阶段。必修和选修阶段，均安排 2 个学分，拓展阶段不安排学分。本任务群旨在培养学生丰富语言积累、梳理语言现象的习惯，在观察、探索语言文字现象，发现语言文字运用问题的过程中，自主积累语文知识，探究语言文字运用规律，增强语言文字运用的敏感性，提高探究、发现的能力，感受祖国语言文字的独特魅力，增强热爱祖国语言文字的感情。

1. 学习目标

（1）了解汉字在汉语发展和应用中的重要作用，巩固和加深义务教育阶段所学的汉字知识。（2）通过文言文阅读，梳理文言词语在不同上下文中的词义和用法，把握古今汉语词义的异同。（3）在学习文学作品时，观察词语的活用、句子语序的变化等，体会文学语言的灵活性和创造性。（4）在运用口语和书面表达的过程中，对比两种语体用词和造句的差别，体会口语与书面语的风格差异。

2. 教学内容

本任务群的课时分配，由教师根据自己的教学计划安排。本任务群应贯串其他所有的

学习任务群，与各个学习任务群中阅读与鉴赏、表达与交流、梳理与探究的语文活动有机结合在一起。

学习任务群 4 文学阅读与写作

本任务群为 8 学分。分为 4 个学期学习。课内阅读篇目应囊括中华传统文化经典、中国革命传统作品、中国现当代作家作品和外国作家作品，其中，中国古代优秀作品应占 1/3。

1. 学习目标

（1）精读古今中外优秀的文学作品，从语言、构思、形象、意蕴、情感等多个角度欣赏作品。（2）用自己喜欢的文体样式和表达方式写作，与同学交流写作体会。写作次数不少于 8 次（不含读书笔记和提要）。（3）养成写读书提要和笔记的习惯。根据需要，可选用杂感、随笔、评论、研究论文等方式，写出自己的阅读感受和见解。完成至少一篇读书笔记。

2. 教学内容

（1）运用专题阅读的方式，设置阅读情境，激发学生阅读兴趣，引导学生阅读、鉴赏、探究与写作。组织阅读时，尽量围绕作品反应的某一社会生活内容，或对学生成长有关的某一话题设计专题，选择材 料，避免按文学史的发展脉络或文体知识组织阅读内容。（2）可将任务群进一步分解为子任务群，以项目学习的方式 ，锁定一个明确具体的问题，形成解决问题的步骤方案或计划，采取措施、对策，解决问题，展示、交流、共享收获，把个案性的体验、看法提升为基本的规则、原理等，提高能力。（3）为学生提供观察记录表、等级量表等自评互评的工具，促进学生不断进步。

学习任务群 5 思辨性阅读与表达

本任务群为 2 学分。课内阅读篇目中中国古代优秀作品不少于 1/3。

1. 学习目标

（1）阅读古今中外论说名篇，把握作者的观点、态度和语言特点，理解作者阐述观点的方法和逻辑。阅读近期重要的时事评论，学习作者评说国内外大事或社会热点问题的立场、观点、方法（2）学习表达和阐发自己的观点，参与不少于 2 次的专题讨论与辩论，力求立论正确，语言准确，论据恰当，讲究逻辑，能理性、有条理地表达自己的观点，平等商讨，有针对性、有风度、有礼貌地进行辩驳。

2. 教学内容

以专题性学习为主要方式。选择日常生活和学习中、历史或当今社会中学生共同关心的话题，要求学生通过阅读与鉴赏、表达与交流、梳理与探究等语文学习活动，阅读古今中外典型的思辨性文本，学习并梳理论证方法，学习用口头与书面语言阐述和论证自己的观点，驳斥错误的观点。

学习任务群 6　实用性阅读与交流

本任务群为 3 学分。本任务群旨在引导学生学习当代社会生活中的实用性语文，包括实用性文本的独立阅读与理解，日常社会生活需要的口头与书面的表达交流。通过本任务群的学习，丰富学生的生活经历和情感体验，提高阅读与表达交流的水平，增强适应社会、服务社会的能力。

1. 学习目标

（1）学习多角度观察社会生活，了解当代社会常用的实用文本。（2）掌握部分实用文本的写法，如活动策划书、计划、新闻、通讯、求职简历、调查访谈等。（3）以小组为单位，自主选择、分析研究任意媒体或自媒体，完成调研报告。如：选择一份报纸、一个有影响力的个人微博或公众号，对其一周的内容进行分析，如栏目设置、文体构成、原创和转发的比例、发表内容的价值取向，粉丝数量及增长趋势（仅限自媒体）等，将结果记录下来，完成一份文字分析报告并运用多媒体展示交流。

2. 教学内容

教学以社会情境中的学生探究性学习活动为主，合理安排阅读、调查、讨论、写作、口语交际等活动。

学习任务群 7　商业类文学文化作品研读

本任务群为 2 学分，学习内容贯串必修和选修阶段。

1. 学习目标

（1）选择商业类文学的代表性作品或选段进行精读，体会其记录的贸易活动、商人形象、商业经济发展状况、商业文化等。（2）进行商业考察，选择一个区域或一所公司，调查其代表商业项目、商业环境分析、消费者消费需求等，完成一篇商业市场研究报告。

2. 教学内容

选择描写商业城市、贸易活动、商人形象，反映文人与商界的交流及相互影响，记载文人商业思想，与商业活动关系紧密的各种体裁文章、典籍和文学表现形式，设置阅读情境，激发学生阅读兴趣，引导学生阅读和实际运用。

学习任务群 8　旅游类文学文化作品研读

本任务群为 2 学分，学习内容贯串必修和选修阶段。

1. 学习目标

（1）选择旅游文学的代表性作品或选段进行精读，体会其记录的风土人情、文化习俗等。（2）进行实地旅游，完成一篇游记的撰写。

2. 教学内容

选择记述旅途见闻，描写旅游过程中各种自然人文景物或旅游事件，记叙、评价旅游地现实状况、社会习尚、风土人情、历史沿革、名胜古迹等的文学作品，设置阅读情境，激发学生阅读兴趣，引导学生阅读、鉴赏与写作。

学习任务群 9　建筑与艺术类文学文化作品研读

本任务群为 2 学分，学习内容贯串必修和选修阶段。

1. 学习目标

（1）选择建筑和艺术类文学的代表性作品或选段进行精读，体会其记录的建筑特色、艺术形式等，获得审美的提高。（2）选择一座建筑或者一种艺术形式，实地参观或体验，并将感想记录下来。

2. 教学内容

选择描写建筑风格、建筑形态、艺术品类、审美鉴赏等的各种体裁文章、典籍和文学表现形式，设置阅读情境，激发学生阅读兴趣，引导学生阅读和实际运用。

五、学习内容与要求

（一）听说能力

“听”与“说”是人们接收与传递信息、进行沟通交际的重要言语活动。“听”的能力主要指在特定的情境中接收、理解和把握所听信息的能力；“说”的能力主要指在特定的场合以口头方式表达自己的想法、观点或对交流对象所传递信息做出应对的能力。培养听说能力，重要的是要养成尊重他人、倾听他人发言的习惯，学会辨别、筛选与把握所听信息，学会清晰、得体地表达自己的意见，从而提升交际沟通能力。

能力表现	具体描述	学习要求		相关知识
		基本	提高	
能用普通话进行朗读	能正确地使用普通话朗读	√		1. 普通话声母、韵母和声调正确发音的要求； 2. 普通话的轻声、儿化等语音要求； 3. 朗读的基本技巧（轻重、停顿、语调、语速、语气与情感表达）
	能语音清晰、通顺地朗读文本	√		
	能语调自然、节奏恰当、有感情地朗读文本		√	
能在日常交流中迅速把握说话者的大意	能有语境意识，关注交际场合与交际对象	√		1. 倾听的基本原则； 2. 听话的基本要领； 3. 提取、筛选信息的主要方法
	能听完、听清对方信息	√		
	能捕捉（提取、筛选）关键信息	√		
	能把握要点，记住并理解大意	√		
能辨析关键信息	能结合自己的经验，根据语境辨别信息的正误	√		1. 态势语的基本种类及交际效果； 2. 辨别信息真伪、正误的基本常识
	能借助语气、神态、肢体动作等判断交际对象的态度和倾向	√		
	能听出交际对象话语中隐含的真实意图		√	

续表

能力表现	具体描述	学习要求		相关知识
		基本	提高	
能对相关信息进行复述和评述	能遵照原意具体、完整地复述关键信息	√		复述、概述、评述的基本方法与要求
	能对相关信息进行归纳整理后作概述	√		
	能较有条理地对相关信息作简单评述	√		
能口述日常生活、学习与工作的经历	能从自己生活经验出发，清晰、完整地口述所见所闻	√		1. 口述的基本要求和方法； 2. 言语表述的意义和方法； 3. 态势语的表现形式及意义
	能有重点、有条理地口述相关职场情境中常用的文字、表格、图表等材料的主要信息	√		
	能根据需要恰当地运用语音、语调、语速和节奏进行口述		√	
	能借助态势语增强口头表达效果		√	
能在交谈中进行应对	能在交谈中做到话题相关	√		1. 交谈的基本礼仪； 2. 交谈中常见的互动形式和要求（迎送与接待、感谢与道歉、祝贺与慰问、电话接听与应答、寒暄与聊天、劝告、会议主持、应聘等）； 3. 交谈过程中的应对策略； 4. 协商用语的一般特点和要求； 5. 论辩的一般特点和要求
	能根据谈话内容，清楚地表达自己的感受和见解	√		
	能根据不同场合和自己的身份得体地进行交谈	√		
	能在协商、论辩等情境中，综合考虑他人的态度与观点，形成自己的立场，阐明自己的观点		√	
	能从特定情境出发，选用恰当的材料和方式说服他人		√	
	能有针对性地、得体地反驳不同观点		√	
能按照要求或围绕专题发言	能根据语境确立发言中心，并搜集、整合资料，有针对性地发言	√		1. 即兴发言的一般方法和要求； 2. 演讲稿的结构和语言组织； 3. 演讲的主要特点和基本要求
	能从发言效果出发，较快形成思路，有条理、较完整地进行发言	√		
	能即兴发表演讲		√	

学习经历要求：

1. 参与课堂内的学习与讨论活动，关注和倾听他人发言，积极主动、大胆发表意见。注重在日常学习中训练和提升听说能力。

2. 选择贴近专业、贴近生活、贴近时代的话题，参加 3~5 分钟说话、主题会、故事会、报告会、演讲会、论辩会等多种活动，激发参与兴趣，加强听说实践。

3. 收听收看时事新闻、访谈等广播电视节目及戏剧、电影等，在丰富的视听活动中，促进信息的快速获取、整理等思维活动，提高聆听的有效性。

4. 利用校园活动、企业见习与社会实践等平台，进行有目的、有主题、有要求的听说活动，在真实的沟通交际活动中，培养口头表达、与人交流和及时应对的能力。

5. 在听说实践中，不断获取成功体验，增强与人沟通交际的自信心。

（二）阅读能力

“阅读”是人们通过文字媒介等来获取所需信息的重要手段和途径。阅读能力主要表现为对阅读材料内容的领会与理解。培养阅读能力，重在培养阅读兴趣、掌握阅读方法、养成阅读习惯，学会理解和把握阅读材料的主旨及所蕴含的意图和感情，学会对阅读材料的思想内容与语言形式进行欣赏与评价。

能力表现	具体描述	学习要求		相关知识
		基本	提高	
能借助工具书解决阅读中的问题	能正确使用《新华字典》《现代汉语词典》《成语词典》等查阅字词的形、音、义	√		常用工具书（含数字化）的种类及使用方法
	能借助各类工具书或网络等数字化手段搜寻所需要的信息资料	√		
能快速把握阅读材料的大意	能识别阅读材料的基本用途	√		1. 快速阅读的一般方法； 2. 把握材料大意的主要途径
	能基本了解阅读材料的主要内容及大意	√		
能根据阅读目的，从阅读材料中获取所需要的信息	能对阅读材料的基本内容进行梳理和提炼	√		1. 收集所需信息的一般方法（找关键词、中心句等）； 2. 基本的表达方式（叙述、描写、说明、议论、抒情）及作用
	能根据阅读目的，收集和筛选阅读材料的关键信息	√		
	能借助阅读材料所使用的表达方式理解作者的情感倾向	√		
	能根据阅读材料中的文字表达，推测其隐含的信息	√		
能结合语境解释阅读材料的含义	能大致体会阅读材料所反映的情境	√		1. 分析和解释文本含义的一般方法； 2. 常用修辞手法（比喻、比拟、排比、夸张、设问、反问、对比、反复）及作用； 3. 常用标点符号（顿号、逗号、分号、句号、冒号、引号、括号、省略号、破折号）的作用
	能解释字、词在具体语境中的含义	√		
	能解释句、段在具体语境中的意义	√		
	能对相关职场情境中常见的表达诉求、说明事理等阅读材料的主要内容作基本的分析和解释	√		
	能根据阅读材料中的文字表达，分析作者的写作意图		√	
	能根据阅读材料的立场、情感倾向和选材、写作思路等，合乎情理地推断、分析其思想含义		√	
能归纳、概括阅读材料的主旨或主要内容	能结合语境提炼阅读材料各部分的主要内容	√		1. 列写提纲的方法； 2. 概括内容的基本方法
	能对相关职场情境中常见的表达诉求、说明事理等阅读材料进行主旨的提炼、归纳和概述	√		
	能从整体上把握阅读材料的主要内容，并概述其核心思想及情感、态度倾向		√	

续表

能力表现	具体描述	学习要求		相关知识
		基本	提高	
能梳理阅读材料的基本思路与结构	能从作者写作意图出发，理清阅读材料的基本思路与结构	√		1. 主要文体（文种）； 2. 常见文体（文种）的结构、顺序
	能通过段落或层次之间的关系，分析阅读材料的基本思路与结构	√		
	能从材料的选择和安排角度，分析阅读材料的基本思路与结构		√	
能对阅读材料进行适当的评价或赏析	能从内容或表达方式上对阅读材料的主要特点简单地发表自己的看法	√		1. 主要的表现手法（如叙议结合、情景交融、托物言志等）及表达效果； 2. 常用的说明方法（举例子、列数字、作比较、分类别、列图表）及作用； 3. 常用的论证方法（举例论证、引用论证、对比论证、比喻论证）及作用
	能结合自己的经验，评价阅读材料的意义和价值		√	
	能欣赏和分析阅读材料的语言及写作特色		√	
	能对阅读材料进行生发和联想，引申出其他有意义、有价值的思想、观念等		√	
能适当积累成语、俗语、文学常识和常见的文言诗文	能识记和理解常用的名言名句	√		1.生活中广为引用的名言名句（含成语、俗语等）； 2. 常见的文言诗文； 3. 基本的中外文学常识和常见的传统文化掌故
	能背诵常见的、较浅显的和篇幅短小的文言诗文	√		
	能在一定情境中运用常见的文言诗句		√	
	能了解基本的文学常识和解释常见传统文化掌故、成语、俗语的基本含义		√	
能读通较浅显的文言诗文	能借助注释理解较浅显的、简短的文言诗文大意	√		
	能用自己的语言概括较浅显的、简短的文言诗文大意		√	
	能从较浅显的、简短的文言诗文中获得有价值的启示		√	

学习经历要求：
1. 积极参与课内阅读学习活动，在阅读中发现问题，思考探究，提出观点，培养阅读思维能力。
2. 在师生学习讨论中，认真聆听和吸收他人意见，并乐于和同伴分享自己的阅读感受和见解。
3. 课外主动阅读、广泛阅读，不断增强阅读兴趣，养成勤于阅读的习惯。
4. 努力在各种场合（小范围或公众的）进行阅读交流，多与同学、老师、朋友或家人交流读书心得。
5. 学习和积累阅读策略和方法，不断提升阅读水平和阅读效率。

（三）写作能力

写作是通过书面形式进行交流的手段。培养写作能力，主要是学会规范地遣词、造句、写段、撰文，学会根据生活、学习和工作的需要选择合适的材料及相应的表达方式来反映客观的人和事，表达主观的思想、观点及感情。

能力表现	具体描述	学习要求		相关知识
		基本	提高	
能结合情境对词句表达、标点运用等进行修改	能发现常见的错别字并加以改正	√		1. 常见语病（用词、搭配、语序不当等）； 2. 修改病句的一般方法
	能发现常见的语病，并按规范要求改正	√		
	能根据具体情境要求，对词句表达、标点运用等进行修改和优化		√	
能结合情境对所给文字材料进行仿写、缩写、扩写	能在辨识语句、语段的结构和修辞的基础上，进行仿写	√		1. 仿写的类型与相关要求； 2. 缩写的类型与相关要求； 3. 扩写的类型与相关要求
	能从文章中提取主要信息，进行缩写	√		
	能根据文章的内在联系和自己的合理想象，进行扩写		√	
能对生活中的人、事、物、理进行客观描述	能抓住人、事、物、理的特征进行叙述	√		1. 诉求类文章写作的相关要求； 2. 事理类文章写作的相关要求
	能对生活及相关职场情境中的有关诉求、事理等进行较清晰的、较有条理的叙述	√		
	能结合生活及相关职场情境，对人、物、事、理等进行较准确的、较生动的描述		√	
能针对生活中的某一现象写出自己的感受和见解	能表述对生活现象的直观印象	√		1. 观察的一般方法； 2. 组织材料、安排结构的一般方法
	能结合生活经验，较清晰地、较有条理地表述自己对某一现象的看法	√		
	能结合特定的情境，得体地表达自己的见解		√	
能从写作目的出发选择合适的写作方式撰写文章	能选用合适的文体（文种）撰写文章	√		常用的应用文（邀请、感谢、自荐、倡议等书信，条据，通知，启事，计划，总结，说明书，演讲稿，规章制度等）
	能运用恰当的修辞手法增强文章的表现力		√	
	能运用恰当的表达方式提高文章的写作效果		√	
能从写作需要出发进行选材与布局	能根据主题或具体情境，提炼文章标题	√		1. 拟标题的方法； 2. 审题立意的方法； 3. 搜集、选择素材的方法； 4. 谋篇布局的方法
	能根据写作需要选择真实、新颖、典型的材料	√		
	能根据不同的写作需要构思文章结构		√	
	能按照主次、轻重、详略的需要，合理地安排段落层次		√	

学习经历要求：

1. 积极参与校园活动和社会实践活动，在活动中挖掘主题，搜集、选择典型材料，练习写作。
2. 主动观察与体味生活，写出真实的所思、所想、所感、所悟。
3. 做阅读摘录，写读书心得，仿照范文作文，并积极尝试完成真实情境下的写作任务，逐步养成勤动笔的习惯。
4. 以各种形式展示自己的习作，增强写作的成就感与自信心。

（四）考试知识内容

知识内容	
1. 常用工具书（《新华字典》《现代汉语词典》等）的使用方法	
2. 基本的表达方式（叙述、描写、说明、议论、抒情）及作用	
3. 常用修辞手法（比喻、比拟、排比、夸张、设问、反问、对比、反复）及作用	
4. 常用标点符号（顿号、逗号、分号、句号、冒号、引号、括号、省略号、破折号）的作用	
5. 主要的表现手法（叙议结合、情景交融、托物言志等）及表达效果	
6. 主要的写作顺序（记叙文的顺叙、插叙、倒叙，说明文的时间顺序、空间顺序、逻辑顺序）	
7. 常用的说明方法（举例子、列数字、作比较、分类别、列图表）及作用	
8. 常用的论证方法（举例论证、引用论证、对比论证、比喻论证）及作用	
9. 生活中广为引用的名言名句（含成语、俗语等）	
10. 基本的中外文学、文化常识	
11. 常见语病（用词不当、搭配不当、语序不当）	
12. 仿写、缩写	
13. 扩写	
14. 常见的应用文	条据、通知、启事、说明书、规章制度
	邀请信、感谢信、自荐信、倡议书、计划、总结、演讲稿等

六、学习评价

学习评价是课程教学的重要组成部分。语文学习评价，要以激发学生学习兴趣、促进学生主动学习和提高学生学习质量为根本出发点。

学习评价必须以课程标准规定的课程目标与学习要求为依据，全面考察学生的语文素养。要以学生语言文字运用能力评价为重点，同时关注学生语文学习的兴趣、态度、习惯和方法等评价；要创设具体的学习、生活或职业情境，结合情境来观察、了解、测量和判断学生语文课程学习的基本状况与语文能力水平。

学习评价应采用科学、合理的方法和手段来实施。与评价内容相适应，可采用评价主体多元，如学生本人、同学、教师、家长及企业、社会等；评价对象多元，如学生的学习行为和表现、学习结果等；评价结果表述方式多元，如百分数或等第、结果描述或过程描述等。还要注重过程性评价和终结性评价相结合，尤其要强化过程性评价，如对学生的课堂学习、小组活动、课外阅读及平时作业等表现进行观察记录，收集、积累相关学习档案材料等等。要将过程性评价和终结性评价、检测性评价与选拔性评价、静态评价与动态评价、总结性评价和发展性评价、自我评价与互动评价等有机结合，并有针对性地加以运用；同时，还要强调在评价中有效发挥合作评价和多元评价的作用，特别应探索将企业和社会的评价纳入评价体系，使其逐渐成为终结性评价的重要组成部分。

学习评价应对教与学起到积极的导向作用，要弱化评价的甄别功能，强化评价的诊断、改进与激励功能。应根据评价结果反馈，及时地、有针对性地调控和改进教与学，促进语文教学质量的不断提升。要重视对学生的纵向评价和分析学生的进步情况，实施全面的、综合的及体现发展性的学习评价，多给学生以鼓励，提升学生的学习自信心。

贯通培养项目基础阶段数学课程标准
（2019版）

一、课程性质与任务

（一）课程性质

数学是研究空间形式和数量关系的科学，是科学和技术的基础，是刻画自然规律和社会规律的科学语言和有效工具，是刻画是人类文化的重要组成部分，与人类生活和社会发展紧密关联。

数学源于对现实世界的抽象，基于抽象结构，通过符号运算、形式推理、模型构建等理解和表达现实世界中事物的本质、关系与规律。数学不仅是运算和推理的工具，还是表达和交流的语言。数学承载着思想和文化，是人类文明的重要组成部分。数学是自然科学的重要基础，并且在社会科学中发挥越来越大的作用，数学的应用已渗透到现代社会及人们日常生活的各个方面。随着现代科学技术特别是计算机科学、人工智能的迅猛发展，人们获取数据和处理数据的能力都得到很大的提升，伴随着大数据时代的到来，人们常常需要对网络、文本、声音、图像等反映的信息进行数字化处理，这使数学的研究领域与应用领域得到极大拓展。数学直接为社会创造价值，推动生产力发展。

数学在形成人的理性思维、科学精神和促进个人智力发展的过程中发挥着不可替代的作用。数学素养是现代社会每一个人应该具备的基本素养。数学教育承载着落实立德树人根本任务、发展素质教育的功能。数学教育帮助学生掌握现代生活和进一步学习所必需的数学知识、技能、思想和方法；提升学生的数学素养，引导学生会用数学眼光观察世界，会用数学思维思考世界，会用数学语言表达世界；促进学生思维能力、实践能力和创新意识的发展，探寻事物变化规律，增强社会责任感；在学生形成正确人生观、价值观、世界观等方面发挥独特作用。

高端技术技能人才贯通培养项目基础阶段数学课程是贯通培养项目基础教育阶段的一门必修基础课。本课程的任务是：使学生掌握必要的数学基础知识，具备必需的相关技能与能力，为学习专业知识、掌握职业技能、继续学习和终身发展奠定基础。

（二）基本理念

1. 以立德树人为根本任务，立足学生全面发展

数学课程以学生发展为本，落实立德树人根本任务，培育科学精神和创新意识，提升

数学学科核心素养。贯通项目基础阶段数学课程面向全体学生，树立扬长教育的理念，实现人人都能获得良好的数学教育，不同的人在数学上得到不同的发展。

2. 优化课程结构，精选教学内容

贯通基础阶段数学课程体现社会发展的需求、数学学科的特征和学生的认知规律，发展学生数学学科核心素养。优化课程结构，为学生发展提供共同的基础和多样化选择；突出数学主线，凸显数学的内在逻辑和思想方法；精选教学内容，处理好数学学科科学素养与知识技能之间的关系，强调数学与生活以及其他学科的联系，提升学生应用数学解决实际问题的能力，同时注重数学文化的渗透。

3. 融入职业元素，融合德育元素

数学教学以发展学生数学学科核心素养为导向，创设合适的教学情境，启发学生思考，引导学生把握数学内容本职。提倡独立思考、自主学习、合作交流等多种学习方式，激发学习数学的兴趣，养成良好的学习习惯，促进学生实践能力和创新意识的发展。注重信息技术、职业元素、德育元素与数学课程的深度融合，提高教学的实效性。不断引导学生感悟数学的科学价值、应用价值、文化价值和审美价值。

4. 重视过程评价，聚焦素养，提高质量

贯通基础阶段数学学习评价关注学生知识技能的掌握，更关注数学学科核心素养的形成和发展，制定科学合理的学业质量要求，促进学生数学学科核心素养水平的达成。评价既要关注学生学习的结果，更要重视学生学习的过程。突破应试教育束缚，实施素质教育，促进学生作为现代公民、高技能技术人才和国际化人才的核心素养的形成与发展。

二、核心素养与课程目标

（一）核心素养

学科核心素养是育人价值的集中体现，是学生通过学科学习而逐步形成的正确价值观念、必备品格和关键能力。数学学科核心素养是数学课程目标的集中体现，是具有数学基本特征的思维品质、关键能力，以及情感、态度与价值观的综合体现，是在数学学习和应用过程中逐步形成和发展的。

数学学科核心素养包括数学抽象、逻辑推理、数学建模、直观想象、数学运算和数据分析。这些数学学科核心素养既相对独立又相互交融，是一个有机的整体。

1. 数学抽象

数学抽象是指舍去事物的一切物理属性，通过对数量关系与空间形式的抽象，得到数学研究对象的素养。主要包括从数量与数量关系、图形与图形关系中抽象出数学概念及概念之间的关系，从事物的具体背景中抽象出一般规律和结构，并用数学语言予以表征。

数学抽象是数学的基本思想，是形成理性思维的重要基础，反映了数学的本质特征，贯穿在数学产生、发展、应用的过程中。数学抽象使得数学成为高度概括、表达准确、结论一般、有序多级的系统。

数学抽象主要表现为：获得数学概念和规则、提出数学命题和模型、形成数学方法与思想、认识数学结构与体系。

通过贯通基础教育阶段学习，学生能在情境中抽象出数学概念、命题、方法和体系，积累从具体到抽象的活动经验；养成在日常生活中和实践中一般性思考问题的习惯，把握事物的本质，以简驭繁；运用数学抽象的思维方式思考并解决问题。

2. 逻辑推理

逻辑推理是指从一些事实和命题出发，依据规则推出其他命题的素养。主要包括两类：一类是从特殊到一般的推理，推理形式主要有归纳、类比；一类是从一般到特殊的推理，推理形式主要有演绎。

逻辑推理是得到数学结论、构建数学体系的重要方式，是数学严谨性的基本保证，是人们在数学活动中进行交流的思维品质。

逻辑推理主要表现为：掌握推理基本形式和规则，发现问题和提出命题，探索和表述论证过程，理解命题体系，有逻辑地表达和交流。

通过贯通基础教育阶段学习，学生能掌握逻辑推理的基本形式，学会有逻辑地思考问题；能够在比较复杂的情境中把握事物之间的关联，把握事物发展的脉络；形成重论据、有条理、合乎逻辑的思维品质和理想精神，增强交流能力。

3. 数学建模

数学建模是指对现实问题进行数学抽象，用数学语言表达问题、用数学方法构建模型解决问题的素养。数学建模过程主要包括在实际情境中从数学的视角发现问题、提出问题，分析问题、建立模型，确定参数、计算求解，检验结果、改进模型，最终解决实际问题。

数学建模搭建了数学与外部世界联系的桥梁，是数学应用的重要形式。数学建模是应用数学解决实际问题的基本手段，也是推动数学发展的动力。

数学建模主要表现为：发现和提出问题，建立和求解模型，检验和完善模型，分析和解决问题。

通过贯通基础教育阶段学习，学生能有意识地用数学语言表达现实世界，发现和提出问题，感悟数学与现实之间的关联；学会用数学模型解决实际问题，积累数学实践的经验；认识数学模型在科学、社会、工程技术诸多领域的作用，提升实践能力，增强创新意识和科学精神。

4. 直观想象

直观想象指的是借助几何直观和空间想象感知事物的形态与变化，利用空间形式特别是图形，理解和解决数学问题的素养。主要包括借助空间形式认识事物的位置关系、形态变化与运动规律；利用图形描述、分析数学问题；建立形与数的联系，构建数学问题的直观模型，探索解决问题的思路。

直观想象是发现和提出数学问题、分析和解决数学问题的重要手段，是探索和形成论证思路、进行逻辑推理、构建抽象结构的思维基础。

直观想象主要表现为：建立形与数的联系，利用几何图形描述问题，借助几何直观理解问题，运用空间想象认识事物。

通过贯通基础教育阶段学习，学生能提升数形结合的能力，发展几何直观和空间想象能力；增强运用几何直观和空间想象思考问题的意识；形成数学直观，在具体的情境中感悟事物的本质。

5. 数学运算

数学运算是指在明晰运算对象的基础上，依据运算法则解决数学问题的素养。主要包括理解运算对象，掌握运算法则，探究运算方向，选择运算方法，设计运算程序，求得运算结果等。

数学运算是解决数学问题的基本手段。数学运算时演绎推理，是计算机解决问题的基础。

数学运算主要表现为：理解运算对象，掌握运算法则，探究运算思路，求得运算结果。

通过贯通基础教育阶段学习，学生能进一步发展数学运算能力；有效借助运算方法解决实际问题；能够通过运算促进数学思维发展，养成规范化思考问题的品质，养成一丝不苟、严谨求实的科学精神。

6. 数据分析

数据分析是指针对研究对象获得相关数据，运用数学方法对数据进行整理、分析和推断，形成关于研究对象知识的素养。数据分析过程主要包括：收集数据，整理数据，提取信息，构建模型，进行推断，获得结论。

数据分析是研究随机现象的重要数学技术，是大数据时代数学应用的主要方法，也是“互联网 +”相关领域的主要数学方法，数据分析已经深入到科学、技术、工程和现代社会生活的各个方面。

数学分析主要表现为：收集和整理数据，理解和处理数据，获得和解释结论，概括和形成知识。

通过贯通基础教育阶段学习，学生能提升获取有价值信息并进行定量分析的意识和能力；适应数字化学习的需要，增强基于数据表达现实问题的意识，形成通过数据认识事物的思维品质；积累依托数据探索事物本质、关联和规律的活动经验。

（二）课程目标

（1）获得进一步学习以及未来发展所必需的数学基础知识、基本技能、基本思想、基本活动经验。在九年义务教育基础上，使学生进一步学习并掌握职业岗位和生活中所必要的数学基础知识。

（2）培养学生的计算技能、计算工具使用技能和数据处理技能，培养学生的观察能力、空间想象能力、发现和提出问题的能力、分析与解决问题能力和数学思维能力。

（3）发展数学抽象、逻辑推理、数学建模、直观想象、数学运算、数据分析等数学学科核心素养。学会用数学语言观察世界，用数学思维分析世界，用数学语言表达世界。

（4）提高学习数学的兴趣，增强学好数学的自信心，养成良好的数学学习习惯，发展自主学习的能力；树立敢于质疑、善于思考、严谨求实的科学精神。

（5）不断提高实践能力、创新能力，逐步培养实事求是的科学态度。认识数学的科学价值、应用价值、文化价值和审美价值。

三、课程结构

（一）设计依据

（1）依据“扬长教育”的教学理念，实现“人人都能获得良好的数学教育，不同的人在数学上得到不同的发展”，促进学生数学学科核心素养的形成和发展。

（2）依据贯通项目的性质，体现课程的基础性、选择性和发展性，为全体学生提供共同基础，为满足学生的不同志趣和发展提供丰富多样的课程。

（3）依据数学学科特点，关注数学逻辑体系、内容主线、知识之间的关联，重视数学实践和数学文化。

（4）依据贯通课程方案，借鉴国际经验，体现课程改革成果，调整课程结构，改进学业质量评价。

（二）结构

根据贯通培养项目基础教育阶段课程方案，数学课程设置在第一学年和第二学年，每学期 90 学时，共计 360 学时。数学课程的教学内容由基础模块、拓展模块和职业模块三个部分构成。

（1）基础模块课程内容包括预备知识、函数、几何与代数、概率与统计，是各专业学生必需的基础性内容和应达到的基本要求。

（2）拓展模块包括四部分。

模块 1：数学综合知识与技能

数学综合知识与技能是基础模块的拓展与延伸，内容包括预备知识、函数、几何与代数、概率与统计。本模块的设计目标，为了更好地与高职、本科阶段课程中的高等数学、线性代数、概率论与数理统计内容进行良好地衔接，能够使学生有效地实现中职至高职、本科阶段课程的过渡，通过有针对性地安排基础知识的辅导与训练，为学生对接高职、本科阶段学习夯实基础。

模块 2：数学建模初步与探究

数学建模初步与探究是基于数学思维运用数学知识和模型解决实际问题的一类综合实践活动，内容包括：在实际情境中从数学的视角发现问题、提出问题、分析问题、构建模型，确定参数、计算求解，检验结果、改进模型，最终解决实际问题。本模块的设计目标，为了培养学生的数学思维、协作能力，树立学生的科学精神，激发学生解决问题的欲望，培养和提升学生的数学推理、数学抽象、数据分析和数学建模等核心素养。

模块 3：数学文化鉴赏

数学文化包含数学的思想、精神、方法、观点，以及数学的形成和发展，还包括数学家、数学史、数学美、数学教育以及数学与社会、科学种种文化的联系。数学文化鉴赏主要包括：中国古代数学、国外古典数学、数学家故事和数学之美等内容的鉴赏。本模块的设计目标，为了培养学生的数学思维、创新意识和探索精神，感知数学思想和数学方法，发展学生的数学应用意识。同时，了解中华优秀传统文化中的数学成就，体会其中的数学文化。帮助学生了解数学家成长过程，激发学生学习兴趣，同时帮助学生感悟数学结果的简洁之美、数学图形的对称之美。

模块 4：数学学科知识与教学能力

数学学科知识与教学能力是教师资格统考科目三的考试科目，主要考查申请教师资格人员数学专业领域的基本知识，教学设计、实施、评价的知识和方法，运用所学知识分析和解决教育教学实际问题的能力。内容包括：数学学科知识、课程知识、教学知识、教学技能。本模块的设计目标，加强对中小学数学课程的性质、基本理念和目标的理解，培养学生初步具有教授知识、教学设计、教学实施和教学评价的能力。

（3）职业模块是为学生确定发展方向提供引导，为学生展示数学才能提供平台，为学生发展数学兴趣提供选择，为职业与个性发展提供参考。按照“两融入，两对接”的贯通理念，结合学生未来职业规划方向，职业模块分为三部分。

模块 1（适用于财经商贸类等相关专业）

内容包括：数据表格信息处理、编制计划的原理与方法、社会调查数据分析、线性规划初步、应用数学模型。

模块 2（适用于建筑工程类等相关专业）

内容包括：三角计算及应用、坐标变换与参数方程、复数及其应用、逻辑推理初步、算法与程序框图。

模块 3（适用于旅游艺术类等相关专业）

内容包括：数学文化专题、数学与艺术、数学与体育、数学与军事、数学与天文、数学与风险、数学与建筑、数学与游戏、数学与人工智能。

四、教学要求

（一）认知要求（分为三个层次）

了解：初步知道知识的含义及其简单应用。

理解：懂得知识的概念和规律（定义、定理、法则等），以及与其他相关知识的联系。

掌握：能够应用知识的概念、定义、定理、法则去解决一些问题。

（二）技能与能力培养要求（分为三项技能与四项能力）

计算技能：根据法则、公式，或按照一定的操作步骤，正确地进行运算求解。

计算工具使用技能：正确使用科学型计算器及常用的数学工具软件。

数据处理技能：按要求对数据（数据表格）进行处理并提取有关信息。

观察能力：根据数据趋势，数量关系或图形、图示，描述其规律。

空间想象能力：依据文字、语言描述，或较简单的几何体及其组合，想象相应的空间图形；能够在基本图形中找出基本元素及其位置关系，或根据条件画出图形。

分析与解决问题能力：能对工作和生活中的简单数学相关问题，做出分析并运用适当的数学方法予以解决。

数学思维能力：依据所学的数学知识，运用类比、归纳、综合等方法，对数学及其应用问题能进行有条理的思考、判断、推理和求解；针对不同的问题（或需求），会选择合适的模型（模式）。

五、教学内容

本课程的教学内容结合贯通培养项目的培养方向，按照“加强基础，注意能力，突出应用，增加弹性，适度更新，兼顾体系”的原则将统编教材必修 1~5 和选修 1~3 分为四个主题：基础知识、函数、几何与代数、概率与统计。

基础模块

基础模块的内容包括四部分，分别是基础知识（集合、不等式）、函数（幂函数、指数函数、对数函数、三角函数、解三角形、数列）、几何与代数（平面向量、直线方程、圆锥曲线与方程、立体几何初步）和概率与统计（计数原理、概率与统计初步）。

主题一：基础知识

1. 集合

【内容要求】

（1）集合及其表示。

①通过实例，了解集合的概念；理解元素与集合之间的关系；②了解空集、有限集和无限集的含义；③掌握常用数集的表示符号，初步掌握列举法和描述法等集合的表示方法。

（2）集合之间的关系。

①通过实例，理解集合之间包含与相等、子集与真子集的含义；②掌握集合之间基本关系的符号表示。

（3）集合的运算。

①理解两个集合的交集与并集的含义，能求两个集合的交集与并集；②了解全集和补集的含义，能用 Venn 图表达集合的基本关系和运算。

（4）充要条件。

①了解充分条件、必要条件、充要条件的概念；②了解命题中条件与结论的关系。

【教学提示】

在本单元的教学中，教师应该从“初中阶段数学知识相对具体，贯通基础阶段数学知识相对抽象”这一特征入手，在知识与技能、方法与习惯、能力与态度等方方面面，帮助学生完成从初中阶段数学到贯通基础阶段数学学习的过渡。可以根据学生的实际情况布置不同的任务，采用自主学习、合作学习等多种方式组织教学，帮助学生逐步学会使用集合的语言简洁、准确地表述数学的研究对象，逐步学会用数学的语言表达和交流。

教师应以学生学过的数学内容为载体，以学生熟悉的情境和问题引入集合及有关概念，借助 Venn 图的直观性帮助学生理解集合的包含关系和集合的运算。本单元概念多、符号多，教学中应及时进行归纳总结；对一些容易混淆的概念和符号，要进行对比、辨析，如子集与真子集，0、{0}、Φ，∊、⊆，数学中的“或”与生活中的“或”的含义的区别等。

本单元的学习，可以帮助学生使用集合的语言简洁、准确的表述数学研究对象，进行数学推理，体会常用逻辑用语在数学结论表述和论证中的作用，提高交流的严谨性和准确性。重点培养和提升学生的数学抽象、数学运算、逻辑推理等核心素养。

2. 不等式

【内容要求】

（1）不等式的基本性质。

①了解不等式的基本性质；②掌握判断两个数（式）大小的“作差比较法”。

（2）基本不等式。

①掌握基本不等式 $\sqrt{ab}\leqslant\frac{a+b}{2}(a,b\geqslant 0)$

②结合具体实例，能用基本不等式解决简单的最大值或最小值问题。

（3）区间。

①理解区间的概念；②掌握用区间表示不等式解集的方法，并能在数轴上表示出来。

（4）一元二次不等式。

①了解一元二次不等式的概念；②理解一元二次函数、一元二次方程与一元二次不等式三者之间的关系；③掌握一元二次不等式的解法。

（5）含绝对值的不等式。

①了解含绝对值不等式 $|x|<a$ 和 $|x|>a$（$a>0$）的含义；②掌握形如 $|ax+b|<c$ 和 $|ax+b|>c$（$c>0$）的不等式的解法。

（6）不等式应用举例。

掌握从实际问题中抽象出一元二次不等式模型解决简单实际问题的方法。

【教学提示】

在本单元的教学中，教师应该创设情境，从实际问题入手，引出比较两个实数大小的作差比较法。在解不等式的过程中帮助学生逐渐熟悉不等式的基本性质；结合实际最值问题，引出基本不等式 $\sqrt{ab}\leqslant\frac{a+b}{2}(a,b\geqslant 0)$，初步了解建数学建模的思想。在解一元二次不等式的过程中引导学生紧密联系一元二次方程的根和二次函数的图像；在解含绝对值不等式的过程中，引导学生借助数轴，理解其几何意义。选择学生熟悉的实例，引导学生领会不等式在生活与学习中的应用，初步了解数学建模解决实际问题的步骤和方法。

因本单元涉及较多的初中内容，教学时应根据学生的实际情况查漏补缺，梳理初中数学相关知识，引导学生体会数学的系统性，帮助学生理解函数、方程和不等式之间的联系。

本单元的学习，可以引导学生感悟贯通基础阶段数学课程的特征，重点培养和提升学生的数学抽象、数学运算和数学建模等核心素养。

主题二：函数

1. 函数

【内容要求】

（1）函数的概念。

①理解用集合语言和对应关系定义的函数概念；②了解构成函数的要素，能求简单函数的定义域。

（2）函数的表示方法。

①理解函数表示的解析法、列表法和图像法；②理解分段函数的概念。

（3）函数的单调性和奇偶性。

①理解函数单调性的定义与几何特征；②初步掌握函数单调性的判定方法；③了解函数奇偶性的定义、几何特征及判定方法。

（4）函数应用举例。

掌握从实际问题中抽象出分段函数模型解决简单实际问题的方法。

【教学提示】

教师可引导学生在初中函数知识的基础上，由熟悉的情景引出两个变量的对应关系，用集合语言和对应关系描述函数概念，并认识函数的两个要素：定义域和对应法则。通过具体实例，帮助学生认识函数的三种表示方法；通过实际问题，帮助学生理解分段函数的含义；通过熟悉的函数图像，帮助学生理解函数的单调性和奇偶性，明确函数单调性和奇偶性的判定步骤，并引导学生正确地使用符号语言刻画函数的单调性和奇偶性；通过解决生活中的简单函数问题，提高学生数学应用的意识。

本单元的学习，教师可组织学生收集阅读函数形成和发展的相关资料，帮助学生从变量之间的依赖关系、实数集合之间的对应关系和函数图像的几何直观整体认识函数概念。重点培养和提升学生的数学抽象、逻辑推理、直观想象和数学建模等核心素养。

2. 幂函数、指数函数、对数函数

【内容要求】

（1）有理数指数幂和实数指数幂。

①了解 n 次根式、分数指数幂、有理数指数幂及实数指数幂的概念；②理解实数指数幂的运算法则。

（2）幂函数。

①了解幂函数的定义；②通过具体事例，结合$y=x, y=\frac{1}{x}, y=x^2, y=\sqrt{x}, y=x^3$的图像，理解它们的变化规律，了解幂函数。

（3）指数函数。

①通过实际问题，了解指数函数的实际意义，理解指数函数的概念；②能用描点法或

辅助工具画出具体指数函数的图像，理解指数函数的简单性质。

（4）对数的概念及运算。

①了解对数的概念及性质；②了解常用对数与自然对数的表示方法；③了解积、商、幂的对数及运算法则；④会用换底公式将一般对数转化成自然对数或常用对数。

（5）对数函数。

①通过实际问题，了解对数函数的定义；②能用描点法或借助计算工具画出具体对数函数的图像，进而了解对数函数的性质；③结合指数函数和对数函数，了解反函数的概念。

（6）幂函数、指数函数与对数函数应用举例。

初步掌握从实际情境中抽象出幂函数、指数函数与对数函数模型解决简单实际问题的方法。

【教学提示】

教师可引导学生复习正整数指数幂，经历从整数指数到有理数指数再到实数指数的拓展过程；引导学生认识指数式与对数式的对应关系；利用计算器或计算机软件进行指数和对数的运算；利用“描点法”画出指数函数与对数函数的图像，直观感知它们的变化规律；引导学生运用指数函数和对数函数建立模型，解决简单的实际问题。

教师鼓励鼓励学生运用信息技术学习、探索和解决问题。例如，借助计算器、计算机软件画出图像，帮助学生总结出它们的特征，加深对指数函数与对数函数变化规律的认识。

本单元的学习，可以帮助学生学会用函数图像和代数运算的方法研究函数的性质，理解这些函数中所蕴含的运算规律，在此基础上，运用所学函数建立模型，解决简单的实际问题。重点培养和提升学生的直观想象、数学运算和数学建模等核心素养。

3. 三角函数

【内容要求】

（1）角的概念推广。

①了解正角、负角、零角和象限角的含义；②了解终边相同的角的概念及判定方法。

（2）弧度制。

①了解 1 弧度的定义及弧度制；②理解角度制与弧度制的互化，了解弧度制下的弧长公式和扇形面积公式。

（3）任意角的正弦函数、余弦函数和正切函数。

①理解任意角的正弦函数、余弦函数和正切函数的定义；②理解给定角的正弦、余弦、正切值的符号，掌握特殊角的三角函数值。

（4）同角三角函数的基本关系。

①理解同角三角函数的平方关系：$\sin^2 x + \mathrm{con}^2 x = 1$；②理解同角三角函数的商数关系 $\frac{\sin x}{\cos x} = \tan x$。

（5）诱导公式。

①了解终边相同角、终边与原点对称角、终边与坐标轴对称角的正弦、余弦、正切函

数的公式；②了解利用计算器求任意角三角函数值的方法。

（6）正弦函数的图像和性质。

①了解正弦函数在［0，2π］上的图像和特征；②了解作正弦函数在［0，2π］上简图的“五点法”；③理解正弦函数的单调性与奇偶性，了解正弦函数的图像及周期性。

（7）余弦函数的图像和性质。

①了解余弦曲线与正弦曲线的关系；②了解作余弦函数在［0，2π］上简图的“五点法”及余弦函数的性质。

（8）已知三角函数值求角。

①了解由特殊的三角函数值求［0，2π］范围内的角的方法；②了解由三角函数值求符合条件的角的方法。

【教学提示】

教师可引导学生通过实例或者熟悉的情境感知推广角的必要性；用集合语言表示象限角和终边相同的角；类比其他进制加深对建立弧度制的理解；借助单位圆加深对任意角三角函数定义的理解；利用三角函数的定义或借助单位圆得到同角三角函数的基本关系和诱导公式；由正弦函数的图像领会正弦函数的性质；借助图像的平移感知余弦函数的图像与正弦函数图像的关系，从而认识余弦函数的性质；结合计算工具、诱导公式由已知三角函数值求符合条件的角。

教师可帮助学生用几何直观和代数运算的方法研究三角函数的周期性、对称性和单调性。

本单元的学习，重点培养和提升学生的数学抽象、数学运算和直观想象等核心素养。

4. 三角计算

【内容要求】

（1）和角公式。

①了解两角差的余弦公式的推导过程；②理解两角和与两角差的正弦、余弦和正切公式在求值、化简及证明等方面的应用。

（2）倍角公式。

①了解二倍角的正弦公式、余弦公式和正切公式的推导过程；②了解倍角公式在求值、化简与证明等方面的应用。

（3）正弦型函数。

①了解正弦型函数与正弦函数之间的关系；②初步掌握在一个周期上画正弦型函数简图的“五点法”；③理解正弦型函数的图像和性质。

（4）解三角形。

初步掌握用正弦定理和余弦定理解三角形的方法。

（5）三角计算应用举例。

掌握用三角计算解决实际问题的方法。

【教学提示】

教师可引导学生采用不同的方式得到三角恒等变换公式；帮助学生在化简与求值的过程中，强化对三角公式的掌握；结合正弦型函数的图像，帮助学生运用代数运算的方法研究正弦型函数的最大（小）值、周期性、单调性等性质。

本单元的学习，可以强化数学知识的应用意识，借助计算工具完成复杂的三角计算，解决实际问题。重点培养和提升学生的数学运算、逻辑推理和数学建模等核心素养。

5. 数列

【内容要求】

（1）数列的概念。

①通过实例，了解数列及有关概念；②理解数列的通项公式。

（2）等差数列。

①通过实例，了解等差数列的概念；②了解等差数列前 n 项和公式的推导过程；③掌握等差数列的通项公式及前 n 项和公式。

（3）等比数列。

①通过实例，了解等比数列的概念；②了解等比数列前 n 项和公式的推导过程；③掌握等比数列的通项公式及前 n 项和公式。

（4）数列应用举例。

掌握从实际情境中抽象出等差数列和等比数列模型解决简单实际问题的方法。

【教学提示】

教师可从学生熟悉的实例中归纳出数列及相关概念，引导学生分析数列项的序号与项的对应关系，发现数列的通项公式；帮助学生分析等差数列和等比数列的特点，归纳得出通项公式；引导学生体会倒序相加法在推导等差数列前 n 项和公式、错位相减法在推导等比数列前 n 项和公式中的应用；结合实例，引导学生建立等差（等比）数列的数学模型解决实际问题。

教学中，可引导学生通过类比的方法探索等差数列与一次函数、等比数列与指数函数的内在联系，感知等差数列和等比数列的本质特性，认识数列是一种特殊的函数。

本单位的学习，可以帮助学生通过对实际问题的分析，了解数列及变化规律，能够运用等差数列、等比数列解决简单的实际问题，感受数学模型的现实意义。重点培养和提升学生的数学抽象、数学运算和数学建模等核心素养。

主题三：几何与代数

1. 平面向量

【内容要求】

（1）平面向量的概念。

①了解平面向量、有向线段及有关概念；②了解单位向量、零向量、相等向量、相反向量和共线向量的含义。

（2）平面向量的线性运算。

理解向量的加法、减法和数乘运算及几何意义。

（3）平面向量的内积。

①了解平面向量内积的概念、运算和性质；②了解平面向量内积的几何应用。

（4）平面向量的坐标表示。

①理解向量的坐标表示；②了解向量坐标的加法、减法、数乘和内积运算；③初步掌握向量坐标运算的几何应用。

【教学提示】

教师可引导学生在熟悉的情景中，分析、提炼向量的两个要素，理解向量概念；帮助学生用位移这个物理量理解相反向量、向量的加法和减法；引导学生从数和形两个方面感知平行向量基本定理；用物理上力的做功说明向量的内积，帮助学生感知向量内积的性质。

教学中注意把握向量运算与实数运算之间的区别和联系，引导学生运用类比的方法探索向量运算与实数运算的共性与差异；在用向量知识解决平面几何问题的过程中体会向量的工具性作用。

本单元的学习，可以帮助学生用向量语音、方法表述和解决现实生活、数学和物理中的实际问题。重点培养和提升学生的直观想象、数学抽象和数学运算等核心素养。

2. 直线方程

【内容要求】

（1）两点间距离公式和中点坐标公式。

掌握两点间的距离公式与中点坐标公式。

（2）直线的倾斜角与斜率。

①理解直线的倾斜角与斜率的概念；②掌握直线斜率的计算方法。

（3）直线的点斜式和斜截式方程。

掌握直线的点斜式和斜截式方程。

（4）直线的一般式方程。

①了解直线方程的一般式形式；②掌握点斜式方程化为一般式方程的方法及斜截式方程与一般式方程之间的互化。

（5）两条相交直线的交点。

掌握求两条相交直线的交点坐标的方法。

（6）两条直线平行的条件。

①理解两条直线平行的条件；②掌握两条直线平行的判定方法。

（7）两条直线垂直的条件。

①理解两条直线垂直的条件；②掌握两条直线垂直的判定方法。

（8）点到直线的距离公式。

了解点到直线的距离公式。

【教学提示】

教师可引导学生在直角坐标系中，借助勾股定理，给出两点间的距离公式和中点坐标公式；结合图像，帮助学生理解倾斜角的定义，直观认识斜率随倾斜角变化而改变；分析直线点斜式方程、斜截式方程的几何特征，帮助学生树立数形结合的思想；利用斜率处理两直线的位置关系，帮助学生理解斜率在研究直线上的重要作用。

本单元的学习，重点培养和提升学生的直观想象、逻辑推理和数学抽象等核心素养。

3. 圆锥曲线与方程

【内容要求】

（1）圆的方程：了解圆的定义。

①掌握圆的标准方程；②了解二元二次方程表示圆的条件和圆的一般方程。

（2）直线与圆的位置关系。

①理解直线与圆的位置关系及判定方法；②初步掌握直线与圆相交时弦长的求法及圆的切线方程的求法。

（3）直线与圆的方程应用举例。

掌握用直线方程与圆的方程解决实际问题的方法。

（4）椭圆。

①理解椭圆的概念及标准方程；②初步掌握椭圆的几何性质及应用。

（5）双曲线。

①理解双曲线的概念及标准方程；②初步掌握双曲线的几何性质及应用。

（6）抛物线。

①理解抛物线的概念及标准方程；②初步掌握抛物线的几何性质及应用。

【教学提示】

教师可引导学生建立直角坐标系，帮助学生分析圆的标准方程的结构特征，理解圆心坐标和圆的半径与圆的标准方程之间的对应关系；通过圆心到直线的距离与圆的半径的比较，帮助学生理解直线与圆的位置关系。类比圆的标准方程推导椭圆的标准方程，类比椭圆的标准方程推导双曲线的标准方程；通过对圆锥曲线标准方程的分析，引导学生研讨圆锥曲线的几何性质，体会用代数方法研究几何问题的思想。

教师可以利用现代信息技术，例如，计算机软件作图帮助学生理解直线与圆的位置关系。通过教学软件向学生演示方程中参数的变化对方程所表示的曲线的影响，使学生进一步理解曲线与方程的关系。

本单元的学习，可以帮助学生在平面直角坐标系中，认识圆锥曲线的几何特征，建立它们的标准方程。运用平面解析几何方法解决简单的数学问题和实际问题，感悟平面解析几何中蕴含的数学思想。重点培养和提升学生的直观想象、数学运算和数学建模等核心素养。

4. 立体几何初步

【内容要求】

（1）直棱柱、正棱锥的表面积。

①了解多面体及棱柱、棱锥的有关概念；②理解直棱柱、正棱锥的侧面展开图；③掌握直棱柱、正棱锥的侧面积公式。

（2）圆柱、圆锥、球的表面积。

①了解旋转体及圆柱、圆锥、球的有关概念；②理解圆柱、圆锥的侧面展开图；③掌握圆柱、圆锥的侧面积公式，理解球的表面积公式。

（3）柱、锥、球的体积。

掌握柱、锥的体积公式，理解球的体积公式。

（4）平面的基本性质。

①了解平面的概念和表示方法；②理解平面性质的三个公理；③了解空间中点、线、面关系的符号表示。

（5）直线与直线的位置关系。

①理解空间中直线与直线的位置关系；②理解异面直线的定义及判定方法；③理解异面直线的垂直。

（6）直线与平面的位置关系。

①理解空间中直线与平面的位置关系；②了解直线与平面所成的角；③理解直线与平面平行、直线与平面垂直的判定定理和性质定理。

（7）平面与平面的位置关系。

①理解空间中平面与平面的位置关系；②理解平面与平面平行、平面与平面垂直的判定定理和性质定理。

【教学提示】

教师可以借助实物模型直观展示简单几何体，帮助学生感知相关概念；通过直棱柱、正棱锥、圆柱、圆锥的平面展开图，引导学生推导它们的侧面积公式；通过实验，帮助学生理解柱体、锥体的体积公式；结合实例，加强对柱、锥、球的表面积和体积公式的理解及应用。借助实物模型直观展示，帮助学生理解空间中的点、线、面的概念；借助长方体帮助学生认识空间线线、线面、面面的位置关系和数量关系。

教学中，可以帮助学生在初中平面几何的基础上，进一步认识空间几何图形，借助计算机软件直观感知简单几何体的性质。

培养和提升学生的直观想象、数学运算和数学建模等核心素养。

主题四：概率与统计

1. 计数原理

【内容要求】

（1）分类计数原理。

理解分类计数原理，初步掌握用分类计数原理解决实际问题的方法。

（2）分步计数原理。

理解分步计数原理，初步掌握用分步计数原理解决实际问题的方法。

（3）排列与排列数公式。

①理解排列及有关概念；②理解生活中的简单排列问题。

（4）组合与组合数公式。

①理解组合及有关概念；②理解排列问题与组合问题的区别。

（5）二项式定理。

结合杨辉三角，了解二项式定理的内容。

【教学提示】

教师可结合具体情境，帮助学生理解计数问题通常可归结为分类和分步两类问题，引导学生利用计数原理分析和解决问题；通过学生熟悉的实例，帮助学生理解排列与组合的概念，结合两个计数原理推导排列数公式、组合数公式。教学中，可以结合杨辉三角帮助学生感知二项式系数的性质，进而了解二项式定理。

本单元的教学，重点培养和提升学生的数学运算、逻辑推理和数据分析等核心素养。

2. 概率初步

【内容要求】

（1）随机事件。

①理解随机现象、随机事件及有关概念；②理解事件的频率与概率的区别与联系。

（2）古典概型。

①理解古典概型；②掌握古典概率的计算方法。

（3）概率的简单性质。

①理解互斥事件的概念；②掌握互斥事件的加法公式。

（4）概率应用。

通过实例，了解概率在现实生活中的应用。

【教学提示】

教师可创设恰当的情境，帮助学生感知随机现象的真实存在，了解随机事件与概率的意义，认识古典概型的特征。教学可以结合实践活动，加深学生对概率的认识。

本单元的教学，重点培养和提升学生的数据分析、直观想象和数学建模等核心素养。

3. 统计初步

【内容要求】

（1）统计相关概念。

①了解统计的基本思想理；②理解总体、个体、样本和样本容量等概念。

（2）抽样方法。

①理解简单随机抽样、系统抽样和分层抽样的概念；②了解抽样方法的简单应用。

（3）统计图表。

①了解频率分布表和频率直方图等数据可视化描述方法；②了解选择恰当的统计图表对数据进行分析的方法。

（4）样本的均值和标准差。

①理解均值、方差和标准差的含义；②掌握均值、方差和标准差的计算方法。

（5）一元线性回归。

①了解样本线性相关关系和一元线性回归模型的含义；②了解求一元线性回归方程的方法；③初步掌握用一元线性回归模型进行预测的方法。

（6）统计应用。

结合实例，了解 Excel 在统计中的简单应用。

【教学提示】

教师可选取学生熟悉的实例，引导学生领会简单随机抽样和分层抽样的特点，选择恰当的方法获取数据，分析数据，理解数据中蕴含的信息，并采用适当的统计图表描述和表达数据，使数据直观可视；结合实例，帮助学生理解样本的均值、方差和标准差的含义，掌握计算方法。引导学生感知用样本估计总体的必要性和科学性，利用样本数据，估计总体的平均值、中位数、众数等集中趋势和极差、标准差等离散程度；根据两个变量的线性相关关系进行一元线性回归分析，借助计算机软件给出回归方程。

本单元的教学，可以通过实际操作、计算机模拟等活动，帮助学生积累数据分析的经验。重点培养和提升学生的数据分析、数学运算和数学建模等核心素养。

拓展模块

基础模块的内容包括四部分，分别是数学综合知识与技能、数学建模初步与探究、数学文化鉴赏和数学学科知识与教学能力。

模块 1：数学综合知识与技能

【内容要求】

数学综合知识与技能是基础模块的拓展与延伸，内容包括预备知识、函数、几何与代数、概率与统计。

【教学提示】

通过本模块的学习，使得学生与高职、本科阶段课程中的高等数学、线性代数、概率论与数理统计内容进行良好地衔接，能够使学生有效地实现中职至高职、本科阶段课程的过渡，通过有针对性地安排基础知识的辅导与训练，为学生对接高职、本科阶段学习夯实基础。

本模块的教学，通过以赛促教的方式完成。主要的竞赛包括：

1. 数学笔算能力竞赛

指导思想：笔算能力是一项基本的数学能力，培养学生具有一定的笔算能力是培养数学核心素养的一项重要部分，同时，计算是一种复杂的智力活动，计算能力也是综合能力的具体体现，计算能力的培养不仅与数学基础知识密切相关，而且与训练学生的思维、培养学生的非智力因素等也是相互影响、相互促进的。

活动目的：通过数学笔算能力竞赛，提高学生的数学计算能力、归纳推理的逻辑思维能力和探索实践的创新能力。进一步拓展学生的数学知识面，使学生在竞赛中体会到学习数学的成功喜悦，激发学生学习数学的兴趣；同时，通过竞赛了解数学教学中存在的问题和薄弱环节，为今后的数学教学收集一些参考依据。

2. 数学逻辑推理能力竞赛

指导思想：逻辑推理是数学学科六大核心素养之一，它是指从一些事实和命题出发，依据逻辑规则推出一个命题的思维过程。主要有两类：一类是从特殊到一般的推理，推理形式主要有归纳、类比；一类是从一般到特殊的推理，推理形式主要有演绎。逻辑推理对得到数学结论、构建数学体系，保证数学严谨性有重要作用，是数学活动的基本思维品质。逻辑推理素养能够让学生发现问题、提出问题；掌握推理基本形式，表述论证过程；理解数学知识间的联系，建构知识框架；形成有论据、有条理、合乎逻辑的思维品质。本次大赛秉承落实数学学科核心素养的思想，进一步发展学生的数学逻辑思维能力，体会逻辑推理在表达和论证中的作用，形成规范化思考问题的品质，养成一丝不苟、严谨求实的科学精神。

活动目的：逻辑推理能力是当代社会公民应该具备的基本能力，推理有着概括程度、逻辑性以及自觉性程度上的差异，同时又有演绎推理、归纳推理等形式上的区别，推理能力的发展遵循一定的规律。无论从事哪项事业、干什么样的工作，都要进行思考分析，正确地运用逻辑用语表达自己的思想。通过本次大赛，激发学生学习数学的兴趣，让学生觉得数学好玩而且贴近生活，让学生在竞赛中体会到学习数学的乐趣。

3. 数学思维导图能力竞赛

指导思想：思维导图是有效的思维模式，应用于记忆、学习、思考等的思维“地图”，利于人脑的扩散思维的展开。思维导图已经在全球范围得到广泛应用，包括大量的世界500强企业。思维导图又叫心智图，是表达发射性思维的有效的图形思维工具，它简单却又极其有效，是一种革命性的思维工具。思维导图运用图文并重的技巧，把各级主题的关系用相互隶属与相关的层级图表现出来，把主题关键词与图像、颜色等建立记忆链接，思维导图充分运用左右脑的机能，利用记忆、阅读、思维的规律，协助人们在科学与艺术、逻辑与想象之间平衡发展，从而开启人类大脑的无限潜能。思维导图因此具有人类思维的强大功能。

活动目的：教师利用思维导图设计课堂教学，以开发学生的创新思维和发散思维为本，结合学生特点灵活掌握数学知识，是实现课堂教学“高效”的有效途径，我们将以课堂为载体从教师行为、学生行为、师生共同行为三方面研究创设教学情境，构建贯通数学思维导图高效课堂教学模式。

模块2：数学建模初步与探究

【内容要求】

数学建模初步与探究内容包括在实际情境中从数学的视角发现问题、提出问题、分析问题、构建模型，确定参数、计算求解，检验结果、改进模型，最终解决实际问题。数学建模初步与探究以课题研究的形式开展，要求学生完成其中一个课题研究。

【教学提示】

数学建模初步与探究，可以围绕某个具体的数学问题，开展自主探究、合作研究并最终解决问题的过程。课题研究过程包括选题、开题、做题、结题四个环节。根据选题的内容，结题可以采用专题作业、测量报告、算法程序、制作的失误、研究报告或小论文等多种形式呈现。

通过本模块的学习，培养学生的数学思维、协作能力，树立学生的科学精神，激发学生解决问题的欲望，培养和提升学生的数学推理、数学抽象、数据分析和数学建模等核心素养。

本模块的数学建模初步与探究，可以通过以下竞赛活动完成。

1. 空间几何体模型设计竞赛

指导思想：数学建模初步与探究能够有意识地培养学生用数学语言表达现实世界，发现和提出问题，感悟数学与现实之间的关联；学会用数学模型解决实际问题，积累数学实践的经验；认识数学模型在科学、社会、工程技术诸多领域的作用，提升实践能力，增强创新意识和科学精神。

活动目的：旨在强化学生对空间几何体的认识，培养学生学习数学的兴趣，增强学生的数学应用和动手能力，提高学生空间想象能力，激发学生探索数学的兴趣，更进一步地，让学生真正走进数学、了解数学、领悟数学的美。

2. 计算器使用能力竞赛

指导思想：数学运算是六大数学学科核心素养之一，它是指在明晰运算对象的基础上，依据运算法则解决数学问题的素养。主要包括：理解运算对象，掌握运算法则，探究运算思路，选择运算方法，求得运算结果等。通过科学计算器的使用学习，进一步发展学生的数学运算能力，有效借助运算方法、运算工具解决实际问题的能力，通过运算促进数学思维的发展，形成规范化思考问题的品质，养成一丝不苟、严谨求实的科学精神。

活动目的：数学是贯通高端技术技能人才从事专业工作的工具，数学科学计算器的使用既能加强学生的基本运算能力和动手能力，同时也可以为后续专业课（如测量、预算等）的学习铺平道路、打下基础，使我们的学生在今后的工作中如果遇到了数学问题，可借助各种数学工具都能迅速、准确地得到结果，完成任务，让学生觉得数学好用而且并不难用。使学生在竞赛中体会到学习数学的成功喜悦，激发学生学习数学的兴趣。

模块3：数学文化鉴赏

【内容要求】

数学文化包含数学的思想、精神、方法、观点，以及数学的形成和发展，还包括数学家、数学史、数学美、数学教育以及数学与社会、科学种种文化的联系。数学文化鉴赏主要包括：中国古代数学、国外古典数学、数学家故事和数学之美等内容的鉴赏。

【教学提示】

通过本模块的学习，培养学生的数学思维、创新意识和探索精神，感知数学思想和数学方法，发展学生的数学应用意识。同时，了解中华优秀传统文化中的数学成就，体会其中的数学文化。帮助学生了解数学家成长过程，激发学生学习兴趣，同时帮助学生感悟数学结果的简洁之美、数学图形的对称之美。

模块 4：数学学科知识与教学能力

【内容要求】

数学学科知识与教学能力内容包括：数学学科知识、课程知识、教学知识、教学技能四个方面。

【教学提示】

数学学科知识与教学能力是教师资格统考科目三的考试科目，主要考查申请教师资格人员数学专业领域的基本知识，教学设计、实施、评价的知识和方法，运用所学知识分析和解决教育教学实际问题的能力。结合学前教育特点，训练学生用手抄报等多种形式，展现五彩缤纷的数学世界。

通过本模块的学习，加强对中小学数学课程的性质、基本理念和目标的理解，培养学生初步具有教授知识、教学设计、教学实施和教学评价的能力。

职业模块

职业模块是为学生确定发展方向提供引导，为学生展示数学才能提供平台，为学生发展数学兴趣提供选择，为职业与个性发展提供参考。按照“两融入，两对接”的贯通理念，结合学生未来职业规划方向，职业模块分为三部分。

模块 1（适用于财经商贸类等相关专业）

【内容要求】

内容包括：数据表格信息处理、编制计划的原理与方法、社会调查数据分析、线性规划初步、应用数学模型。

【教学提示】

教师可以结合生活实例帮助学生了解程序与框图的概念，编写简单的算法程序，用程序框图表示简单的算法；结合生活、专业实例编写简单的生活、工程问题的编制计划；利用合理的编制计划优化工程进度、成本、利润等实际问题；借助计算机软件，解决简单的财务报表等问题。

教师可以根据学生专业学习的需求，选取恰当的实例引导学生描述线性规划问题，利用图解法分析解决变量在可行域上的最优解和最值问题，促进学生专业综合能力的形成。

教师可以通过具体实例，建立一些基于数学表达的经济模型和社会模型，包括存款贷款模型、投入产出模型、经济增长模型、凯恩斯模型、生产函数模型、等级评价模型、人口增长模型、信度评价模型等。在教学活动中，要让学生知道这些模型形成的背景、数学表达的道理、模型参数的意义、模型适用的范围，提升数学建模、数学抽象、数学运算和直观想象素养，提高学生学习兴趣，提升实践能力和创新能力。

模块 2（适用于建筑工程类等相关专业）

【内容要求】

内容包括：三角计算及应用、坐标变换与参数方程、复数及其应用、逻辑推理初步、算法与程序框图。

【教学提示】

教师可以引导学生通过熟悉的情景感知三角函数、坐标变换、精度计算和数学绘图工具在机械加工、机械制造等方面的应用，帮助学生初步学会根据机械加工制造的要求，利用三角函数、坐标变换、精度计算和数学绘图工具制图设计。

在教学中，可以引导学生借助计算机计算软件和绘图软件设计满足一定精度要求的机械加工制造图纸；设计学习项目鼓励学生开展探究性学习。

模块 3（适用于旅游艺术类等相关专业）

【内容要求】

内容包括：数学文化专题、数学与艺术、数学与体育、数学与军事、数学与天文、数学与风险、数学与建筑、数学与游戏、数学与人工智能。

【教学提示】

教师可以引导学生通过熟悉的案例感知数学与艺术、体育、军事、天文、投资风险等之间的联系，帮助学生认识数学在处理艺术、体育、军事、天文、投资等问题中所发挥的作用。

在教学中，可以引导学生收集数学在艺术、体育、军事、天文、投资风险等方面的应用实例，采用研究性学习、专题活动等方式组织教学。

通过本专题的学习，激发学生的学习兴趣，培养和提升学生的数学抽象、数学建模、数学运算、数学建模、逻辑推理等核心素养。

总之，基础模块是贯通基础教育阶段数学学科的基础内容，拓展模块和职业模块的内容旨在帮助学生从数学的角度去审视客观世界，感悟数学在历史文化、政治经济、科学技术等方面的广泛应用；激发学生学习数学的兴趣，开拓学生的视野，提升学生应用数学的意识和能力；让学生体验用数学的眼光观察事物、用数学的思维思考问题、用数学的方法解决问题的过程，逐步形成在生活和工作中应用数学的意识。教学中不刻意追求知识的系统性、完整性，突出数学知识的应用性、工具性，以解决问题为主线实施教学，带动知识积累和能力提升，突出职业教育特色，着重培养学生在专业发展和职业生涯中运用数学 的意识和能力。

六、考核与评价

数学课程分为过程性评价和期中、期末考试评价两部分，最后形成终结性评价。

（一）过程考核评价

序号	考核内容	考核及评价标准	评价主体
1	考勤	按时上课、不迟到、不早退、不无故旷课	授课教师
2	作业	相互讨论后认真完成，准时上交，及时更正错误	
3	听课笔记	按要求认真完成、笔记完整并适时归纳总结	
4	课堂提问和练习	相互探讨后积极踊跃回答问题、听取老师公正评价	

续表

序号	考核内容	考核及评价标准	评价主体
5	章节测验	提前复习、认真完成、批改讲解后及时更正错误	授课教师
6	期中考试	遵循考试相关规定、认真作答	

（二）期中、期末考试评价

数学课程期中和期末考试采用闭卷考核方式，主要是考核本阶段学生数学掌握情况，考试题目难易度按下表标准掌握。

难易度	相应内容
容易题（60%）	基本概念、性质、定理等
中等题（30%）	基本知识的简单应用
提高题（10%）	基本知识的拓展及实际应用

七、学业要求

学业要求是高端技术技能人才贯通培养项目基础阶段数学学科核心素养与数学课程内容有机结合的具体体现，是学生在完成数学课程学习后应达到的学业水平的明确界定和描述。学业要求根据数学学科核心素养划分为水平一和水平二。

学业水平描述	
学业水平一	学业水平二
在单一的情境中： 1. 能了解运算对象，理解运算过程。能感悟运算法则及其适用范围，正确进行运算；能结合具体问题找出合适的运算思路，解决问题。 能在运算过程中体会运算法则的意义和作用；能运用运算验证相关的数学结论；会借助数学运算解决简单的数学应用问题。 能用数学运算进行书面交流和互动交流，用运算的结果说明问题。 2. 会画出实物的几何图形、分析几何图形中各要素之间的关系；能体会图形与图形、图形与数量之间的关系。 会在熟悉的数学情境中，借助图形的性质和变换（平移、对称、旋转）发现简单的数学规律；会描述简单图形的位置关系和度量关系及其特有性质。 能通过图形直观认识数学问题；会用图形描述和表达简单的数学问题、建立数量关系，体会数形结合的思想方法；会借助直观想象解决简单的数学应用问题。 会利用图形直观表达事物的特征和关系，进行互动交流。	在关联的情境中： 1. 能确定运算对象，提出运算问题。能针对运算问题，合理选择运算方法、设计运算程序，通过运算获得正确的结果。能理解运算是一种演绎推理；在利用运算方法解决问题的过程中，体会程序化思想的意义和作用；能利用数学运算解决有关的数学应用问题。 会借助运算探讨和解决问题，并用运算的语言进行交流。 2. 能想象并构建相应的几何图形；会借助图形提出数学问题，发现图形与图形、图形与数量之间的关系，并获得相关性质。 能掌握研究图形与图形、图形与数量之间关系的基本方法，会借助图形性质探索数学规律；能描述简单图形的位置关系和度量关系及其特有性质。 能通过直观想象发现数学问题，借助图形探索解决问题的思路；理解数形结合的思想方法，体会几何直观的作用和意义。 能借助直观想象探索解决有关的数学应用问题。能利用直观想象探讨相关问题，发现数与形之间的联系，进行书面交流和互动交流。

续表

学业水平描述	
学业水平一	学业水平二
3. 能感悟随机现象及简单的统计与概率问题。 能利用古典概率模型计算简单的概率问题；会选择合适的抽样方法收集数据，借助描述、刻画、分析数据的基本统计方法，解决简单的统计问题。 能结合熟悉的实例，感知概率的内涵：对随机现象发生可能性大小的度量，可以通过定义的方法得到，也可以通过统计的方法进行估计；会用统计和概率的语言表达简单的随机现象。 会用统计图表和古典概率模型解释随机现象，并进行简单的互动交流。	3. 能识别随机现象，确定随机现象中的随机变量，能理解提出统计或概率问题的过程。 能针对具体问题，选择离散型随机变量或连续型随机变量刻画随机现象；能理解抽样方法的统计意义；会运用适当的统计或概率模型解决实际应用问题。在运用统计方法解决问题的过程中，能感悟归纳推理的思想，理解统计结论的意义；会用统计或概率的思想方法分析随机现象，会用统计或概率模型表达随机现象的统计规律。 能用数据呈现的规律解释随机现象，并进行书面交流和互动交流。
4. 了解归纳或类比的方法，能理解数量或图形的性质、数量关系或图形关系。 能通过熟悉的例子了解归纳推理、类比推理和演绎推理的基本形式；了解所学数学命题中条件与结论的逻辑关系；会有条理地表述简单的数学命题；了解实际问题中条件和结论之间的因果关系，会借用相关知识进行简单的逻辑推理。 能明确所讨论问题中的因果关系，有条理地进行互动交流。	4. 了解数学问题的发现和提出，理解归纳、类比是发现和提出数学命题的重要途径。能通过熟悉的例子，理解所学数学命题中条件与结论的逻辑关系；会有条理地表述数学命题，了解可通过举反例说明某些数学结论不成立；能理解实际问题中条件和结论之间的因果关系，利用相关知识进行逻辑推理，帮助找出解决问题的思路。 能有理有据、条理清晰、逻辑严谨地进行互动交流。
5. 能体会抽象出数学概念和规则的过程，会利用学过的数学方法解决简单问题。 会解释数学概念和规则的含义，能理解数学命题的条件与结论，会从简单的实际问题中抽象出数学问题。 了解用数学语言表达的推理和论证；能在解决类似问题的过程中认知数学的通性通法，并体会其中蕴含的数学思想。 能解释相关的抽象概念，并用数学语言进行简单的表述和互动交流。	5. 会抽象出一般的数学概念和规则，会合理选择和运用数学方法解决问题。 会用恰当的例子解释抽象的数学概念和规则，理解数学命题的条件与结论，会从相关的实际问题中抽象出数学问题。 能理解用数学语言表达的概念、规则、推理和论证；会提炼出解决一类问题的数学方法，并理解其中的数学思想。 会用一般的概念和性质解释具体现象和规律，并用数学语言表述和互动交流。
6. 能感知熟悉的数学模型的实际背景及其数学描述，了解数学模型中的参数和结论的实际含义。了解数学建模的过程：提出问题、建立模型、求解模型、检验结果、完善模型。 会模仿学过的数学模型解决简单的数学应用问题。 会借助学过的数学模型说明建模的意义，体会其蕴含的数学思想；了解数学表达对数学建模的重要性。 会借助或引用已有数学建模的结果说明问题，并进行互动交流	6. 能理解熟悉的数学模型的实际背景及其数学描述，理解数学模型中的参数和结论的实际含义。 能理解数学建模的过程，会模仿学过的数学建模过程解决简单的数学应用问题；会根据问题的实际意义检验结果，完善模型，解决问题。 会把相关的简单实际问题转化为数学问题，知道数学问题的价值与作用，理解数学表达对数学建模的重要性。 会用数学建模的思想处理问题，并进行书面交流和互动交流

贯通培养项目基础阶段英语课程标准
（2019版）

一、课程性质与基本理念

（一）课程性质

高端技术技能人才贯通培养项目（以下简称“贯通项目”）基础教育阶段英语课程是全面贯彻党的教育方针、落实立德树人、全面发展根本任务、发展英语学科核心素养、探索实施素质教育、培养高端技术技能人才的基础文化课程。

英语属于印欧语系，是当今世界广泛使用的国际通用语，是国际交流与合作的重要沟通工具，是思想与文化的重要载体。学习和使用英语对汲取人类优秀文明成果、借鉴外国先进科学技术、传播中华文化、增进中国与其他国家的相互理解与交流具有重要的意义和作用。

贯通项目基础教育阶段英语课程作为一门学习及运用英语语言的课程，与义务教育阶段的课程相衔接，旨在为学生的职业生涯、继续学习和终身发展奠定良好基础。基础文化教育阶段英语课程强调对学生语言能力、文化意识、思维品质和学习能力的综合培养，具有工具性和人文性融合统一的特点。本课程的任务是：在义务教育的基础上，帮助学生进一步学习和运用英语基础知识和基本技能，发展跨文化交流能力，为他们学习其他学科知识、汲取世界文化精华、传播中华文化创造良好的条件，也为他们成长成才提供更多更好的发展机会；本课程同时还应帮助学生树立人类命运共同体意识和多元文化意识，形成开放包容的态度，发展健康的审美情趣和良好的鉴赏能力，加深对祖国文化的理解，增强爱国情怀，坚定文化自信，树立正确的世界观、人生观和价值观，为学生未来参与高精尖产业，更好地适应世界多极化、经济全球化和社会信息化奠定基础。

（二）基本理念

1. 发展英语学科核心素养，落实立德树人根本任务

贯通项目基础教育阶段英语课程具有重要的育人功能，旨在发展学生的语言能力、文化意识、思维品质和学习能力等英语学科核心素养，落实立德树人根本任务。实施英语课程应以德育为魂、能力为重、基础为先、创新为上，注重在发展学生英语语言运用能力的过程中，帮助他们学习、理解和鉴赏中外优秀文化，培育中国情怀，坚定文化自信，拓展国际视野，增进国际理解，逐步提升跨文化沟通能力、思辨能力、学习能力和创新能力，形成正确的世界观、人生观和价值观。

2. 构建英语共同基础，满足学生个性发展需求

贯通项目基础教育阶段英语课程应在有机衔接初中学段英语课程的基础上，通过必修课程为所有学生搭建英语学科核心素养的共同基础，使其形成必要的语言能力、文化意识、思维品质和学习能力，为他们升学、就业和终身学习构筑发展平台。必修课程的内容

与要求面向全体学生，具有基础性特点。同时，基础文化教育阶段英语课程应遵循多样性和选择性原则，根据贯通培养项目学生的心理特征、认知水平、学习特点以及未来发展的不同需求，开设丰富的选修课程。

3. 实践英语学习活动观，着力提高学生学用能力

贯通项目基础教育阶段英语课程倡导指向学科核心素养的英语学习活动观和自主学习、合作学习、探究学习等学习方式。教师应设计具有综合性、关联性和实践性特点的英语学习活动，使学生通过学习理解、应用实践、迁移创新等一系列融语言、文化、思维为一体的活动，获取、阐释和评判语篇意义，表达个人观点、意图和情感态度，分析中外文化异同，发展多元思维和批判性思维，提高英语学习能力和运用能力。

4. 完善英语课程评价体系，促进核心素养有效形成

贯通项目基础教育阶段英语课程应建立以学生为主体、促进学生全面、健康而有个性地发展的课程评价体系。评价应聚焦并促进学生英语学科核心素养的形成及发展，采用形成性评价与终结性评价相结合的多元评价方式，重视评价的促学作用，关注学生在英语学习过程中所表现出的情感、态度和价值观等要素，引导学生学会监控和调整自己的英语学习目标、学习方式和学习进程。

5. 重视现代信息技术应用，丰高英语课程学习资源

贯通项目基础教育阶段英语课程应重视现代信息技术背景下教学模式和学习方式的变革，充分利用信息技术，促进信息技术与课程教学的深度融合，根据信息化环境下英语学习的特点，科学地组织和开展线上线下混合式教学，丰富课程资源，拓展学习渠道。在课程实施过程中，应重视营造信息化教学环境，及时了解和跟进科技的进步和学科的发展，充分发挥现代教育技术对教与学的支持与服务功能，选择恰当的数字技术和多媒体手段，确保虚拟现实、人工智能、大数据等新技术的应用有助于促进学生的有效学习和英语学科核心素养的形成与发展。

二、学科核心素养与课程目标

（一）学科核心素养

学科核心素养是学科育人价值的集中体现，是学生通过学科学习而逐步形成的正确价值观念、必备品格和关键能力。英语学科核心素养主要包括语言能力、文化意识、思维品质和学习能力。

1. 语言能力

语言能力指在社会情境中，以听、说、读、看、写等方式理解和表达意义的能力，以及在学习和使用语言的过程中形成的语言意识和语感。英语语言能力构成英语学科核心素养的基础要素。英语语言能力的提高蕴含文化意识、思维品质和学习能力的提升，有助于学生拓展国际视野和思维方式，开展跨文化交流。

2. 文化意识

文化意识指对中外文化的理解和对优秀文化的认同，是学生在全球化背景下表现出的

跨文化认知、态度和行为取向。文化意识体现英语学科核心素养的价值取向。文化意识的培育有助于学生增强国家认同和家国情怀，坚定文化自信，树立人类命运共同体意识，学会做人做事，成长为有文明素养和社会责任感的人。

3. 思维品质

思维品质指思维在逻辑性、批判性、创新性等方面所表现的能力和水平。思维品质体现英语学科核心素养的心智特征。思维品质的发展有助于提升学生分析和解决问题的能力，使他们能够从跨文化视角观察和认识世界，对事物做出正确的价值判断。

4. 学习能力

学习能力指学生积极运用和主动调适英语学习策略、拓宽英语学习渠道、努力提升英语学习效率的意识和能力。学习能力构成英语学科核心素养的发展条件。学习能力的培养有助于学生做好英语学习的自我管理，养成良好的学习习惯，多渠道获取学习资源，自主、高效地开展学习。

（二）课程目标

贯通项目基础教育阶段英语课程的总目标是全面贯彻党的教育方针，培育和践行社会主义核心价值观，落实立德树人、全面发展的根本任务，在义务教育的基础上，进一步促进学生英语学科核心素养的发展，培养具有中国情怀、国际视野和跨文化沟通能力的高端技术技能人才。

基于课程的总目标，贯通项目基础教育阶段英语课程的具体目标是培养和发展学生在接受两年基础英语教育后应具备的语言能力、文化意识、思维品质、学习能力等学科核心素养。通过本课程的学习，学生应能达到本学段英语课程标准所设定的四项学科核心素养的发展目标。

语言能力目标：具有一定的语言意识和英语语感，在常见的具体语境中整合性地运用已有语言知识，理解口头和书面语篇所表达的意义，识别其恰当表意所采用的手段，有效地使用口语和书面语表达意义和进行人际交流。

文化意识目标：获得文化知识，理解文化内涵，比较文化异同，汲取文化精华，形成正确的价值观，坚定文化自信，形成自尊、自信、自强的良好品格，具备一定的跨文化沟通和传播中华文化的能力。

思维品质目标：能辨析语言和文化中的具体现象，梳理、概括信息，建构新概念，分析、推断信息的逻辑关系，正确评判各种思想观点，创造性地表达自己的观点，具备多元思维的意识和创新思维的能力。

学习能力目标：树立正确的英语学习观，保持对英语学习的兴趣，具有明确的学习目标，能够多渠道获取英语学习资源，有效规划学习时间和学习任务，选择恰当的策略与方法，监控、评价、反思和调整自己的学习内容和进程，逐步提高使用英语学习其他学科知识的意识和能力。

三、课程结构

（一）设计依据

1. 以贯通项目基础教育阶段课程方案为依据，构建多元的英语课程结构

基础教育阶段英语课程设计以贯通项目基础教育阶段课程方案为依据，在义务教育的基础上，遵循课程应体现的时代性、基础性、选择性和关联性原则，建构由第一课堂、第二课堂和第三课堂三类课程相结合的课程结构，满足学生多元发展的需求。其中第一课堂主要是指日常课堂教学，是指由教师按照教学计划统一规定的内容和时数并按课程表进行教学的组织形式；第二课堂主要是指课外活动，是指在学科课堂教学活动之外有目的、有计划、有组织地对学生进行的多种多样的语言实践活动；第三课堂主要是指游学课程。三类课程相结合的课程结构有利于学生全面而有个性的发展，为学生终身学习奠定基础，也为学生适应未来社会生活、接受高等教育和规划职业做准备。

2. 从课程发展现状出发，调整课程结构与要求

由于各区英语教育资源不均衡，贯通项目的学生英语水平差异较大。此外，学生的兴趣和未来发展取向呈现出多元化特点，单一的课程结构和统一的学业要求已无法满足学生的个性发展需求。因此，基础教育阶段英语课程设计应从现状出发，通过调整必修课程、合理控制学习难度、增加选修课程、设置多样化课程等方式，力求优化课程结构、精选课程内容、完善教学方式，构建一个动态多样的课程体系和多元化的学业质量评价机制。

3. 构建与课程目标一致的课程内容和教学方式

实现英语学科核心素养的课程目标，必须构建与其一致的课程内容和教学方式。基于对本学科课程标准的国际比较以及对学科前沿理论的梳理，针对英语教学存在的教学内容碎片化现象等突出问题，本课程标准提出了由主题语境、语篇类型、语言知识、文化知识、语言技能和学习策略等六要素构成的课程内容，以及英语学习活动观。具体而言，指向学生学科核心素养的英语教学应以主题意义为引领，以语篇为依托，整合语言知识、文化知识、语言技能和学习策略等学习内容，创设具有综合性、关联性和实践性的英语学习活动，引导学生采用自主、合作的学习方式，参与主题意义的探究活动，并从中学习语言知识，发展语言技能，汲取文化营养，促进多元思维，塑造良好品格，优化学习策略，提高学习效率，确保语言能力、文化意识、思维品质和学习能力的同步提升。英语学习活动是英语课堂教学的基本组织形式，是落实课程目标的主要途径。实施好英语课程需要有机整合课程内容，精心设计学习活动，以实现目标、内容和方法的融合统一。

（二）结构

秉承国际化的教学理念，总结教学经验，探索出适合贯通项目基础教育阶段的全新英语课程结构，即“三方融合”模式，通过中方教师、外籍教师，以及外聘教师团队三股力量的结合，打造出有衔接、有默契、全覆盖的师资结构，共同完成第一课堂、第二课堂和第三课堂三类课堂教学，实现提升学生英语能力培养的目标。

第一课堂由必修课程和选修课程两类课程构成。必修课程是所有学生都需修习的课

程，旨在构建英语学科核心素养的共同基础，使所有学生都能达到转段考试的要求；选修课程是在必修课程基础上设计的拓展、提高、整合性课程，学生根据自己的个性发展或学习需求自主选择修习，包括提高类、基础类、实用类、拓展类、第二外国语类等课程。

贯通项目基础教育阶段英语课程第一课堂结构

<table>
<tr><th>要求</th><th>必修课程
（读写）</th><th>必修课程
（听说）</th><th>必修课程
（LIT）</th><th colspan="4">选修课程</th></tr>
<tr><td>较高要求</td><td rowspan="3">英语 5
英语 4
英语 3
英语 2
英语 1</td><td rowspan="3">《剑桥实境英语》
听说 4
听说 3
听说 2
听说 1</td><td rowspan="3">“看世界”课程
&
基础能力提升课程</td><td>提高类</td><td rowspan="3">实用类</td><td rowspan="3">拓展类</td><td rowspan="3">第二外国语类</td></tr>
<tr><td>↑</td><td></td></tr>
<tr><td>基本要求</td><td>前置类</td></tr>
</table>

必修课程中读写模块的课程设置为每周 4 学时，选用北京师范大学出版社的高中教材，按英语必修 1~5 的顺序开设；听说模块由外籍教师担任教学工作，每周 2 学时，教材选用《剑桥实境英语（听说 1–4）》。听和读是理解性技能，说和写是表达性技能。两类技能在语言学习过程中相辅相成、相互促进。必修课程是发展学生英语语言技能的主阵地，要使学生能够通过听、说、读、看、写等活动，理解口头和书面语篇所传递的信息、观点、情感和态度等，能够利用所学的语言和文化等知识，在不同场景中，通过口头和书面等形式表达意义。针对不同的班级，教学篇目基本一致的前提下，调整内容可以有所侧重，既考虑大部分学生接受知识的均衡性，夯实基础；又为有能力、有兴趣的同学提供具有挑战性的发展空间，实现创新。

LIT 课程模块由外聘教师团队担任教学工作，每周 2 学时。此课程将普通高中英语教材与教育部发布的《中国英语能力等级量表》进行有机融合，针对 Communication Workshop 和 Culture Corner 等章节内容，重新进行整编和创新，对于提升英语基础知识、学习海外文化、适应国际性考试以及第二课堂英语主题活动等方面均有所涉及，进行全覆盖教学。外聘教师团队也将雅思、普思等国际考试的模式编入教学体系，结合教材，编制出全新教学内容，并将文化传播通过制作音视频等形式呈现给学生。除基础能力提升课程外，LIT 课程在此基础上构架出一个全新元素，即“看世界”课程，它是秉承贯通项目中“国际化”的理念，结合授课教师的个人留学背景及海外生活体验打造的一门全新课程。此课程不与其他英语课程相悖，同时兼顾拓展眼界、开阔思维和学习海外文化等不同领域，通过对主要留学国家的客观描述、主观体验介绍等方式展现给学生一个全面、客观的西方世界。

选修课程作为学生自主选择修习的课程，包括提高类、前置类、实用类、拓展类和第二外国语类等校本课程。开设选修课程的目的是满足学生发展的需要，供不同水平、不同兴趣和不同需求的学生任意选修。其中，前置类课程主要为英语基础薄弱、但有继续学习英语的兴趣和意愿的学生开设；实用类和拓展类课程供有不同需求、潜能和兴趣的学生选修；第二外国语类课程为有意愿选修另外一门外国语的学生开设；提高类课程供有意愿继续提升英语能力的学生选修。

选修课程系列的课程名称

选修课程	课程名称	备注
前置类	基础英语	为完成必修课程有困难，需要实习基础知识与基本技能的学生开设
实用类	职场英语 旅游英语 外贸英语 商务英语 建筑英语	为有兴趣和就业需求的学生开设
拓展类	英语国家社会与文化 跨文化交际 英语报刊阅读 英语文学赏析 英语影视欣赏 英语戏剧与表演 英语演讲与辩论	为有意愿拓展兴趣、发展潜能和特长的学生开设
提高类	英语口语	为学有余力或具有特殊发展需求的学生开设
第二外国语类	法语、日语等	为有意愿学习另外一门外国语的学生开设

第二课堂主要是指课外英语主题活动，是指在学科课堂教学活动之外有目的、有计划、有组织地对学生进行的多种多样的语言实践活动。在教育内容及结构方式上它区别于第一课堂教学活动，有其灵活性、综合性、实践性和自主性。第二课堂活动是课堂教学的延续，是素质教育的内容之一，也是基础文化教育阶段英语课程结构的重要组成部分。它的任务是组织和指导学生的课余英语学习生活，积极促进学生的全面发展。课外活动的内容，应根据贯通项目培养目标、基础教育阶段英语课程教学情况、学生身心发展特点以及校内外实际情况来确定，范围广泛，内容丰富，形式多样。其基本内容包括：英语角社团活动、英语学习及海外生活讲座、英语演讲比赛、英语配音比赛、英语嘉年华活动（英文歌曲、戏剧表演）、咖啡品鉴、西餐礼仪培训、外语文化节活动等。第二课堂活动既可以丰富第一课堂教学，又是英语课程教学的有力抓手；可以充实学生课余生活，营造浓厚的英语学习氛围，激发学生的学习兴趣，发展学生的个性特长和才能潜力，培养学生的自主探索意识和创新创造才能。

第三课堂主要是指境外游学，是指学生在游学期间（一般2周）到国外境外，学习语言课程、参观当地名校、入住当地学校或寄宿家庭、参观游览国外的主要城市和著名景点，是一种国际性跨文化体验式教育模式。所谓游学即是一个“行万里路，读万卷书”的过程。每年暑假，学生参加学院组织的海外游学团，前往英国、北欧和美国，在全英语的环境里学习和游玩，既不是简单的学习也不是单纯的旅游，而是在学习之中潜移默化地体验人生，在体验当中学习。游学课程的核心在于语言文化、环球视界、创新思维和快乐品格。学生深入国外大学学习，体验外国大学的课程与生活作息；浸泡式学习能使学生提升英语应用以及沟通能力，激发学生学习英语的兴趣，培养英语听说自信；学习过程中重点培养创新思维、英语沟通、学习方法、人际沟通和团队合作等多方面能力；行走课堂亲身体验国外厚重的历史文化，增长见识；参观国际著名学府，树立远大人生理想；开阔视野，培养国际观和树立坚韧的世界观。

四、课程内容

英语课程内容是发展学生英语学科核心素养的基础，包含六个要素：主题语境、语篇类型、语言知识、文化知识、语言技能和学习策略。主题语境涵盖人与自我、人与社会和人与自然，涉及人文社会科学和自然科学领域等内容，为学科育人提供话题和语境；语篇类型包括口语和书面语篇以及不同的文体形式，如记叙文、说明文、议论文、应用文、访谈、对话等连续性文本，以及图表、图示、网页、广告、漫画等非连续性文本，为语言学习提供文体素材；语言知识涵盖语音知识、词汇知识、语法知识、语篇知识和语用知识，是构成语言能力的重要基础；语言技能分理解性技能和表达性技能，具体包括听、说、读、看（viewing）、写等，学生基于语篇所开展的学习活动即是基于这些语言技能，理解语篇和对语篇做出回应的活动；文化知识是指中外优秀人文和科学知识，既包含物质文明知识，也包含精神文明知识，是学生形成跨文化意识、涵养人文和科学精神、坚定文化自信的知识源泉；学习策略包括元认知策路、认知策略、交际策略、情感策略等，有效选择和使用策略是帮助理解和表达、提高学习效率的手段，是学生形成自主学习和终身学习能力的必备条件。

课程内容的六个要素是一个相互关联的有机整体（见图 1）。具体而言，所有的语言学习活动都应该在一定的主题语境下进行，即学生围绕某一具体的主题语境，基于不同类型的语篇，在解决问题的过程中，运用语言技能获取、梳理、整合语言知识和文化知识，深化对语言的理解，重视对语篇的赏析，比较和探究文化内涵，汲取文化精华；同时，尝试运用所学语言创造性地表达个人意图、观点和态度，并通过运用各种学习策略，提高理解和表达的效果，由此构成六要素整合、指向学科核心素养的英语学习活动观。

图 1　六要素整合的英语课程内容示

英语学习活动观是指学生在主题意义引领下，通过学习理解、应用实践、迁移创新等一系列体现综合性、关联性和实践性等特点的英语学习活动，使学生基于已有的知识，依托不同类型的语篇，在分析问题和解决问题的过程中，促进自身语言知识学习、语言技能发展、文化内涵理解、多元思维发展、价值取向判断和学习策略运用。这一过程既是语言知识与语言技能整合发展的过程，也是文化意识不断增强、思维品质不断提升、学习能力不断提高的过程。

（一）主题语境

主题为语言学习提供主题范围或主题语境。学生对主题意义的探究应是学生学习语言的最重要内容，直接影响学生语篇理解的程度、思维发展的水平和语言学习的成效。在人与自我、人与社会和人与自然这三大主题语境中，人与自我涉及“生活与学习”“做人与做事”两个主题群下的 9 项子主题；人与社会涉及“社会服务与人际沟通”“文学、艺术与体育”“历史、社会与文化”“科学与技术”四个主题群下的 16 项子主题；人与自然涉及“自然生态”“环境保护”“灾害防范”“宇宙探索”四个主题群下的 7 项子主题。所有主题语境都应包含中外文化的范畴。

贯通项目基础教育阶段英语课程主题语境内容要求

主题语境	主题群	主题语境内容要求
人与自我	生活与学习 做人与做事	1. 个人、家庭、社区及学校生活； 2. 健康的生活方式、积极的生活态度； 3. 认识自我，丰富自我，完善自我； 4. 乐于学习，善于学习，终身学习； 5. 语言学习的规律、方法等； 6. 优秀品行，正确的人生态度，公民义务与社会责任； 7. 生命的意义与价值； 8. 未来职业发展趋势，个人职业倾向、未来规划等； 9. 创断与创业意识

续表

主题语境	主题群	主题语境内容要求
人与社会	社会服务与人际沟通 文学、艺术与体育 历史、社会与文化 科学与技术	1. 良好的人际关系与社会交往； 2. 公益事业与志愿服务； 3. 跨文化沟通、包容与合作； 4. 小说、戏剧、诗歌、传记、文学简史、经典演讲、文学名著等； 5. 绘画、建筑等领域的代表性作品和人物； 6. 影视、音乐等领域的概况及其发展； 7. 体育活动、大型体育赛事、体育与健康、体育精神； 8. 不同民族文化习俗与传统节日； 9. 对社会有突出贡献的人物； 10. 重要国际组织与社会公益机构； 11. 法律常识与法治意识等； 12. 物质与非物质文化遗产： 13. 社会热点问题； 14. 重大政治、历史事件，文化渊源； 15. 社会进步与人类文明； 16. 科技发展与信息技术创新，科学精神，信息安全
人与自然	自然生态 环境保护 灾害防范 宇宙探索	1. 主要国家地理概况； 2. 自然环境、自然遗产保护； 3. 人与环境、人与动植物； 4. 自然灾害与防范，安全常识与自我保护； 5. 人类生存、社会发展与环境的关系； 6. 自然科学研究成果； 7. 地球与宇宙奥秘探索

（二）语篇类型

语篇类型指记叙文、议论文、说明文、应用文等不同类型的文体，以及口头、书面等多模态形式的语篇，如文字、图示、歌曲、音频、视频等。接触和学习不同类型的语篇，熟悉生活中常见的语篇形式，把握不同语篇的特定结构、文体特征和表达方式，不仅有助于学生加深对语篇意义的理解，还有助于他们使用不同类型的语篇进行有效的表达与交流。基础文化教育阶段所学习的语篇类型要体现基础性和通用性，内容要求如下。

（1）对话、访谈；

（2）记叙文，如：个人故事、人物介绍、短篇小说、童话、剧本等；

（3）说明文，如：地点、事物、产品介绍等；

（4）应用文，如：日记、私人信件、简历、宣传册、问卷等；

（5）新闻报道，如：简讯、专题报道等；

（6）新媒体语篇，如：一般网络信息、电子邮件、手机短信等；

（7）其他语篇类型，如：目录或指南，表格与图示，日程表，告示牌，地图和图例，菜单和烹饪食谱，规则，操作指令，天气预报，歌曲和诗歌等。

（三）语言知识

语言知识包括语音、词汇、语法、语篇和语用知识。学习语言知识的目的是发展语言运用能力，因此要特别关注语言知识的表意功能。以下针对语言知识所包含的各要素列出基础文化教育阶段学生应学习的内容和要求。

1. 语音知识

语音和语义密不可分，语言依靠语音实现其社会交际功能。英语的语音包括重音、语调、节奏、停领、连读、爆破、同化等。说话者通过语音的变化表达意义观点，反映其态度、煮图、情感等。学生在义务教育阶段已经获得了初步的语音意识，学习了一些语音知识，基础文化教育阶段的语音知识学习应侧重在有意义的语境中，通过学习和运用语言，感知语音的表意功能，逐步学会恰当地运用语音知识达到有效交际的目的。语音知识内容要求如下。

（1）根据重音、语调、节奏等的变化感知说话人的意图和态度；

（2）借助重音、语调、节奏等的变化表达意义、意图和态度等；

（3）在查阅词典时，运用音标知识学习多音节单词的发音。

2. 词汇知识

词汇又称语汇，是一种语言中所有词和词组的总和。词是语言的建构材料，也是最小的能够独立运用的语言单位。词汇中的任何词语都是通过一定的句法关系和语义关系与其他词语建立起一定联系的，并在语境中传递信息。学习词汇不只是记忆词的音、形、义，更重要的是在语篇中，通过听、说、读、看、写等语言活动，理解和表达与各种主题相关的信息或观点。学生在义务教育阶段已经掌握了1500~1600个常用单词和一定数量的短语，对于词的音、形、义三者之间的关系有了初步的认识。基础文化教育阶段的词汇教学除了引导学生更深入地理解和更广泛地运用已学词汇外，重点是在语境中培养学生的词块意识，并通过广泛阅读，进一步扩大词汇量，提高运用词汇准确理解和确切表达意义的能力。词汇知识内容要求如下。

（1）借助词典等各种资源，理解语篇中关键词的词义和功能以及所传递的意图和态度等；

（2）了解词汇的词根、词缀，掌握词性变化规律，并用于理解和表达有关主题的信息和观点；

（3）在语境中，根据不同主题，运用词汇命名相关事物，进行指称，描述行为、过程和特征，说明概念等；

（4）在义务教育阶段学习1500~1600个单词的基础上，学会使用500个左右的新单词和一定数量的短语，累计掌握2000~2100个单词。

3. 语法知识

英语语法知识包括词法知识和句法知识：词法关注词的形态变化，如名词的数、格，动词的时、态（体）等；句法关注句子结构，如句子的成分、语序、种类等。词法和句法之间的关系非常紧密。在语言使用中，语法知识是“形式—意义—使用”的统一体，与语音、词汇、语篇和语用知识紧密相连，直接影响语言理解和表达的准确性和得体性。

基础教育阶段英语语法知识的学习是义务教育阶段语法学习的延伸和继续，应在更加丰富的语境中通过各种英语学习和实践活动进一步巩固和恰当运用义务教育阶段所学的语法知识，学会在语境中理解和运用新的语法知识，进一步发展英语语法意识。语法知识内容要求如下：

（1）意识到语言使用中的语法知识是“形式—意义—使用”的统一体，学习语法的最终目的是在语境中有效地运用语法知识来理解和表达意义；

（2）运用所学的语法知识，理解口头和书面语篇的基本意义，描述真实和想象世界中的人和物、情景和事件，简单地表达观点、意图和情感态度，在生活中进行一般性的人际交流；

（3）在语篇中理解和使用过去将来时态；

（4）在语篇中理解和使用现在进行和现在完成时态的被动语态；

（5）在语篇中理解和使用动词不定式作句子中的定语和结果状语；

（6）在语篇中理解和使用动词 -ing 形式作句子中的定语、状语和补语；

（7）在语篇中理解和使用动词 -ed 形式作句子中的定语、状语和补语；

（8）在语篇中理解和使用由关系代词 that，which，who，whom，whose 和关系副词 when，where，why 引导的限制性定语从句；

（9）在语篇中理解和使用简单的省略句。

4. 语篇知识

语篇是表达意义的语言单位，包括口头语篇和书面语篇，是人们运用语言的常见形式。就其长度而言，较短的语篇可以是一句话甚至一个单词，而较长的语篇可以是一本书甚至几本书。在使用语言的过程中，语言使用者不仅需要运用词汇和语法知识，而且需要将语言组织为意义连贯的语篇。这就需要运用语篇知识。语篇知识就是关于语篇是如何构成、语篇是如何表达意义以及人们在交流过程中如何使用语篇的知识。

语篇中各要素之间存在复杂的关系，如句与句、段与段、标题与正文、文字与图表之间的关系。这些关系涉及语篇的微观和宏观组织结构。句子内部的语法结构、词语搭配、指代关系、句子的信息展开方式等，属于语篇的微观组织结构。语篇中段与段的关系以及语篇各部分与语篇主题之间的关系，则属于语篇的宏观组织结构。语篇宏观组织结构还包括语篇类型、语篇格式等。

学习语篇知识是发展语言运用能力的基础。语篇知识在语言理解与表达过程中具有重要作用。语篇知识有助于语言使用者有效理解听到或读到的语篇，比如，关于语篇中的立论句、段落主题句、话语标记语的知识可以帮助读者把握文章的脉络，从而提高阅读效果。在口头和书面表达过程中，语篇知识有助于语言使用者根据交流的需要选择恰当的语篇类型、设计合理的语篇结构、规划语篇的组成部分、保持语篇的衔接性和连贯性。比如，在作文中恰当地运用语篇知识来组织语篇结构，可使逻辑更加清晰，内容更有条理，整个语篇更加连贯。语篇知识内容要求如下：

（1）记叙文和说明文语篇的主要写作目的（如：再现经历、传递信息、说明事实、想象创作）以及这类语篇的主要语篇结构特征（如：该类语篇的必要组成部分和可选组成部分、各组成部分的顺序等）；

（2）日常生活中常见应用文的基本格式、结构及语言特点；

（3）新闻报道的常见语篇结构、标题特征和语言特点；

（4）语篇中的显性衔接和连手段，如：通过使用代词、连接词、省略句、替代等手段来实现的指代、连接、省略、替代等衔接关系；

（5）语篇中段首句、主题句、过渡句的作用、位置及行文特征；

（6）语境在语篇理解和语篇产出过程中的作用；语境与话篇结构、语篇内容的关系，比如，通过语境预测语篇内容，通过语篇的内容推测语篇发生的语境。

5. 语用知识

语用知识指在特定语境中准确理解他人和得体表达自己的知识。掌握一定的语用知识有助于学生根据交际目的、交际场合的正式程度、参与人的身份和角色，选择正式成非正式、直接或委婉、口头或书面语等语言形式，得体且恰当地与他人沟通和交流，达到交际的目的。因此，在英语作为国际通用语的背景下，学习和掌握一定的语用知识有利于提升高中学生有效运用英语的能力和灵活的应变能力。语用知识内容要求如下：

（1）选择符合交际场合和交际对象身份的语言形式，如正式与非正式语言，表达问候、介绍、告别、感谢等，保持良好的人际关系；

（2）运用得体的语言形式回应对方观点或所表达的意义，进行插话、打断或结束交谈，并在口语交际中有效运用非语言形式，如目光、表情、手势、姿势、动作等身势语；

（3）根据交际具体情境，正确理解他人的态度、情感和观点，运用得体的语言形式，如礼貌、直接或委婉等方式，表达自己的态度、情感和观点。

（四）文化知识

文化知识指中外文化知识，是学生在语言学习活动中理解文化内涵，比较文化异同，汲取文化精华，坚定文化自信的基础。掌握充分的中外多元文化知识，认同优秀文化，有助于促进英语学科核心素养的形成和发展。

文化知识涵盖物质和精神两个方面。物质方面主要包括饮食、服饰、建筑、交通等，以及相关的发明与创造；精神方面主要包括哲学、科学、教育、历史、文学、艺术，也包括价值观念、道德修养、审美情趣、社会规约和风俗习惯等。学习中外优秀文化，有助于学生在对不同文化的比较、鉴赏、批判和反思的过程中，拓宽国际视野，理解和包容不同文化，增强对中华优秀传统文化、革命文化和社会主义先进文化的认识，形成正确的价值观和道德情感，成为有文明素养和社会责任感的人。文化知识内容要求如下。

（1）了解英美等国家的主要传统节日及其历史与现实意义；比较中外传统节日的异同，探讨中外传统节日对文化认同、文化传承的价值和意义；

（2）了解英美等国家的主要习俗；对比中国的主要习俗，尊重和包容文化的多样性；

（3）了解英美等国家主流体育运动，感悟中外体育精神的共同诉求；

（4）了解英美等国家主要的文学家、艺术家、科学家、政治家及其成就、贡献等，学习和借鉴人类文明的优秀成果；

（5）发现并理解语篇中包含的不同文化元素，理解其中的寓意；

（6）理解常用英语成语和俗语的文化内涵；对比英汉语中常用成语和俗语的表达方式，感悟语言和文化的密切关系；

（7）在学习活动中初步感知和体验英语语言的美；

（8）了解英美等国家人们在行为举止和待人接物等方面与中国人的异同，得体处理差异，自信大方，实现有效沟通；

（9）学习并初步运用英语介绍中国传统节日和中华优秀传统文化（如京剧、文学、绘画、园林、武术、饮食文化等），具有传播中华优秀传统文化的意识。

（五）语言技能

语言技能是语言运用能力的重要组成部分。语言技能包括听、说、读、看、写等方面的技能。听、读、看是理解性技能，说和写是表达性技能。理解性技能和表达性技能在语言学习过程中相辅相成、相互促进。学生应通过大量的专项和综合性语言实践活动，发展语言技能，为真实语言交际打基础。

语言技能中的看通常指利用多模态语篇中的图形、表格、动画、符号以及视频等理解意义的技能。理解多模态语篇除了需要使用传统的文本阅读技能之外，还需要观察图表中的信息、理解符号和动画的意义。鉴于这种技能在新媒体时代日趋重要，本课程标准在语言技能中增加了“看”的技能。

发展学生英语语言技能，就是使学生能够通过听、说、读、看、写等活动，理解口头和书面语篇所传递的信息、观点、情感和态度等；并能利用所学语言知识、文化知识等，根据不同目的和受众，通过口头和书面等形式创造新语篇。这些活动是学生发展语言能力、文化意识、思维品质和学习能力的重要途径。

贯通项目基础教育阶段英语课程语言技能内容要求

语言技能	语言技能内容要求
理解性技能	1. 从语篇中提取主要信息和观点，理解语篇要义； 2. 理解语篇中显性或隐性的逻辑关系； 3. 把握语篇中主要事件的来龙去脉； 4. 抓住语篇中的关键概念和关键细节； 5. 理解书面语篇中标题、小标题、插图的意义； 6. 辨认关键字词和概念以迅速查找目标信息； 7. 根据语篇标题预测语篇的主题和内容； 8. 批判性地审视语篇内容； 9. 根据上下文线索或非文字信息推断词语的意义； 10. 把握语篇的结构以及语言特征； 11. 识别书面语篇中常见的指代和衔接关系； 12. 在听、读、看的过程中有选择地记录所需信息； 13. 借助话语中的语气和语调理解说话者的意图； 14. 根据话语中的重复、解释、停顿等现象理解话语的意义； 15. 理解多模态语篇（如电影、电视、海报、歌曲、漫画）中的画面、图像、声音、符号、色彩等非文字资源传达的意义； 16. 课外视听活动每周不少于 30 分钟；课外阅读量平均每周不少于 1500 词

续表

语言技能	语言技能内容要求
表达性技能	1. 根据交际需要发起谈话并维持交谈； 2. 清楚地描述事件的过程； 3. 使用文字和非文字手段描述个人经历和事物特征； 4. 在口头和书面表达中借助连接性词语、指示代词、词汇衔接等语言手段建立逻辑关系； 5. 在书面表达中借助标题、图标、图像、表格、版式等传递信息、表达意义； 6. 根据表达目的选择适当的语篇类型； 7. 根据表达的需要选择词汇和语法结构； 8. 根据表达的需要选择正式语或非正式语； 9. 借助语调和重音突出需要强调的意义

（六）学习策略

学习策略主要指学生为促进语言学习和语言运用而采取的各种行动和步骤。学习策略的使用表现为学生在语言学习和运用的活动中，受问题意识的驱动而采取的调控和管理自己学习过程的学习行为。有效使用学习策略有助于提高学生学习英语的效果和效率，有助于学生发展自主学习的习惯和能力。学习策略的使用还具有迁移性，有助于促进学生终身学习能力的发展。

学生在学习和运用英语的过程中常用的策略包括：元认知策略、认知策略、交际策略和情感策略等。其中，元认知策略指学生为了提高英语学习效率，计划、监控、评价、反思和调整学习过程或学习结果的策略；认知策略指学生为了完成具体语言学习活动而采取的步骤和方法；交际策略指学生为了争取更多的交际机会、维持交际以及提高交际效果而采取的策略；情感策略指学生为了调控学习情绪、保持积极的学习态度而采取的策略。通常这些策略可以组合运用以解决学习中较复杂的问题。

贯通项目基础教育阶段英语课程学习策略内容要求

学习策略	学习策略内容要求
元认知策略	1. 根据学习内容和学习重点，计划和安排预习和复习； 2. 经常对所学内容进行整理和归纳； 3. 学习中遇到困难时，主动分析原因并尝试解决困难； 4. 选择适合的参考书和词典等工具辅助英语学习； 5. 通过图书馆、计算机网络等资源获得更广泛的英语信息，扩充学习资源； 6. 有意识地注意和积累生活中和媒体上所使用的英语； 7. 计划、监控、评价和反思认知策略、交际策略和情感策略的学习和使用，总结经验，并根据需要进行调整
认知策略	1. 在新旧语言知识之间建立有机联系； 2. 从不同的角度认知新学语言项目，既关注语言项目的形式，又关注其意义和用法； 3. 在语境中学习词汇和语法； 4. 通过分类等手段加深对词汇的理解和记忆； 5. 利用笔记、图表、思维导图等收集、整理信息； 6. 根据篇章标题、图片、图表和关键词等信息，预测和理解篇章的主要内容； 7. 根据语篇类型和特点，了解篇章的主要内容和写作意图； 8. 根据语篇中的核心词、代词等，理解段落或句子之间的内在衔接； 9. 通过快速浏览理解篇章大意； 10. 通过扫读获取篇章具体信息； 11. 借助图表等非语言信息进行表达

续表

学习策略	学习策略内容要求
交际策略	1. 借助手势、表情等非语言手段提高交际效果； 2. 通过解释、澄清或重复等方式克服交际中的语言障碍，维持交际
情感策略	1. 对英语学习保持主动和积极的态度，不断增强学习的自信心； 2. 有学习英语的兴趣，主动参加各种学习和运用语言的实践活动； 3. 有合作学习的意识，愿意与他人分享各种学习资源

五、教学实施

（一）教学建议

本课程标准提出，发展学生的英语学科核心素养是高端贯通项目基础文化教育阶段英语课程的具体目标，这是以人为本教育理念在学科层面的重要体现。基础文化教育阶段英语课程的育人价值是通过具体的语言学习过程逐步实现的。在这个过程中，学生基于具体的主题及语篇，主动参与语言实践活动，运用各种学习策略，学习语篇呈现的语言和文化知识，分析、理解主题意义并使用所学语言进行思考、表达和交流，逐步发展语言能力、文化意识、思维品质和学习能力等英语学科核心素养。

教师要积极探索有效的教与学的方式，研究如何在教学中将语言知识转化为学生的语言运用能力，帮助学生正确理解和表达意义、意图、情感和态度，努力实践指向学科核心素养发展的英语学习活动观，实施深度教学，落实培养学生英语学科核心素养的目标。为此，特提出以下教学建议。

1. 以核心素养为目标，依据课程内容要求，开设好必修和选修课程

（1）必修课程是面向全体学生的课程，是学生满足转段要求必须修习的课程，旨在帮助学生奠定必要的语言能力、文化意识、思维品质和学习能力基础。教师要把握好必修课程的基础性，从学生的实际语言水平和基本需求出发，根据必修课程的内容要求，制订合理可行的教学计划，努力使课程内容与义务教育有机衔接。教师要注意改进教学方式和方法，重视对学生学习策略的指导，帮助他们养成良好的学习习惯，发展自主学习能力，为他们继续学习英语和未来发展奠定基础。

教师在教学中，要注意把握好必修课程的基本要求，围绕具体语篇所提供的主题语境，与学生初中接触过的话题建立关联，基于学生现有的生活经验、学习兴趣和语言水平，引导他们积极主动地参与到对主题意义的探究活动中来。在语篇类型方面，必修课程阶段重点学习记叙文、说明文和应用文，以及新闻类语篇和与之相关的语篇知识。教师要在深入研读语篇的基础上，根据主题语境、语篇类型、不同文体的语篇结构和语言特点，引导学生深入学习和理解语言所表达的主题意义，建构结构化知识，内化所学语言和文化知识，自主表达观点，实现深度学习。

必修课程中的语音、词汇和语法知识的内容要求突出了语用方面的要求，并通过语篇知识和语用知识的标准，凸显对学生语言运用能力的重视。教师要改变碎片化的、脱离语

境教授知识点的教学方式，让学生认识到学习语言的目的是为了在真实语境中运用所学知识，理解意义，传递信息，表达个人情感和观点，比较和鉴别不同的文化和价值观。同时，教师要重视真实情境的创设，明确参与各方的身份和关系，引导学生学会选择得体的语言形式开展有效的交流。教师要努力把文化知识的教学有机融入语言学习之中，充分挖掘语篇中的文化和育人价值，在活动中与学生共同探讨文化的内涵，丰富学生的文化体验，发展学生的文化鉴赏力，将文化知识内化为具有正确价值取向的认知、行为和品格，提高跨文化意识，拓展国际视野，坚定文化自信，达到育人目的。对学习策略的培养要融入语言学习、信息整合、意义探究、文化比较和价值判断的学习活动中。此外，除课堂学习外，本课程标准对课外视听和课外阅读活动也提出了明确的要求，教师应积极创造条件，鼓励和指导学生开展好课外学习活动，确保每周的课外视听活动不少于 30 分钟；每周的课外阅读量不少于 1500 词。

语言既是文化的载体，也是思维的工具。语言能力的提高应与思维品质的发展和文化意识的形成同步。教师要在帮助学生发展语言能力的同时，促进他们思维品质的发展，引导学生树立正确的价值观。因此，本课程标准力求把对学生思维品质和文化意识的发展要求有机融入语言知识和文化知识的学习中。在教学中，教师要引导学生感知、理解、整合、内化语言和文化知识，获取信息、分析问题、解决问题、鉴赏评价、自主表达，使这一过程成为学生语言能力的发展过程、思维品质的提升过程、文化意识的建构过程和学习能力的形成过程。

必修课程还要做好与初中教学的衔接，要特别关注那些英语学习基础薄弱的学生。教师应根据学生的实际水平扎实地做好补习工作，帮助这些学生认读和理解基础词汇、句子和课文，多朗读文章中的重点短语、句子和段落，尽量使用教材中的短语和句子尝试说英语和写英语；适当补充适合的听读材料，增加学生的语言体验。同时，要注意把立足点放在帮助学生认识初中和职业院校学习的差异，形成良好的学习习惯和思维方式上；保证学生通过英语必修课程的学习，掌握最基本的学习内容，顺利完成基础文化教育阶段的学习任务。

（2）选修课程（提高类）对语言知识的掌握、语言技能的驾驭、文化差异的处理能力，以及对学习能力的培养都有更高的要求。因此，选修课程（提高类）的开设应更注重挖掘意义的内涵，探究其背后的文化价值观，分析语篇结构的特征和行文格式对意义表达的作用，发现语言结构在组织语篇中的价值，引导学生更深刻地体会语言的魅力，欣赏文化内涵，从而发展他们的鉴赏能力和批判性思维能力。除了常规的教学活动外，教师应更多地调动学生的学习潜能，组织更加开放的、具有挑战性的项目式学习、研究性学习、创作性学习等活动，激发学生主动参与，引入和用多种资源，鼓励学生分享感受、经历、看法和个人创作，为学生展现自我、挑战自我、突破自我、相互学习创造最佳的学习环境。

选修课程中的其他类课程（前置类、实用类、拓展类、第二外国语类）旨在供不同水平、不同兴趣和不同需求的学生任意选修，体现课程的个性化设置。教师应根据学生需求和学校条件，积极探索开设这些课程的途径和方法，实事求是地选择和确定开设的门类，指导学生选修适合自己的课程，实现个性发展。

2. 关注主题意义，制订指向核心素养的单元整体教学目标

人与自我、人与社会和人与自然是英语课程内容的三大主题语境，是培育和发展英语学科核心素养的主要依托，是引领教学目标制定与学习活动开展的关键。

单元是承载主题意义的基本单位，单元教学目标是总体目标的有机组成部分。教师应根据基础文化教育阶段的课程结构和总体目标，以及各单元的主题和教学内容，制定各单元的具体教学目标。单元教学目标要以发展英语学科核心素养为宗旨，围绕主题语境整体设计学习活动。教师要认真分析单元教学内容，梳理并概括与主题相关的语言知识、文化知识、语言技能和学习策略，并根据学生的实际水平和学习需求，确定教学重点，统筹安排教学，在教学活动中拓展主题意义。教学目标应该可达成、可操作、可检测。每个课时目标的设定都要为达成单元整体目标服务，有机整合课程内容六要素，并根据教学实际需要有所侧重，避免脱离主题意义或碎片化的呈现方式。教学目标要体现对全体学生的基本要求，同时兼顾学生的个体差异，既确保共同进步，又满足个性发展。

3. 深入研读语篇，把握教学核心的内容

语篇是英语教学的基础资源。语篇赋予语言学习以主题、情境和内容，并以其特有的内在逻辑结构、文体特征和语言形式，组织和呈现信息，服务于主题意义的表达。因此，深入研读语篇，把握主题意义、挖掘文化价值、分析文体特征和语言特点及其与主题意义的关联，对教师做好教学设计具有重要意义，是教师落实英语学科核心素养目标、创设合理学习活动的重要前提。

研读语篇就是对语篇的主题、内容、文体结构、语言特点、作者观点等进行深入的解读。建议教师首先尝试回答三个基本问题：第一，语篇的主题和内容是什么？即 What 的问题；第二，语篇的深层含义是什么？也就是作者或说话人的意图、情感态度或价值取向是什么？即 Why 的问题；第三，语篇具有什么样的文体特征、内容结构和语言特点？也就是作者为了恰当表达主题意义选择了什么样的文体形式、语篇结构和修辞手段？即 How 的问题。Why 和 How 的问题通常没有唯一答案，对语篇深层意义和文体结构的解读更多取决于教师的教育背景、生活阅历、认知方式，以及教师在与语篇互动的过程中所表现出来的分析和探究能力。因此，每个人都可能会给出不同的解读和阐释。

对语篇的研读，教师还可以进一步关注语篇的选材出处和发表时间，分析作者或说话人的立场、观点和写作或表述风格，以及特定时期的语言特点和时代印记等。

总之，研读语篇可以帮助教师多层次、多角度分析语篇所传递的意义，依据语篇的主题意义、文体风格、语言特点和价值取向，设计合理的教学活动，同时利用作者视角、写作背景和时间等信息，帮助学生深刻理解语篇，把语言学习与意义探究融为一体，实现深度学习。

4. 实践英语学习活动观，促进核心素养有效形成

本课程标准提出了指向学科核心素养的英语学习活动观，明确活动是英语学习的基本形式，是学习者学习和尝试运用语言理解与表达意义，培养文化意识，发展多元思维，形

成学习能力的主要途径。活动观的提出为整合课程内容、实施深度教学、落实课程总目标提供了有力保障，也为变革学生的学习方式、提升英语教与学的效果提供了可操作的途径。教师应从英语学习活动观的视角重新审视课堂教学设计的合理性和有效性，整合课程内容，优化教学方式，为学生设计有情境、有层次、有实效的英语学习活动。

英语学习活动的设计应以促进学生英语学科核心素养的发展为目标，围绕主题语境，基于口头和书面等多模态形式的语篇，通过学习理解、应用实践、迁移创新等层层递进的语言、思维、文化相融合的活动，引导学生加深对主题意义的理解：帮助学生在活动中习得语言知识，运用语言技能，阐释文化内涵，比较文化异同，评析语篇意义，形成正确的价值观念和积极的情感态度，进而尝试在新的语境中运用所学语言和文化知识，分析问题、解决问题，创造性地表达个人观点、情感和态度。

具体而言，学习理解类活动能力要包括感知与注意、获取与梳理、概括与整合等基于语篇的学习活动，如：教师围绕主题创设情境，激活学生已有的知识和经验，铺垫必要的语言和文化背景知识，引出要解决的问题。在此基础上，以解决问题为目的，鼓励学生从语篇中获得新知，通过梳理、概括、整合信息，建立信息间的关联，形成新的知识结构，感知并理解语言所表达的意义和语篇所承载的文化价值取向。

应用实践类活动主要包括描述与阐释、分析与判断、内化与运用等深入语篇的学习活动，即在学习理解类活动的基础上，教师引导学生围绕主题和所形成的新的知识结构开展描述、阐释、分析、判断等交流活动，逐步实现对语言知识和文化知识的内化，巩固新的知识结构，促进语言运用的自动化，助力学生将知识转化为能力。

迁移创新类活动主要包括推理与论证、批判与评价、想象与创造等超越语篇的学习活动，即教师引导学生针对语篇背后的价值取向或作者态度进行推理与论证，赏析语篇的文体特征与修辞手法，探讨其与主题意义的关联，批判、评价作者的观点等，加深对主题意义的理解，进而使学生在新的语境中，基于新的知识结构，通过自主、合作、探究的学习方式，综合运用语言技能，进行多元思维，创造性地解决陌生情境中的问题，理性表达观点、情感和态度，体现正确的价值观，实现深度学习，促进能力向素养的转化。

英语学习活动的设计应注意以下几个问题：（1）情境创设要尽量真实，注意与学生已有的知识和经验建立紧密联系，力求直接、简洁、有效。（2）教师要善于利用多种工具和手段，如：思维导图或信息结构图，引导学生通过自主与合作相结合的方式，完成对信息的获取与梳理、概括与整合、内化与运用，教会学生在零散的信息和新旧知识之间建立关联，归纳和提炼基于主题的新知识结构。（3）教师要善于提出从理解到应用、从分析到评价等有层次的问题，引导学生的思维由低阶向高阶稳步发展，同时，教师要启发学生积极参与针对语篇内容和形式的讨论和反思，鼓励学生围绕有争议的话题有理有据地表达个人的情感与观点。（4）在情境创设中，教师要考虑地点、场合、交际对象、人物关系和交际目的等，提示学生有意识地根据语境，选择恰当的语言形式，确保交际得体有效。（5）教师要根据所学主题内容、学习目标和学生经验等，选择和组织不同层次的英语学习活动。

5. 重视培养学生的学习能力，为学生学会学习创造条件

基础教育阶段是贯通项目的学生学习能力发展的重要时期，教师要把培养学生的学习能力作为教学的重要目标，在教学过程中为学生发展学习能力创造有利条件，帮助学生在英语学习的过程中，学会如何进行自我选择、评判和监控，培养学生自主学习、合作学习和探究式学习的能力。

自主学习、合作学习和探究式学习是教育界近些年发展起来的重要学习理念和学习方式。就其目标而言，自主学习关注学习者主动、积极的学习动机和自觉、持续的行为能力；合作学习关注学习者与人沟通、合作完成学习任务的能力；探究式学习注重对过程和概念的探究与发现方式，是学生获得结构化知识、发展分析问题和解决问题能力的重要途径。自主、合作、探究式学习对激发学生的学习兴趣、提高学生课堂活动的参与度、促进师生间的合作交流具有重要作用，而学生能否有效地开展自主、合作与探究式学习是衡量他们学习能力发展水平的重要指标。

为培养学生自主、合作、探究的学习能力，教师要为学生创设支持和激励的学习环境，在教学中关注学生是否在合作学习中增强了个体的责任感，是否实现了相互学习、相互促进，是否通过合理分工促进了学生独立思考，是否改善了人际关系、提高了人际交往能力。在组织学生开展探究式学习时，要注意所选的内容是否与学生的兴趣和知识基础相符，要关注学生的探究过程，关注学生的结构化知识是否形成或得到发展，促使学生在活动中以合作和探究的方式获得知识、丰富经验、发展技能、提高能力、养成健康人格，强调学生之间的相互促进和共同提高。

学生学习能力的发展需要教师精心的指导和帮助。在教学中，教师要有意识地给予指导，例如，课前合理布置自学活动，课中组织小组合作学习与探究活动，课后布置适量的拓展性作业。此外，教师要在教学中帮助学生感受学习英语的价值和意义，了解英语语言的结构特点和语用习惯，学会选择适合自己的学习方法和策略，主动参与学习活动并尝试自我评价和同伴互评，养成自我反思的习惯，在体验自主学习、合作学习和探究式学习的过程中学会学习。教师要有意识地培养学生自主学习的能力，避免包办代替。

教师要在教学过程中帮助学生形成适合自己的学习方法和策略。每个学生的学习背景、生活环境和成长经历不同，学习英语的方法和策略也有差异。在教学中，教师应通过观察学生的课堂表现、与学生对话、启发学生自我反思等途径梳理适合不同学生的学习方法和策略，并适时加以引导。教师也可以引导学生交流学习方法和策略，互帮互学。

最后，教师还要认识到，教学的过程同时也是评价学生学习效果的过程。在这一过程中，学生也应该成为评价自己学习的主体。为此，教师要善于启发并与学生共同总结和提炼有效的评价标准或原则，指导学生学会运用这些标准和原则进行自我评价。教师要引导学生经常反思自己的学习兴趣和动机、学习方法和策略、语言能力现状和发展进程，养成自我反思的习惯，发展自主学习能力，成为有责任担当的学习者。

6. 利用现代信息技术，拓宽学习和运用英语的渠道

现代信息技术不仅为英语教学提供了多模态的手段、平台和空间，还提供了丰富的资

源和跨时空的语言学习机会和使用机会，促进了英语教学理念、教学方式与学习方式的变革。教师要积极关注现代信息技术在英语教学应用领域中的发展和进步，努力营造信息化教学环境，学习和利用网络提供的实时、个性化学习资源，为学生搭建自主学习平台，帮助学生拓宽学习渠道，深化信息技术与英语课程的融合，提高英语学习的效率。

教师应在利用传统的教学手段和教学资源（如黑板、白板、卡片、简笔画、教学挂图、模型、实物等教具）的同时，发挥现代教育技术对教与学的支持和服务功能，引导学生开展主动、个性化的探究活动，实现深度学习。例如，利用各种媒介开展移动学习和教学；指导学生合理利用电子词典等工具开展学习；使用数字化技术设计个性化学习平台；利用新媒体语篇开展主题阅读，扩大阅读量；通过网上专题讨论区开展写作教学；开展基于网络的同伴互评等。教师应给予学生充分的指导，让学生根据自己的学习需求和认知兴趣，自主选择和利用网络资源，多渠道、多方式地完成语言实践活动。教师在给学生布置网络学习任务时，自己应先浏览相关网站，确保网站信息的安全、健康、可用，并引导学生注意网络资源使用的安全性。

现代信息技术的使用不能替代师生课堂上真实而鲜活的人际互动、观点碰撞、情感交流的语言活动，教师要充分认识现代信息技术与英语课程融合的目的性、恰当性、合理性和有效性。

7. 处理好教、学、评的关系，达到以评促教、以评促学的目的

完整的教学活动包括教、学、评三个方面。“教”是教师把握英语学科核心素养的培养方向，通过有效组织和实施课内外教与学的活动，达成学科育人的目标；“学”是学生在教师的指导下，通过主动参与各种语言实践活动，将学科知识和技能转化为自身的学科核心素养；“评”是教师依据教学目标确定评价内容和评价标准，通过组织和引导学生完成以评价目标为导向的多种评价活动，以此监控学生的学习过程，检测教与学的效果，实现以评促学，以评促教。

在实际教学中，教师应处理好评价与教和学之间的关系，推动教、学、评一体化实施。课堂评价活动应贯穿教学的全过程，为检测教学目标服务，以发现学生学习中的问题，并提供及时帮助和反馈，促进学生更有效地开展学习。教师要依据教学目标和评价标准有意识地监控学生在学习活动过程中的表现。在开展评价活动时，教师不仅要说明活动的内容和形式，还应给出活动要求和评价标准。评价标准也可以由师生共同协商确定，使学生在开展活动时有明确的目标，并能根据标准及时进行自评和互评。

在评价活动中，师生应同为实施评价的主体，评价除了可采用自评和互评外，教师的提问和反馈也是重要的评价手段，如：教师可以通过提问，监控和评价学生是否理解语篇的深层次意义，是否能对作者的观点和语篇意义给出自己有理有据的观点，是否表现出一定的批判性思维等。教师可以根据评价活动的目的和学生的特点，选择即时反馈或延后反馈。反馈要关注师生、生生有意义的互动，促进学生高层次思维和文化意识的发展。教师应注意不宜过早给出对与错或好与差的评论，要注意为学生创造自我反思和自我调控的机会。教师要充分肯定学生的努力，委婉地指出其有待改进和提高的地方，对学生的学习困

难及时提供帮助。阶段性教学结束时，教师可以通过多种形式开展终结性评价，检验学生的学习效果和教师的教学效果，为下一阶段调整教学提供依据和方向。

8. 不断提高自身专业化水平，与课程改革同步发展

教师的专业化水平是有效实施英语课程的关键。教师要深刻领会本课程标准提出的理念、目标和要求，始终以发展学生英语学科核心素养为目的，不断优化教学方式，努力提高教学质量，落实立德树人根本任务，推动自身专业素养与课程改革同步发展。

为实施好本课程标准提出的英语学科核心素养目标和教学要求，教师要努力做到以下几点。第一，不断更新学科专业知识，提高自身语言和文化素养。本课程标准的实施要求教师不仅要有扎实的英语语言基本功，如良好的英语语感、系统的英语语音、语法、词汇、语篇、语用等知识，还要有较好的听、说、读、看、写等综合语言运用能力，丰富的中外文化知识和国际视野；教师应能用英语组织和实施课堂教学，阅读专业文献，参加教学研讨与交流，并能伴随社会和语言的发展，不断提升个人的数字化和信息化能力，努力更新自己的学科专业知识。第二，积累学科教学知识，立足教学实效。教师要把握好课程目标、深入研读教材，挖掘课程的育人价值，客观分析学情，明确教学的重点和难点，确保教学目标定位准确。教师要深刻理解六要素整合的英语学习活动观的意义，设计基于主题意义探究的、有针对性和内在关联的教学活动，创造性地选择教学手段和方法，合理使用现代教育技术，有效组织和实施教学，解决教学难点，落实教学重点，监控教学过程，评价教学效果，提高教学质量。为此，教师要转变课堂角色，从单一的知识传授者转变为学生学习的指导者、组织者、促进者、参与者和合作者，引导学生发展自主学习能力，使学生真正成为学习的主人。第三，加强实践与反思，促进专业可持续发展。教师要在教学中把教学与研究有机结合起来，以培养学生的英语学科核心素养为出发点，不断审视自己的教学观念和方法，特别是通过合作开展行动研究，有目的地改进教学，优化教学方式，提高教学效果。教师要在教学实践和反思的过程中，加深对教与学本质的理解和认识，不断更新教育观念，创新教学实践，实现个人专业化发展。第四，建设教学团队，形成教研机制，开展教师间的合作与研究。学科教研室要构建新型的教师学习共同体，在教学中不断总结和提炼发展学生英语学科核心素养的有效途径、方法和策略，共同探讨和解决教学中遇到的问题，形成教师之间相互支持、相互学习和共同进步的专业发展机制，以开放进取的心态投入工作，努力使自己成为具有反思意识和创新能力的英语教师。

（二）教学评价

教学评价是英语课程的重要组成部分，其目的是促进英语学习，改善英语教学，完善课程设计，监控学业质量。科学的评价体系是实现课程目标的重要保障。英语课程的评价应反映以人为本的教育理念，着重评价学生的学科核心素养发展状况，以核心素养的内涵与水平划分为依据，涵盖教学内容的各个方面，采用科学、合理的评价方式和方法，对教学过程实施有效监控，对学习效果进行适时检测。教学评价应贯穿教学过程的始终，体现在教学实践的各个环节，既包括多途径收集信息的过程，也包括针对教学实践的各类反馈信息。

基于英语学科核心素养的教学评价应以形成性评价为主并辅以终结性评价，定量评价与定性评价相结合，注重评价主体的多元化、评价形式的多样化、评价内容的全面性和评价目标的多维化。评价结果应能全面反映学生英语学科核心素养发展的状况和达到的水平，发挥评价的激励作用和促学功能，对英语教学形成积极正面的反拨作用，促进英语课程的不断发展和完善。通过评价使学生在英语学习过程中不断体验进步与成功，认识自我，建立自信，调整学习策略，以此促进学生英语学科核心素养的全面发展。评价应能使教师获得英语教学的反馈信息，对自己的教学行为进行反思和调整，不断提高教育教学水平。

1. 突出核心素养在学业评价中的主导地位，着重评价学生的发展与成长

基于英语学科核心素养的学业评价，应保持评价目标与学科核心素养的一致性，应根据学生学科核心素养发展的要求确定具体的评价内容与标准，形成教、学、评统一的有机评价体系。评价的目标设定和实施手段须与课程内容要求保持高度一致，重点关注学生在语言能力、文化意识、思维品质、学习能力等维度的整体表现与协同发展，实现课程评价目标与学科核心素养表现的一致性，评价结果与后继决策的统一性。

评价目标的设定是为了判断学生在学习过程的某一时刻或某一阶段达到相应教学目标的程度和质量水平，应重点关注学生的发展与成长。评价目标可以通过各类学习活动加以体现，可以是微观的或宏观的，可以是单一的或综合的，也可以是即时性的或历时性的。通常情况下，基础文化教育阶段英语学业评价包括日常课堂学习过程中的实时表现、学习活动各要素的达成程度和效果、语言综合运用中所体现的学科核心素养水平等目标范畴。在评价实践中，评价指标可以根据不同的核心素养并结合活动的六要素加以设定，通常用描述性语言加以呈现。

此外，教师在实际评价中，要对学生日常学习过程中的表现、所取得的成绩以及学生英语学科核心素养发展的要求做出全面评价，鼓励学生积极开展自评和互评活动，从评价的接受者转变为评价活动的主体和积极参与者，及时有效地调控自己的学习进程并从中获得成就感和自信心。

2. 突出学生在评价中的主体地位，关注学生的全面发展和进步

学生既是学习的主体，也和教师一样同为评价的主体。评价目标和标准的确定、评价内容和方式的选择、评价方案的实施等均应以促进学生的英语学科核心素养发展为指向，应符合学生的心理和认知发展阶段及年龄特征，任务情境和活动内容应为学生所熟悉，并为学生提供充分的展示机会。针对日常学习的评价要有计划地根据教学内容灵活设计，做到持之以恒。教师在确定评价工具和方式时，应考虑教学目标、教学内容、学习环境和学生的个体差异等因素，并与学生共同讨论，形成切实可行的评价标准和方案。学生日常学习的阶段性评价，亦是教学过程的重要组成部分，应充分发挥其诊断性评价功能，着重考查学生特定时段的学习成效和存在的不足。

作为评价过程的主要参与者，学生应在教师的指导下，学习使用适当的评价方法和可行的评价工具，积极参与评价，发现和分析学习中的具体问题。应提倡学生开展自评和互

评，加强学生之间、师生之间评价信息的互动交流，促进自我监督式的学习，并在相互评价中不断反思，取长补短，总结经验，调控学习，把教学评价变成主体参与、自我反思、相互激励、共同发展的过程和手段。

具体实施过程中，评价活动可由学生独立完成，也可结对或组成学习小组共同合作完成。无论是针对课内教学活动、课下家庭作业还是课外实践项目的评价，教师均应注重不同评价活动之间的整合性和关联性，突出评价任务和内容的实践性和发展性，重视学生的全员参与和共同进步。

3. 关注课堂教学过程，通过英语活动实施各种评价

英语学习活动强调以学生为主体的整合性学习，主要通过主题、语篇、知识（语言与文化知识）、技能、策略等维度实现。对英语学习的日常评价也应体现英语活动观的理念和各维度的表现。首先，教师要根据评价目标设计语言活动方案，设计过程可以让学生参与其中，要关注批判性思维和知识整合，确保活动方案的综合性、关联性、实践性，体现评价的科学性和可行性，特别要注意评价的公平性，以保护学生的学习积极性。其次，在活动实施的过程中，教师可以采用提问、讨论、完成任务等方式使学生的思维外化，并在这一过程中，观察学生综合运用语言的行为表现和学科核心素养的养成程度，如语言表达的准确性和流利性、知识的广度、思维的深度、所用策路的适宜性和有效性，以及克服学习困难、调控学习情绪、提高协作能力等的成效。最后，教师要综合考量学生的各种表现，得出评价活动的最终结果，把握学生在相关目标内容方面的达成程度以及学生后续发展应注意的关键问题。

针对学生的课堂表现进行评价，要着重考查学生在语言学习过程中的进步，突出评价的过程性和形成性特征，充分发挥诊断性评价的功能。教师和学生同为课堂评价的主体，应突出评价的正面鼓励和激励作用，评价宜采用描述性、反馈性、等级评定等方式记录学生的表现。需要注意的是，课堂评价的实施要关注学生参与课堂学习的积极性和主动性，如参与小组合作学习、与老师和同学对话交流等方面的表现；还要关注学生在学习过程中的注意力和好奇心，特别是提出问题和解决问题的兴趣与热情，关注学生在不同情境与活动过程中分析问题和解决问题的能力表现。

4. 注重评价方式的多样性和合理性，切实开展好形成性评价

英语课程的教学评价重在通过对日常教学和学习情况的过程性观察、监控、记录和评估，全面了解学生的个性特征、学习效果和发展潜能，关注学生的学习过程和成长经历。因此，教学评价的形式应是多种多样的。教师要以英语学科核心素养为导向，根据活动内容，与学生共同设计形式多样的评价活动，如演讲、描述、展示、对话、游戏、陈述、讨论、制作思维导图等非纸笔测试活动。

在设计和实施评价的过程中，教师应根据基础文化教育阶段的教学特点与评价目的，充分考虑学生的年龄、心理特征及认知水平，选用合理的评价方式，实现形成性评价与终结性评价相结合。教学评价的目的和意义决定其更适合采用形成性评价，为此，教师应努力把评价活动融入英语课程的各个环节，把平时测验、成长记录袋和第一课堂、第二课

堂、第三课堂的学习活动表现密切结合起来，使评价活动成为学习过程的有机组成部分和促进学习的有效途径。

以成长档案袋为例，成长档案袋是展示学生动态学习过程的重要形式，集中体现学生在学习过程中所做的努力、取得的进步和获得的学习成果。成长档案袋通常以文件夹的形式收藏学生具有代表性的学习成果（作业、作品）和反思报告等，为便于储存、提取和管理，可鼓励学生利用信息化技术建立电子档案袋。通过建立成长档案袋，督促学生经常检查作业完成的情况，自主选出满意作品，反思学习方法和学习成效，培养学习的自主性和自信心，体现学生参与评价的主体过程。学生成长档案袋通常在开学初由师生共同建立，成长档案的建立、维护、建设和保管应在教师的指导下由学生自己完成，可定期在班级、年级范围内进行展评，或通过网络平台开展互阅互评、优秀作品展示等活动，也可设立网上讨论区，鼓励学生发表意见，达到相互学习和相互借鉴的目的。教师应根据成长档案袋的情况及时进行评定，并提供客观、公正、激励性的评语和建议，也可根据完成情况记入学生的期末成绩。

成长档案袋的评价方式要注意样本的丰富性和真实性，要能够客观、充分地反映学生的学习进步过程，同时还要便于学生随时查阅，以激发学生的学习兴趣、大胆探索和乐于实践的精神，从而提高他们的学习能力，促进英语学科核心素养的发展。此外，综合表现评价的实施还要关注评语的激励作用、同学互评的正面引导，以及学生自我评价的客观性、条理性和完整性。例如，成长档案袋可包括以下内容。

——学生学业的初始档案材料，如个人情况简介以及入学考试成绩等；

——学习行为记录，如课上课下参与朗读、朗诵和角色表演等情况；

——书面作业样本，通常为学生最为满意的作品；

——教师对学生学习情况的课堂观察评语；

——家长对学生课下学习和课外实践活动的评语；

——平时测验记录、阶段性测试成绩等；

——与英语学习有关的视图作品集锦，如绘画、宣传画、图表或连环画等；

——写作作品集锦，如日记、信件、报告、故事等；

——多媒体制作与展示，如图片文字展示、微电影等；

——学生的自我评价与反思；

——其他同学的评价和评语；

——教师对学生整体表现的综合评定。

学生的“成长档案袋”主要收集和记录学生的学习过程和进步情况，目的是使学生通过档案袋中各项活动的记录，看到自己的成绩和进步，获得成就感，提高自信心，同时还能认识到自身的不足。成长档案袋的建立有利于学生之间的交流评价、比较鉴别，实现个性化发展。因此，教师要在对学生的综合评定中，重点关注学生在英语学科核心素养发展过程中的进步情况、努力程度、反思能力和最终发展水平，引导学生既要重视档案袋的内容完善，也要重视档案袋的形式设计，更要充分利用好档案袋的多元评价效果。

5. 发挥评价的反拨作用，实现评价为教和学服务的目的

评价要服务教学、反馈教学、促进教学。评价的过程和结果要有利于学生不断体验英语学习过程中的进步与成功，有利于学生认识自我，建立和保持英语学习的兴趣和信心。因此，在教学过程中提供形成性评价反馈是实现以评促学的有效途径，反馈的质量决定形成性评价的效果。评价要有利于教师获取英语教学的反馈信息，并对自己的教学行为进行反思和调整，从而促进教师不断提高专业水平。

教师要客观分析和认真研究评价结果，找出教学中存在的问题及产生问题的原因，及时调整教学计划和教学方法，并根据评价活动的类型、目的、目标及标准，及时反馈评价结果，尽可能全面、客观、准确地阐释评价结果的内涵和指向，明确评价结果的适用范围，引导学生用发展的眼光看待评价结果，加深对评价结果的正面理解；同时，鼓励学生参与评价结果的判断和解释过程，最大限度地发挥评价结果的诊断功能和促学功能。教师要关注各种评价活动和结果对学生学习和教师教学的反拨作用，要反思：其一，评价是否促进了学生英语学科核心素养的形成和发展？其二，评价是否促进了学生自信心的建立和全面进步？其三，评价是否反映了学生的学习成就或不足？其四，评价是否反映了教师教学中的成功与不足？在此基础上，客观分析和认真研究评价结果，找出教学中存在的问题及原因，及时调整教学计划和教学方法，并针对每个学生的具体情况与学生进行不同形式的交流，及时提出建议，给予指导。

贯通基础课程教学设计

1

课程名称：语文《琵琶行》

课时：2 课时

班级：2019 级 1 班

教师：李彦湄

教研室：语文教研室

使用时间：2019 年 11 月

课程信息

课程名称	语文	课程类型	公共基础课	课程课时	90 课时
教材	高端技术技能人才贯通培养项目基础阶段读本 语文（第一册）（知识产权出版社）				

续表

<table>
<tr><th colspan="7">教学设计</th></tr>
<tr><td>单元名称</td><td colspan="2">学习任务群一　发现美好之《琵琶行》</td><td>单元课时</td><td>2 课时</td><td>授课地点</td><td>教学楼 305</td></tr>
<tr><td rowspan="2">教学内容分析</td><td>单元分析
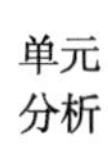</td><td colspan="5">本课教学内容选自高端技术技能人才贯通培养项目基础阶段《语文》第一册，《琵琶行》位于“学习任务群一　发现美好”。该任务群设置了“自然之美”和“人文之美”两个任务，旨在通过对文章的学习，提高学生的阅读能力，徜徉于文字的山水之间，聆听文学大师们的心语，用心阅读人文画卷，在艺术的天地里感受缤纷的色彩和恒久的魅力，加深学生对文化的理解
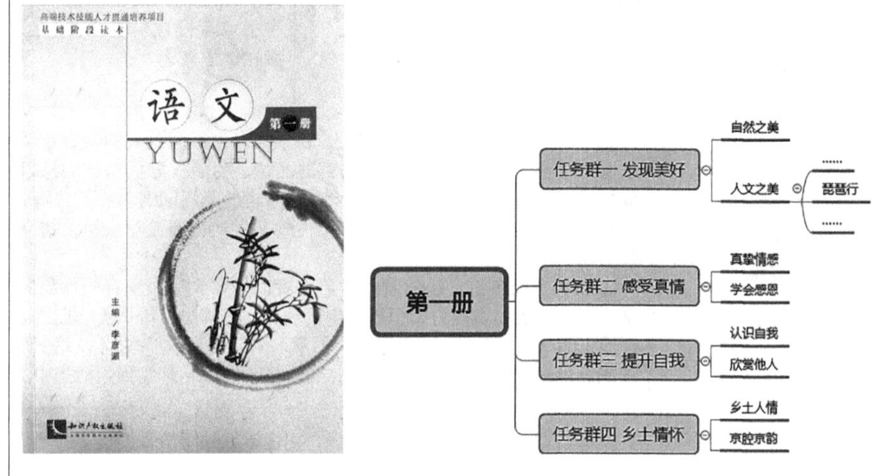
</td></tr>
<tr><td>本课分析</td><td colspan="5">《琵琶行》是唐代著名现实主义诗人白居易创作的长篇叙事诗，也是我国文学史上的一篇名著。这首叙事诗主要记叙了诗人贬谪江州时偶闻琵琶女的演奏，触发了天涯沦落的心境的故事，作者借叙述琵琶女的高超琴技和她的凄凉身世，抒发了个人政治上受打击、遭贬斥的抑郁悲凄之情，宦海的浮沉和生命的悲哀融为一体。其中的音乐描写以高度的艺术语言把音乐旋律形象化了，运用了众多技巧来描摹琵琶弹奏，使作品具有不同寻常的感染力。
文字的美不仅在于它本身，也在于文字背后的情感温度，同时，它还是其他艺术样式的载体。本文作为白居易经典的音乐诗作，言辞易懂，是让学生在阅读过程中发现美、将抽象的描述性的文字转化为画面的绝佳素材，这种审美过程伴随着文本细读，可以使学生获得美的享受，提升鉴赏能力，同时对传统文化有更深的了解和认识
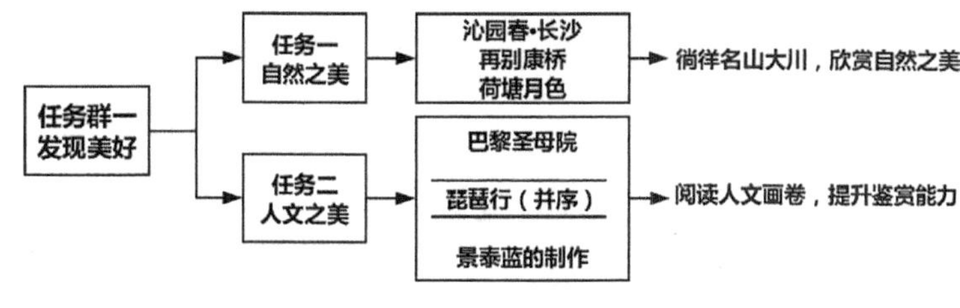
</td></tr>
</table>

续表

<table>
<tr><td rowspan="2">学情分析</td><td>学生与本课时学习相关的学习经验、知识储备等</td><td>学生学习习惯</td><td>学生兴趣与需求分析</td><td>学习本课时可能碰到的困难</td></tr>
<tr><td>1. 经过初中的学习，学生已具备初步的诗歌鉴赏能力，掌握了一定的诗歌鉴赏方法。
2. 经过任务群一其他文章的学习，该班级学生对意象、意境等概念已经有所了解和掌握</td><td>1. 部分学生学习习惯不够良好，课上易走神，需要教师进行带动。
2. 该班级学生性格普遍较为内敛，平时参与活动不算积极，但普遍具有竞争意识，在比赛、游戏等具有竞争形式的活动中较为积极踊跃</td><td>1. 该班级学生对学习经典诗词和传统文化有一定的学习兴趣，部分学生自主加入汉服社等传统文化社团，对传统文化有好奇心。
2. 学生对流行音乐文化接受程度较高，在教学中引入流行音乐较容易激发学生兴趣</td><td>1. 白居易作品浅白易懂，学生在文言句词落实上并没有太大难度，但是对于诗歌情感的变化和升华，学生并不是那么容易把握。
2. 本诗的音乐描写涉及化抽象为形象的相关艺术手法，学生在通过文字进行想象上有一定困难，需要教师加以引导</td></tr>
<tr><td colspan="2">教学目标</td><td colspan="3">1. 语言建构与运用：①感知语义，积累语言，掌握重要的文言字词、特殊句式。②理清文脉，学会通过吟诵和对诗歌语言的品位、咀嚼，分析诗歌的意象和意境，把握字里行间的情感意蕴，感受作者对琵琶女悲凉身世的无限同情与心灵共鸣。
2. 思维发展与提升：学会辩证看待传统文学的创新流行表达，树立思辨观，促进思维发展。
3. 审美鉴赏与创造：①欣赏并学习作者以语言文字再现音乐形象的写作手法；②培养对文学和艺术的鉴赏能力，引导学生发现美、鉴赏美、传承美、创造美。
4. 文化传承与理解：品读经典，积累名句，理解文人情怀，培养和感悟优秀传统文化，正确理解和宣扬传统文化价值观，将弘扬传统文化落实到生活当中</td></tr>
<tr><td rowspan="2">教学重点</td><td>重点内容</td><td colspan="3">1. 学会从意象入手分析诗歌的意境，把握诗歌的感情基调。
2. 引导学生结合诗人和琵琶女的人生遭遇，感受作者对琵琶女悲凉身世的无限同情与心灵共鸣。
3. 引导学生现美、鉴赏美、传承美、创造美，辩证看待经典文学的创新流行表达，促进思维发展，将弘扬优秀传统文化践行于生活之中，正确宣扬传统文化价值观，落实“课程思政”相关内容</td></tr>
<tr><td>解决策略</td><td colspan="3">1. 以“意境”为线索，结合诗歌的内容，将课程分为“赏乐景”“听乐声”“析乐情”等模块，循序渐进进行分析，引导学生推演文字，铺陈丰富故事场景，把握诗歌的感情基调，体会“声情交织”的境界。
2. 对比诗人和琵琶女的人生经历，在小组合作探究中进行“知识众筹”，帮助学生走进诗人内心，体会诗人情感。
3. 以学生身边喜闻乐见的形式和素材作为思维训练的抓手，引导学生正确看待传统文化的创新，正确宣扬传统文化价值观</td></tr>
<tr><td rowspan="2">教学难点</td><td>难点内容</td><td colspan="3">1. 进行深度文本阅读，分析诗歌的意境，把握诗歌的感情基调。
2. 辩证看待经典文学的创新流行表达</td></tr>
<tr><td>解决策略</td><td colspan="3">1. 以“意象”为抓手，将抽象的意象以图片、音乐等形式展现出来，通过视觉和听觉的冲击，加强学生的文本理解能力，自然而然的体验意境，领悟感情。
2. 在教学中引入在“抖音”APP、央视“经典咏流传”和浙江卫视秋季盛典等平台上较火爆的歌曲《琵琶行》，以学生身边喜闻乐见的音乐作为思维训练的素材，引导学生正确看待和理解传统文化的创新，自觉弘扬传统文化</td></tr>
</table>

续表

<table>
<tr><td rowspan="2">教学方法</td><td>教法</td><td>结合面对面教育与在线学习两方面的优势，基于翻转课堂的理念进行古典诗歌线上线下混合式教学。
学生在课前通过在线观看古典诗歌微课视频进行自主学习，课中跟随教师对课前学习内容进行线下合作探究式的学习，课后适当进行线上反馈，先学后教，以学定教，拓展学生的综合能力。
1. 任务驱动法，通过环环相扣的任务设计，激发学生的竞争意识和学习热情。
2. 情景教学法，通过意象搭建想象的桥梁，绘制诗歌的图景，营造诗歌的意境。
3. 诗词吟诵法，通过对诗词名句名段的反复吟诵，体会诗歌的主旨和感情。
4. 问题探究法，设置由浅入深的问题，引导学生层层深入</td></tr>
<tr><td>学法</td><td>1. 自主学习法：通过“云班课”平台进行自主学习，完成测试。
2. 小组合作探究法：通过小组的合作共同完成任务，进行“知识众筹”，互相促进</td></tr>
<tr><td>学习评价设计</td><td colspan="2">本课的学习评价贯穿整个教学过程，综合了线上线下评价，每一个环节都以积分奖励制，激励学生下一个环节更加投入地参与，每个环节都有记录和固化的成果，评价落在实处，反馈即时有效，以评促学。
1. 诊断性评价
利用“云班课”APP，发布课前自测，对自测结果进行评价，做到对学情“心中有数”，合理安排线下学习。
2. 形成性评价
在线下课堂教学中，利用“云班课”APP，实时对头脑风暴、小组讨论等问题进行评价，及时了解学生的学习情况，发现和解决教学中的问题。
3. 终结性评价
对作业部分进行评价，判断学生的学习效果</td></tr>
<tr><td>教学环境资源</td><td colspan="2">1. 硬件：交互大屏、手机终端。
2. 软件：“云班课”互动教学平台</td></tr>
<tr><td>教学流程</td><td colspan="2"> 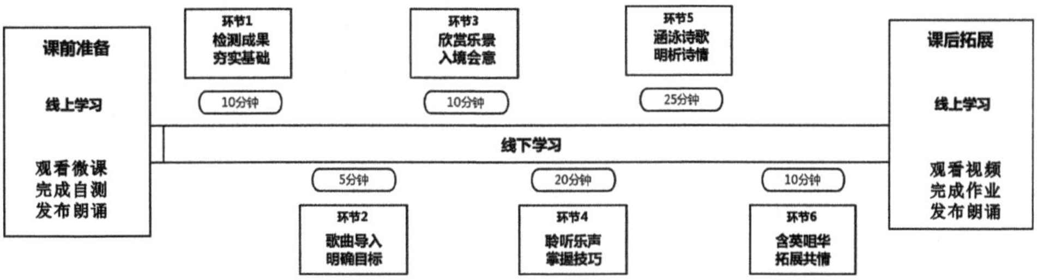课前准备
线上学习
观看微课
完成自测
发布朗诵
环节1
检测成果
夯实基础
10分钟
环节2
歌曲导入
明确目标
5分钟
环节3
欣赏乐景
入境会意
10分钟
环节4
聆听乐声
掌握技巧
20分钟
环节5
涵泳诗歌
明析诗情
25分钟
环节6
含英咀华
拓展共情
10分钟
线下学习
课后拓展
线上学习
观看视频
完成作业
发布朗诵</td></tr>
</table>

续表

教学过程					
环节	教学内容	教师活动	学生活动	设计意图	信息化手段及作用
课前准备	通过“云班课”平台发布学习任务，由学生进行自主学习，完成以下任务： 1. 观看《琵琶行》微课（9分钟），了解《琵琶行》的作者生平和创作背景。 2. 阅读诗歌，正音释义，熟悉课文内容，并完成课前学案。 3. 成立5~6人学习小组，分组进行朗诵，以组为单位录制朗诵音频，并上传到平台，班级内学生自由点赞	上传学习资料，发布学习任务，并及时登陆平台，查看学生作业完成情况，了解学情，为正式实施教学做准备	1. 观看微课视频，熟悉白居易生平和创作背景； 2. 正音释义，掌握重点字词，认真完成课前测试。 3. 录制朗诵音频，对课文的基础知识和基本情节有所了解	1. 基于“翻转课堂”理念，实施线上教学，培养学生自主学习的习惯，使学生对诗歌的创作背景、字词等基础知识有所了解。 2. 帮助教师进一步了解学生的学习情况，为下一步的教学做准备。 3. 通过班级学生相互点赞的形式，提高学生参与学习活动的积极性	1. 在线学习平台：延伸课堂的时间和空间，有助于教师及时了解学生课前准备情况，为课上教学做好准备；也有助于学生及时了解上课内容，有针对性地进行准备。 2. 微课视频及自测：学生可反复观看，强化知识学习；通过课前自测完成知识梳理和学习检验，提高学习效率
环节1 检测成果，夯实基础 （10分钟）	1. 进行基础知识简单测试，实时显示学生的完成情况和时长。 2. 根据课前自测和课上检测的结果，对于错误较集中的知识点进行有针对性的讲解。 3. 播放点赞最多的小组朗诵音频片段	1. 检测学生学习情况，根据学生的学习情况进行点评，强化错误较集中的知识点讲解。 2. 播放音频片段	1. 完成基础知识简单测试。 2. 聆听重点知识点讲解。 3. 听同学朗读音频，明了诵读对于诗歌学习的重要性，培养语感，吸收经验	1. 通过测试，可以促使学生自我检测学习成果。 2. 成果实时显示，激发学生的竞争意识和进一步学习的兴趣。 3. 播放同学的音频，增加亲切感和参与感	1. 在线学习平台：及时反馈学生的学习情况。 2. 音频播放：激发兴趣
环节2 歌曲导入，明确目标 （5分钟）	1. 播放央视《经典咏流传》中任嘉伦演唱流行音乐《琵琶行》的片段，并设置在线投票：“歌曲的创作者以一个现代人的视角重新解读了《琵琶行》这篇名作。你觉得这首歌对《琵琶行》的演绎是否符合你心中的诗歌《琵琶行》？” 2. 根据投票结果，随机请“有”和“没有”两种回答的同学说明理由。 【预设】 ①有，节奏鲜明、旋律动听、朗朗上口、形式新颖等； ②没有，诗歌的感情基调较为凄清感伤，而歌曲的表现较为欢快等。 3. 展示教学目标	1. 播放视频，观察学生反应。 2. 根据学生的回答，确定导语。 3. 出示教学目标	1. 观看视频，了解该歌曲的改编形式。 2. 仔细思考，参与投票，与教师互动，回答教师问题。 3. 明确教学目标	1. 通过流行歌曲《琵琶行》在抖音和“古风圈”的大火，可明了该歌曲在学生中的受欢迎程度。该阶段中学生较难意识到该歌曲采取的昂扬向上、青春激扬的Rap（饶舌）形式和偏轻快活泼的曲调与诗歌《琵琶行》所表达的意境有所偏离，故而采用该视频作为素材。 2. 展示教学目标，使学生在接下来的学习中“心中有数”	1. 在线学习平台：实时反馈学生的投票情况，调动学生参与的积极性。 2. 演唱视频播放：视觉和听觉的双重冲击

续表

环节	教学内容	教师活动	学生活动	设计意图	信息化手段及作用
环节 3 欣赏乐景 入境会意 （10 分钟）	学习任务一：赏乐景——景语皆情语 1. 问题探讨：文中多次出现了“夜”“江”“月”意象，找出这些描写景物的句子，体会它们表达的感情。 引导学生明确： ①别时茫茫江浸月：句眼“茫茫”描写了客观景物的纷乱、邈远。 感情：离愁别绪 ②唯见江心秋月白：句眼“白”字描写了主观听者陶醉以至于失神的场景。 感情：陶醉失神 ③绕船月明江水寒：句眼“寒”不仅是江水寒，也是琵琶女身世的“寒”。 感情：凄冷心伤 2. 寻找其他景物描写的句子。 枫叶荻花秋瑟瑟、黄芦苦竹绕宅生等。 感情：凄清哀怨 3. 小结：诗歌的感情基调——凄凉、感伤 4. 请同学充满感情地朗读这些诗句	1. 利用“云班课”为积极回答问题的学生及时加分。 2. 监测课堂学习情况，根据学生的回答引导学生分析意象，品味情语，感悟意境。 3. 总结诗歌的感情基调。 4. 指导学生朗读	1. 认真思考，找出句子。 2. 回答问题，明确由于叙事内容的改变，作者对同一景物会选择不同的角度，抒发不同的感情。 3. 明确诗歌的感情基调。 4. 有感情地进行朗读	1. 景物渲染的凄凉、冷清的基调与本诗所抒发的感情基调一致，分析景物描写有利于营造课堂氛围，激发学生的学习兴趣，使学生处于“愤”与“悱”的状态，提高课堂学习的效率。 2. 通过正确的诵读，可以进一步加深学生对感情的把握和理解。 3. 通过回答完立刻加分的形式，可以及时反馈学生的学习成果，调动学生的积极性	在线学习平台：实时为学生的回答加分，调动积极性
环节 4 聆听乐声 掌握技巧 （20 分钟）	学习任务二：听乐声——乐者本于声 1. 问题探讨：琵琶女一共进行了几次演奏？其中诗人详细描写的是哪一次？ 2. 小组合作探究任务：诗人用了哪些意象来描写音乐，这些意象分别表达了音乐怎样的特点，意象与音乐是用什么手法联系到一起的？琵琶女演奏的乐曲表达了怎样的心曲？并完成表格，拍照发到“云班课”平台上。 3. 小组成果展示与点评。	1. 提问，并利用“云班课”为积极回答问题的学生及时加分。 2. 巡视指导，查看各组学生任务完成情况。 3. 通过在线学习平台查看各组任务完成情况，投屏于大屏上，点评、分析并评分，明确意象与音乐是通过比喻和通感的手法联系到一起的，乐曲的跌宕起伏与琵琶女人生的境遇相对应。	1. 回答教师提出的问题。 2. 认真听取教师布置的任务，明确任务及要求。 3. 小组成员通过阅读教材文本、上网查询相关资料、小组讨论、咨询教师等合作完成任务表格填写。 4. 把填写完成的表格拍照上传至云班课平台。 5. 观看图片，领悟诗情。 6. 声情并茂地朗诵诗歌	1. 以小组合作探究的方式设置具体任务，引导学生通过对意象的把握和分析，领会诗歌的意境，掌握鉴赏诗歌的方法，学习音乐描写的手法，体现教学重点。 2. 以图片的形式展示意象，能够将意象具体化，有助于学生构建诗意图景，领略诗情。 3. 以吟诵的方式帮助学生理解诗情	1. 在线学习平台：显示小组探究成果，实时为学生的回答评分。 2. 播放图片：直观、清晰

续表

环节	教学内容	教师活动	学生活动	设计意图	信息化手段及作用
环节4 聆听乐声 掌握技巧 （20分钟）	4. 以图片的形式分别展示描绘音乐的意象。 5. 有感情的朗诵这些诗句。 5. 小结：意象与音乐是通过比喻和通感的手法联系到一起的，乐曲的跌宕起伏与琵琶女人生的境遇相对应	4. 展示意象的图片。 5. 指导朗诵。 6. 进行总结，强调学习重点			
环节5 涵泳诗歌 明晰诗情 （25分钟）	学习任务三：析乐情——声音发于情 1. 知识众筹：思考并在平台上发布有关白居易生平事迹的“一句话”介绍。 2. 小组合作探究任务：诗人用哪两句诗将琵琶女与自己的形象连接在一起的？诗人和琵琶女之间有什么共同的命运、遭遇？具体情况是怎样的？试做具体比较，并完成表格，拍照发到“云班课”平台上。 3. 小组成果展示与点评，找出诗歌的主旨句：同是天涯沦落人，相逢何必曾相识。 4. 小结：他们有着相似的经历，都是由“盛”而“衰”。琵琶女用一支琵琶曲倾诉了她坎坷曲折的人生，白居易用文学再现了琵琶女精湛的演技，又尽情地倾诉了自己的悲愤之情	1. 通过“云班课”平台的标签统计，检测学生关于白居易生平的学习情况，并引入下一个任务。 2. 查看和协助各小组完成任务。 3. 通过在线学习平台查看各组任务完成情况，投屏于大屏上，点评、分析并评分。明确诗人为琵琶女的演奏而“泪湿青衫”的原因是“同是天涯沦落人”，确定诗歌主旨句。 4. 总结，明确重难点	1. 根据教师要求，发表“一句话”知识众筹。 2. 各小组代表根据教师要求分别完成表格。 3. 互相聆听各组回答，参与讨论发表不同观点，明确白居易能够如此生动地还原《琵琶行》的音乐，对琵琶女的内心情绪捕捉得如此到位而细腻的原因。 4. 听取老师点评和解答，明确这些问题的答案	1. 通过“知识众筹”，可以检测学生关于白居易生平的学习情况，适时引入下一个任务布置，启发学生分析人物生平与琵琶女的异同。 2. 以小组合作探究的方式设置具体任务，引导学生把握字里行间的情感意蕴。 3. 通过白居易和琵琶女身份、经历的对比，使学生能够较容易地感悟“同是天涯沦落人”的感伤之情，攻克教学难点	在线学习平台：显示小组探究成果，实时为学生的回答评分

续表

环节	教学内容	教师活动	学生活动	设计意图	信息化手段及作用
环节 6 含英咀华 拓展共情 （10 分钟）	1. 设置投票：“歌曲《琵琶行》的演绎是否符合你心中的诗歌《琵琶行》?”随机抽取同学回答：你这次投票的结果跟上次相同吗？原因是什么? 明确：通过对诗歌乐景、乐声、乐情的赏析，诗歌的感情基调已然呼之欲出且深入人心。鼓励学生对歌曲《琵琶行》发表不同的看法，不设置正确答案，只要正面客观、言之有理即可。 2. 问题探讨：你如何看待以流行音乐演唱古典诗词这一形式？请在“云班课”的“头脑风暴”中进行作答。 明确：该题为开放性形式。教师引导学生辩证看待该问题。 ①应该鼓励经典诗词的创新形式，“一千个人有一千个哈姆雷特”，每个人心中都有自己的《琵琶行》，都书写着自己心中的诗。 ②在传统文化与流行文化冲击、结合的浪潮中，要学会正确理解，溯本清源，激浊扬清，为中华优秀传统文化的传承与创新贡献自己的一分力量。 3. 投屏“头脑风暴”结果，分享小组成员的思想点滴。 4. 共情诵读，再次朗读《琵琶行》，在朗读的过程中，感知意境，感悟诗情。 5. 评价反馈：向学生反馈平台上学生课堂学习情况评价；让学生查收平台上布置的课后作业	1. 展示投票结果，随机提问，听取学生想法。 2. 投屏学生回答，根据学生回答引导学生正确看待传统文化的创新表现形式。 3. 与学生一起共情诵读，带领学生再次徜徉在诗歌的世界。 4. 向学生反馈评价并布置作业	1. 思考并进行投票，参与师生互动。 2. 参与问题研讨，各抒己见，听取其他同学的观点，共同学习。 3. 有感情地朗读诗歌。 4. 在平台上观看自己本次课学习评价结果	1. 通过再一次的投票，引导学生进行思考和探究，两次投票结果的差异可体现教学效果。 2. 通过问题探讨，可以培养学生的思辨能力。 3. 调动情感认同，让学生在诵读中再次领悟诗情，完成本次课的教学任务。 4. 借助平台评价功能，及时反馈学生学习过程及效果，帮助教师和学生了解学习情况，也激励激发学生学习的主动性	在线学习平台：显示学生的投票结果和问题探讨结果，统计学生总评价情况，帮助教师和学生了解学习情况

续表

环节	教学内容	教师活动	学生活动	设计意图	信息化手段及作用
课后拓展	1. 完成课后作业，明确作业要求。 2. 观看《琵琶行》范读视频，再次上传朗诵音频	1. 在“云班课”平台发布课后作业，说明作业要求。 2. 查看学生任务完成情况并评价反馈	1. 查看作业，并按要求完成。 2. 上传作业	1. 课后作业拓展学习内容，巩固课堂学习效果。 2. 学生可根据兴趣，自主选择作业题，充分调动学习积极性。 3. 再次朗诵，可与第一次朗诵对照，查看学习效果	在线学习平台：显示作业详情和要求，及时显示作业评价，突破空间的限制，达到线上线下共同促进学习的效果

作业与拓展学习设计

1. 借鉴诗歌中对音乐的描写手法，根据自己的兴趣，选择一首音乐进行300字左右的描写。
设计意图：考察学生的想象力和语言表达能力，检测对音乐描写的手法的掌握效果。

2. 填写学习情况自评表。

3. 从以下三项作业中自主选择一项完成。
①根据《琵琶行》的故事情节，绘制一幅故事手抄报讲述白居易和琵琶女的这场相遇。
设计意图：检测学生对诗歌内容的掌握，体现学生的排版设计水平，培养学生的艺术鉴赏能力，培养学生对艺术类专业的兴趣。

②琵琶女最终嫁为商人妇，你认为“商人重利轻别离”表达了怎样的商人形象？查阅资料，探究不同朝代文学中的商人形象，写一篇《文学中的商人形象》小论文。
设计意图：根据课文内容进行拓展发散训练，检测学生的知识搜寻和整理能力，锻炼逻辑思维，同时对我国商业的发展有简单的认识，培养学生对财经和商贸类专业的兴趣。

③琵琶亭，位于江西省九江市，建于唐代元年，已有1200年历史，相传原址为白居易送客之处，是九江市著名景点。请根据《琵琶行》的叙述，为琵琶亭设计一段导游解说词。
设计意图：检测学生对诗歌内容的把握，学生可以将课文内容结合琵琶亭的建筑特色进行再设计，制作导游词，培养学生对于旅游类和建筑类专业的兴趣。

4. 自主选择拓展题：阅读和欣赏教师提供的拓展篇目，谈谈学习体会。
设计意图：供有余力或有兴趣的同学选择性完成

续表

教学反思	
教学效果	本课设计结合学生学情，充分考虑了语文教育的特点，以培养具有高尚审美和独立思维的学生为出发点，以学生为中心，教师用引导、诊断、评价、反馈以及建设性介入等策略协助学生达到预期成果，充分尊重了学生的主体性。 学生经过本次课程的学习，课前、课堂和课后知识点测试成绩数字呈上升趋势，基本达成了课程目标。在线下课堂中，学生参与度达到100%，其中发言参与度达到90%，讨论较为热烈，取得了预期的效果。课后作业完成率达100%，拓展作业完成率为20%，从学生的学习情况自评表的完成结果来看，本课教学目标达成情况较为良好，在“我认为我基本掌握了 《琵琶行》诗歌中的重点字词。”“我通过《琵琶行》，了解了诗中记述的白居易与琵琶女的故事。”“我了解了《琵琶行》中描写音乐的手法，并能讲述出来。”“我能够有感情地朗诵这首诗。”几个基础选项中，选择“完全符合”的学生均达到了90%及以上；“我能够体会到白居易‘青衫湿’的原因，能够感受到白居易与琵琶女的天涯沦落情。”“我能够仿照《琵琶行》的艺术形式，对一段音乐进行描写。”“我认识到经典诗词改编为其他形式时，应正确表达作品中体现的情感。”几个进阶选项中，选择“完全符合”的学生达到了70%及以上，达到了本课所预计的教学效果
特色创新	1. 基于“翻转课堂”的理念，进行线上线下混合式教学模式。 ①线上有资源，实现对课文基础知识的讲解； ②线下有练习，通过作业和练习检验、巩固、转化线上知识的学习； ③过程有评估，对学生的线上和线下，过程和结果都进行了评估，利用小组的评比提高学生学习的积极性。 2. 基于OBE理论进行本课设计，对《琵琶行》诗歌内容进行重新整合，以需求为出发点，从学生身边的热点关注内容入手；以结果为导向，目标明确，针对性强，途径有效，方法合适
诊改反思	1. 本次课堂学生发言较为踊跃，但囿于课程安排，没有给学生留下充分活动、体验、表达的时间。 2. 本堂课授课语言较为规范简练，但应该增加语言的力度，使其充满热情和感染力，有利于进一步抓住学生注意力。 3. 从学习情况自评表和学生作业完成情况来看，学生对于仿照琵琶行的艺术手法进行音乐描写掌握得较为表面，未能达到得心应手的程度，需要在以后的课堂中进一步加以练习

贯通基础课程教学设计
2

课程名称：数学《直线与圆的位置关系》

课时：2课时

班级：18级4班

教师：李莞欣

教研室：数学教研室

使用时间：2019年11月

<table>
<tr><td colspan="6" align="center">课程信息</td></tr>
<tr><td>课程名称</td><td>数学</td><td>课程类型</td><td>公共基础课</td><td>课程课时</td><td>90 课时</td></tr>
<tr><td>教材</td><td colspan="5">人教 B 版数学必修二</td></tr>
<tr><td colspan="6" align="center">教学设计</td></tr>
<tr><td>单元名称</td><td>平面解析几何初步之直线与圆的位置关系</td><td>单元课时</td><td>20 课时</td><td>授课地点</td><td>教学楼 308</td></tr>
<tr><td>教学内容分析</td><td>单元分析</td><td colspan="4">本单元内容的核心问题时如何用代数语言表达几何元素，进而利用代数语言研究几何元素之间的关系。
解析几何的核心观点就是用恰当运用代数的方法解决几何问题，包括合理进行几何关系的转化，基本思想是数学结合思想，核心方法是坐标法，数形结合思想和坐标法是统领全局的，在本单元“平面解析几何初步”中，其知识逻辑主线就是用代数方法研究几何图形的几何性质，要求学生可以在平面直角坐标系下建立直线和圆的代数方程，运用代数方法研究它们的几何性质及其相互位置关系；体会平面解析几何的基本思想，初步形成用代数方法解决几何问题的能力。
把“形”翻译成“数”是用坐标法解决几何问题的首要环节，把“数”翻译为“形”是解析几何解决几何问题必要步骤，如下图
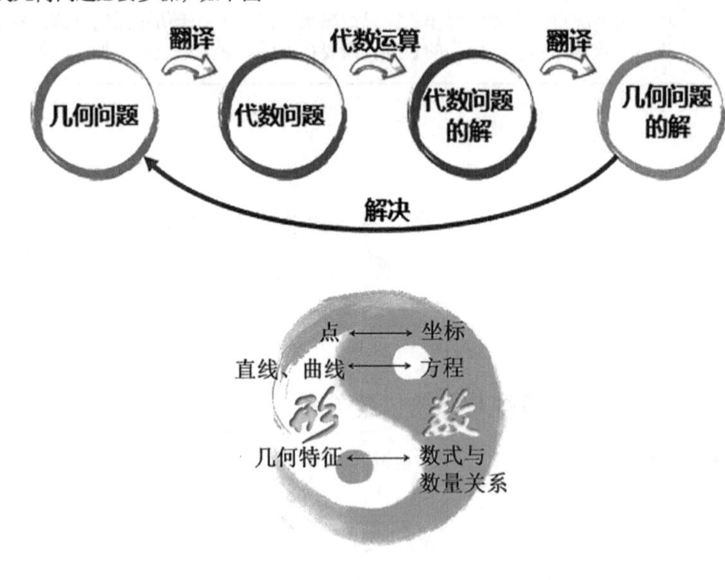
</td></tr>
</table>

续表

教学内容分析	本课分析	本节课“直线与圆的位置关系”是在学生已经学习完两条直线的位置关系、点到直线间的距离与圆的方程之后，圆与圆的位置关系之前；经过了“两条直线位置关系”的学习，学生初步了解了将两直线位置关系转化为对相应方程组的解得讨论，初步掌握了“数形结合”的思想方法，圆作为本单元内容中出现的第一种曲线方程，本节课“直线与圆的位置关系”的研究方法沿用“两条直线间位置关系”的研究方法，相比较“两直线”，“直线与曲线”的位置关系的研究难度和复杂度增加，但这部分的内容能加强学生对于“数学结合”思想方法的认识，并且对于“圆与圆之间的位置关系”起到了过渡承接的作用；而“点到直线间的距离”可运用于判断“直线与圆的位置关系”，让学生感受知识的迁移与应用。 随着时代的发展和社会生活的巨大变革，对于学生的思想发展和独立创新研究问题提出更高挑战，本节课带领学生体会知识的形成、发生和发展过程，探索研究事物的变化过程，事物间关系的一般规律，培养学生探索精神与创新意识，领略数学之美

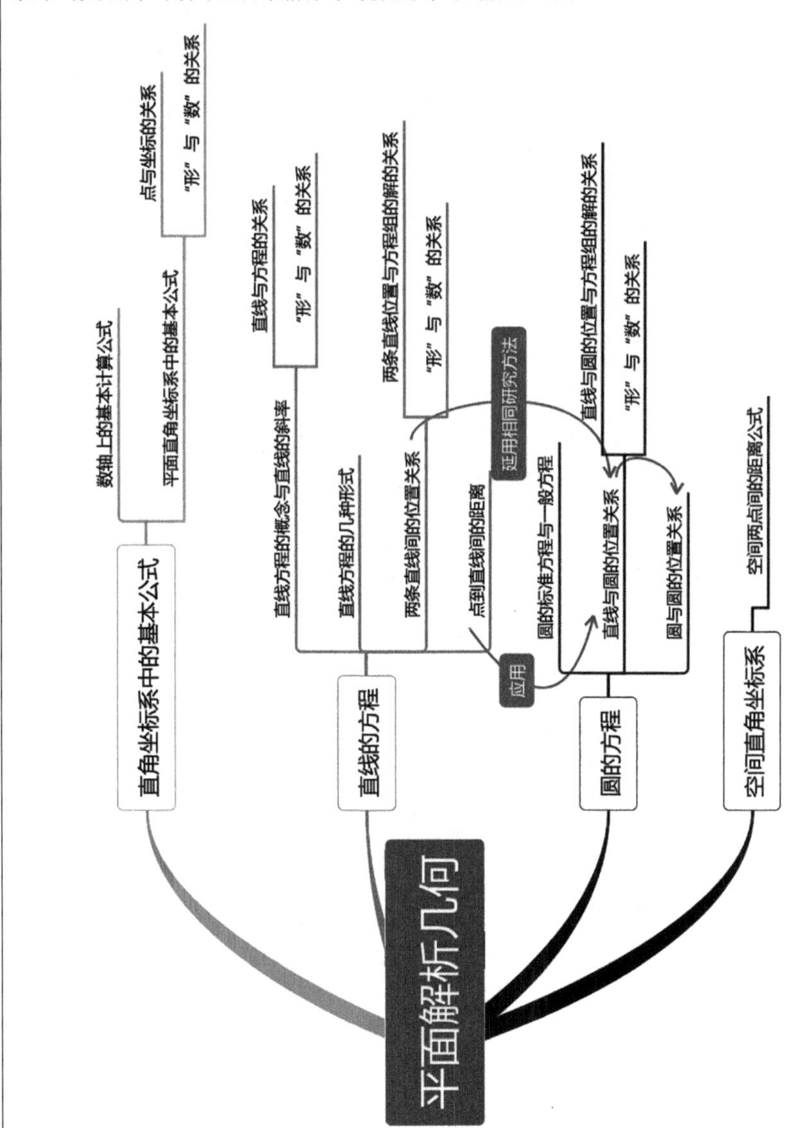

续表

	学生与本课时学习相关的学习经验、知识储备等	学科能力水平	学生兴趣与需求分析	学习本课时可能碰到的困难
学情分析	1. 在直线与圆位置关系这节课前，学生已经完成了直线方程、直线与直线间位置关系、点到直线间距离公式、圆的标准方程和一般方程、点与圆的位置关系的学习。 2. 基本掌握了直线方程的建立以及给点、斜率求方程的方法。 3. 学会利用两条直线的斜率的关系判断直线间的位置关系，会求两条直线的交点坐标。 4. 初步掌握了给一点和一条直线，求该点到直线的距离公式；掌握了给定圆心和半径建立圆的标准方程和通过标准方程求圆心和半径的方法。 5. 掌握了圆标准方程和一般方程的互相转化	1. 学生计算能力偏弱：例如在求（x+1）² 的时候，容易丢失中间的交叉项或者交叉项前忘记乘以 2，联立方程组后计算易出错，有近 35% 学生在求点到直线间距离这类题上计算会出错，有近 20% 学生在写圆的方程时容易忘记对半径平方。 2. 基本概念不清：两条直线平行、相交的概念不清。 3. 知识转化的能力较薄弱：没有真正理解联立方程组后得到的解与点的关系，将两条直线间的位置关系转化到交点个数的思想方法。 4. 数形结合思想理解不够透彻，对于坐标与点的关系、方程与直线、圆的关系、方程组的解与点的关系理解不够深入	1. 学生喜欢人文艺术色彩较为浓厚的学科，由于数学的教学的理、抽象和逻辑性强的特征，易给学生枯燥和无聊的印象，因此增强数学的美感，与生活实际的联系，与艺术的联系会大大增加学生的学习兴趣。 2. 视频照片色彩浓厚的事物给学生的刺激会更大，如果将数学符号语言与图形紧密联系，也会增加学生学习兴趣。 3. 想要建立学生学习数学的兴趣，必须让学生有信心能够学懂，适当降低学习难度、减慢新课进行速度、增加习题和计算的重复次数会增强学生学习的信心，从而增强学生的学习兴趣。 4. 如果学习到的理论知识可以适当的应用于生活实践，给予数学知识以实用价值，满足了学生可以用知识解决实际问题的需求同时可以增加学生学习这部分内容的兴趣	1. 由于本节课的基本数学思想是数形结合，而学生对此数学思想并没有形成概念和基本认识。因此在认识圆与直线的时候，会停留在图形阶段，没有快速形成将图形转化为方程的思维习惯，同时在认识圆的方程和直线方程的时候，也没有形成将其转化为图形的思维习惯，因此构建直线与圆的位置关系这节课的知识结构时，需从更加直观的图形开始，分析不同位置关系下的几何特征，再将几何特征转化为数的特征。 2. 前面关于直线与直线位置关系的认识不够深刻，所以将直线与直线位置关系研究方法迁移到直线与圆位置关系的研究时，学生无法独立完成知识和方法的迁移。 3. 由于对于联立两个两元一次的计算的熟练程度和正确度不够好，因此在该课程中联立一个二元一次方程和二元二次方程的时候困难就更大了。 4. 学生没有熟练掌握点到直线间的距离公式求法，因此在本节课需要用距离法判断直线与圆的位置关系时由于直线方程、圆的方程形式的多变，增加了计算难度

续表

<table>
<tr><td colspan="2">教学目标</td><td>核心内容：直线和圆位置关系的判断，把几何形式结论转化为代数方程的形式。
学科思想方法：在探究和应用直线与圆的位置关系时，体会用数形结合、转化、函数、方程等数学思想来解决数学问题的方法，学会用代数方法解决几何问题的能力，感受坐标、方程在研究几何问题中的作用。
学科核心素养的发展进阶：通过不同形式的自主学习和探究活动，体会数学发现和创造的历程，能够发现问题、提出问题、分析问题以及解决问题，体会数形结合和方程思想，培养数学抽象和数学运算、专研与合作交流的核心素养。
应达成目标：熟练掌握通过联立方程组，由方程组解得个数判断直线与圆的位置关系的方法；熟练掌握通过求圆心到直线的距离与圆半径做比较从而判断出直线与圆的位置关系</td></tr>
<tr><td rowspan="2">教学重点</td><td>重点内容</td><td>1. 能够用代数法（即通过联立方程组，由方程组解的个数判断直线与圆的位置关系）判断直线与圆的位置关系，能够理解方程组解的个数与直线与圆公共点个数的关系。2. 能够准确联立方程组求解和求判别式。3. 能够用几何法（即通过求圆心到直线的距离，再与圆半径做比较从而判断直线与圆的位置关系）判断直线与圆的位置关系，能够准确计算圆心到直线的距离，能够理解圆心到直线距离与半径的大小关系与直线与圆位置关系的联系</td></tr>
<tr><td>解决策略</td><td>1. 由直线与直线位置关系引入，回忆求直线与直线交点坐标的方法是联立方程组法，通过知识和方法迁移，让学生理解用联立方程组求直线与圆公共点坐标的原因。2. 回忆两直线方程组联立的结果为数对，对应的是两直线方程交点的坐标，那么有几组解，则有几个交点，通过知识和方法迁移，让学生理解联立直线与圆方程组后，方程组的个数与直线与圆公共点个数的对应关系。3. 通过层层推进的方式加强学生对联立方程化简和求一元二次方程判别式的计算以及点到直线间距离公式的计算。4. 通过图像展示直线与圆的三种位置关系，让学生自主发现三种不同位置情况下圆心到直线的距离与半径的关系</td></tr>
<tr><td rowspan="2">教学难点</td><td>难点内容</td><td>1. 准确联立直线与圆的方程并进行化简消元。2. 准确计算圆心到直线间的距离公式。3. 理解方程组解的个数与直线与圆公共点个数的联系，并能理解方程组解的个数与化简消元后一元二次方程解的个数的对应关系</td></tr>
<tr><td>解决策略</td><td>1. 通过三道难度逐渐增加的习题来强化学生对直线与圆方程的联系化简和消元，这三道题的化简消元部分先让学生独立计算，然后再通过板书强化学生做题的步骤，从而养成良好的计算习惯并让学生逐渐熟练这个过程。2. 对圆心到直线距离公式掌握程度的方法同上。3. 由直线与直线位置关系引入，回忆求直线与直线交点坐标的方法是联立方程组法，通过知识和方法迁移，让学生理解用联立方程组求直线与圆公共点坐标的原因。4. 回忆两直线方程组联立的结果为数对，对应的是两直线方程交点的坐标，那么有几组解，则有几个交点，通过知识和方法迁移，让学生理解联立直线与圆方程组后，方程组的个数与直线与圆公共点个数的对应关系。5. 而既然求得的结果是点的坐标，那么必然有横坐标和纵坐标，因此方程组解的个数与化简消元后一元二次方程解的个数有对应关系</td></tr>
<tr><td rowspan="2">教学方法</td><td>教法</td><td>通过直观展示月亮与海平线的三张图片，引导学生从中抽象出平面图形，给出任务指示分析这三幅图中圆与直线的不同之处，从而引出本节课主题；引导学生观察不同位置关系下直线与圆公共点个数；讲授这三种位置关系的名称和特点；通过一个例题作为问题来探究解决的方法；通过多个问题的练习促进学生的掌握程度并复习之前的知识和方法；其中关键步骤采取示范教学法；最后总结</td></tr>
<tr><td>学法</td><td>通过观察讨论自主发现图片中的平面图形，根据老师给出的目标，探讨总结三种位置关系下特点和区别；根据老师给出的例题作为目标探索解决问题的方式；反复练习解决问题的基本方法和必要计算步骤，自主总结讨论本节课的内容，回忆解决问题的基本方法</td></tr>
</table>

续表

学习评价设计	课堂上进行知识提问，观察学生反应，进行相关计算，教师巡视学生的计算过程和结果，并给予指导；让过程和结果有代表性的学生上黑板上书写自己的求解过程，并带领学生一起检查过程的正确性。让学生自主发现直线与圆不同位置关系下的区别，让学生进行本节课的总结，并给积极主动的学加平时分以此来鼓励学生积极参与课堂活动。在学生有思维困难的时候，不直接给出答案，而是引导学生思考并一步步自己得出正确的答案。 课后作业布置分层作业和拓展作业，通过作业完成情况，给予学生相应的评价评分，鼓励选择拓展作业的学生，并进行相应的指导，同时提出一些更有启发性的问题
教学环境资源	常规教室，需多媒体设备。 教学资源以 ppt 和板书相结合
教学流程	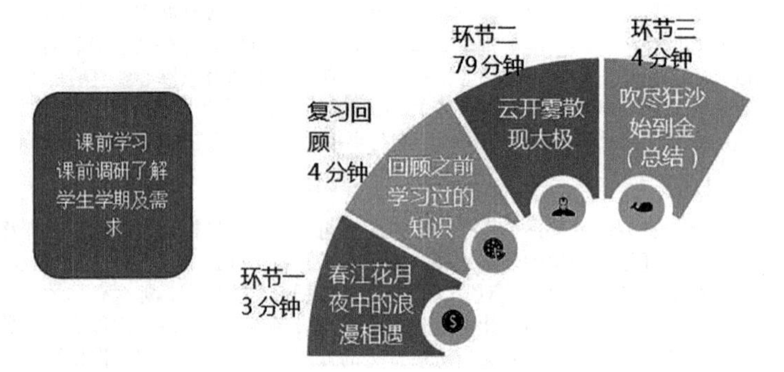

教学过程

环节	教学内容	教师活动	学生活动	设计意图	信息化手段及作用
课前准备	直线与圆位置关系的两种判断方法为代数法和距离法。其中代数法：即通过联立直线与圆的方程，化简消元得到关于 x 或者 y 的一元二次方程，再用判别式判断方程解的个数，从而判断直线与圆公共点的个数，从而判断直线与圆的位置关系，距离法：即通过求圆心到直线的距离，再与圆半径做比较从而判断直线与圆的位置关系	设置实际场景，这些实际生活场景中包含直线与圆的三种位置关系。 提炼本章的知识架构，总结相关问题的分析方法，总结本章基本数学思想数形结合在各个知识点和系统中的体现。 准备有梯度的习题和变化的圆与直线方程以及对应的三种位置关系。 对学生做之前知识内容掌握程度的调查。 分析调查结果并修改相应课程内容和习题设置	做关于如何求解两条直线交点坐标的问题分析回答。 思考点、直线、圆在数学中依靠什么来表达。 思考如何判断点与圆的位置关系。 思考之前是如何定义两条直线的位置关系。 回忆一元二次方程的判别式公式和求根公式以及点到直线间距离的公式	通过设置生活场景让学生从中抽象出平面图形，以此引发学生学习兴趣。 通过思考点与坐标，直线、圆与方程之间的关系，让学生对数形结合有基本认识。通过思考直线与直线位置关系的判断方式，将同样的判断方法和知识迁移到本节课，能够让学生更好更自然的理解。通过思考点与圆的位置关系，将同样的方法迁移到直线与圆判断的距离法，通过学生自主发现加深学生印象	ppt 图片展示三种月亮与海平面的位置关系，第一张图片让学生联想一首古文。从而引发学生学习兴趣。 PPT 展示三种圆与直线的位置关系，让学生更直观发现三种位置关系下公共点的个数以及圆心到直线距离与半径关系。 手写板书，提炼本节课重要知识点与其中的逻辑关系，书写解题必要步骤，从而加深学生印象，规范学生解题步骤和计算过程

续表

环节	教学内容	教师活动	学生活动	设计意图	信息化手段及作用
环节1 春江花月夜中的浪漫相遇（3分钟）	三张月亮与海平面的图片，图片中月亮与海平线可抽象为数学平面图形中的圆与直线，三张图片对应着直线与圆的三种位置关系	教师活动 1 月亮与海平面的图片展示 提问：看到这张图片，大家能够联想到你们学过的哪首古文？你们还记得前面几句吗？从这张图片中可以抽象出哪些数学平面图形，它们有什么区别？	学生活动 1 学生会回答几个答案，最终锁定春江花月夜，并一起背诵前几句。可以将月亮抽象成圆，海平线抽象成直线，这三张图片中直线与圆的位置关系时不同的	设计意图说明：通过美好意境的图片引入是为了引发学生学习兴趣，提高对本节课内容的期待，希望让学生感受到数学知识不仅仅是理性枯燥的，也可以是浪漫唯美的。学生自主发现直线与圆的位置关系提高学习兴趣与自信	PPT 图片展示三种月亮与海平面的位置关系，第一张图片让学生联想一首古文。从而引发学生学习兴趣。后面几张相似图片，但学生会发现此时月亮与海平面的位置关系不同从而引出直线与圆的三种位置关系
环节 2 雾散云开太极图现（83 分钟）	1. 显示一张分别用形数来替换阴阳的太极图，体现点与坐标，直线、圆与方程，几何特征与数量特征相关关系的“太极图”。 2. 展示三种直线与圆位置关系下直线与圆公共点的个数。总结出用公共点个数判断直线与圆的位置关系的方法。 3. 四道梯度习题，要求用公共点个数的方法来判断直线与圆的位置关系。	1. 先让学生对点对应坐标、直线与圆对应方程，对数形结合思想有初浅认识。 2. 抛出问题：已知圆方程是 $x^2+y^2=1$，直线方程是 $y=x+1$，求出直线与圆公共点坐标并判断直线与圆的位置关系。最后显示图像 3. 将问题做两种变形分别涵盖直线与圆的三种位置关系，再将问题进一步深化：$x^2+y^2=2$，直线方程是 $y=x+m$，当 m 为何值时直线与圆有两个、一个和没有公共点。最后显示图像。 4. 思考关于直线与圆位置关系的判断除了根据公共点的个数还有其他方法判断吗？	1. 回答如何确定点的位置，引出直角坐标系，和点的坐标，认识点与坐标、直线、圆与方程之间的关系就是形与数的关系。 2. 联立直线与圆的方程并进行化简消元求解，最后得到两个解，从而直线与圆有两个公共点，因此直线与圆相交。 3. 同样重复联立方程组，化简消元求解分别得出第二道练习题直线与圆相切，第三题直线与圆相离。第四题当 m 改变，直线方程也在变，直线的位置改变，直线与圆的位置关系也在变，依然需要联立方程组，化简消元，此时无法求解，但可以根据一元二次方程的判别式判断方程解的个数，从而判断直线与圆的位置关系。	1. 学生自主发现可以用公共点个数来判断直线与圆位置关系，自主发现可以加深对知识的印象。 2. 四道问题的设置由最简单的圆心在圆点的方程开始，变形到圆心不在圆点，再变形到圆的方程为一般方程形式，最后变形到直线的方程是变化的，通过这样由简到难，由深到浅，锻炼学生解决问题的能力并加深代数法解决问题的印象。 3. 通过点与圆位置关系的判断方法，学生自主发现可以根据距离来判断直线与圆位置关系。	PPT 展示第一题题目：已知圆方程是 $x^2+y^2=1$，直线方程是 $y=x+1$，求出直线与圆公共点坐标并判断直线与圆的位置关系。 当学生得出结论时显示图像： PPT 展示后面三道题，也都在学生得出结论后显示直线与圆图像，验证了最终结果的正确。

续表

环节	教学内容	教师活动	学生活动	设计意图	信息化手段及作用
环节 2 雾散云开 太极图现 （83 分钟）	4. 回忆点与圆的三种位置关系及判断方式，寻找在直线与圆的位置关系判断中是否可以进行知识和方法的迁移。用距离法判断直线与圆的位置关系	5. 复习点与圆的位置关系的判断方式：距离法。 6. 让学生思考距离法是否也可以应用于判断直线与圆的位置关系？并给出距离法判断的步骤。 7. 继续用之前四道例题来让学生用距离法判断直线与圆的位置关系	4. 自主发现利用圆心到直线的距离也可以判断直线与圆的位置关系。 5. 用距离法做上面四道题得到相同结论。重点进行圆心到直线距离计算	4. 还是上面四道题，此时体现第三题中圆的方程以一般式给出的意义，因为用距离法判断必须求得圆心和半径，所以学生需要将圆的一般方程转化为标准方程再进行判断，也是对之前所学知识圆标准和一般方程互化进行的复习	显示用距离法判断直线与圆位置关系时的距离到底指哪一段的长度，图像展示更为直观
环节 3 吹尽狂沙 始到金 （4 分钟）	总结两种方法都是如何去判断直线与圆位置关系的，几何法是利用直线与圆公共点的个数；距离法是用圆心到直线的距离与圆半径做比较从而判断直线与圆的位置关系。本质上都是先观察直线与圆三种位置关系下的几何特征，得出了公共点和距离的结论，后续就是把这些几何特征翻译为代数特征的过程，接下来还需要进行相应的代数运算得到解，最后需要把代数运算的解翻译为几何结果从而得出结论。	1. 引导学生去总结这节课的主题、如何发现的问题、如何解决的问题。 2. 引导学生回忆几何法判断直线与圆位置关系的过程和方法 3. 引导学生回忆距离法判断直线与圆位置关系的过程和方法 4. 引导学生进行思考，这个过程中是怎样发现几何特征的，又是怎样进行代数翻译的，翻译的结果又是如何解决几何问题从而得出结论。 5. 提问学生本节课的感受和疑问。	1. 总结第一种方法几何法判断直线与圆位置关系的过程：先联立直线与圆的方程，将方程进行化简消元得到关于一个一元二次方程，再根据一元二次方程的判别式与 0 的大小关系，得到这个一元二次方程解的个数，从而得到方程组解得个数，方程组解的个数对应着直线与圆公共点的个数，由直线与圆公共点的个数可以判断直线与圆的位置关系。	继续加深学生对数形结思想的认识，深化学生对于直线与圆位置关系的理解，除了可以用两种方法进行直线与圆位置关系的判断，更是希望学生可以更多地思考当碰到相关问题的时候如何进行方法的选择	PPT 依然用一张太极图来总结： 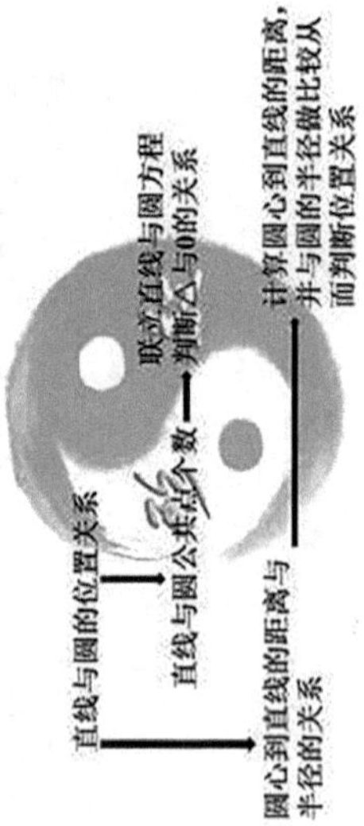 直线与圆的位置关系 直线与圆公共点个数 联立直线与圆方程判断△与0的关系 圆心到直线的距离与半径的关系 计算圆心到直线的距离，并与圆的半径做比较从而判断位置关系

续表

环节	教学内容	教师活动	学生活动	设计意图	信息化手段及作用
环节 3 吹尽狂沙始到金 （4 分钟）	最后送给学生一首华罗庚先生写的诗：数与形，本是相倚依，焉能分作两边飞。数缺形时少直觉，形少数时难入微。数形结合百般好，割裂分家万事非	6. 回答学生关于本节课提出的问题。 7. 布置分层作业和开放式作业	2. 总结第二种方法距离法判断直线与圆的位置关系的过程：先求出圆的圆心坐标和半径的值，再把直线方程化为一般式，接下来求圆心到直线的距离 d，比较得到的距离 d 与圆的半径 r 的大小关系，如果 $d<r$，那么直线与圆相交；如果 $d=r$，那么直线与圆相切；如果 $d>r$，那么直线与圆相离 3. 提出本节课的疑惑，谈谈本节课的收获	我希望每一节课可以是一件完美的艺术品，这节课以春江花月夜的诗前四句开始，也希望用一首诗来结尾，因此华罗庚先生的诗既是对本节课所学数形结合思想方法的总结，也是希望完成一节课的“回环结构”	

作业与拓展学习设计

分层作业：
基础部分：课本 101 页，练习 A 第一题、第二题、第三题
预计完成时间：30 分钟
针对性：练习使用几何法和距离法判断直线与圆的位置关系；圆一般方程与标准方程的互化；联立直线与圆的方程并化简消元求解。
设计意图：让学生练习使用两种方法去判断直线与圆的位置关系，在具体是实践中，锻炼学生分析问题并根据问题特点选择适当的方法去解决问题，因为对于不同题目内容，两种方法的计算量是不一样的，那么在实践的过程中有所取舍也是收获的一种。这部分习题，90% 以上的学生可以在 30 分钟内独立完成，剩下的学生也可以通过翻阅笔记或者询问同学完成，这部分例题的设置基本上满足教学目标的要求。
完成情况：根据批改作业，70% 的学生基本上能得出正确结论，10% 的学生有个别错误，错误还是集中在计算距离与联立方程这两个方面。
进阶部分：课本 101 页，练习 B 第一题，课本 104 页，习题 2–3A 的第 5 题，习题 2–3B 的第 3 题。
预计完成时间：45 分钟
针对性：该部分内容都是含参数的判断直线与圆位置的习题，那么就需要分类讨论，并且其中需要用到不等式的知识。
设计意图：加强学生对于两种方法判断直线与圆位置的使用熟练程度，在此基础上，强化学生分类讨论的数学思想和求解不等式的思想，并且对于一元二次不等式中判别式的求法进行了相应的复习。这部分内容 30% 的学生可以尝试去做，但在预计时间内可以完成的学生近 10%。这几道题的设置在满足了教学目标的基础上还满足了课程标准对于这部分内容的要求。
完成情况：有近 5% 的学生选择了该进阶部分作业，其中这部分学生仅有少部分可以正确解题，其他学生的问题主要集中在不等式的求解上。
拓展作业：一艘轮船在沿直线返回港口的途中，接到气象台的台风预警：台风中心位于轮船正西 70 千米处，受影响范围是半径为 30 千米的圆形区域。已知港口位于台风中心正北 40 千米处，如果这艘轮船不改变航线，那么它是否会受到台风的影响?

续表

教学反思	
教学效果	在 90 分钟的课程进行期间，学生反映活跃，绝大多数学生认真思考并回答老师提出的问题，课堂上随机提问基本上都回答到位。作业的情况为有近 70% 学生可以正确并且独立的完成基础部分作业，20% 的学生在帮助下可以完成基础部分作业，教学目标基本完成，教学重难点也基本落实到位。10% 的学生独立完成了进阶作业，另外课后两名学生在老师提示下合作解决了拓展作业；课后，学生会提出相关的疑问，因此不仅仅完成达成了教学目标和基本上解决了教学重难点，也激起了学生学习数学的兴趣，提高了学生学习数学的信心
特色创新	1. 以诗开始，以诗结束，整节课的三个环节均以诗命名。 2. 以春江花月夜图片抽象出平面几何图形圆与直线，并引入主题。 3. 以太极图示数与形的相关关系，潜移默化引导学生理解数形结合思想。 4. 结尾用华罗庚先生的诗再一次升华数形结合思想的重要性。 5. 用思维导图展示本节在本章的位置以及本节承上启下的作用。 6. 学情分析充足全面，教学重难点明确，例题设置层层递进，习题分层设置并设置有拓展作业，学生整节课活跃积极参与度高
诊改反思	1. 课前应复习下不等式的相关知识，因为在学生做第四道例题的时候，明显出现了长时间卡顿，卡顿的原因就是不会求解不等式，因此在课前如果复习下这部分内容，教学可以更加顺畅。 2. 给予学生计算演练的时间应该更长一些，这样当大多数学生计算出结果，教师再进行过程和答案的演示，让做对的学生更有自信，让做错的学生也能自主发现错误的原因。 3. 增加学生画图的环节，学生的参与度可以更高，就是不仅仅让学生动笔算，还可以给学生提供好图纸，让学生画出直线与圆的图形，从图形上直观看到直线与圆的位置关系，再去验证计算的结果。 4. 增加实际问题的探究，布置开放型作业，可以尽量贴近学生生活，让学生们可以学以致用，进一步巩固所学知识也能提高学生学习兴趣

贯通基础课程教学设计

3

课程名称：英语—Zheng Chenggong: The Recovery of Taiwan

课时：2

班级：2017 级学前 2 班

教师：陈燕华

教研室：学前教育教研室

使用时间：2019 年 11 月

课程信息

课程名称	英语	课程类型	专业基础课	课程课时	72
教材	《新视野》				

教学设计

单元名称		Chinese Sages and Great Figures《Zheng Chenggong: The Recovery of Taiwan》	单元课时	12	授课地点	综合楼 317
教学内容分析	单元分析	随着“一带一路”倡议的推行以及全球互联网的发展，中国与世界的交流机会增多，普通人参与国际交流与沟通的机会也在不断增多，因此，从青少年开始培养国人与世界沟通对话的能力显得尤为重要。 本单元主要介绍古今中国具代表性的人物，具体指古代、近代和当代的圣贤之士、英雄人物、杰出人物，既有愚公移山、孟母三迁等代表中华民族普通百姓优良品质的故事，也有郑成功、林则徐等体现爱国主义情怀的故事，还有弃医从文的鲁迅，千古第一才女李清照等耳熟能详的人物故事，虽然这不是中国的全部，但确是中国的精华。基础级读本本意在于指导青少年在国际舞台上展示中国形象，用英语给外国人讲好中国故事，是英语学习的好素材，在选材上力求古代中国、近代中国与当代中国兼顾，中国优秀传统、中国革命传统与中国当代精神兼顾，全面讲述中国最具代表性、最优秀的故事。通过学习这些故事，中外读者可以对中国有一个概括性的基本认识，同时增进学生对中国文化的亲近感与认同感				
	本课分析	从内容分析，本课主要讲述了郑成功收复台湾的史实，郑成功作为中国历史上重要的政治家、军事家，在中国人民，尤其是两岸同胞间有着巨大的历史影响力，深刻影响着两岸的历史发展进程，因此，学生需要掌握郑成功及其主要贡献。 从难度分析，基础级的课文故事清晰、有趣，词汇难度和课文篇幅适合学前专业一年级的学生，学习重点在于能够讲述一个完整的故事，同时对价值观进行引导。 从意义分析，随着近代东西方的频繁交流，越来越多西方人开始以其自身的知识结构及认知手段，对郑成功的历史形象进行勾勒及定义，但西方人眼中的郑成功与中国传统文献所定义的郑成功有着较大的差异。 通过阅读、学习郑成功收复台湾的故事，不仅能激发青少年的爱国热情和民族自豪感，还能促使更多的青少年深刻感受中国精神，把中国精神付诸行动，进而传播中国精神，崇尚中国精神，凝聚中国力量。辉煌璀璨的中华文明，荡气回肠的奋斗实践，造就了丰富多彩的中国故事，语言文字自信是最根本的文化自信				

续表

	学生与本课时学习相关的学习经验、知识储备等	学科能力水平	学生兴趣与需求分析	学习本课时可能碰到的困难
学情分析	知识储备 1. 人教版七年级《语文》中有《郑成功》这篇文章； 2. 历史课本在中华民族反侵略斗争的章节也提及过郑成功收复台湾的史实。 因此对于本文的人物和主旨的学习与理解无障碍，重点需放在字词理解和段落逻辑上	语言学习的最大特点是输出的能力是由输入量的大小来决定的。高校英语应用能力AB级考试要求掌握3000词，本阶段学生需具备高中词汇量，建议掌握达3000字。2017级学前2班的学生中，1/2学生能够听懂A级听力真题，2/3学生具备简单对话能力，2/3学生具备基本阅读能力，3/4学生能够书写较为完整的语句，1/3学生词汇量约为2500词，其余低于2500词	班级特点 2017级学前2班有31名女生，3名男生，总体特征为思维活跃，愿意接受、尝试新鲜事物，动手能力强，畏惧说英语，读写能力强于听说能力。 对英语的兴趣“一般”或“不大”的人数较多。大多数人把学习英语看作是“为了考试考级”而没有当作是多掌握了一样学习工具。 有的同学有学好英语的愿望，但缺乏学习的毅力，没有长期努力的思想准备。他们不愿在英语学习上多花时间与精力，遇到困难很容易产生疲劳感，甚至厌烦感	1. 无法等值翻译。汉语是词根语，基本上没有典型的形态变化，英语里用语法形态表示的词性、时态等范畴，汉语都蕴藏在词根里。汉语是单音节语言，又有声调，具有韵律。汉语用汉字别词，汉字是理解汉语不可或缺的要素，因此两种语言无法等值翻译。 2. 部分学生的参与性。对于性格内向的学生，调动其参与活动，进行现场故事讲述的难度比较大
教学目标	知识目标：基于OBE理念，以成果为导向，学会词根词缀记词法（root & prefix & suffix），六要素法（5w+1h）和冲突（conflict）元素法讲或写故事。 能力目标：用英语写或者讲中国故事（Write or tell stories in English）。 情感目标：融入课程思政的理念，坚定文化自信，培养思维品质，倡导社会主义核心价值观，提倡爱祖国，爱人民，爱劳动，爱科学，爱社会主义公德的爱国主义，集体主义，国际主义和共产主义的教育			
教学重点	重点内容	融入课程思政，践行社会主义核心价值观； 词根词缀（root & prefix & suffix）记词法掌握重点词汇； 六要素法（5w+1h）和冲突（conflict）元素法学会讲故事		
	解决策略	个人自学：使用百词斩，扇贝英语等APP软件进行定时定量的练习； 小组活动：讨论交流找出文章的六要素（5w+1h），归纳文章的冲突点（conflict）进行故事的复述		
教学难点	难点内容	学会正确地完整地记叙或讲述故事		
	解决策略	教师指导：检查的故事的要素是否齐全；词汇，语法是否使用得当； 分组展示：其他组的成员进行现场评议，指出问题，分享优点		

续表

教学方法	教法	1. 采用情境创设法和任务驱动法进行课程内容的衔接。 2. 用词根词缀（root & prefix & suffix）记词法学习词汇，用六要素法（5w+1h）和冲突（conflict）元素法学习讲故事进行课程内容的进行
	学法	1. 领会主题，探索新知，自主练习，合作研究，交流分享，自主创新。 2. 读中学：探索发现；问中学：思考质疑；动中学：锻炼能力；练中学：巩固提高。 3. 自主学习，练习，小组合作，交流
学习评价设计		1. 领会主题，是否能够通过情境融入回答出预设问题的答案，若可以，将继续进行下一环节，若不可以，教师会继续启发。 2. 探索新知，是否能够找到词前缀、后缀、词根，并运用词前缀、后缀、词根判断词意，是否能够APP软件完成单词拼写和词义的记忆以及运用；如果可以，将继续进行下一环节，如果不可以，教师将布置课后作业进行强化。 3. 自主学习，是否可以熟练地运用六要素法进行阅读，通过阅读文本找到故事的时间、地点、人物、起因、经过、结果；如果可以，将继续进行下一环节，如果不可以，教师将进行引导或学生分享。 4. 合作研究，是否可以熟练地运用冲突元素法进行阅读，通过阅读文本找到故事的冲突点；如果可以，将继续进行下一环节，如果不可以，教师将进行引导或学生分享。 5. 交流分享，是否可以选择六要素法或者冲突元素法进行故事地梳理，完成小组任务，写或者讲故事。 6. 拓展创新，用《告台湾同胞书》的英文版原稿，检验词根词缀法是否掌握；给出岳飞、文天祥等爱国人物的事迹，用六要素法和冲突元素法检验是否可以讲述故事。 设计特点： 1. 因为教材以生动语言，别具一格的叙述角度讲述中国故事的同时，摒弃了以往按照英语词汇量多少和语法难易的分级方式，改为科学地遵循语言学习规律。 2. 在读懂故事的基础上，基础级主要培养清楚地讲述一个故事的能力，兼顾培养夹叙夹议讲故事的能力。 3. 融入课程思政的理念，践行社会主义核心价值观
教学环境资源		教学环境：多媒体教室。 教学资源：视频资料，游戏软件，彩色卡纸，剪刀胶水
教学流程		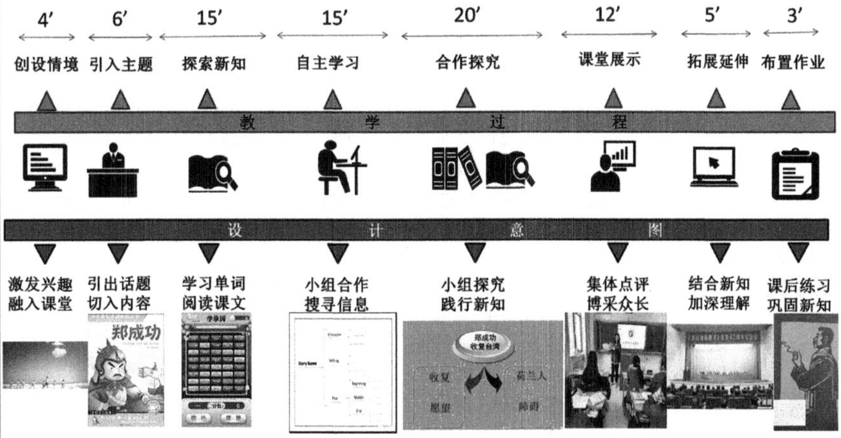 4′ 创设情境；6′ 引入主题；15′ 探索新知；15′ 自主学习；20′ 合作探究；12′ 课堂展示；5′ 拓展延伸；3′ 布置作业 教学过程 设计意图 激发兴趣 融入课堂；引出话题 切入内容；学习单词 阅读课文；小组合作 搜寻信息；小组探究 践行新知；集体点评 博采众长；结合新知 加深理解；课后练习 巩固新知

续表

教学过程					
环节	教学内容	教师活动	学生活动	设计意图	信息化手段及作用
课前准备	预习单词（课前三天） 让学生找出文中的生词，通过纸质词典、电子词典查找词义，在使用手机 APP 学习和练习生词	布置任务（课前三天） 让学生找出文中的生词，通过纸质词典、电子词典查找词义，在使用手机 APP 学习和练习生词	领取任务（课前三天） 找出文中的生词，通过纸质词典、电子词典查找词义，在使用手机 APP 学习和练习生词	夯实词汇，节约课堂学习新知识的时间	手机 APP：百词斩，扇贝单词、极光单词等 APP，使学生多种维度、多种方式学习单词
环节 1 创设情境 引入新知 （10 分钟）	创设情境，引入新知。 1. 播放广告，导入主题：台湾自古以来是中国的一部分，神圣不可侵犯。 2. 追根溯源，引出任务：引出民族英雄郑成功收复台湾的故事	教师活动 1 播放广告，设置问题，导入主题：台湾自古以来是中国的一部分，神圣不可侵犯。 1.What is it on the other side of the sea? 2.Why don' t the kids come and play with us? 3.How can we let them come and be together with us? 教师活动 2 追根溯源，展示图片，引出任务：引出民族英雄郑成功收复台湾的故事	学生活动 1 观看广告，回答问题，进入主题：台湾自古以来是中国的一部分，神圣不可侵犯。 1.Taiwan province of China. 2.Because of the Taiwan Straits. 3.Reunification. 学生活动 2 追根溯源，展示图片，引出任务：引出民族英雄郑成功收复台湾的故事	1. 融入课程思政的理念，强化国家主权和领土完整，神圣不可侵犯。 2. 使用家喻户晓的经典广告，唤起学生的共鸣	视频播放软件，给学生直观的信息切入
环节 2 探索新知 学习课文 （15 分钟）	学习单词，阅读课文。 借助 APP，学习词根词缀记词法	1. 整理核心词汇，讲解重点词条； 2. 介绍词前缀和词后缀的内容、意义和用法； Eg: re 重复 recovery un 不能 unable in 进入 invade less 少 fearless nation 国家	1. 认读核心词汇，使用重点词条；举一反三，自学所有重点词汇。 2. 学习词前缀和词后缀的内容、意义和用法； Eg: re 重复 recovery un 不能 unable in 进入 invade less 少 fearless nation 国家 national 国家的	使用词根词缀记忆法，联想拓展词汇，科学记忆单词，提高学习兴趣，减轻学生压力	PPT 展示词前缀、词后缀分类、意义和使用规则，直观展示词汇叠加过程，加强词性记忆

续表

环节	教学内容	教师活动	学生活动	设计意图	信息化手段及作用
环节 3 成果导向 自主学习 （15 分钟）	自主学习，梳理故事。 学习六要素法 时间 When 地点 Where 人物 Who 起因 Beginning 经过 Middle 结果 End	介绍六要素法，引导学生西小组合作找出故事六要素：时间、地点、人物，故事的起因、经过和结果，即“5w1h”，并且完成学案内容	学习六要素法，找出故事六要素：时间、地点、人物，故事的起因、经过和结果，即“5w1h”，完成学案内容	运用六要素法，让学生掌握故事需具备的要素，学会梳理文章脉络	PPT 展示六要素的具体构成，并集体核对答案
环节 4 成果导向 合作探究 （20 分钟）	合作探究，寻找冲突。 学习元素冲突法的构成，即： 愿望 + 阻碍 = 冲突 Wish + Hinder = Conflict	介绍冲突元素法的构成，以《西游记》为例，引导学生以小组为活动单位找出《西游记》中的愿望和阻碍元素	学习冲突元素法的构成，在学习了《西游记》的示例后，学生以小组为单位，找出《郑成功收复台湾》中的愿望和阻碍元素	结合学龄前儿童的认知特点，运用冲突元素法，让学生掌握用冲突元素法疏理故事，学会讲故事	PPT 展示冲突元素法的构成，直观体现推倒思路
环节 5 课堂展示 集体点评 （12 分钟）	演练结合，师生互动。 观看讲演视频，梳理故事脉络，根据不同程度，分配不同任务，学生小组展示，教师观众点评。 任务清单： 1. 画人物肖像，写人物简介； 2. 画人物肖像，写故事梗概； 3. 画人物肖像，讲故事梗概； 4. 画人物肖像，有感情，完整地讲故事。 评价标准（共 10 分）： Telling a story: Content, pronunciation & into-nation, expressiveness, man-ners & gesture, overall performance. Writing a story: Content, spelling, grammar, Punctuation, hand writing.	1. 让学生结合自己的能力，找到适合自己的小组，按组分配任务。 2. 按照评分标准，互相点评改进	1. 学生结合自己的能力，寻找适合自己的小组，按组接受任务。 2. 根据评分标准，进行展示点评	根据具体学情进行任务布置和分配，让每个学生都能够参与到活动中，并且根据评分标准，掌握讲演策略	视频播放软件展示地道地权威的讲故事视频资料。 PPT 展示任务内容，评分标准。 能够直观让学生明白怎样讲故事，任务是什么，怎样讲故事清晰、明了

续表

环节	教学内容	教师活动	学生活动	设计意图	信息化手段及作用
环节6 拓展延伸 布置作业 （8分钟）	结合主题，横纵拓展，加强练习，升华主题，课后强化，加深理解。 学习权威译文，加强词根词缀构词法的词汇学习记忆法。 举一反三，将六要素和冲突元素法讲故事活学活用到其他爱国人物的故事中。 布置课后作业，强化课堂内容，翻转课堂任务，课上课下互补。 1.Do the task you have not chosen in class; 2.Revise the story（grammar，logic，plot，etc）	1.节选习近平主席在《告台湾同胞书》发布40周年大会上讲话稿的英文版进行段落学习，让学生练习词根词缀构词法的单词学习方法。 2.头脑风暴，寻找更多历史上的爱国主义人物，讲好中国故事，传播中国声音。 3.布置课后作业，反转课堂任务，课堂讲故事，课后写故事，若课堂写故事，则课后讲故事	1.学习习近平主席在《告台湾同胞书》发布40周年大会上讲话稿英文版的重要段落，练习词根词缀构词法的单词学习方法。 2.头脑风暴，寻找更多历史上的爱国主义人物，讲好中国故事，传播中国声音。 3.完成课后作业，反转课堂任务，课堂讲故事，课后写故事，若课堂写故事，则课后讲故事	举一反三，学以致用，用课堂上学习的知识解决实际问题，阅读最新资料，落实课程思政，践行核心价值，讲述中国故事，传播中国声音	PPT展示讲话稿英文版，寻找词根词缀，展示爱国人物，讲述中国故事

教学反思

教学效果	从设计理念来看：基于OBE理念设计课程，达到学、教、练、考、评的目标； 从教学过程来看：按照学生学+学生讨论+教师引导+学生讲/写+师生点评+教师总结的步骤，环环相扣； 从教学内容来看：简单广告引入主题，顺利完成了知识迁移，符合学生认知规律；运用六要素法和冲突元素法讲故事，以语文技能为基础，能够将重点集中在英语学习上；根据实力进行分组，选择难度适宜的任务，能够更有效完成任务，达到人人参与；以标准的评判尺度进行集体点评，找出突出问题，解决共性问题； 从课堂效果来看：学生通过自学和小组合作，成为课堂的主人，调动了学习的主动性，掌握了词汇和语篇，学会了举一反三，活学活用； 从任务难度来看；学生根据自身固有基础和课堂掌握情况，选择适合自己的任务，写或者讲故事，进行合理有效输出； 从教师角度来看：面对学生课堂学习中出现的个性化问题或集体性问题，能够通过展示及时引导解决，同学间互相也会有评价标准和互相学习的过程； 从学生角度来看：教师采用了任务驱动法，学生变被动为主动，以成果为导向，自主独立学习和探究合作学习并蓄，取长补短，减轻学生的紧张感，进行课堂展示，及时反映学生个性或共性问题，考核已掌握的知识
特色创新	主题选择：融入思政教育，强化爱国情怀； 教材选取：使用专门针对阅读和演说能力提升的教材； 课堂活动：结合学前教育专业特色，加强动手的美育能力； 视频取材：聆听地道发音进行听力训练，纠正自身发音
诊改反思	性格内向、发音不标准、口头表达能力弱的同学参与度较低，课后安排背诵任务提升基本功； 课堂注重阅读、写作和口语的训练，在课前和课后安排单词的线上线下学习夯实基础

第二节　贯通基础选修课程建设

为建好“扬长教育”平台，贯通基础教育学院紧紧围绕贯通项目基础教育阶段人才培养目标，融通“基础与职业”、融汇“科技与人文”、融合“传统与现代”。选修课程的设置突出基础性、实用性和趣味性，有利于拓展贯通学生的知识与技能，培养职业素养。课程内容实现了“手脑并用、德技兼修”，使贯通学子能够“个性发展，人人受益”，深受同学们欢迎。

2018 年春季学期选修课程简介

1. 时事政治与社会现象奇葩说——白昕

每位学员定期需要在课堂上分享并讨论时事政治与社会现象带给我们的思考。老师每堂课，结合时事要闻，给出一个辩论题目，大家自由组合，正反两方，用辩论的形式进行交流与思考。

2. 中国古典山水田园诗赏析——丁银萍

中国古典山水田园诗源于南朝（宋）谢灵运，田园诗源于晋代陶渊明，以唐代王维、孟浩然为代表，中国山水田园诗源远流长，诗人们以山水田园为审美对象，创造出一种田园牧歌式的生活，借以表达对现实不满，对宁静、山水田园生活的向往。这类诗歌以描写自然风光、农村景物见长，通过情景交融的笔法表达，作者的思想感情，本选修课，主要选用唐诗中一些典型山水田园诗，引导学生借助诗人所描绘的景物，分析景物特点，再现意境而体会诗人情感。

3. 清史探秘——王文红

探究清朝的社会发展和社会生活变化，了解清朝政治、经济、文化生活等情况。

4. 职业生涯规划——王海茹

职业生涯规划是引导学生了解转段后专业选择的课程。通过指导学生进行个人性格、心理、特长等方面的分析，与社会现状相结合，根据个人特点进行专业选择，对未来职业发展进行初步规划设计。

5. 超轻黏土的世界——熊长芳

黏土的质地相当柔软，颇具任性，学生在使用黏土制作好手工作品之后，自然风干之后不会变形，而且弹性较大，对于学生来说可以将自己的手工黏土作品当作玩具，或者保存下来，当作校园生活美好的记忆，让手工黏作土课成为一个颇具趣味性的游戏课。课堂教学选择富有高中生兴趣的教学内容，教师直观性演示，多进行技术指导，展示作品，激发和培养学生学习兴趣；关注学生的情绪，让学生享受黏土的制作过程。

6. 工艺折纸——王安娜

折纸是我国传统的手工艺术，又称“工艺折纸”，民间由来已久。手工折纸材料易取，无时间空间限制，富于变化，是一种有益身心、开发智力和思维的活动。本课程通过折纸让学生体会动手动脑的乐趣，既能发展学生的动手操作能力又能让学生体会到艺术的魅力所在。

7. 史传经典选读——王泽生

选择《左传》《战国策》《史记》《汉书》中的名篇，明义理，通考据，晓辞章。提高对中国传统文言的理解能力，加强对中国传统文化的热爱之情。

8. 金融理财——JA 陈哲

《金融理财》为高中一、二年级的学生而设计。该课程的目标是使学生熟悉理财术语和概念，帮助他们在特定的文化和个人价值观的前提下，学会如何以最佳的方式为自己理财，建立良好的理财习惯，使之成为自己日常财务生活的一部分。

9. 学生美发与护发——崔国华

教授学生养发、美发、护理等知识、掌握护发基本要领与技巧。头发的洗涤与养护对维持学生整洁、卫生的整体形象有着非常重要的作用，因为每个人的头发都会产生一些分泌物。此外，它还会不断地吸附空气中的灰尘，若不及时清洗，就会产生令人不愉快的气味，影响学生心理状态，甚至还会影响正常学习和生活。为了抵抗污染物对头发和皮肤伤害，保证健康营养的发质，保持良好生活方式，引导学生掌握基本的健康护发和护肤品使用方法，是增强大学生健康意识、增强体质和增强皮肤抵抗力的有效手段。

10. 我在故宫讲文物——王悦

本课程主要介绍讲解北京故宫博物院的历史、建筑和馆藏文物等方面的知识。提升学生的历史文化素养，增加学生对于北京历史以及中国传统文化的了解、热爱和认同。通过学习本门课程，学生能够：第一，掌握北京故宫博物院的主要历史、主要建筑和重点馆藏文物；第二，对北京故宫博物院进行初步讲解，包括主要历史、主要建筑和重点馆藏文物；第三，掌握自己最喜欢的 3 个（件）建筑或文物的历史背景和文物价值等相关知识，并能够讲解；第四，了解明清历史、北京历史以及中国传统文化知识。

11. 幼儿园活动区环境创设——李古月

本门课程是学前教育的专业先行课程，幼儿游戏是制定教学目标的依据，选择教育内容的素材，落实教育目标的媒介以及评价儿童的线索。因此幼儿园活动区的环境创设，是学前教育的核心环节。本门课程主要教授幼儿园活动区的环境创设基本概念以及运用基本材料的能力。

12. 化学与生活——刘旭

化学知识来源于生活，生活中处处有化学，学习化学知识的根本目的，在于使学生能够将我们日常生活中所遇到的现象或问题进行科学、有理有据的解释与解决。本课程通过案例讲解化学知识在生活中的应用，实现化学知识不仅是我们所学到的一门学科，更成为我们实际生活中的一门应用科学。让学生始终保持对生活和自然界中化学现象的好奇心和求知欲，提高学习兴趣，进而提升学生的科学素养。

13. 头脑风暴创意激发——张殿库

广告基础知识讲解：对现今屏幕频繁广告进行梳理；创意解析：对于经典创意进行分析讨论；演绎广告：同学们用自己的肢体、文案、道具制作对广告进行演绎。

14. 经济学中的数学——韦天珍

数学和经济学的关系联系紧密，在现代经济学中几乎每一个领域都会用到数学。学习经济学，如果不懂数学知识，很难准确地理解概念的内涵，也就无法对相关问题进行了探讨，更不要提自己做研究，给出结论所需要的边界条件或约束。要想更好地了解学习经济主体的概念，分析经济问题，做经济学研究，就必须掌握一定的数学知识。通过将经济问题，尤其是跟生活联系紧密的经济问题转化为数学问题，可以提高学生学习数学的兴趣，加深学生对数学的认识。

15. 世界著名旅游资源英语赏析——张驰

世界著名旅游资源是旅游专业学生必修知识，而良好的旅游英语水平也是其未来从业的重要素质。本课将这两者相结合，用英语讲授世界著名旅游资源知识，能够帮助同学在实际应用中提升旅游英语水平，增强世界旅游知识，提高对旅游业的认知和热爱。本课面向贯通学生，可以增进学生对国际休闲旅游策划与管理专业的认知，帮助其在转段时更好地做出专业选择。对于选择此专业的同学，此课程可作为先修课，为日后专业学习打下基础；对于不选择此专业的同学，仍可以通过此课程开阔视野，了解旅游目的地，提升英语水平。

16. 彩绘——冯文静

彩绘—多肉花盆，鹅卵石上彩绘；丰富学生业余生活，提高学生生活艺术气息。

17. 股票——冯文静

了解金融常识，了解股票基本知识，学会识别 K 线图，看懂股票形态，学会分析股票的基本技巧。

18. 制冷技术应用——谢时虹

介绍制冷应用的现状和发展；介绍制冷技术基础知识；了解小型制冷技术（冰箱和分体空调）；小型制冷的安装与调试实训。

19. 英语视频快拍我们——孙青青

随着科学技术的发展，智能手机成了每个学生的必备品。同时，中国不断融入国际舞台，发挥着越来越重要的作用。通过微媒体既可以让外界更好地了解中国是一种十分重要的方式，又是学生学习运用英语的一种重要途径。本课程主要是通过平时讲授、小组一起设计文案及拍摄内容，最终进行拍摄，来介绍中国的不同方面，或者是有趣的现象，让世界更了解中国，让中国更好地走进世界。

20. CAD 绘图知识——张宏达

计算机辅助设计（Computer Aided Design）指利用计算机及其图形设备帮助设计人员进行设计工作。使设计人员及时对设计做出判断和修改；利用计算机可以进行与图形的编辑、放大、缩小、平移、复制和旋转等有关的图形数据加工工作。通过讲授，培养学生对建筑制图的爱好，使学生了解CAD绘图软件的原理与应用，学会基本命令的使用、熟练绘制基本图形，为下阶段深入学习打下基础。

21. PS高手炼成——田雪子

使用Photoshop进行简单的图片创意设计，让同学们在课余时间有更多的创意设计体验，课程涉及具有创意感的名片，手机照片修出大片感，合成创意海报等等。

22. 钩针编织——屠宗萍

每位学员自备钩针和毛线团若干；老师按零起点开始讲授基本针法，掌握钩针技巧，能实际掌握几种钩针作品。

23. 数学深层同步——张少玲

数学是基础学科，是基础教育阶段必学的科目，甚至在高校，大部分专业都是必修科目。那么在贯通学生基础阶段向高职转段过程中，数学训练是必要的。主要内容是根据总复习的进度，对知识点进行更深层的训练与整理，已达到数学深层同步学习。

24. 乐喜机器人成长——王雪彤

最接近实体工业机器人结构，全程使用工具，强化学生动手能力，提升四维空间想象力，增加物力知识储备量。

25. 数学与人类文明——王培

在一般人眼中，数学意味着繁难的计算、无尽的逻辑推演，以及如天书一般的公式和符号。这一切，都让数学看起来不仅离我们的现实生活很远，而且与文化艺术这样的精神生活领域更是丝毫不沾边。事实上，数学来自人类对生活的观察，来自对现实事物及问题的思索。建筑、历法、地图、绘画、雕塑，甚至诗歌和文学，数学的触角几乎遍及人类文明的每一个角落。本课程介绍数学与人类文明的关系：古代部分，主要追溯了数学与埃及、印度、波斯和中国文明之间的渊源；近代部分，揭示了文艺复兴与几何学、工业革命与微积分、法国大革命与应用数学的联系；而现代部分，则侧重于探究数学与艺术、哲学、物理学、经济学、计算机等的关联。在这样的梳理中，数学充满魅力。

26. 生活中的数学应用举例——张冲

数学是现代科学技术的基础，大到宇宙航天，小到日常生活，数学无处不在。几乎所有的领域都会涉及数学模型、数学知识的应用。本课程的设计就是向学生介绍、展示在生活中比较常见的一些数学应用模型问题。课程主要内容：汽车销售中的指数函数模型、金融问题中的函数模型等6个主题，每6课时一个主题。从生活实际背景出发，分析6类常见的数学模型应用，由浅入深引入数学的思想和方法。通过系列主题课程，使学生体会到了数学的乐趣、数学的价值、数学与生活的紧密联系。

27. 色彩（水彩）——张艳云

通过传授专业基础理论知识和基本技能的训练，使学生能够掌握较高的水彩绘画技能，丰富学生的色彩观念，提高学生的艺术创造能力。主要内容：水彩画的起源与发展概述、色彩基础知识、水彩画的工具材料、水彩画的基本表现方法、水彩静物、水彩风景。

2018年秋季学期选修课程简介

28. 心理学与生活——刘慧萍

心理学是一门与人类幸福密切相关的科学，贴近生活、深入实践，能更好地理解人性和全面提升自身素质。

29. 美发与护发——崔国华

简述护发原理与方法，护发膏的选用与搭配；讲述美发原理与方法，女发染烫，男发剪吹等操作方法。

30. 汽车美容与保养——贾立娟

简述汽车美容原理与方法，操作技术与实施；讲述汽车保养原理与方法，内饰打理方法，外壳护理方法。洗洁精的选择与配比。汽车上光与打蜡技术操作。

31. 会声会影——冯文静

学会制作视频短片。拍摄视频片段；剪辑整理；编辑；配音乐、文字、录旁白；上传分享。

32. 视觉新媒体设计基础——张殿库

平面构成基础；色彩构成基础；平面视觉设计理论；经典设计赏析；新媒体应用工具基础。

33. 手绘效果图表现技法——刘轶群

手绘效果图是运用较写实的绘画手法来表现建筑或室内空间结构与造型形态，它既要体现出功能性又要体现出艺术性。手绘效果图是用绘画手法来表现建筑或室内设计的构想语言，它受描绘对象的生产工艺性所制约。而一般绘画作品则着重于感性观念的创作，注重形态的真实性，但手绘效果图要运用理性的观念来作图，因此又比较注重工具的使用（如绘图仪器、尺、模板等），所以手绘效果图的绘画相对来说是理性与感性的结合体。为将来学生选择专业作为基础。

34. 田径体能及素质训练——刘越超

田径运动是各项体育运动的基础，它能有效地发展速度、力量、耐力、灵敏和协调等身体素质。是任何大型运动会比赛项目最多、参赛人数最多、奖牌数最多的运动项目。依据田径课程的实践性、操作性特点，以及不同田径项目间的技术结构与体能特征，按照教学的系统性原则和学习与技能的迁移规律，在课程设计上科学的、全面的把握不同项目的教学顺序，并按照先易后难、先体能后技术、先知识后实践的原则，对于7项田径基本技术教学进行编排。

35. 动漫影视赏析——王培

动漫影视赏析是伴随着人们影视市场的扩大以及动画制作技术水平的不断提高而逐渐发展起来的，动漫影视赏析课的开设将有助于学生提高审美能力，认识动漫影视的概念和特征，激发对动漫影视的制作兴趣，培养学生的综合素质。从认识动画的基本语言和构成形式入手，了解动画的景与镜头，进而熟悉动画创作的综合艺术特征，掌握对动画艺术欣赏、评论及写作的方法，培养学生具备全面的动画审美修养。

36. 爱智慧爱哲学——邢梦潺

哲学，即爱智慧。本门课程主要挑选中国哲学史和西方哲学史上有代表性的哲学家的思想来进行讲解讨论与交流。会打印一些经典的讲义，让学生的共同品读、探讨，体会追求智慧道路上的乐趣。如：轴心时代思想导师的重大意义；“我思故我在”，“心外无物，心外无理”，体会哲思带给我们思想的蜕变；宅男康德，处女座的黑格尔，犬儒学派与我们魏晋玄学的异同，等等。寓学于乐，爱智慧，与智者同行，我就是智者。

37. 剪纸手工制作——冯开妍

基础剪纸与延伸、折纸手工制作。学习剪纸基础知识，通过实践练习掌握并熟练技法。延伸技法，根据不同主题能够设计内容，完整呈现作品。教学方式：展示成品，进行分析。基础教学实践，熟练后升级难度进一步巩固学习内容，强化技法。

38. 同步数学提高班——韦天珍

针对一部分数学基础比较好的同学在数学课上“吃不饱”的情况，开设这门课程，目的是激发这部分学生的学习兴趣，提高他们的数学综合素养，培养数学思维。

39. 化学的奥秘——崔波

化学是一门充满魅力的实验科学，与实践联系非常紧密，贯通开设的《化学与生活》课程一周一节，主要以科普化学为主，由于课时关系涉及的化学理论知识较少，在高中层面的给予学生的化学核心素养训练与知识点不足，为了配合学校扬长教育，培养贯通学生的化学核心素养能力，同时跟进高中化学必修课内容，弥补这一缺陷，尝试在2017级中对化学感兴趣的学有余力的学生特开设《化学的奥秘》选修课。本选修课的教学内容选取人教版的《化学必修一》《化学必修二》为主，选取主要涉及的知识点：分子与原子、物质的量、化合物，单质与纯净物、化学式的价态、化学反应式的奥秘、钠的性质、胶体与溶液、氧化还原反应、电解质与质子理论、离子反应方程式的奥秘、氮及其化合物的性质、硫的性质、氯的性质、可逆反应理论、化学实验基础、原电池基础等。

40. 女生形体与健身操——张宏达

本课以提升贯通培养项目女生身体健康与形体形象为目标，面向贯通培养项目女生开设，以形体练习、体能素质练习和健身操教学为主。

41. 贯通生活技能——牛志刚

让学生迅速适应学习环境，设立学习目标，提高个人的生活技能以及对职业素养意识的引导与培养，让学生在健康、绿色的学习环境中度过贯通时光。学习生活技能、安全意识培养、学生礼仪、学生心理等诸多方面有益于学生健康发展的相关内容，教会学生如何去做人、做事、说话、懂得尊敬、规则、控制情绪等有益于学生个人发展的学习内容。

42. 原画创作——田雪子

在一部动画片中，原画形象相当于真人电影中的演员，它是导演艺术创作的重要组成成分。随着时间和科技的发展，原画创作已经不仅仅局限于电影教科书等地方，更多的是作为一种想象力和爱好的衍生物而出现。通过课程的学习和原画影片的观赏来锻炼同学们的想象创作能力。

43. 古诗欣赏——王泽生

了解中国古代诗歌的写作奥秘和欣赏途径。分诗体篇、诗法篇、诗风篇、诗技篇四部分。诗体篇包括诗经和楚辞、乐府和歌行、律诗和绝句、词和曲；诗法篇包括情与景、言与意、虚与实、结构与剪裁；诗风篇包括雄奇与清丽、纤秾与冲淡、沉郁与旷达、豪放与婉约、本色与藻饰；诗技篇包括兴寄、比衬、错综、互文、点染、练字等。

44. 数学“翱翔班”——张瑞亭

本课程主要为热爱数学、数学基础较好的学生精心设计，主要帮助学生开阔数学视野，发展兴趣爱好，满足学生对数学学习的不同需要。不仅要关注学生对数学知识、技能、思想方法的掌握，关注其数学能力的发展，而且要有助于学生理解数学的社会价值，领略数学文化的内涵，体验数学的思维方式和方法，形成良好的数学思维品质。

45. 通古至今：二战经典——邹雪梅

以历史来看待当今的系列课程之一——二战经典。因为珍爱和平、我们回首战争。二战的原因；德国（一战之后的德国、希特勒、隆美尔、德国的初期胜利）；日本（日本的野心、偷袭珍珠港）；意大利（意大利是个笑话）；英国（英国的决心、丘吉尔、英国的高科技）；美国（罗斯福、美国参战的理由、山本五十六是意外死亡吗、美国的经济能力和军事能力）；盟军的全面反击到胜利（珊瑚海大海战、登陆诺曼底、原子弹、德国的末日）。

46. 国画工笔——法旭

国画是中国的传统绘画形式，是用毛笔蘸水、墨、彩作画于绢或纸上。工具和材料有毛笔、墨、国画颜料、宣纸、绢等，题材可分人物、山水、花鸟等，技法可分具象和写意。中国画在内容和艺术创作上，体现了古人对自然、社会及与之相关联的政治、哲学、宗教、道德、文艺等方面的认知。本课程研究的具象的国画也就是工笔画，工笔画是用细致的笔法制作，着重线条美，一丝不苟，这是工笔画的特色。让学生从一片叶、一朵花、一只鸟、一条鱼入手，体会中国画的美感和意境，在培养耐心与细致中传承一份集中国传统文化与艺术于一身的民族瑰宝……

47. 人像摄影基础——胡小蕊

基础人像摄影的授课内容是：合理构图拍出大长腿照片，拍出日系小清新感觉的照片，会拍运动状态下的照片，会在不同光线条件下设置光圈快门感光度。

48. DIY 创意拼布——李银凤

本课程以实践为基础，以 1~2 种素材为模板，从设计出发，结合色彩运用，介绍拼布图案的设计，以及缝纫基础，本学期主要以制作拼布笔袋，化妆包为主，逐渐过渡为图形创意的各种包、口袋、收纳盒等等。与贯通传统课堂教学相比，本课程具有灵活性、可塑性，能够丰富学生的课余文化生活，对于培养学生的综合素质，丰富他们的业余爱好、兴趣，增长知识、提高技能有着推动作用。

49. 中外名著研读——尹红梅

本选修课力图为学生打造一个立体的、彩色的、极具文化魅力的阅读空间。中国古人云 :" 文为道之饰，道为文之本。" 中外文学名著作为人类精神宝库中最灿烂的组成部分，凝聚着作家对人生、社会和时代的思考。通过阅读鉴赏，品味文学名著的文化底蕴，同时注意融合现代审美理念。使学生全方位接近大师、深层次品读文学名著的同时，获得更多的审美享受、想象空间和文化熏陶。

50. AutoCAD 2004——张宏达

CAD—Computer Aided Design（计算机辅助设计）指利用计算机及其图形设备帮助设计人员进行设计工作，使设计人员及时对设计做出判断和修改；利用计算机可以进行与图形的编辑、放大、缩小、平移、复制和旋转等有关的图形数据加工工作。

51. 数学文化——张少玲

本课程主要从数学起源、数学家小故事、数学与生活三方面进行，每节课通过生活中常见小实例，点明数学隐藏的伟大作用，或者通过播放有关数学家的主题电影，让学生亲身感受数学家努力钻研数学的科学精神。

52.《红楼梦》人物研究——周传芬

《红楼梦》作为文学经典的一座高峰，是研究中国古典文学的宝藏。本课程分为七讲，拟从七个人物着手，着重分析这七个人物形象及其所表现出的人生社会百态。这七个人物分别为：林黛玉：最尖锐也最不知所措的诗一样的女子；薛宝钗：复杂的现实主义者；王熙凤：不信邪的少奶奶；探春：孤独的庶出主子；晴雯：集“罪与美”于一身的大丫头；袭人：怡红院里的流量小花；赵姨娘：一心向上的悲剧小妾。本课程通过对这七个女人的分析，来探究大观园里的分分合合，世态炎凉，以此了解中国古代社会的背景下女性的生存状态。

2019 年春季学期选修课程简介

53. 模拟学生公司——白昕 刘轶群

学生将在老师的指导下创办一个学生公司。学生们发售股票，竞选管理人，生产和营销真正的产品和服务，登记财务，召开股东大会，清算公司。通过组建和运营一家真正的公司，学生将不仅学到公司各部门的作用，还将了解到市场经济体系和它所带来的益处。

54. 影片欣赏及摄影技巧——曹 宇

通过观看影片展现摄影技巧和构图方式。在观看影片的过程中学习一些基本的电影技法和电影的发展史这样可以把枯燥的美术历史变得活粉多彩，通过观看影片让学生在影片中的镜头中学习镜头的构图、镜头的表达到镜头的运用。在实践练习掌握并熟练技法，延伸技法。在学习基础知识之后，进行多样化内容扩展。根据不同主题能够设计内容，完整呈现作品。

55. 五子棋基础与进阶——崔波

五子棋棋具与围棋通用，起源于中国上古时代的传统黑白棋种之一。主要流行于华人和汉字文化圈的国家以及欧美一些地区，是世界上最古老的棋。五子棋是世界智力运动会竞技项目之一，是一种两人对弈的纯策略型棋类游戏，是世界智力运动会竞技项目之一，通常双方分别使用黑白两色的棋子，下在棋盘直线与横线的交叉点上，先形成5子连线者获胜。下五子棋的益处多多，是修养身性、健脑增智，提高身心健康的一种娱乐方式。本次开设的选修课基础是贯通的学生普遍都喜欢下五子棋，如何引导学生对棋类的兴趣与爱好，积极采用扬长教育，抓住学生的兴趣点进行学习与教学，是我们开设这门课程的出发点。它也是上学期的《围棋入门与思维训练》的升级版与延伸，在了解掌握围棋的基本规则与一般基技能的基础上，本课程内容重点在于五子棋的规则与布局、实战技巧等方面讲解，讲授五子棋的下棋理念与应对策略，是为那些同学想快速提升自己的五子棋技能的一个有益课程。

56. 立体装饰剪纸——冯开妍

剪纸进阶的多样表现与制作。学习剪纸的进阶知识，通过实践练习掌握并熟练技法，延伸技法。在学习基础知识之后，进行多样化内容扩展。根据不同主题能够设计内容，完整呈现作品。

57. 影视赏析——胡小蕊

课堂上会介绍一些重要的影视鉴赏基本理论以及电影和心理学的基本知识。在课堂上影视鉴赏课程并不是单纯的放一部电影就了事，而是将授课和电影欣赏有机地结合了起来。每堂课都有一个主题，而且都会为这个主题精心挑选最具代表性的影视作品，并且会在放映前讲一些电影知识或对所看电影的一点分析。比如，从前我对微电影的概念很模糊，但在影视鉴赏的课堂上对微电影有了全面的认识，学习到了什么是微电影，微电影的优点等等。同时，对感兴趣的纪录片也有了更好地了解。影视欣赏的课堂氛围很轻松，互动性很强。有不懂的问题可以提，有自己的理解可以说，看到有趣的地方可以笑。

58. 中国传统建筑文化——李超

建筑被称为“凝固的艺术”“石刻的乐章”，它不仅真实地反映了不同时期、社会的经济和技术水平，而且鲜明的折射出传统文化中的自然观、人生观、世界观，凝结了知识分子和能工巧匠的勤劳与智慧。本课程意在引导学生对中国传统建筑的悠久历史、建筑类型、组成要素，以及丰富的文化内涵有所了解，提高对中国传统建筑的欣赏能力，激发对传统建筑文化的热爱，开阔眼界，增长知识，增强文物保护和传承的意识。

59. 九型人格——李惠娟

九型人格不仅仅是一种精妙的性格分析工具，更主要的是为个人修养与自我提升、历练提供更深入的洞察力，与当今其他性格分类法不同，九型人格揭示了人们内在最深层的价值观和注意力焦点，它不受表面的外在行为的变化所影响。它可以让人真正地知己知彼，可以帮助人们明白自己的个性，从而完全接纳自己的短处、活出自己的长处；可以让人明白其他不同人的个性类型，从而懂得如何与不同的人交往沟通及融洽相处，与别人建立更真挚、和谐的合作伙伴关系。

60. 励志故事鉴赏——刘慧萍

生活中有很多励志的故事，我们大部分人都一样需要不断地激励，不断地努力，最后才能过上自己想要的生活。本课程的开设是要分享生活当中的点滴励志精神以鞭策中学生不断地突破自我，实现人生价值。

61. 中国气候及其文化影响——刘笑妍

本课程独辟蹊径，在介绍中国气候特点及其成因的基础上着重分析中国气候与中国传统文化之间的关联性，讲述中国气候与中国古代二十四节气、中国人民的衣食住行及中医科学等方面千丝万缕的联系，颇具趣味性。

62. 电子相册设计与制作——刘云飞

当今社会已经进入了信息时代，身处信息技术发展的大潮中。我们的生活也因此发生了深刻的变化。我们每个人都生活在两个世界里：一个是由分子原子构成的现实世界，另一个是由现代信息科技构筑的数字空间。确切地讲，数字空间应该是思维与信息交融的虚拟世界。有人把数字空间称为有史以来最奇特的人文景观。数字空间正在与现实世界不断融合，带给人类一种全新的生活方式。电子相册的出现使得人们更深刻地体会到数字信息时代的变化。电子相册具有传统相册无法比拟的优越性：图、文、声、像并茂的表现手法，随意修改编辑的功能，快速的检索方式，永不褪色的恒久保存特性，以及廉价复制分发的优越手段。

63. 软笔书法——刘长征

书法的基础是笔法，就是毛笔的用法。书法线条好不好看，取决于毛笔用得好不好。软笔书法课程，将详细地讲解用笔方法，务求可以随心所欲地使用毛笔。

64. 硬笔书法——刘长征

书法的本质就是笔势，硬笔书法课程，将详细地介绍什么是笔势，笔势的种类，笔势的写法，以及怎样取势。

65. 影视节目中的商业营销——米锦欣

通过观看中外经典影视节目，逐一分析现代影视节目的策划、内容选材、演员遴选、后期宣传及影视节目附产品中对电影 / 电视市场的考量和商业营销技巧。以青少年喜闻乐见的方式，向他们渗透最基本的商业理念、培养学生的商业敏感度。在观看影片的过程中，让学生学习一些基本的市场调研方法，比如询问法、观察法、实验法，同时介绍一下中国的电影 / 电视发展史，以及中国的电影 / 电影市场规模，初步让学生建立市场的概念，同时让学生体会到历史沿袭、市场发展及经济学中的路径依赖等更深层次的理论，达到寓教于乐的目的。本课程最主要的内容是将产品生命周期、品牌、促销、植入广告、软广告、附产品等基本的营销理念结合影视节目传授给学生。

66. 时尚达人——牛明明

了解不同场合的适合妆容，学习穿衣搭配技巧，了解最新的国际流行趋势，传播来自时装和美的力量。

67. 数字的奥秘——牛明明

了解会计在日常生活和工作中的重要性；熟悉简单的财务相关知识；了解会计行业未来的发展趋势和转型。

68. 泡茶与品茶——彭丽君

在每节课上首先通过看视频了解某种茶叶的产地、制作方法、冲泡方法、品茶方式，了解中国茶文化，传播中华优秀传统——茶文化，开阔学生眼界，提升学生品味。

69. 标准日本语入门——孙岗

学生会在本课中学习到标准日本语的初级上册的内容，学会日语的入门级知识，和日常会话，会用日语自我介绍，在不同场景下简单沟通。

70. 武术——王彩云

武术是中华民族的文化瑰宝，非物质文化遗产；同时也是健身与攻防手法的技术运动，是培养学生勇敢、拼搏、向上、奋进的良好品质的最有效手段。

71. 歌唱（包括合唱）——王丽娜

了解不同题材、风格、形式的声乐作品及相关知识，感受人声的艺术表现力与美感。参与合唱、独唱、重唱等实践活动，在歌唱中学习并逐步掌握歌唱的基本方法与技能。在独唱中，深入理解作品的风格及表现要求，并依据自己的声音特点，自信而又表现力地歌唱。能独立承担一个声部的演唱任务，并能与其他声部默契、和谐地合作表演。掌握合唱的基本技巧，积累多声部演唱的经验，在合唱中能倾听其他声部的声音，在音准、音量、音色等方面保持生不见得和谐与均衡。理解作品的艺术内涵和表现要求。能对指挥的动作做出恰当地反映。具备视谱能力，较熟练地运用乐谱学唱歌曲。能对所唱歌曲的风格特点、情感和意境等进行初步分析，并对自己他人或集体的演唱做出较为客观的评价。

72. 世界文化遗产荟萃 ——王文红

主要了解世界文化遗产的由来、保护和可持续利用。包括物质文化遗产：古代埃及的历史遗产、雄伟的金字塔群和狮身人面像等；古代希腊、罗马的历史遗迹，雅典卫城，奥林匹亚遗址，大斗兽场，万神殿；中国的秦始皇陵及兵马俑，世界屋脊上的布达拉宫，明清故宫。非物质文化遗产，昆曲等。

73. 戏剧影视表演——王欣雨

表演是实践性极强的艺术学科，表演之难在于不是有了正确观念、明确了表演的道理就能有精彩的表演呈现，而需反复磨砺的技巧与感觉、领悟的过程。表演艺术假定性的特征，要求表演技巧基础训练是解放学生的天性，建立正确的表演观念和多元素组织表演行动的能力。

74. 积极心理学——王志宇

积极心理学，是以积极的、建设性的心态，去认识世界、发现规律，进而去掌握规律来改造世界。积极心理学并不像传统心理学那样，强调病态、问题，而是在努力探索普通人在良好的环境下如何达到满意幸福的生活。积极心理学以不同于以往的全新角度诠释了心理学的任务，催生教育的生命活力，宣告了心理学为人类谋取幸福时刻的来临。积极心理学主张以人的积极力量、善端和美德为研究对象，强调心理学不仅要帮助处于某种“逆境”条件下的人们知道如何求得生存和发展，更要帮助那些处于正常境况下的人们学会怎样建立起高质量的个人生活与社会生活。

75. 毛线编织——韦天珍

毛线编织是中国甚至世界流行的手工艺品，毛线编织品可以装点家居美化生活，毛线编织是一门综合艺术，他在增强学生审美情趣的同时提高了学生的动手能力，丰富学生课余生活的同时陶冶他们的情操。开设这门课程，通过一系列手工编织活动，培养同学耐心、细心的学习品质，提高学生的观察力和创造力。

76. 活出精彩——吴春京

通过“抗逆成长”“领袖素质”“创路寻梦”三个板块中“问想选做”“言外之意”“友谊银行”“美化行动”“乐观大使”“潜能探测器”“非你莫属”等课程，使学生有正面健康的人格及自尊；有面对逆境，及在逆境中反弹的能力；懂得灵活运用资源来做有智慧的抉择；具备心灵的素质来承载生命的挑战；运用个人能力参与社会，与他人建立正面互相的关系，体现自身的价值。

77. 自信心的培养与训练——杨文萍

自信心是学生成材的基础，是成功人生的秘诀，缺乏自信，学生应变缺少了前进的动力，缺少了坚定的信念和坚持不懈的毅力，缺少了面对失败的勇气，缺少了积极乐观的心态，十五岁左右的学生，自我意识加强，特别在意自己在别人心目中的印象，而缺乏自信心，往往缺乏战胜困难的勇气，制约学生的行为，束缚学生的思维，使学习中遇到更多困难。课程通过教学使学生认识到自信的重要性，克服自卑的影响，相信自己，激励自己，找到树立自信心的方法，通过认识自我，接纳自我，进而发展自我能力，建立自信，树立自尊，提升克服困难的勇气和毅力，挖掘自身潜能。

78. 电影文学赏析——钟蕾

电影课以导看赏析为途径，以道德教育为切入点，以提高鉴赏水平和激发健康情感为目标。优秀电影综合了戏剧、音乐、绘画、文学等各种艺术形式，以其超文本、鲜明、形象、生动的特点让人赏心悦目。在老师的指导下，学生通过和老师共同研究、讨论、鉴赏、分析，不仅能提高鉴赏能力，还能净化心灵，陶冶情操，综合素质得到不断提高。通过观看影片，学生还能了解社会、感悟心灵、理解人性，而影视作品独有的可视、可听、可感的生动形象性，让学生能够最简单方便地享受高雅艺术。供赏析的电影涉及面比较广，可以是同学们比较喜欢的青春片，也可以是值得深思的历史战争片，甚至可以是反映社会问题的现实纪录片等，以后将综合选课同学的喜好和课堂学习的价值进行考虑，对影片选目进行确定。

2019年秋季学期选修课程简介

79. 虚拟玩偶制作——闫旭

3DMAX游戏模型的制作与美化　当今社会已经进入了信息时代，身处信息技术发展的大潮中。我们的生活也因此发生了深刻的变化。而游戏也是我们休闲娱乐必不可少的一种方式，随着时代的进步，VR技术的引进和发展，更让游戏美工这个行业需求扩大，而互联网的形态一直以来都是2D模式的，但是随着3D技术的不断进步，在未来的5年时间里，将会有越来越多的互联网应用以3D的方式呈现给用户，包括网络视讯、电子阅读、网络游戏、虚拟社区、电子商务、远程教育等。甚至对于旅游业，3D互联网也能够起到推动的作用，一些世界名胜、雕塑、古董将在互联网上以3D的形式来让用户体验，这种体验的真实震撼程度要远超2D环境。来达到让同学通过这门课程学到东西从而了解游戏建模的魅力。

80. 悬疑戏剧课程——樊荣

戏剧剧本写作及话剧角色演绎。在我国，有寓教于乐的说法，说明了戏剧是一种自娱娱人，而又含有教化意义的活动，自然其教育的内容很容易让人们在不知不觉中接受。自实施素质教育以来，教育部制定了《学生艺术能力发展水平参照表》，指出要利用戏剧方式锻炼学生的团队合作能力，“在舞蹈和戏剧游戏中学会人与人之间的合作”。

教育戏剧恰恰可以为他们提供一种探知世界、完善自我的良好途径，因为“教育戏剧关注人的角色创造活动，这里的角色不仅是指舞台上、艺术中的角色，而且更是指生活里、社会中的角色”。教育戏剧以戏剧艺术为依托，发挥戏剧特有的育人功能，促进学生由“智”到“心”的全面发展，因其普及面广泛，对人才的培育有深远的意义。同学们通过参与戏剧的制作过程，各司其职，团结合作，理解教育戏剧的魅力所在，从而完成学生的自我探索。

81. 财贸礼仪与文化——黄乔云

中华民族是一个拥有五千年的文明发展的文化礼仪之邦，孔子曰：不学礼，无以立。通过《财贸礼仪与文化》课程，系统地向学生介绍商务中正确的言行举止，模拟开业、庆典、商洽会谈的场景布置，新闻稿的写作，会议记录等。提升财贸学子的综合素养，使我们的学生在步入求职时、进入工作中都能有恰当的言行，展现北财贸学生良好的个人道德水准和文化教养。

82. 制作APP交互效果——董莉莉

本课程主要学习Adobe Photoshop、Axure电脑平面软件，为数字媒体设计、交互设计、视觉传播与形象等专业课程提供计算机软件技能基础。结合创意和想象力，使学生学以致用，学生通过本课程获得交互与界面作品等的设计与制作能力并能应用于从事交互与界面相关的设计具体工作中，为视觉设计提供良好的技术支持，为学生将来从事数字媒体和视觉传播类实践工作打下基础。

83. 自己做PS大神——董莉莉

本课程主要学习Adobe Photoshop电脑平面软件，为数字媒体设计、三维动画设计、视觉传播与形象设计、广告设计与制作、游戏策划与设计等专业课程提供计算机软件技能基础。结合创意和想象力，使学生学以致用，迅速提高学生的图片处理、图形制作和平面排版等综合艺术表达能力，为各种平面设计提供良好的技术支持，为学生将来从事数字媒体和视觉传播类实践工作打下基础。

84. 沟通成就新我——王京学

讲述沟通的方式方法；讲述沟通心理学；讲述沟通肢体语言；列举沟通实际案例；模拟特定场景沟通；使学员掌握有效沟通方法，实现沟通顺畅。

85. 体育赛事欣赏——刘越超

体育赛事欣赏是被广大学生丰富精神文化生活的必要内容。同时，参与各类体育运动及其竞赛可以增强体质，陶冶身心，促进人与人之间的交往。通过欣赏丰富多彩的体育赛事，可以提高学生的审美情趣，丰富学生的业余文化生活，并能提高观察、判断、分析、综合的基本认知能力。

86. 素描：无色的视觉表达——黎石

《素描－无色的视觉表达》以素描（基础不限制）为形式通过写生绘画，完成自己独特视角的画作。涉及素描绘画概念及方法、视觉表达概念及方法、学生自我意识的探索方向及完善。提高学生观察、创造、动手、表达等多方面能力。也是对学生良好的艺术修养和艺术气质有力的推动。

87. 向幸福出发：心理能力建设课程——李惠娟

通过《向幸福出发——心理能力建设课程》，支持学生从如下几方面构建心理能力：认识自我——从而悦纳自我、悦纳他人；人际交往——从而经营好友情、亲情；认识爱情——树立正确的爱情观、学会爱自己、爱别人；构建自信——了解自身的长、短板，从而扬长避短、取长补短，建立自信心。培养健康人格——支持身心健康的成长，形成积极的三观。

88. 口才与演讲——李晓芳

良好的口语交际能力是现代公民的重要素养。课程内容注重教学资源的选择，充分运用多媒体、音乐、朗诵视频资料等激发学生的兴趣与参与积极性。在训练方式上，运用气息发声、绕口令、快速朗读、情景交际、影视配音、名人模仿秀、朗读表演、辩论赛等相应的情境模拟练习予以强化，帮助学生提升口语表达能力。

89. 趣味数学——韦天珍

通过趣味数学故事了解数学历史知识；掌握生活中的等量代换趣味问题；通过学习掌握数字中的一些奥秘；通过拼拼摆摆锻炼孩子的动手操作能力；通过学习了解数学中一些有趣的规律。

90. “一人一故事”与青春期的我们——吴春京

故事，构成我们生而为人的意义。带着尊重与同理心，倾听每个人的故事，再将这些故事用即兴演出的方式呈现，这就是“一人一故事”。“一人一故事”的形式，目前正越来越多地运用于学生的成长小组活动。在课堂上，老师将带领学生学习“一人一故事”中的场景演绎、流动塑像、一对对、一页页、三段故事等方法，并以这些方法为依托，针对学生成长中面对的恋爱、人际沟通、情绪管理、学习等不同主题，在安全的氛围里，邀请他们讲述自己的感受、困扰、经历，然后再现这些故事，为故事注入生命，作为礼物送给讲述人。“一人一故事”充满艺术气息同时更具有疗愈性，同时也可以避免说教地培养学生人际沟通、尊重与共情的能力，对自己保持接纳、对生命保持喜悦的态度。

91. 创新中国——李莞欣

课堂上通过《创新中国》这部纪录片，来讲述中国最新的科技成就和创新精神。让学生关注最前沿的科技突破和最新潮的科技热点，聚焦信息、制造、生命、能源、空间与海洋等深具影响的领域，在宏大的国际视野里探讨中国的创新成长以及由此引领的世界影响。从而指导学生选择专业以及未来的职业选择。该课程并不是单纯的放一部纪录片就了事，而是将授课和纪录片欣赏有机地结合了起来。通过讲授来总结和解释现有的新型行业与技术。该课的课堂氛围很轻松，互动性很强。有不懂的问题可以提，有自己的理解可以说，看到有趣的地方可以笑。

92. 中国文化赏析——薛丹丹

中国文化是历史长河中的璀璨明珠。在科技高度发展的今天，与学生一同体验中国文化的博大精深、体会中国文化的博大魅力，在学习和交流中提升文化修养。陶行知老先生曾说过：“生活主义包含万状，人生一切所需皆属之。”挖掘身边的文化资源，与学生共赏。进一步提高学生的责任意识、担当意识，培养学生对中国文化的自豪感，形成服务社会、报效祖国的坚定信念。

93. 地理中国赏析——杨蕾

普及国土教育，采用外景行进式拍摄与演播室串联相结合的节目形态，与地质科考同行，在行进中纪录科考生活，以地质科考为线索，展示推理过程，讲述地貌成因，介绍地质学新发现、新成果，激发学生的爱国热情。

94. 天文地理知识博览——张宏达

课程主要内容分为天文篇、地理篇，天文篇中包含宇宙、黑洞、木星、流星、其他星体、太阳、月球等内容，地理篇中含有地球、地质构造、火山、恐龙、地震、探险、黄金矿山开采方法等内容。自行编制相应的教材，通过不同的文章、图片，予以介绍、说明。以课堂讲授为主，每次课留下一些思考题，从而使学生建立相应的知识体系、增加相应的知识，拓展视野，养成爱科学、肯钻研、勤于学习、博览群书的良好习惯。

95. 阿卡贝拉：无伴奏合唱——于星晨

Acappella，中文翻译阿卡贝拉，即无伴奏合唱。在音乐学院中也是由视唱练耳专业的老师开设的一门全学院全年级自主选修课程。旨在培养学生的音乐综合素养及协作能力、发现好声音、并让学生们爱上音乐。与有乐器伴奏的合唱作品不同，Acappella 作品中，即使是鼓点，也是由会 B-box 的人声完成。课程开设作品由简入难，从训练音准到各声部互相配合，最终完成作品。作品涉及国内外各个时期、多种风格，有耳熟能详的，也有比较学术的。最终，在学期末，会举办一个小小的音乐会呈现一学期的成果。

96. 音乐（在剧作中）的角色——于星晨

通过欣赏歌剧、舞剧、影视剧了解其中音乐的作用。音乐，在任何剧作品扮演着不可缺少的一部分，有时，一部好的音乐作品可以让一部剧作提升一个层次；相反，也可以成为一部剧作的诟病。本课程从大家日常接触甚少的歌剧、舞剧，至平时熟知的电影，各个方向对其中的音乐进行赏析，从而对音乐有更深入的了解，培养学生的审美能力，提升自身修养，了解多位古、现代严肃音乐作曲家（如柴可夫斯基、威尔第、比才等）和影视剧作曲家（如汉斯·季默、拉民·贾瓦迪）。本课程涉及各类剧作，其中也会包括美剧，课程只针对某段音乐欣赏剧集片段赏析音乐在这段的作用，并非欣赏剧集，如学生感兴趣，可私下自行欣赏电视剧集。

97. 歌唱（包括合唱）——王丽娜

了解不同题材、风格、形式的声乐作品及相关知识，感受人声的艺术表现力与美感。参与合唱、独唱、重唱等实践活动，在歌唱中学习并逐步掌握歌唱的基本方法与技能。在独唱中，深入理解作品的风格及表现要求，并依据自己的声音特点，自信而又表现力地歌唱。能独立承担一个声部的演唱任务，并能与其他声部默契、和谐地合作表演。掌握合唱的基本技巧，积累多声部演唱的经验，在合唱中能倾听其他声部的声音，在音准、音量、音色等方面保持生不见得和谐与均衡。理解作品的艺术内涵和表现要求。能对指挥的动作做出恰当地反映。具备视谱能力，较熟练地运用乐谱学唱歌曲。能对所唱歌曲的风格特点、情感和意境等进行初步分析，并对自己他人或集体的演唱做出较为客观的评价。

98. 世界文化遗产荟萃 ——王文红

主要了解世界文化遗产的由来、保护和可持续利用。包括物质文化遗产：古代埃及的历史遗产，雄伟的金字塔群和狮身人面像等；古代希腊、罗马的历史遗迹，雅典卫城，奥林匹亚遗址，大斗兽场，万神殿；中国的秦始皇陵及兵马俑，世界屋脊上的布达拉宫，明清故宫。非物质文化遗产，昆曲等。

99. 戏剧影视表演——王欣雨

表演是实践性极强的艺术学科，表演之难在于不是有了正确观念、明确了表演的道理就能有精彩的表演呈现，而需反复磨砺的技巧与感觉、领悟的过程。表演艺术假定性的特征，要求表演技巧基础训练是解放学生的天性，建立正确的表演观念和多元素组织表演行动的能力。

100. 积极心理学——王志宇

积极心理学，是以积极的、建设性的心态，去认识世界、发现规律，进而去掌握规律来改造世界。积极心理学并不像传统心理学那样，强调病态、问题，而是在努力探索普通人在良好的环境下如何达到满意幸福的生活。积极心理学以不同于以往的全新角度诠释了心理学的任务，催生教育的生命活力，宣告了心理学为人类谋取幸福时刻的来临。积极心理学主张以人的积极力量、善端和美德为研究对象，强调心理学不仅要帮助处于某种“逆境”条件下的人们知道如何求得生存和发展，更要帮助那些处于正常境况下的人们学会怎样建立起高质量的个人生活与社会生活。

101. 毛线编织——韦天珍

毛线编织是中国甚至世界流行的手工艺品，毛线编织品可以装点家居美化生活，毛线编织是一门综合艺术，他在增强学生审美情趣的同时提高了学生的动手能力，丰富学生课余生活的同时陶冶他们的情操。开设这门课程，通过一系列手工编织活动，培养同学耐心、细心的学习品质，提高学生的观察力和创造力。

102. 活出精彩——吴春京

通过“抗逆成长”“领袖素质”“创路寻梦”三个板块中“问想选做”“言外之意”“友谊银行”“美化行动”“乐观大使”“潜能探测器”“非你莫属”等课程，使学生有正面健康的人格及自尊；有面对逆境，及在逆境中反弹的能力；懂得灵活运用资源来做有智慧的抉择；具备心灵的素质来承载生命的挑战；运用个人能力参与社会，与他人建立正面互相的关系，体现自身的价值。

103. 自信心的培养与训练——杨文萍

自信心是学生成材的基础，是成功人生的秘诀，缺乏自信，学生应变缺少了前进的动力，缺少了坚定的信念和坚持不懈的毅力，缺少了面对失败的勇气，缺少了积极乐观的心态，十五岁左右的学生，自我意识加强，特别在意自己在别人心目中的印象，而缺乏自信心，往往缺乏战胜困难的勇气，制约学生的行为，束缚学生的思维，使学习中遇到更多困难。课程通过教学使学生认识到自信的重要性，克服自卑的影响，相信自己，激励自己，找到树立自信心的方法，通过认识自我，接纳自我，进而发展自我能力，建立自信，树立自尊，提升克服困难的勇气和毅力，挖掘自身潜能。

104. 电影文学赏析——钟蕾

电影课以导看赏析为途径，以道德教育为切入点，以提高鉴赏水平和激发健康情感为目标。优秀电影综合了戏剧、音乐、绘画、文学等各种艺术形式，以其超文本、鲜明、形象、生动的特点让人赏心悦目。在老师的指导下，学生通过和老师共同研究、讨论、鉴赏、分析，不仅能提高鉴赏能力，还能净化心灵，陶冶情操，综合素质得到不断提高。通过观看影片，学生还能了解社会、感悟心灵、理解人性，而影视作品独有的可视、可听、可感的生动形象性，让学生能够最简单方便地享受高雅艺术。供赏析的电影涉及面比较广，可以是同学们比较喜欢的青春片，也可以是值得深思的历史战争片，甚至可以是反映社会问题的现实纪录片等，以后将综合选课同学的喜好和课堂学习的价值进行考虑，对影片选目进行确定。

2020年春季学期选修课程简介

105. 图像美化与人像精修技术——卢迪

新媒体时代的到来以及网络的普及，使得人们和企业对图片质量和创新的要求越来越高，因此也出现了很多和图片处理相关的职业。在修图行业中，人像修图占有很大的比重，不光在以后的工作中会用到，在平常生活中也会用到。在这个人手一部手机并且照相功能如此强大的时代，人人都可以拍出好的照片。但是如果在你拍摄出好的照片的同时，你也可以针对性的修图，对于照片来讲一定是锦上添花的。所以说修图这项技能，是没有任何要求和门槛的，并且对学生的未来生涯起着很重要的作用，也会帮助同学们在新媒体方面更好地去参加就业，也会通过这个行业开拓自己的视野，能够更好更准地找到自己的所擅长的位置。对于开设修图课程，我会让学生们在课堂上边学边实践，给同学们提供适合并且能出效果的素材供学生们练习，并根据课堂情况照顾到每一个学生进行课堂辅导。大概的课程为，色彩构成、画面构图和人像比例、人像比例调整、画面色彩和肤色调整、修图实用工具教程、商业精修磨皮教程等等。

106. 迪士尼与音乐的渊源——于星晨

音乐，在任何剧作品扮演着不可缺少的一部分，有时，一部好的音乐作品可以让一部剧作提升一个层次；相反，也可以成为一部剧作的诟病。本课程从大家日常接触甚少的歌剧、舞剧，至平时熟知的电影，各个方向对其中的音乐进行赏析，从而对音乐有更深入的了解，培养学生的审美能力，提升自身修养，了解音乐与剧作为何无法分割。课程只针对某段音乐欣赏剧集片段赏析音乐在这段的作用，并非欣赏剧集，如学生感兴趣，可私下自行欣赏。

107. 古典音乐赏析——于星晨

课程所说的古典音乐，主要从巴洛克时期—文艺复兴时期—古典音乐时期—浪漫主义时期—印象派—民族乐派 20 世纪的西方音乐直至现代的影视剧作音乐。从而对音乐有更深入的了解，培养学生的审美能力，提升自身修养，了解多位古、现代严肃音乐作曲家（如柴可夫斯基、威尔第、比才等）和影视剧作曲家（如汉斯·季默、拉民·贾瓦迪）。课程开设作品按照时间顺序，从音乐到作曲家，各个方面进行讲解。有耳熟能详的，也有比较陌生的。从而对音乐有更深入的了解，培养学生的审美能力，提升自身修养，了解多位古、现代严肃音乐作曲家（如柴可夫斯基、威尔第、比才等）和影视剧作曲家（如汉斯·季默、拉民·贾瓦迪）。

108. 民俗文化赏析——丁银萍

民俗文化作为语文教材中的重要文化元素，不仅是民族文化的根源，而且是凝聚一个民族感情与行动的文化核心点，它能够体现一个民族的价值观、理想和信仰。从教育意义上来说，民俗文化所具有的智育、德育、美育等的教育功能，能够培养人们的民族精神，提高整个民族的精神文化素质，是人文素质教育不可缺失的重要教育内容。

109. 中西方建筑文化之旅——黄新颖

探讨中西方建筑文化特征及当代发展；探讨中西方建筑文化的思潮及其交流；介绍中西方著名建筑家及其成就和精神；介绍中西方著名建筑的文化内涵和建筑特色。

110. 图形图像处理基础（PS 入门）——李京宁

课程旨在通过学习 Photoshop 的一些基础操作，对图形图像处理的理论知识和应用操作建立基础框架，为今后的专业学习或深入学习设计课程打好基础，同时提升学生的艺术素养，为学生进行创新设计提供一定的技术支持。

111. 神州：地理视野下的绝美中国——庞博

本课以广阔的地理视角和宏大的时间尺度，解读中国故事；以唯美的照片、专业严谨的地图、震撼人心的全景式影像、深情的文字，描绘祖国山河。课程在科学数据的支撑下，努力浓缩了我们的每一寸国土5000年来的优美历史变迁，地理地质变化，珍稀动植物种和人文历史民生百态。从而形成一幅关于中国的时空画卷，让大家足不出户，就能领略祖国之壮美；让大家在享受视觉盛宴的同时，了解中国的过去、现在，以及充满希望的未来，带领大家感受中国人与中国这片土地的相互作用。本课程以高清、唯美、震撼的图片和《鸟瞰中国》《航拍中国》《大美中国》《地理中国》等全景影像的欣赏和讲解为主，学生分析、讨论为辅。

112. 话说北京——王泽生

本课程主要介绍北京的历史和文化，使学生了解北京历史文化的发展脉络及体系结构。以北京的乡土教育及精神文明建设为基准，开阔学生的文化视野，努力使学生具有一定的北京历史文化知识。内容含：北京的历史沿革、地理环境、城市变迁，园林建筑、名胜古迹、衣食住行、民俗风情、文学艺术、方言土语等。

113. 老北京风情——吴会丽

北京是一座朴实亲切而又大气磅礴的城市，既能海纳百川，又有着自己独特的风姿，既能独树一帜，又不孤芳自赏。对于历史悠久的北京，大家不仅仅可以用眼睛看，用耳朵听，更重要的是，可以用心体会。《老北京风情》主要介绍北京本土文化，用独特的方式探访北京的人文古迹、巷陌民风；用学生的视角反映北京的历史、文化、名人、掌故。在变化中看传统的北京，在变化中看现在的北京。探寻老北京的人文精神，留住易逝的文化根脉。通过学习，让学生感受北京的悠久历史和文化底蕴，品味家国情怀，培养学生的文化自信。

114. 儿童文学——宋秋云

《儿童文学》是学前教育专业的一门基础课。课程设置的目的，是使学生掌握儿童文学的基本理论知识，了解儿童文学的历史发展、作家和读者，把握儿童的文学各种体裁的特征与种类，如儿歌、图画书、儿童诗、儿童戏剧等，培养阅读、鉴赏、分析、编创儿童文学作品的能力，进一步提升学习者的文学素质和理论素养。

第三节　贯通基础专业认知课程建设

一、课程教学设计依据和课程性质

根据北京财贸职业学院高端技术技能人才贯通培养试验项目人才培养方案要求，结合实际教学情况，在第二学年第二学期的第13周，贯通基础教育学院组织二年级学生开展专业认知实践课程。分别接受学校五个专业二级学院（立信会计学院、金融学院、商学院、旅游与艺术学院、建筑工程管理学院）提供的专业认知教育。

整个课程教学由贯通基础教育学院和五个二级学院进行安排和设计，以五个专业二级学院为主。由贯通基础教育学院教学管理人员、学生管理人员、班主任和五个二级学院的教师组成联合教学团队。学习内容包括但不限于二级学院介绍、贯通专业介绍、行业介绍、贯通高职阶段培养目标、培养规格、就业岗位分析、教学资源、师资配备等。

二、课程教学目标

通过对学校五个专业二级学院提供的专业认知教育，使贯通学生深入了解专业和行业发展动态，树立专业兴趣和职业志向，为贯通学生“转学习阶段”和选择高职阶段的学习专业做准备。

三、课程教学要求

全体贯通项目二年级的学生按照学校具体安排参加专业认知实践课程学习。并认真完成学习记录、认知体会和认知总结。

专业认知学习记录

学生信息	班级		姓名	
专业认知时间	年　月　日			
专业二级学院				
专业认知安排	（专业二级学院的专业认知安排情况。包括认知流程安排、认知内容、参观内容、主讲教师等。不少于 100 字）			

专业认知体会

（通过专业认知后对本专业二级学院和专业的体会感受和收获等。不少于 500 字。）

专业认知课程总结

（通过五个二级学院的专业认识课程学习实践后的个人总体体会感受等。不少于 200 字。）

第四节　贯通基础研学旅行课程建设

研学旅行是由教育部门和学校有计划地组织安排，通过集体旅行、集中食宿方式开展的研究性学习和旅行体验相结合的校外教育活动。是学校教育和校外教育衔接的创新形式，是综合实践育人的有效途径。在贯通项目基础阶段开展研学旅行实践，有利于促进学生培育和践行社会主义核心价值观；有利于推动全面实施素质教育，促进书本知识和生活经验的深度融合；将打破学科界限，融会贯通，理论与实践相结合，落实立德树人根本任务。

每年春季学期的最后一周，贯通基础教育学院都会组织贯通学生进行了研学旅行实践课程。课程采取外出实践的形式进行，每年都会以“走北京”和“看中国”为主题安排多条研学线路。研学旅行是一个多学科融合的教学模式，是学生行走的课堂、校外课堂、大自然课堂。通过一周的研学旅行实践，广大贯通学子感受了祖国大好河山的秀美，感受中华优秀传统文化的渊博，感受红色革命历史的光荣，感受改革开放成就的伟大，增强了对坚定“四个自信”的理解与认同；同时学会动手动脑，学会生存生活，学会做人做事，促进了身心健康、体魄强健、意志坚强，促进了形成正确的世界观、人生观、价值观，努力成为德智体美劳全面发展的社会主义建设者和接班人。

贯通基础阶段学生研学旅行课程实施方案
西安—延安线

活动前研学学科知识准备要求

【语文】

（1）查阅西安建都与延安革命历史资料，了解西安与延安的前世今生。

（2）阅读《长恨歌》，了解隋唐历史背景与贵妃的故事；阅读《安塞腰鼓》，感受陕北民风民俗的风格与特点。

【历史】

（1）复习必修中外历史纲要上，第一单元第1课：中华文化的起源与早期国家，第4课，西汉与东汉——大一统国家的巩固。

（2）复习必修中外历史纲要上，第二单元三国两晋南北朝的民族交融与隋唐大一统的发展，第6课从隋唐盛世到五代十国。

【美术】

（1）复习美术鉴赏（必修）第3课《华夏意匠——建筑艺术》，了解我国优秀的传统建筑文化，掌握其风格与艺术手法。

（2）复习美术鉴赏（必修）第5课《三度空间的艺术——古代雕塑》，了解我国古代雕塑的手法与特点，掌握不同朝代雕塑技巧的发展。

【地理】

（1）复习必修三《地理环境与区域发展》《区域生态环境建设》，了解地理区位因素对于地形地貌的塑造以及对城市发展的影响。

（2）复习必修一第四章第一节：营造地表形态的力量，了解三大类岩石的特点，以及地球运动的规律，掌握地热能的作用。

（3）复习必修一第四章第三节：河流地貌的发育，必修三第二章第一节：黄土高原水土流失的治理，了解黄河的起源与黄河对黄土高原水土流失的影响。

【政治】

（1）复习必修3《文化生活》第二单元：文化传承与创新，了解我国源远流长的文脉以及深厚的文化底蕴，思考我们应该如何传承并创新古老的中华文化。

（2）复习必修四《哲学与文化》：文化的多样性，了解我国文化多样性的表现及其意义，思考我们应该如何对待多元的文化。

研学旅行主题课程目标

【语文】

（1）通过研读西安城墙、兵马俑、陕西历史博物馆、延安革命纪念馆等，促进学生对中华优秀传统文化、革命文化、社会主义先进文化的深入学习和思考。

（2）通过对延安革命、杨家岭、枣园等革命纪念场所的学习，进一步认识中国革命、建设和改革的历程，加深对中国革命传统的认识和理解，激发热爱中国共产党、热爱社会主义祖国的情感。

【历史】

（1）研读西安建都历史，了解秦汉大一统国家的建立与巩固。

（2）通过对延安革命、杨家岭、枣园等革命纪念场所的学习，深入了解中国共产党成立与新民主主义革命兴起。

【地理】

（1）能够运用图表并结合西安城市环境实例，分析自然环境的整体性和地域分异规律，结合壶口瀑布的成因和影响，综合运用示意图，说明水循环的过程及其地理意义。

（2）结合西安旅游实例，分析旅游业对区域经济、社会、文化发展的带动作用，以及旅游资源在开发过程中的保护措施。

（3）了解生命的价值、劳动的意义，知道公民维护国家利益的基本义务，了解服务型政府的构建。

（4）学会处理个人利益和集体利益的关系，能够坚持国家利益至上，学会增强生命的韧性成为自立自强的人。

（5）懂得更加珍爱生命、守护生命，树立正确的世界观、人生观和价值观。

【政治】

（1）能够辩证地看待传统文化，领会对中华优秀传统文化进行创造性转化、创新性发展的重要意义，弘扬民族精神。

（2）认识到开创中国特色社会主义是党和人民长期奋斗、创造、积累的根本成就。

【音乐】

（1）欣赏陕西秦腔、陕北民歌等表演，并模仿演绎，在享受戏剧表演乐趣的同时，体验戏剧艺术的魅力和丰富的表现力。

（2）体验中国传统音乐的风格和文化特征，认识、理解陕西民俗音乐与陕西社会生活、历史文化、民间习俗等的密切关系。

【体育】

（1）通过研学期间合理饮食、适度锻炼，帮助学生增强体能，养成良好的锻炼、饮食、作息和卫生习惯，消除运动疲劳，保持良好心态。

（2）通过集体研学行动，遵守研学行为规范，帮助学生养成勇敢顽强、积极进取、超越自我的体育精神，遵守规则、诚信自律的体育道德以及文明礼貌、团队合作的体育品格。

研学旅行本线路的特色

（1）延安精神、红色教育，感受中国革命先烈昂扬斗志。

（2）壶口瀑布、陕西历史博物馆，见证黄河自然之壮美与文明之璀璨。

（3）华县皮影、延安腰鼓、陕北民歌，了解关中民俗，传承优秀文化。

（4）西安城墙、兵马俑、华清池、黄帝陵，学习中国古代人民聪明才智。

研学旅行线路与研学课程实施内容

天次	时间	行程安排	课本内容	研学教师讲解景点教学设计（含景点选择、教学讲解、学生组织方式）	根据景点与主题设计的学生研学课题	对学生研学评价内容与方式
第一天	上午	【北京—西安】前往西安	【美术】 美术鉴赏（必修）第3课《华夏意匠——建筑艺术》。 【历史】 历史必修《中外历史纲要（上）》第一单元第1课中华文的起源与早期国家。 第4课西汉与东汉—大一统国家的巩固。 第二单元三国两晋南北朝的民族交融与隋唐大一统的发展第6课从隋唐盛世到五代十国。 【地理】 必修三《地理环境与区域发展》《区域生态环境建设》	【景点选择】西安城市印象 【学生组织方式】集体聆听、小组讨论 【教学讲解】 【美术】 提到抗日战争时期的美术，同学们能想到什么？徐悲鸿？古元，丰子恺？1931年九一八事变后，很多美术家们自觉地以唤起民众，团结救亡为己任。抗日战争时期，由于特殊的时代环境与地理环境，木刻版画成为延安美术领域最为主要的一种艺术样式。因此，延安的木刻版画创作涉及陕甘宁边区及相关解放区的政治、经济、文化、教育、民俗等多个领域，从题材上可以归纳为抗日战争、解放区风情、民生工程、民主政治等类型。这些题材类型版画作品集中、生动地刻画了解放区的各个生活领域，尤其是艺术化地呈现出延安的那段红色岁月。这一独特的题材类型也铸就了延安木刻在中国美术史上的独特地位。 请同学们拿起手机查阅延安木刻版画——古元、彦涵《当敌人搜山的时候》。感受军民们共同并肩作战抗击侵略的战斗生活。 【历史】 西安古都简介 同学们，我们将要到达的城市就是西安，西安的历史非常悠久，早在100万年前，蓝田古人类就在这里建造了聚落。7000年前仰韶文化时期，这里已经出现了城垣的雏形。公元前1046年，周武王率众伐商，灭商后，定都于镐，就是现在陕西西安市的西部。公元前202年，刘邦建立汉朝，定都长安，意思就是要“长治久安”。1369年，明太祖朱元璋改奉元路为西安府，取义“安定西北”，西安之名由此而来。西安是中国历史上建都朝代最多、时间最长、影响力最大的都城之一。 【地理】 同学们，我们即将到达的西安市位于黄河流域中部关中盆地，东经107°40′~109°49′和北纬33°42′~34°45′之间。东以零河和灞源山地为界；西以太白山地及青化黄土台塬为界；南至北秦岭主脊；北至渭河，东北跨渭河。辖境东西长204千米，南北宽116千米。西安市属暖温带半湿润大陆性季风气候，冷暖干湿，四季分明。冬季寒冷、风小、多雾霾、少雨雪；春季温暖、干燥、多风、气候多变；夏季炎热多雨，伏旱突出，多雷雨大风；秋季凉爽，气温速降，秋霖明显。年内主要气象灾害有干旱、高温、大风、沙尘、雷电、冰雹、暴雨、低温冻害、连阴雨和雾霾。因夏季太阳辐射强，大气对流运动强烈，天气变化明显，我们访学期间要注意防晒和暴雨天气	【美术】 唐长安城与明清紫禁城相比，规划和布局有何联系与区别？ 【历史/地理】 1. 西安作为十三朝古都的优势区位因素。 2. 古都文化对于西安的城市建设有何影响。 【语文】 了解唐代诗人的轶事，搜集几首与西安有关的唐诗，结合其创作年代，了解长安发展与唐诗创作的关联。必读:《长恨歌》《琵琶行》《梦游天姥吟留别》	【美术】 对比北京与西安的城市规划图。 【历史】 论文《十三朝古都西安的历史文化价值》。 【地理】 绘制西安地图并标明气候带、典型地貌等重要因素。 【政治】 结合哲学与文化的相关知识，阐述西安文化发展历程

续表

天次	时间	行程安排	课本内容	研学教师讲解景点教学设计 （含景点选择、教学讲解、学生组织方式）	根据景点与主题设计的学生研学课题	对学生研学评价内容与方式
	12:00—13:00 午餐					
	14:00—16:30	【西安城墙+开营仪式】	【美术】 美术鉴赏第3课《华夏意匠——建筑艺术》。 【政治】 《哲学与文化》文化的多样性	【景点选择】城墙脚下、城墙上 西安城墙又称西安明城墙，是中国现存规模最大、保存最完整的古代城垣。始建于明太祖洪武三年，洪武十一年竣工，是在明太祖“高筑墙、广积粮、缓称王”的政策指导下，在隋、唐皇城的基础上建成的，当时是西安的府城。请同学们用脚步丈量城墙，了解城墙在古代军事活动中的重要作用。同学们在入营宣誓等环节后，强化研学旅行意识，进入研学旅行状态，开始一段自我管理、自我约束、自我提升的研学旅程。 【学生组织方式】集体聆听、小组自由观察研究 【教学讲解】 【美术】 同学们，现在我们来到的就是历史悠久的西安城墙。位于西安市中心区，呈长方形，墙高12米，底宽18米，顶宽15米，东墙长2590米，西墙长2631.2米，南墙长3441.6米，北墙长3241米，总周长11.9公里。有城门四座：东长乐门，西安定门，南永宁门，北安远门，每个城门都由箭楼和城楼组成。现存城墙建于明洪武七年到十一年（1374—1378），至今已有600多年历史，是我国现存最完整的一座古代城垣建筑。 西安明城墙包括护城河、吊桥、闸楼、箭楼、正楼、角楼、敌楼、女儿墙、垛口等一系列军事设施，构成严密完整的军事防御体系。游览西安明城墙，对形象具体地了解古代战争、城市建设及建筑艺术都很有意义。 【政治】 景点选择：西安城墙 学生组织方式：集体聆听讲解，自主观摩思考。 教学讲解： 西安历史文化悠久，人文氛围和谐，官方记载先后有13个王朝，前后历时一千多年，享有“天然历史博物馆”之称。建国初期，西安城墙的修复和保护工作曾经走过一段曲折的历程。由于受历史的局限和"左"倾思潮的影响，西安城墙曾几度历经被完全拆除的危险，幸而在部分高度重视历史文化保护工作的国家领导和省、市领导及专家学者、社会各界人士的坚持下，西安城墙才免除了被拆除的命运，迎来了改革开放后命运的转折。 请同学们回忆，我们在高中《政治》教材中，曾经讲过：中华文化源远流长、博大精深。中华文化具有独特性、民族性和区域性。文化传承创新是文化建设的基本内容，是文化发展繁荣的基本规律。中华民族具有悠久的历史和优良的传统。中华优秀传统文化对于凝聚和团结全国各族人民，起着重要的纽带和基础作用。传承中华优秀传统文化，在继承的基础上有所创新，可以使我们的传统文化更加迸发活力，使全国人民始终保持奋发有为、昂扬向上的精神状态，实现中华民族的伟大复兴，具有特别重要的意义。 请同学们：1. 对比西安与北京文化差异表现，我们应如何对待文化差异。2. 西安文化发展如何体现传承与创新？这一过程体现了什么哲理？	【美术】 选择任意箭楼、角楼、敌楼等，画出其结构示意图。 【语文】 请选择任意城墙、箭楼、角楼或敌楼等，为其写一首诗，歌咏一段历史，或一些人物，或古今追思的情志。 【政治】 1. 对比西安与北京文化差异表现，我们应如何对待文化差异。 2. 西安文化发展如何体现传承与创新？这一过程体现了什么哲理？	【美术】 以试卷形式进行评价。考核点：古代建筑的准确性、客观性。 【政治】 结合哲学与文化的相关知识，阐述西安文化发展历程

续表

天次	时间	行程安排	课本内容	研学教师讲解景点教学设计（含景点选择、教学讲解、学生组织方式）	根据景点与主题设计的学生研学课题	对学生研学评价内容与方式
	17:00—18:00 午餐					
	19:00—19:30	【永兴坊皮影戏】 皮影戏，又称“影子戏”或“灯影戏”，是一种以兽皮或纸板做成的人物剪影表演故事的民间戏剧。表演时，艺人们在白色幕布后面，一边操纵影人，一边用当地流行的曲调讲述故事，同时配以打击乐器和弦乐，有浓厚的乡土气息	【政治】 必修3《文化生活》第二单元文化传承与创新。 必修4《哲学与文化》文化传承与创新	【学生组织方式】集体观摩探讨 【政治】 景点选择：皮影戏 学生组织方式：集体聆听讲解，自主观摩思考、搜集材料，走访调研。 教学讲解： 皮影戏从有文字记载，已经有2000多年的历史。在过去还没有电影、电视的年代，皮影戏曾是十分受欢迎的民间娱乐活动之一。陕西皮影保留着民间说书的种种痕迹，它是近代陕西多种地方戏曲的前身。陕西皮影造型质朴单纯，富于装饰性，同时又具有精致工巧的艺术特色。陕西皮影人物造型的轮廓整体概括，线条优美生动有力度，有势有韵，在轮廓内部以镂空为主，又适当留实，做到繁简得宜、虚实相生。皮影人物、道具、配景的各个部位，常常饰有不同的图案花纹，整体效果繁丽而不拖沓，简练而不空洞。每一个形象不仅局部耐看，而且整体配合也美，既充实又生动，构成完美的艺术整体。2011年，中国皮影戏入选人类非物质文化遗产代表作名录。但传统的皮影戏在很多方面都存在着不可避免的局限性，这也是它适应如今快节奏社会最大的障碍。 1. 皮影精雕细琢，巧夺天工的色彩造型倾倒了无数的艺术家，却给它的制作带来了极高的难度。一个影人的制作要包括制皮，描样，雕镂和上色等十余道工序，这些复杂的工艺足以花去一个手工艺人数星期的时间，还不包括这期间因任何一个小错误而导致无法修改，前功尽弃的可能性。 2. 成品的保存也是一个难题，长时间的日晒会使颜料褪色，温度的湿热变化也会造成皮影的变形。这对强调批量生产的工业化社会来说无疑都是致命的弱点。 结合西安皮影戏的前世今生，请同学们回忆，我们在高中《政治》教材中，曾经讲过：文化的发展离不开文化的传承和创新。传统文化的发展需要传承。中华民族传统文化灿烂多姿，是几千年来民族智慧的结晶，是先辈传承下来的珍贵遗产。传统文化的发展需要创新。在当今的社会竞争中，文化竞争越来越激烈。而文化发展的基础在传承，关键在于创新。如果不能顺应时代的发展，灵活的创新，那么丰富的文化资源就不能得到充分的利用。 请同学们：走进陕西非遗，谈谈在新时代如何促进传统文化的传承和创新。作为青年学生的使命和责任是什么？（可从认识转变和传播方式等角度分析）	【政治】 必选：走进陕西非遗，探究皮影戏如何创新才能更好传承。 选学：1. 西安皮影戏的前世今生。 2. 探究旅游或研学对西安文化的作用	【政治】 提交一份西安皮影文化的保护和传承方案

续表

天次	时间	行程安排	课本内容	研学教师讲解景点教学设计（含景点选择、教学讲解、学生组织方式）	根据景点与主题设计的学生研学课题	对学生研学评价内容与方式
第二天	9:00—11:30	【华清池】 在讲解员和辅导员的带领下欣赏骊山壮丽的景色，了解华清宫的建筑历史，品读发生在骊山的传奇故事；同时，通过参观蒋介石等人在华清池的住所，了解西安事变，实地探访加强同学们对于西安事变的认识和理解；并学习白居易的《长恨歌》，徜徉诗歌的世界	【历史】 《中外历史纲要（上）》第八单元第23课从局部抗战到全面抗战 【地理】 必修一第四章第一节营造地表形态的力量（三大类岩石）	【景点选择】御汤九龙殿、芙蓉汤、太子汤、西安事变纪念室 【学生组织方式】集体讲解、小组讨论 【教学讲解】 【历史】 华清池——西安事变 同学们，“华清池”见证了“西安事变”的发生。这就是西安事变发生的旧址——五间厅。1931年9月18日，日本发动九一八事变，东北三省全部被日本关东军占领，中日民族矛盾逐渐成为中国社会主要矛盾。1936年10月22日，蒋介石由南京飞抵西安，严令进剿红军。张学良当面表示反对，并提出停止内战，一致抗日的要求，遭到蒋介石拒绝。1936年12月12日5时，东北军奉命到华清池捉拿蒋介石，蒋介石从卧室窗户跳出，摔伤后背，躲在一块大石头后面，被发现活捉。在共产党的劝说下西安事变和平解决，蒋介石答应联共抗日。 【地理】 同学们，地壳由什么物质组成呢？简单说，是石头。地壳物质循环是指不同种类石头之间的相互转化，就是循环。地壳中有什么石头？从成因的角度，我们把所有岩石分成三大类，岩浆岩，沉积岩，变质岩。它们被用在生活的方方面面，大家可能平时没太注意区分。 岩浆岩，顾名思义，地幔中的软流层里的岩浆，顺着岩石中的裂缝上来，随之温度降低，气压减小，于是由熔融态变为固态，然后形成了岩浆岩。岩浆岩分为两类，侵入岩和喷出岩。侵入岩是沿着裂缝慢慢地一点一点地上来，所以温度是缓慢冷却的，喷出岩是喷出来迅速冷却成岩石。典型侵入岩是花岗岩，粉红色居多，也有灰白色，用作建筑石料，地面铺花岗岩，硬度很高，耐磨。我们在参观天安门广场和天安门之间的长安街时注意到，铺的是肉红色的条石，就是花岗岩。为什么要铺花岗岩呢？因为国庆阅兵时坦克要从天安门广场前通过，最好的柏油也禁不起坦克的轧，坦克重达几十吨，而且履带的棱咬合起来会把柏油路整个掀起来。新中国成立之初我们年年要阅兵，只能铺花岗岩，铺了四五十年没换过。但所有天然的岩浆岩做建筑材料都会有放射性，不一定很强，但会对人体造成危害，所以我们不建议用天然的石材做室内建筑材料，特别是家里厨房的操作台等等。喷出岩以玄武岩为代表，比如搓脚石，黑色，或者发一点红色，好多气孔。为什么气孔多？因为在喷出的一刹那，岩浆中的气体未来得及释放出去就凝固了，所以气体就包在里面了，这种特殊的构造在地质上称为气孔。一般岩浆岩中矿物的组成均匀（块状构造），有肉红色的长石（60%），白色的石英（35%）和黑色的云母（5%）。在岩浆岩里经常看到金属矿产，如铜铅锌（解释完自然现象，利用自然资源）。大家在山上可以找一找，看看能不能找到花岗岩岩石标本，不一定有，因为这些山体并不是火山喷发形成的。	【历史】 登骊山，寻访“兵谏亭”，了解“西安事变”在抗日民族统一战线建立，国共合作中所起的重大作用。 【地理】 为华清池的大理岩拍照，找到三大类岩石（留用制作岩石标本），结合三大类岩石特点、形成过程或对人类的影响分别写三首三行诗，制成手抄报，在小组内评选出最佳手抄报，在班级内进行展示。 【语文】 诵读与华清池有关的唐诗，包括杜牧《过华清宫绝句三首》、白居易《长恨歌》等，教师进行讲解	【历史】 探究“西安事变”在抗日民族统一战线建立国共合作中所起的重大作用。 【地理】 找到3种岩石，制作说明标签，制成标本，并对同学进行介绍。 【语文】 文章分析安史之乱对唐代社会和文学创作的影响

续表

天次	时间	行程安排	课本内容	研学教师讲解景点教学设计（含景点选择、教学讲解、学生组织方式）	根据景点与主题设计的学生研学课题	对学生研学评价内容与方式
				大家在山上看到的大部分是沉积岩，最多的是石灰岩、砂岩、页岩。岩浆岩是一种原生的岩石，它是从岩浆直接冷却形成的，沉积岩前面应该有已经形成的岩石，经过风化、侵蚀、搬运、沉积又形成新的岩石。砂岩就是很多层沙子沉积在一起，经过高温高压作用形成的岩石。页岩比砂岩要细腻一点，是很多层泥质的东西沉积在一起。大家不妨看看自己找到的沉积岩属于哪种沉积岩？ 沉积岩的特点在于，第一，层理结构，根据它的形成可以知道，沉积岩是一层一层的；第二，沉积岩里可能有化石，岩浆岩里绝对不可能有化石，岩浆的温度一般在四五千度，已经不是融化而是汽化了。沉积岩在形成的过程中，水搬运时鱼死了，树叶落下来后，就一层一层铺在里面了，因此沉积岩最明显的特征是层理结构。所有化石矿产，煤炭石油天然气只在沉积岩中，不可能在岩浆岩里，否则会自燃。 变质岩，由岩浆岩和沉积岩经过变质作用形成的，变质岩本身也可能经高温高压作用变成另一种变质岩。比如岩浆顺着岩石裂缝侵入时，岩浆经过的地方两边的岩石受到高温高压作用，导致这些岩石的晶体排列发生了变化，晶体排列在同一个方向，整齐均一。这样的岩石叫变质岩。比如石灰岩变质形成大理石（大理岩），洁白纯净的大理石叫汉白玉，比如眼前的华清池就是汉白玉雕刻成的，但是化学结构没有变，都是碳酸钙，在化学实验中鉴定碳酸钙是滴两滴盐酸冒泡，同样往金水桥上滴两滴盐酸也冒泡。世界著名建筑泰姬陵，是给印度王妃修建的，印度曾一度被伊斯兰教控制，整个泰姬陵都是洁白的大理石，伊斯兰教是喜欢白颜色和绿颜色的。页岩变质后形成板岩。在变质岩中多发现铁矿。 学生组织方式： 以小组为单位，带着学案听讲，寻找、识别三大类岩石，拍照。 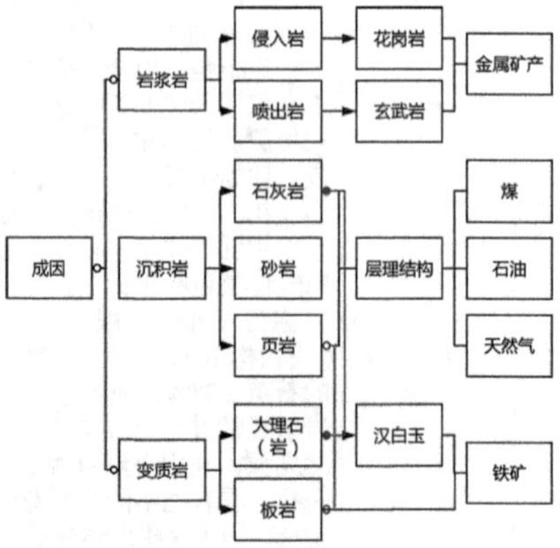 成因 岩浆岩 侵入岩 喷出岩 花岗岩 玄武岩 金属矿产 沉积岩 石灰岩 砂岩 页岩 层理结构 煤 石油 天然气 变质岩 大理石（岩） 板岩 汉白玉 铁矿		

续表

天次	时间	行程安排	课本内容	研学教师讲解景点教学设计（含景点选择、教学讲解、学生组织方式）	根据景点与主题设计的学生研学课题	对学生研学评价内容与方式
				【语文】 同学们，安史之乱对唐代文学的重要影响，首先在于它为唐代文学甚至整个中国古代文学提供了大量新颖、感人的创作素材。安史之乱中发生的很多故事曲折离奇，感人至深，为文学创作提供了大量的素材，其中最为典型的当属唐玄宗与杨贵妃的爱情故事。唐玄宗李隆基不仅是唐代最具争议的君主之一，还是最具传奇色彩的君主之一。他和杨贵妃的爱情故事，或以爱情悲剧的形式，或以政治讽刺诗的形式，频频出现在唐代及以后的文学作品中，成为中国古代重要的文学创作素材之一。以此为题材的作品有著名的《长恨歌》（白居易）、《过华清宫绝句》（杜牧）、《马嵬》（李商隐）等，还有与之相关的传奇作品《长恨歌传》（陈鸿）等。专门写李杨故事的作品就为数不少，提及相关内容的作品更是不计其数。 一、探究《长恨歌》 （一）请大家集体朗读《长恨歌》。这首诗作于唐宪宗元和元年，当时，白居易任周至县尉，一日与友人到马嵬驿附近的游仙寺游览，偶然间谈及李隆基与杨玉环的这段悲剧故事，友人王质夫认为，像这样突出的事情，如无大手笔加工润色，就会随着时间的流逝而消失。他鼓励白居易："乐天深于诗，多于情者也，试为歌之如何？"。于是白居易写下了此事。虽然作者的立意是"欲惩尤物"，但在读者心中却流传成了一曲爱情的颂歌。 （二）大家读后请思考、讨论并回答：这首诗题为"长恨歌"，从内容看，谁恨？恨什么？为什么恨？怎样来表现恨的程度的？ 关于"恨"的原因，请回答—— 1. 作者用"汉皇重色思倾国"开头有什么作用？ 2. 哪一句集中描写了杨玉环的美貌？运用了什么手法？ 3. 李隆基对杨贵妃的宠爱表现在哪些方面？ 4. 作者重墨渲染杨贵妃受到的专宠意在表达什么思想感情？ 5. 直接造成"恨"的原因是什么？ "汉皇重色思倾国，御宇多年求不得。"至"缓歌慢舞凝丝竹，尽日君王看不足。"皇之重色、求色，杨女之美貌、娇媚，皇杨之间缠绵悱恻的宫闱之欢，杨之得宠，不仅自己"夜专夜"而且"姊妹弟兄皆列土"。——恨之内因。 "渔阳鼙鼓动地来，惊破霓裳羽衣曲。"至"君王掩面救不得，回看血泪相和流。"杨女之死。——恨之直接原因（悲剧的制造者成了悲剧的主人公）。		

续表

天次	时间	行程安排	课本内容	研学教师讲解景点教学设计（含景点选择、教学讲解、学生组织方式）	根据景点与主题设计的学生研学课题	对学生研学评价内容与方式
				关于“恨”的表现—— 1. 入蜀道上：秋景凄凉，以凄凉的秋景来烘托人物的悲思。 2. 归途的思念：面对青山绿水，朝夕不能忘情，表现了玄宗内心的痛苦，乐景写哀情。 3. 玄宗回京后的思念之苦：景物依旧，人却不在，触景生情。黄昏黎明，春风秋雨，情思萦绕，久久不能入睡——苦苦的思恋，表现了玄宗的冷落孤寂、彻夜相思。叙事见情。 二、解读安史之乱对中晚唐文学创作的影响 同学们，安史之乱对唐代的政治走向产生了巨大而深远的影响，并通过政治间接影响了中晚唐文学的发展。 安史之乱不仅给人们的生活带来磨难，给人们的精神带来创伤，还给社会政治带来了深远的影响，使唐中央政权开始衰落，并加剧了藩镇割据和宦官专权，使唐王朝开始无可挽回地走向衰亡。 不过，唐王朝的统治者中较有远见的人和在儒家文化影响下富有高度社会责任感的文人，绝不会坐视这个曾经无比辉煌的王朝在自己眼前步步下滑，他们会采取一系列的措施、尽自己的最大努力来挽救它，不管成功与否。于是便有了著名的“永贞新政”“元和中兴”与“甘露之变”，于是也影响了现在我们所看到的刘禹锡、柳宗元、韩孟诗派、元白诗派、古文运动等一系列的文学家及文学潮流。 1.“永贞新政” 唐代宗时期安史之乱已逐渐平息，到继任的德宗皇帝在位期间，宦官专权、藩镇割据，统治者疯狂地盘剥百姓，社会问题突出。在这种情况下，一场政治革新呼之欲出。德宗驾崩后，顺宗即位，支持以王叔文为首的文人集团进行政治革新，打击宦官与藩镇割据势力，罢黜宫市、五坊小儿、日进、月进等弊政，遣散部分宫女，力图缓和社会矛盾。由于这时的年号是“永贞”，所以这次变法被称为“永贞新政”，由于实际的领导核心是王叔文，故又称“王叔文变法”。 这次变法仅维持了几个月就因为时机不成熟，在宦官、地方藩镇割据势力和部分利益受到影响的朝中大臣的联合反对下流产。顺宗退位，不久死去，参与变法的王叔文、王伾皆被贬死，刘禹锡、柳宗元、韦执谊、凌准、程异、韩泰、韩晔、陈谏等八人也被贬到偏远的南方做地方司马，史称“二王八司马事件”。		

续表

天次	时间	行程安排	课本内容	研学教师讲解景点教学设计（含景点选择、教学讲解、学生组织方式）	根据景点与主题设计的学生研学课题	对学生研学评价内容与方式
				刘柳二人由此开始了长达二十年的贬谪生涯，两人的政治生命基本被判了死刑，而文学生命却因此而绽放出绚丽的花朵，正所谓“国家不幸诗家幸，话到沧桑语始工”（清·沈雄《古今词话》）。两个人都因此而得以深刻地感受到世态的炎凉和人民生活的疾苦，写下了大量成功的个人遭际诗和政治诗，如柳宗元的《江雪》《渔翁》、刘禹锡的《聚蚊谣》《昏镜词》等。另外，刘禹锡还创作了大量的民歌与咏史诗，较著名的有组诗《竹枝词》《浪淘沙》《金陵五题》等，脍炙人口，流传甚广；而柳宗元则创作了大量成功的散文，如《愚溪诗序》《小石潭记》《黔之驴》等，使他成为唐代古文运动的领袖之一和唐宋八大家之一。 刘禹锡的满腹牢骚与辛辣讽刺，柳宗元的一腔幽怨和深沉抒情，成就了无数脍炙人口的名言警句，他们的作品中最为精华的部分，基本上都创作于“永贞新政”失败之后，并与之有着密切的联系。“永贞新政”在政治上虽然失败了，在文学上却改变了刘禹锡、柳宗元的人生轨迹，成就了这两位大家。 2.“元和中兴” 永贞新政之后，接替顺宗即位的宪宗皇帝虽然是在宦官的拥立下登上的帝位，却并没有昏庸地沉迷于享乐之中，听凭宦官的摆布，而是大力加强中央的权威，不断地富国强兵，并成功地抑制了地方的藩镇割据实力，以至于他在位期间出现了所谓的“元和中兴”。 宪宗皇帝虽然没有诗作流传后世，却对诗歌创作极为热心，对诗坛的熟悉程度也令人称奇。唐人范摅的《云溪友议》中说：“宪宗皇帝朝，以北狄频侵边境，大臣奏议：古者和亲之有五利、而日无千金之费。上曰：‘比闻有一卿能诗，而姓氏稍僻，是谁？’宰相对曰：‘恐是包子虚、冷朝阳。’皆不是也。上遂吟曰：‘山上青松陌上尘，云泥岂合得相亲？世路尽嫌良马瘦，唯君不弃卧龙贫。千金未必能移姓，一诺从来许杀身。莫道书生无感激，寸心还是报恩人。’侍臣对曰：‘此是戎昱诗也。京兆尹李銮拟以女嫁昱，令其改姓，昱固辞焉。’” 宪宗元和年间，文人雅士汇集朝中，文坛异常活跃，同时出现了以韩愈、孟郊、贾岛、李贺为首的韩孟诗派和以白居易、元稹为代表的元白诗派，还出现了著名的“古文运动”，这都和宪宗皇帝个人的爱好和修养是分不开的		

续表

天次	时间	行程安排	课本内容	研学教师讲解景点教学设计（含景点选择、教学讲解、学生组织方式）	根据景点与主题设计的学生研学课题	对学生研学评价内容与方式
	12:00—13:00 午餐					
	13:30—16:00	【兵马俑】 兵马俑，即秦始皇兵马俑，亦简称秦兵马俑或秦俑，第一批全国重点文物保护单位，第一批中国世界遗产。1987 年，秦始皇陵及兵马俑坑被联合国教科文组织批准列入《世界遗产名录》，并被誉为“世界第八大奇迹”。请同学们在讲解员和辅导员的指导下，了解兵马俑出现的历史背景及其用途和具体制作方式	【历史】 《中外历史纲要（上）》第 3 课秦统一多民族封建国家的初步建立。 【美术】 美术鉴赏（必修）第 5 课《三度空间的艺术——古代雕塑》。 【政治】 必修二《经济与社会》综合探究二弘扬劳动精神必修四《哲学与文化》。 1. 感受文化的影响。 2. 用全面的观点看问题。一分为二的观点看问题	【景点选择】兵马俑一号坑、二号坑、三号坑 【学生组织方式】集体聆听讲解，小组观摩讨论 【教学讲解】 【历史】 兵马俑与秦始皇简介 秦始皇嬴政，姓嬴，名政，出生于赵国都城邯郸（今邯郸），13 岁时即王位，39 岁时完成了统一中国大业，建立起一个中央集权的统一的多民族国家——秦朝，是中国第一个称皇帝的君主。他创立皇帝制等一套政治制度，奠定中国两千余年政治制度基本格局。秦始皇死后埋在骊山墓秦始皇陵。秦始皇陵位于陕西省西安市临潼区向东 5 公里处的骊山北麓，建于公元前 246 年至公元前 208 年，历时 39 年，是中国历史上第一个规模庞大，设计完善的帝王陵寝。 【美术】 同学们，今天我们根据《三度空间的艺术——古代雕塑》教材内容，深入了解兵马俑。 兵马俑位于今陕西省西安市临潼区秦始皇陵兵马俑坑内，列入世界遗产名录、世界十大古墓稀世珍宝之一，被誉为“世界第八大奇迹”、全国重点文物保护单位，是中国古代辉煌文明的一张金字名片。秦陵内共有 3 个兵马俑坑，呈品字形排列。秦始皇陵一号俑坑，呈长方形，东西长 230 米，南北宽 62 米，深约 5 米，总面积 14260 平方米，四面有斜坡门道。俑坑中最多的是武士俑，平均身高 1.80 米左右，最高的 1.90 米以上，陶马高 1.72 米，长 2.03 米，战车与实用车的大小一样。二号坑有陶俑陶马 1300 多件，战车 80 余辆，青铜兵器数万件，其中将军俑、鞍马俑、跪姿射俑为首次发现。二号坑东、西两端各有 4 个斜坡门道，北边有 2 个斜坡门道，俑坑坐西面东，正门在东边。三号坑面积约为 520 平方米，整体呈凹字形，由南北厢房和车马房组成，车马房中有一辆驷马战车及四件兵马俑，三号坑共可出土兵马俑 68 个。 同学们，你们认为兵马俑雕塑运用了什么样的艺术表现手法呢？ 对，是写实的表现手法。俑人塑造得形象各异、十分逼真。领子、盘扣、丝绦、甲片和甲钉等雕刻极为细致，马和鞍辔的刻画的形象传神。	【历史】 1. 秦始皇兵马俑怎样体现皇权至上？怎样全面客观评价秦始皇嬴政？ 2. 探究陶器文化。 【美术】 为兵马俑增色——发挥想象力，用自己的方式为兵马俑上色。 【语文】 请围绕秦始皇兵马俑的，运用描写的表达方式，至少使用两种修辞手法，写一段文字，生动展现兵马俑的姿态、神态等。 【政治】 1. 了解兵马俑诞生过程，谈谈新时代青年应如何致敬学习工匠精神。 2. 身处这样的文化氛围，谈谈感受文化对你的影响。 3. 结合历史任务中对秦始皇的人物评价，体现了什么哲理？	【历史】 写论文《怎样全面客观评价秦始皇嬴政》。 【美术】 考察学生在绘画与制作中是否具有创新意识和创造能力。通过学生的作品进行考核。 【政治】 以小论文形式谈谈《新时代青年应如何致敬学习工匠精神》

续表

天次	时间	行程安排	课本内容	研学教师讲解景点教学设计（含景点选择、教学讲解、学生组织方式）	根据景点与主题设计的学生研学课题	对学生研学评价内容与方式
				现在，请同学们来看秦陵彩绘铜马车。秦陵铜马车一组两乘，1980 年出土于秦陵封土西侧 20 米处车马坑中。铜车马是秦始皇的陪葬品之一，象征着秦始皇銮驾的一部分。铜车马的形制是模仿实实在在真车的形状，为“立车”，是古代单辕双轮车并按照秦代真人车马 1/2 的比例制作。铜马车整体用青铜铸造，大量使用的金银饰件重量超过 14 千克，零部件达 3000 余个，采用了铸造、镶嵌、焊接、子母扣连接、活铰连接等多种工艺组装而成，是我国考古史上截至目前出土的体型最大、结构最复杂、系驾关系最完整古代车马，被誉为“青铜之冠”。铜车马通体施以彩绘，有云纹、几何纹、夔龙纹等图案，红、绿、紫、蓝等色彩艳丽丰富，生动描绘了秦代皇家属车的华贵富丽。秦陵彩绘铜车马是秦代宫廷舆服制度的真实写照，对研究古代车制更是具有极高的学术价值。 现在请同学们思考，秦始皇陵兵马俑有何价值意义？ （1）因“活人殉葬”之风盛行。生前事物，死后随行。 （2）秦始皇对军事的野心与眷恋，带走秦军。 （3）经建议废除活人殉葬，改用陶俑、石俑等代替。 （4）庞大的军阵体现了“秦始皇”的无比权利。 【政治】 景点选择：兵马俑 学生组织方式：集体聆听讲解，自主观摩思考。 教学讲解： “匠人精神”在现在是一种极具赞叹的精神，它的主要表现就是精益求精、效益最大化。这种匠人精神两千年前在中原大地上就出现了，而当时的朝代就是大名鼎鼎的秦国。秦兵马俑是秦始皇建造的最大“陪葬品”之一，也是世界第八大奇迹，但刚出土的时候，两千多年的历史积尘已经把它们压成碎片。如何让这个碎片化的历史文化奇迹完整挺立起来，成了一个巨大的难题。马宇参与了近 20 年来秦兵马俑修复工作的各个阶段，兵马俑的第一件戟、第一件石铠甲、第一件水禽都是马宇修复的。两千多年前的雕塑品在马宇手中获得了第二次艺术生命，形象讲述那个时代的文化风貌。没有两块碎片是完全一样的，没有任何一尊兵马俑雕像的拼接问题是相同的。每一块拼接都是新的挑战，每一次的块体比对都是新问题的研判。在貌似重复中不断应对新问题，修复者们把这份工匠式劳作变成了艺术和学问，他们是国家文化使命的真正有力承担者。		

续表

天次	时间	行程安排	课本内容	研学教师讲解景点教学设计（含景点选择、教学讲解、学生组织方式）	根据景点与主题设计的学生研学课题	对学生研学评价内容与方式
				请同学们 1. 了解兵马俑诞生过程，谈谈新时代青年应如何致敬学习工匠精神。 2. 身处这样的文化氛围，谈谈感受文化对你的影响。 3. 结合历史任务中对秦始皇的人物评价，体现了什么哲理？		
	16:30—17:30 晚餐					
第三天	7:30—10:00【西安—黄帝陵】乘大巴车前往黄帝陵					
	10:00—11:30	【黄帝陵】 黄帝陵古称“桥陵”，是历代帝王和名人祭祀黄帝的场所。黄帝陵古柏群，是中国最古老、覆盖面积最大、保存最完整的古柏群。“黄帝手植柏”距今五千余年，相传为黄帝亲手所植，是世界上最古老的柏树，被誉为“世界柏树之父”和“世界柏树之冠”。同学们在讲解员的带领下走进中华文明的精神标识，了解黄帝陵历史，感受中华人民的古老智慧	【语文】 必修一 中华优秀传统文化。 【历史】 《中外历史纲要（上）》第一单元第1课 中华文明的起源与早期国家 从部落到国家。 【地理】 必修一第五章 第一节 部落与聚居	【景点选择】轩辕广场、轩辕殿 【学生组织方式】集体聆听讲解、小组观察探究 【教学讲解】 【语文】 黄帝（公元前2717年至公元前2599年）：古华夏部落联盟首领，中国远古时代华夏民族的共主、五帝之首，被尊为中华“人文初祖”。据说他是少典与附宝之子，本姓公孙，后改姬姓。史载黄帝因有土德之瑞，故号黄帝。黄帝以统一华夏部落与征服东夷、九黎族而统一中华的伟绩载入史册。 【历史】 黄帝与黄帝陵简介 黄帝陵，是中华民族始祖轩辕黄帝的陵寝，也是历代帝王和名人祭祀黄帝的场所。黄帝是中国远古时代，黄河中上游一带的部落首领。他联合另一部落首领炎帝，形成炎黄部落联盟，被后世尊为华夏始祖。本姓公孙，后改姬姓，故称姬轩辕。居轩辕之丘，号轩辕氏，建都于有熊，亦称有熊氏。黄帝在位期间，播百谷草木，大力发展生产，始制衣冠、建舟车、制音律、作《黄帝内经》等。 【地理】 站在黄帝陵的制高点眺望，能将整个黄帝陵的苍劲尽收眼底。宋乐史所撰《太平寰宇记》载：“桥山，《山海经》云：‘蒲谷水源其山下，水流通，故谓桥山’。”清顾祖禹所撰《读史方舆纪要》载：“沮水至县北，穿山而过，因以桥名。”1992年7月11日，《人民日报》刊发了题为“黄帝陵风水轴线”一文，文章说：“黄帝陵风水轴线就是桥山主脊至黄帝墓冢，	【语文】 1937年清明节时，国共两党一起在黄帝陵举行公祭仪式，分别宣读两党的《祭黄帝陵文》，中国共产党的《祭黄帝陵文》由毛主席亲自撰写，请阅读并探讨其所体现的抗日决心和信心。 【历史】 探究为什么历代帝王和名人去黄帝陵祭祀黄帝？ 【地理】 为黄帝陵风水轴线上的建筑及周围地势拍照，为轩辕柏枝叶的大小、形状、颜色、排列、伸展方向拍照，写一首三行诗制成明信片	【语文】 写一篇祭文（微写作，突出新时期作为炎黄子孙的民族自豪感）。 【历史】 写论文：为什么历代帝王和名人去黄帝陵祭祀黄帝。 【地理】 画出黄帝陵风水轴线上的建筑分布示意图及周围地形图（标注方向），根据所拍轩辕柏枝叶照片，结合授课内容，论述气候是怎样影响植被的

续表

天次	时间	行程安排	课本内容	研学教师讲解景点教学设计（含景点选择、教学讲解、学生组织方式）	根据景点与主题设计的学生研学课题	对学生研学评价内容与方式
				并与印台山山峰之间构成一条连线，黄帝陵区的各种建筑都是以此为轴线而建造，墓冢方向正好在这条线上”。这条连线是西北至东南走向，这与大家在十三陵里看到的后世帝王正北正南（坐北朝南）的陵墓走向不同，而是依据地理，背向西北，面朝东南，同桥山、子午岭和号称龙脉的昆仑山走向完全吻合，即中国地理的基本形态——“天倾西北，地不满东南”。 我们面前的这棵柏树叫“黄陵古柏”，又叫“轩辕柏”。据传为轩辕黄帝亲手所植。轩辕柏耸立在桥山脚下的轩辕庙内，侧柏属，树高 20 米以上，胸围 7.8 米。侧柏为单种属植物。虽经历了 5000 余年的风霜，至今干壮体美、枝叶繁茂，树冠覆盖面积达 178 平方米，树围号称“七搂八鳰半，疙里疙瘩不上算”。由于世界上再无别的柏树比它年代久远，因此英国人称它是“世界柏树之父”。经专业人员实地考察，它有 5000 年的历史。较耐寒，抗风力较差。耐干旱，喜湿润，但不耐水淹。耐贫瘠，可在微酸性至微碱性土壤上生长。生长缓慢，寿命极长。 结合我们在火车上讲过的西安属暖温带半湿润大陆季风气候，雨量适中，四季分明。冬季寒冷、风小、多雾、少雨雪；春季温暖、干燥、多风、气候多变；夏季炎热多雨，伏旱突出，多雷雨大风；秋季凉爽，降温明显。年平均气温 15℃左右，最冷的 1 月平均气温 0℃左右，最热的 7 月平均气温 26℃左右；年降水量 500~750 毫米，主要集中在夏秋两季；全年日照时间 1500 小时左右，无霜期 208~230 天。年最多风向为东北风		
	12:00—13:00 午餐					
		【壶口瀑布】 壶口瀑布是中国第二大瀑布，世界上最大的黄色瀑布。在水量大的夏季，壶口瀑布气势恢宏；而到了冬季，	【地理】 必修一第四章第三节河流地貌的发育必修三第二章第一节中国黄土高原水土流失的治理	【景点选择】壶口瀑布岸边 【学生组织方式】 集体聆听讲解、小组记录数据探究 【教学讲解】 【地理】 站在壶口瀑布上，感受这黄河水澎湃的气势，黄河西岸下陡上缓的险峻地势，峡谷谷底宽约 400 米，由谷底上坡到龙王坡坡高约 150 米，崖岸很陡，龙王坡以上谷形展宽，	【地理】 1. 分析黄河壶口段的水文特征及其成因。 2. 探究壶口瀑布的最佳观赏季节，并说明原因。	【地理】 以文章分析壶口瀑布景区旅游基础设施设计和布局的合理之处和需要改进的地方

续表

天次	时间	行程安排	课本内容	研学教师讲解景点教学设计（含景点选择、教学讲解、学生组织方式）	根据景点与主题设计的学生研学课题	对学生研学评价内容与方式
	14:00—16:00	整个水面全部冰冻，结出罕见的巨大冰瀑。参观壶口瀑布，了解壶口瀑布形成的地形地貌原因，了解壶口瀑布对周边环境带来的影响		谷坡平缓，黄河的横剖面成谷中谷的形态，在龙王辿以北，河幅宽度和峡谷宽度一致，河水充满峡谷，常水位流量在每秒1000~3000立方米，水面宽400余米，龙王辿以下，水流到壶口，在平整的谷底冲成一道深槽（在大河槽中套了一个小河槽）。小河槽宽30~50米，深约30米。壶口以上，水在宽槽中流行，到了深槽上端，400米宽的水面一下子全部倾注到30~50米宽的深槽中，形成瀑布。此处河床形如一把巨大的茶壶，收尽奔腾不息的黄河之水，壶口因此得名。瀑布高度在枯水期可达15~20米，夏、秋之际可达45米。在洪水时，洪流滚滚，涌出深槽，瀑布就变成一股激流而下，瀑布形消失。河水沿深槽下行5千米便是孟门，出孟门之后，水面展宽，水势变缓，又恢复到龙王辿以上的景象。 壶口一带大家脚下出露的岩石，仔细看，上部为灰绿色泥质岩类，以页岩为主，松软破碎，易遭流水侵蚀；下部为深层砂岩，比较坚硬。泥质岩类在险峻的峡谷中，奔腾的急流在垂直下切时遇到软硬岩石交替的地质条件，其坚硬岩石形成岩槛或造瀑层，软性岩石被侵蚀成陡峭的阶坎，急流飞越阶坎，当具有一定落差时，便形成瀑布。 现在大家感受到的汹涌澎湃的黄河水，完全让人猜不到它冬天的样子。壶口瀑布所在地属于暖温带湿和性半湿润、半干旱气候。年平均气温9.9℃，最热月（7月）平均气温23.3℃，最冷月（1月）平均气温为-5.7℃，年较差29℃，极端最高气温为39.9℃，最低气温为-22.4℃。年降水量577.2毫米，约有60%集中在7月、8月、9月，雨热同季，且多暴雨。该区四季分明，夏季短暂略热，冬季稍长干寒，春秋两季温和多变。 如果用无人机来拍摄秦晋峡谷流域的暴雨，就会发现这里降水面积大，历时较长，降雨强度也较大，一日最大降雨量可达200~300毫米，是黄河中游洪水的主要来源区之一。黄河中游洪水的特点是洪峰高、历时短。由于该区主要属于黄土丘陵沟壑区，地表起伏大，集水时间短，暴雨过后水沙俱下进入黄河，形成含沙量极高的洪水暴流，对河床具有很强的侵蚀力。据观测：洪水期壶口瀑布附近最大流量可达10500立方米/秒，另外河口镇至龙门区间，进入黄河的泥沙量，年平均9.08亿吨，占黄河年输沙总量的55.7%	3. 说出壶口瀑布所属的地貌类型，分析该地貌的形成原因。 4. 选择最佳位置拍摄一张河流阶地的照片	

续表

天次	时间	行程安排	课本内容	研学教师讲解景点教学设计（含景点选择、教学讲解、学生组织方式）	根据景点与主题设计的学生研学课题	对学生研学评价内容与方式
	17:00—18:00 晚餐					
	18:30—19:00	【腰鼓/陕北民歌】 腰鼓是中国传统民族乐器，它来源于生活，又很好地表现了生活。独具魅力的安塞腰鼓掀起了黄土地上的狂飙，展示出西北黄土高原农民朴素而豪放的性格，张扬出独特的艺术性。通过欣赏及学习腰鼓表演，进一步促进同学们审美情趣的提升。陕北是民歌荟萃之地，陕西民歌是历代劳动人民在生产实践和社会实践中，在各种艺术形式不断地相互影响、融合创造、发展、流传下来的	【语文】 《安塞腰鼓》 【地理】 必修二第二章第三节地域文化与城乡景观	【学生组织形式】 集体观摩、学习表演 【教学讲解】 【语文】 请大家朗读《安塞腰鼓》一文。《安塞腰鼓》是一篇用雄浑激越的鼓点敲出的优美豪放的诗章，是一曲旺盛的生命和磅礴力量的热情颂歌。作者通过一群朴实得像红高粱一样的茂腾腾陕北后生在黄土高原上展现的壮阔、雄浑、激越、豪放的腰鼓舞场面的描写，展示了中华民族古老淳朴的民间文艺风情，显示了生命的活跃和强盛，热烈赞颂了中国人民“晦暗了又明晰，明晰了又晦暗，尔后最终永远明晰了的大彻大悟”，抒发了中华民族挣脱了束缚与羁绊、闭塞与保守后的欢乐和痛快、思索和追求。这是对改革开放炽烈的、深层次的理性思索的结晶。对这一壮阔、热烈的场面，作者写得绘声绘色，详略得当，极有层次。鼓未捶响以前，是严阵以待，一片肃静。只见“南风吹动高粱叶，吹动鼓手们的衣衫”，鼓手们“神情沉稳而安静”，贴身的腰鼓“呆呆地”，“似乎从来不曾响过”。而展现在他们身后的背景是无垠的“一片高粱地”。多么广阔而恬静的场面啊！在这大背景下，鼓手们积攒着力量，期待着爆发，等待着展示。这是激战前的沉寂，这是等待前的肃穆，也是一场疾风暴雨式的腰鼓舞即将上演前的期盼。写得多美啊，给人以无限遐想的天地。写腰鼓舞的场面极有层次，分为四层。第一层，写鼓声乍起，着重写声音，写鼓声的激越豪迈，写得详细。一捶起来，鼓手们就全身心地投入。“发狠了，忘情了，没命了”，“使冰冷的空气立即变得燥热了，使恬静的阳光立即变得飞溅了，使困倦的世界立即变得亢奋了”。这是腰鼓舞吗？这分明是中华大地上前无古人的改革开放的热火朝天的情景的诗化。同时，作者还展开联想，让我们联想到了古代出征“落日照大旗，马鸣风萧萧”的悲壮，想到了老一代改天换地的革命“千里的雷声万里地闪”的豪迈，想到了新中国建设路上苦苦求索的热情。今天，中华大地上的改革开放不也是这样的吗？这是一种一	【语文】 1. 如何保护、传承与发扬非物质文化遗产？具体措施和建议有哪些？ 2. 作为传统民俗舞蹈，其展现出的精神风貌是如何与陕北这一地区的地理位置、地形特点、民风、陕北人的精神品格形成联系的，为什么该地孕育出了这样风格的民俗舞蹈。 3. 回顾路遥深受陕北民间文化滋养，在《平凡的世界》中运用了不少陕北民歌元素，请任选一例，谈谈民歌对文中人物塑造或情节设置的作用。 【地理】 探究地域文化与地理环境的关系：为安塞腰鼓演出拍照，写一首三行诗制成明信片，在小组内评选出最佳明信片，结合地然地理整体性给他们讲讲安塞腰鼓的起源和特点	【语文】 写作： 1. 描写安塞腰鼓。 2. 记叙自己家乡或民族的传统文化、民间技艺或艺术形式，注意其与人、地的联系。 【地理】 从自然地理五大要素的角度，根据安塞腰鼓的起源和特点，分析地理环境对地域文化的影响

续表

天次	时间	行程安排	课本内容	研学教师讲解景点教学设计（含景点选择、教学讲解、学生组织方式）	根据景点与主题设计的学生研学课题	对学生研学评价内容与方式
				脉相承的光荣传统的延续！作者将眼前的腰鼓舞与过去的历史紧密联系起来，有力地增强了文章的厚重感。沉睡的雄狮要奋起，要向世界展示她的风采。于是作者进一步用富有哲理的语言写到，要改革开放，就“容不得束缚，容不得羁绊，容不得闭塞”。这是对改革开放的总设计师邓小平同志改革开放理论的诗式的注解。正是有了这样的思想基础，中华民族才挣脱了束缚，冲破了樊篱，撞开了坚冰，走出了困境，表现出了前所未有的热情和干劲。这隆隆的鼓声啊，是改革开放中“豪迈的抒情”“严峻的思索”，辛苦耕耘的“犁尖翻起的杂着草根的土浪”，是“阵痛的发生和排解”……这是多么睿智的哲理，何等深刻的意蕴啊！读后，不能不使人热血沸腾，干劲倍增。 第二层，写腰鼓舞正酣。着重写舞姿，突出舞姿的遒劲，写得较详。你看，“后生们的胳膊、腿、全身有力地搏击着”，“它震撼着你，烧灼着你，威逼着你”，使你“鲜明地感受到生命的存在、活跃和强盛”，“可以释放那么奇伟磅礴的能量”！每个舞姿都“充满力量”，“呼呼作响”，“都是光和影的变幻”，都让你“震颤在强烈的艺术享受中”，“使人叹为观止”。是的，中华民族是世界上了不起的民族，用自己的勤劳和智慧创造了灿烂的文明，必将书写出更加光辉灿烂的明天。 第三层，写腰鼓舞达到高潮，写得简洁。作者没有像第一、二层那样从正面去铺写鼓声和舞姿，而是侧面描写。写由腰鼓舞引发的联想。作者用了一个排比段，充分展示这人、声、舞融为一体的“茫茫一片”的壮观景象。这景象是“沉重而又纷飞的思绪”，这“思绪中不存在任何隐秘”，它是“痛苦与欢乐，生活和梦幻，摆脱和追求”的交织、旋转、凝聚、奔突、辐射、翻飞和升华。 第四层，写腰鼓戛然而止，写得非常简略。极力突出一个“静”字，与开头相呼应，首尾圆合。“世界出奇的静”，“以致使人感到对她十分陌生”，“像来到另一个星球”。作者写得十分含蓄。这是热情释放后的冷静，也是一种理智。这样的结尾意味深长，与上文相对照，更加突出腰鼓舞的壮阔和火烈，给人以鼓舞和力量。对整个腰鼓舞的描写，真是场面惊心动魄，结构层次分明，描写绘声绘色。		

续表

天次	时间	行程安排	课本内容	研学教师讲解景点教学设计（含景点选择、教学讲解、学生组织方式）	根据景点与主题设计的学生研学课题	对学生研学评价内容与方式
				其次，文章语言如诗如画，极富音乐美，而且联想丰富，想象奇特。例如，写鼓声乍起的场面："百十个斜背响鼓的后生，如百十块被强震不断击起的石头，狂舞在你的面前。骤雨一样，是急促的鼓点；旋风一样，是飞扬的流苏；乱蛙一样，是蹦跳的脚步；火花一样，是闪射的瞳仁；斗虎一样，是强健的风姿。"想象借助比喻和排比的翅膀，把腰鼓舞壮阔、豪放、火烈的场面写得别致感人，使人如闻其声，如临其境。写腰鼓舞正酣，想象也非常奇特："每一个舞姿都充满了力量。""每一个舞姿都是光和影的匆匆变幻。"写得声情并茂，足以使人全身的力量都燃烧起来。而这一切，都是依赖于积极修辞。作者主要是通过大量的排比、比喻、对比、反复、拟人等来表现的。作者还善用叠字、叠词，增添了文章的气势和韵味。如"茂腾腾""呲溜溜""隆隆，隆隆，隆隆""隆隆隆隆"，使作品音韵和谐，旋律优美，极富音乐美。 请大家结合参观相关传统民俗与非物质文化遗产展示的所见所闻，思考： 1. 如何保护、传承与发扬非物质文化遗产？具体措施和建议有哪些？ 2. 作为传统民俗舞蹈，其展现出的精神风貌是如何与陕北这一地区的地理位置、地形特点、民风、陕北人的精神品格形成联系的，为什么该地孕育出了这样风格的民俗舞蹈？ 再请大家动起笔来： 1. 描写你眼中独到的安塞腰鼓表演场景。 2. 叙述、交流自己家乡或民族的传统文化、民间技艺或艺术形式，注意其与人、地的联系。 【地理】 观看完安塞腰鼓后，大家定然为这激情欢快的节奏而热血澎湃。安塞腰鼓的形式与发展，和当地的历史地理环境及民情习俗是分不开的。安塞地处西北内陆黄土高原腹地，鄂尔多斯盆地边缘，位于陕西省延安市的北部，地域辽阔，沟壑纵横，延河在境内蜿蜒流过，		

续表

天次	时间	行程安排	课本内容	研学教师讲解景点教学设计（含景点选择、教学讲解、学生组织方式）	根据景点与主题设计的学生研学课题	对学生研学评价内容与方式
				属典型的黄土高原地貌。境内沟壑纵横、川道狭长、梁峁遍布，由南向北呈梁、峁、塌、湾、坪、川等地貌，山高、坡陡、沟深。全县最高海拔为1731.1米，最低海拔为1012米，平均海拔为1371.9米。县城海拔为1061米。大部分地区地势多由西北向东南倾斜。回忆我们在车上说的陕西气候，安塞的气候属中温带大陆性半干旱季风气候，四季长短不等，干湿分明。春季气候回升较快、风沙大、雨量少，有霜冻和春旱；夏季温暖，有伏旱、暴雨、冰雹和阵性大风出现；秋季温凉，气温下降快而有霜冻；冬季寒冷而干燥。境内有延河、大理河、清涧河3条水系。水资源总量为15572万立方米，人均947立方米。年平均气温8.8℃（极端最高温36.8℃，极端最低温-23.6℃），年平均降水量505.3毫米（最多为645毫米，最少为296.6毫米），年日照时数为2395.6小时，日照百分率达54%，全年无霜期157天。主要自然灾害有：干旱、大风、冰雹、霜冻等，尤以干旱最为严重。 通过历史学习我们知道，安塞历史上就是军事重镇。安塞古为白翟地，秦汉以来设置高奴县，隋唐五代为金明县，宋设置安塞堡，于南宋淳祐壬子年（1252）立县，距今已有750余年。素有“上郡咽喉”“北门锁钥”之称，为抵御外族入侵的边防要塞之一。 想象一下，早在秦、汉时期，腰鼓就被驻防将士视同刀枪、弓箭一样不可少的装备。遇到敌人突袭，就击鼓报警，传递讯息；两军对阵交锋，以击鼓助威；征战取得胜利，士卒又击鼓庆贺。随着时间的流逝，腰鼓从军事用途逐渐发展成为当地民众祈求神灵、祝愿丰收、欢度春节时的一种民俗性舞蹈，从而使腰鼓具有更大的群众性，但在击鼓的风格和表演上，继续保留着某些秦汉将士的勃勃英姿		

续表

天次	时间	行程安排	课本内容	研学教师讲解景点教学设计（含景点选择、教学讲解、学生组织方式）	根据景点与主题设计的学生研学课题	对学生研学评价内容与方式
第四天	9:00—11:30	【杨家岭革命旧址+枣园革命旧址】 杨家岭是中共中央领导在1938年11月至1947年3月期间的住处。枣园是全国革命传统教育的重要基地之一，中共中央书记处在此处进行了领导全党开展了整风运动和解放区军民开展的大生产运动，筹备中国共产党“七大”	【历史】 《中外历史纲要（上）》第八单元第24课正面战场、敌后战场和抗日战争的胜利。 【政治】 必修4《哲学与文化》感受革命文化，引导学生在阅读、思考中，感悟和理解成千上万的革命先烈、革命前辈前仆后继、英勇奋斗的英雄业绩和革命精神，坚定理想信念，培养爱国主义情怀，养成艰苦奋斗等高尚品质	【景点选择】毛主席旧居、中央会议厅遗址、《为人民服务》演讲讲台 【学生组织形式】小组参观，寻找历史资料 【教学讲解】 【历史】 中国革命的圣地 同学们，杨家岭革命旧址和枣园革命旧址，都曾经是毛泽东等中央领导和中共中央机关居住的地方。在这里党中央指挥了抗日战争敌后战场并领导了解放战争，领导了大生产运动和整风运动，召开了党的“七大”和延安文艺座谈会，是革命的圣地。 【政治】景点选择：革命旧址 学生组织方式：集体聆听讲解，自主观摩思考，搜集历史资料。 教学讲解： 西安是中国共产党人精神的故园，是催生新中国的革命圣地。红色文化作为中华民族的宝贵财富、教育资源和精神遗产，过去是、现在是、将来永远是我们前进奋斗、富民强国的精神动力，是我们自强不息的精神财富，是我们战胜一切困难取得胜利的精神源泉。1840年以来170多年之间的中国近现代历史时期，在中国大地上发生了许多中国人民反对外来侵略、奋勇抗争、自强不息、艰苦奋斗，充分显示了伟大民族精神，这些对重大事件、重大活动和重要人物事迹的历史文化遗存，有利于传承中华民族先进文化和优良传统。了解革命历史，增长革命斗争知识，学习革命斗争精神，培育新的时代精神，并使之成为一种文化。 在高中政治课堂中，我们在《哲学与文化》中学过中华传统文化和民族精神。延安精神是中国共产党人和不屈不挠的中国人民，在革命战争时期，为争取民族独立解放，克服严重的经济困难，所形成思想精神和品德风貌。它是对井冈山精神、长征精神等革命精神的继承和发展，同时又融合了中华民族的优秀的传统文化，升华到了一个全新精神境界。民族精神是一个民族赖以生存和发展的精神支撑，弘扬民族精神是文化建设极为重要的任务，是提高全民族综合素质的必然要求，成为各族人民团结一心、共同奋斗的价值取向和力量源泉。在《政治与法治》中，讲到中国共产党是中国的执政党，是中国特色社会主义事业的领导核心，中国共产党的执政地位是历史和人民的选择。 请同学们结合所学思考： 1. 以延安精神为例，结合当时时代背景，说明它的时代意义。 2. 弘扬和培育民族精神，我们能做些什么？ 3. 为什么说没有共产党就没有新中国？	【历史】 1. 了解大生产运动、整风运动的相关情况，分析二者对抗战胜利的意义。 2. 了解中共中央七大的召开意义。 【政治】 必选：1. 以延安精神为例，结合当时时代背景，说明它的时代意义。 2. 弘扬和培育民族精神，我们能做些什么？ 3. 为什么说没有共产党就没有新中国？ 选学：1. 走进延安故事，感受革命先辈爱国情怀和艰苦奋斗精神，思考继承优良革命传统对民族精神发展有什么意义 2. 新时代，如何继承和发扬革命传统和民族精神？ 3. 新时代，中国共产党应如何作为？	【历史】 写论文《“农村包围城市”革命道路的正确性》。 【政治】 以“追寻革命足迹，传承民族精神”为主题，选择以下两到三个主题，进行课堂分享

续表

天次	时间	行程安排	课本内容	研学教师讲解景点教学设计（含景点选择、教学讲解、学生组织方式）	根据景点与主题设计的学生研学课题	对学生研学评价内容与方式
	12:00—13:00 午餐					
	13:30—15:00	【延安革命纪念馆】 “一个党史陈列，就是一部党史教科书”。走进延安革命纪念馆，看着一幅幅珍贵的历史照片，一件件革命文物，探究延安精神的历史作用与现实意义	【美术】 在中国抗日战争和民主运动时期，我国木刻版画、漫画的艺术特点。 【历史】 《中外历史纲要（上）》第八单元第24课正面战场、敌后战场和抗日战争的胜利。 第25课人民解放战争	【景点选择】六大展厅 【学生组织形式】以手册为引领，小组自主研学 【教学讲解】 【美术】 请同学们结合文艺作品，参观、了解延安革命纪念馆，感受爱国美术家们的民族情怀。 中国新兴版画真正兴起来确实与中国革命有密切的关系。鲁迅开始介绍欧洲版画是1929年，1930年中国左翼作家联盟和左翼美术家联盟成立，标志中国左翼文艺运动兴起。左翼文艺是以文艺大众化作为中心思想开展的。左翼文艺关注的是人民大众的苦难生活。新兴版画是时代的写照、社会的魂魄，是以清醒的意识，在榛莽中露出了日见生长的健壮的新芽。中国现代美术的现实主义作品正是由新兴版画开拓的，它是以崭新姿态出现在艺坛上，发挥了它特殊的战斗作用。它虽然是艺术品，但是它是有倾向性的艺术品，在社会生活当中它就带有政治性。 【历史】 延安中国革命的圣地 延安革命纪念馆位于陕西省延安市。1935年10月，中共中央和中央红军长征胜利到达吴起镇后，延就成为中国革命的落脚点和出发点。党中央、毛泽东等老一辈无产阶级革命家在延安和陕北生活战斗了十三个春秋，领导中国人民取得了抗日战争和解放战争的伟大胜利，形成了伟大的毛泽东思想，培育了光照千秋的延安精神	【美术】 为我国的抗日战争和民主运动画一幅宣传画。 【历史】 走进延安革命纪念馆，了解延安革命历史，探究延安精神	【美术】 从文化角度、历史角度理解我国不同时期的文化艺术特点。通过学生的作品进行考核。 【历史】 通过参观延安革命纪念馆，作为新时代的青年学生你如何继承和发扬延安精神
	15:00—18:00【延安—西安】乘大巴车返回西安					
	18:00—20:00 晚餐＋闭营联欢					

续表

天次	时间	行程安排	课本内容	研学教师讲解景点教学设计（含景点选择、教学讲解、学生组织方式）	根据景点与主题设计的学生研学课题	对学生研学评价内容与方式
第五天	09:00—11:30	【陕西历史博物馆】 陕西历史博物馆被誉为“古都明珠，华夏宝库”，共三个展室，分为七个部分（史前、周、秦、汉、魏晋南北朝、隋唐、宋元明清），精选的2000余件珍贵文物包括：反映古代先民生活情景和艺术追求的丰富多彩的彩陶器皿，反映周人兴起与鼎盛的青铜器，反映秦扫六合统一天下气势的青铜剑、经机、兵马等，以及显示秦汉奋发崛起精神的钢建筑构件、大型瓦当，还有反映封建盛世繁荣景象的精美的唐代金银器和唐三彩等，并配以遗址模型、图表、照片等辅助展品。同学们通过游览“大唐遗宝展厅”及“陕西古代文明展厅”，观赏国之瑰宝，领略璀璨文明	【历史】 《中外历史纲要（上）》第一单元 【美术】 美术鉴赏（必修）第2课《传统玉器的根脉——玉器、陶瓷和青铜艺术》。 美术鉴赏（必修）第5课《三度空间的艺术——古代雕塑》。 【地理】 必修三第一章第一节区域和区域差异。 【政治】 必修4《哲学与文化》我们的中华文化：源远流长、博大精深；文化在交流中传播。 必修一《中国特色社会主义》第一课第一框	【景点选择】基本陈列三大展厅 【学生组织形式】以手册为引领，小组自主研学 【教学讲解】 【历史】 陕西是中华民族重要的发祥地之一，其历史厚重绵长。100多万年前的“蓝田猿人”是迄今已知最早在陕西生活的古人类。随后的“大荔人”“黄龙人”等古人类在此繁衍进化。距今6000多年前的半坡遗址是黄河流域著名的仰韶文化母系氏族村落遗址。距今5000多年前生活在姬水流域的黄帝部落和姜水流域的炎帝部落，在冲突中走向融合，逐渐形成了中国历史上最早的民族共同体——华夏族，开启了中华民族五千年文明历史。先后共有西周、秦、西汉、新、东汉、西晋、前赵、前秦、后秦、大夏、西魏、北周、隋、唐14个朝代在陕西建都。 【美术】 同学们，眼前的这件文物就是唐三彩： 唐三彩实际上是唐代彩色釉陶的总称，由于它烧制于唐代，所烧作品用得最多的色彩是黄、绿、白三种颜色，所以得到了唐三彩的名称，实际上，它所用的色彩还包括蓝、赭、紫、黑等。这种彩色釉陶是在汉代低温铅釉陶工艺的基础上，通过长期实践，对含有有色金属元素的各种原料有了新的认识而制作成功的。之间历经了一个由粗到精的缓慢烧造发展过程，到唐供时，终于烧成了著名的唐三彩陶器。 唐代晚期出现了一种瓷器，对中国瓷器影响非常大，叫秘色瓷。秘色，意为秘密之色，充满神秘感。实际上，秘色瓷算是越窑的改进版。今天很多商品都是一代代地改进，历史上的越窑也是这样不停地改进。我们讲过，最早的越窑颜色叫糖黄色，有点儿像红糖的黄色。黄色肯定不如绿色好看，于是它就向绿色慢慢过渡，要追求这个绿色。秘色瓷的颜色就非常青绿了。这件瓷盘口沿细薄呈五曲花瓣形，质地细腻，是专门为皇室烧制的越窑青瓷器。 请同学们随我参观馆内的玉器，请同学们思考，古文化中的玉有哪些功能？ 古文化中玉的主要功能：（1）极大的精神作用；（2）以玉事神。 玉蝉（玉唅）：（1）造型为蝉状；（2）功能与用途为放入死者口中。古人认为蝉从地底下钻出来，变成另外一个模样，脱胎换骨，非常神奇，死者嘴里含一块玉蝉，表明他希望重生。	【历史】 了解陕西的政治、经济、文化发展以及秦汉隋唐时期的中国政治、经济、文化。 【美术】 1. 挑选一件你喜欢的唐代套用作品，分析其艺术特点并用速写的形式进行临摹绘画。 2. 我来画文物——挑选一件自己最喜欢的文物，大胆地画出来，可以选用任意材料，形式不限。 【地理】 了解陕西省自然地理地貌单元划分：在博物馆中找到陕西省地形地貌单元划分图并拍照，分别找出三大地貌单元出土的文物，为它们拍照留念。 【语文】 我来写文物——选择一件自己最喜欢的文物，语言生动地向读者介绍其特点并阐明你最喜欢它的原因。 【政治】 1. 陕西博物馆是通过哪些途径和手段传播丝路文化的？	【历史】 论文：西安是中国的政治、军事、经济中心。 【美术】 对学生绘画表现能力的检测。以学生绘画作品进行考核。 【地理】 根据所拍照片手绘陕西省三大地形地貌单元图，找出这些文物所在的地理位置，在图中标出，并附上简短说明来源、用途。 在你所画的地形地貌单元图中，用简笔画标出华清池、黄帝陵、壶口瀑布安塞腰鼓和陕西历史博物馆的位置。 【政治】 自选角度，以小论文形式谈谈中华文化的特点和促进文化发展

续表

天次	时间	行程安排	课本内容	研学教师讲解景点教学设计（含景点选择、教学讲解、学生组织方式）	根据景点与主题设计的学生研学课题	对学生研学评价内容与方式
				玉握:（1）造型为猪型;（2）功能与用途为放在死者的手中。 总结：玉蝉、玉握都是我国古代丧葬文化中的一部分。 这个展厅展示的是青铜器： 对于中国先秦中原各国而言，最大的事情莫过于祭祀和对外战争。作为代表当时最先进的金属冶炼、铸造技术的青铜，也主要用在祭祀礼仪和战争上。夏、商、周三代所发现的青铜器，其功能均为礼仪用具和武器以及围绕二者的附属用具，这一点与世界各国青铜器有区别，形成了具有中国传统特色的青铜器文化体系。青铜礼器可以分为：炊器 食器 酒器 水器 乐器 杂器。 请同学们随我参观馆内的陶器展厅： 黄河上、中游是彩陶繁盛的地区。我国较早的成熟的彩陶文化是仰韶文化，分布在今陕西、山西、河南。仰韶文化按照器型和纹饰的不同可以分为半坡和庙底沟两个类型。仰韶文化的半坡类型距今六千年左右，此一类型的彩陶上有较多的动物图像，其中最具代表性的是鱼类纹，数量最多，并且贯穿于半坡类型文化的始终。 人面鱼纹彩陶盆通高 16.5 厘米，口径 39.5 厘米，细泥红陶质地。在器物内壁用黑彩绘出对称的人面纹和鱼纹各一组。 人面为圆形，额头左半部涂成黑色，右半部呈黑色半弧形。人物眼睛细长，鼻梁挺直，呈倒 T 行。神态安详，嘴的两旁对称的各衔两条变形的小纹，鱼头与人嘴外廓重合，人面两侧耳部有两条小鱼簇拥着，整体构成形象奇特的人鱼合体。人像头顶上三角形发髻高耸，这个奇特的装饰，有学者认为大概是在进行某种宗教活动时，化妆的形象。这件稍作变形的人面鱼纹很可能代表了“鱼神”的形象，表达出人们以鱼为图腾的崇拜主题。同学们可以稍微了解下，图腾崇拜的意思。 鱼纹很有可能是半坡氏族崇奉的一个图腾，由于半坡人的生活方式与渔猎密不可分，他们喜爱鱼崇拜鱼，认为其氏族起源于鱼，故把鱼奉做自己氏族的图腾祖先加以崇拜，人与鱼组合画在一起，代表着人与鱼是不可分的。 馆内还有大量的栩栩如生的汉俑：	请你为丝路文化更好“走出去”提出两条建议。 2. 观看文物修复特展，简述科学技术在文化建设中的重要作用。 3. 如何保护优秀文化遗产，请你提出几条建议。 4. 从馆藏文物中，探索不同社会形态使用的生产工具有何不同，由此体现生产力发展的什么状况？建立在不同生产力基础上的生产关系有何特点	的路径。 课堂分享，通过搜索的不同器物图片，展示当时社会风貌

续表

天次	时间	行程安排	课本内容	研学教师讲解景点教学设计（含景点选择、教学讲解、学生组织方式）	根据景点与主题设计的学生研学课题	对学生研学评价内容与方式
				汉俑有许多艺术形象，有文吏、仕女、百戏、劳动俑及动物俑等。这些陶俑洋溢着一种那个时代特有的美。古朴厚重、雍容大度的造型方式，使人充分领略到汉代文化特有的力量内涵；单纯简洁、整体概括的造型意识使这些艺术形象具有浑厚、粗犷的节奏韵律；加之陶俑充分表达了作品材料——陶土的质感特性和捏塑感的自然情趣，使得这些作品有着淳朴浑厚、古拙耐看的共同特点。汉俑塑造中除了大度、自由、富于创意的特征外，还蕴含着另外一种素质——稚拙、谐谑的意趣。汉代陶俑朴拙生动、率真天然、自由奔放、张扬大气的风格特征，集中体现了当时的民族文化、民族精神和审美标准。 【地理】 现在展示在大家面前的是陕西省地图。陕西，简称“陕”或“秦”，中华人民共和国省级行政区，省会西安，位于中国内陆腹地，黄河中游，东邻山西、河南，西连宁夏、甘肃，南抵四川、重庆、湖北，北接内蒙古，介于东经 105°29′~111°15′，北纬 31°42′~39°35′ 之间，总面积 20.56 万平方千米。中国经纬度基准点大地原点和北京时间国家授时中心位于该省。 通过这些天的研学，我们知道，陕西省地势南北高、中间低，有高原、山地、平原和盆地等多种地形。北山和秦岭把陕西分为三大自然区： 北部是黄土高原区，海拔 900~1900 米，总面积 8.22 万平方千米，约占全省土地面积的 40%。中部是关中平原区，海拔 460~850 米，总面积 4.94 万平方千米，约占全省土地面积的 24%。南部是秦巴山区，海拔 1000~3000 米，总面积 7.4 万平方千米，约占全省土地面积的 36%。 在陕西境内有许多著名峰岭，如华山、太白山、终南山、骊山，作为中国南北气候分界线的秦岭山脉横贯全省东西。由于时间的限制，我们没有机会参观，希望同学们以后有机会参观它的壮美。 陕西省横跨三个气候带，南北气候差异较大。陕南属北亚热带气候，关中及陕北大部属暖温带气候，陕北北部长城沿线属中温带气候。气候总特点是：春暖干燥，降水较少，气温回升快而不稳定，多风沙天气；夏季炎热多雨，间有伏旱；秋季凉爽，较湿润，气温下降快；冬季寒冷干燥，气温低，雨雪稀少。全省年平均气温 9~16℃，自南向北、自东向西递减：陕北年平均气温 7~12℃，关中年平均气温 12~14℃，陕南年平均气温 14~16℃。年平均降水量 340~1240 毫米。降水南多北少，陕南为湿润区，关中为半湿润区，陕北为半干旱区。		

续表

天次	时间	行程安排	课本内容	研学教师讲解景点教学设计（含景点选择、教学讲解、学生组织方式）	根据景点与主题设计的学生研学课题	对学生研学评价内容与方式
				【语文】 同学们，文物古迹主要包括哪些方面呢? ①与重大历史事件、革命运动和重要人物有关的、具有纪念意义和历史价值的建筑物、遗址、纪念物等; ②具有历史、艺术、科学价值的古文化遗址、古墓葬、古建筑、石窟寺、石刻等; ③各时代有价值的艺术品、工艺美术品; ④革命文献资料以及具有历史、艺术和科学价值的古旧图书资料; ⑤反映各时代社会制度、社会生产、社会生活的代表实物。 我国根据文物古迹的价值高低，将文物分为国家级、省（直辖市）级和市县级三级重点文物保护单位。文物古迹特别丰富的城市由国家确定为历史文化名城。因文物古迹是人类历史上宝贵的文化遗产，对科学研究、历史教育、文化发展具有重大意义，故世界上许多国家都十分重视文物古迹的发掘、整理和保护工作。21 世纪以来，观赏和收藏文物古迹已成为一种广泛的群众性活动。一些著名的文物古迹也是国家和地区的重要旅游资源，如中国北京的长城、故宫，西安的秦始皇陵兵马俑等。在发展旅游事业中，必须注意文物古迹的保护与利用。 文物是一定历史时期人类社会活动的产物，无不具有时代的特点。一切文物都具有历史价值。不同类别的文物，从不同的侧面分别反映了当时社会的生产力、生产关系、经济基础、上层建筑以及社会生活和自然环境的状况。各种类别文物的产生、发展和变化的过程，反映了社会的变革、科学技术的进步、人们物质生活和精神生活的发展变化。总的来说，文物是帮助人们认识和恢复历史本来面貌的重要依据，特别是对没有文字记载的人类远古历史，它成了人们了解、认识这一历史阶段人类活动和社会发展的主要依据。 文物的价值是客观的，是文物本身所固有的。总的来说，文物主要有历史价值、艺术价值和科学价值。文物的作用，是文物价值的具体体现。文物对社会所能起到的积极作用主要有教育作用、借鉴作用和为科学研究提供资料的作用。文物的价值和作用，其间有联系，又有区别。人们对文物价值的认识不是一次完成的，而是随着社会发展，人们科学文化水平的不断提高而不断深化的。文物作用的大小，取决于文物价值的高低，因而文物的作用也会随着人们对文物价值认识的深化而变化。		

续表

天次	时间	行程安排	课本内容	研学教师讲解景点教学设计（含景点选择、教学讲解、学生组织方式）	根据景点与主题设计的学生研学课题	对学生研学评价内容与方式
				【政治】 景点选择：陕西历史博物馆 学生组织方式：集体聆听讲解，自主观摩思考，搜集历史资料。 教学讲解： 体验：寻找藏在博物馆里的古代发明，感受古代科技成就。 探究：我国造纸术和印刷术的发展演变过程以及对世界的影响。 传承中国记忆，发现节气之美。 丝绸之路对文化交流和传播的重大意义。 寻访丝绸之路，丝绸服饰、宗教中选择其一，展示丝路文化魅力。 唐墓壁画中蕴藏的丝绸之路文化。 陕西境内考古发掘获得的实物资料丰富而齐全，分布范围比较广泛，从关中到陕南、陕北都有典型的重大发现，文化高峰迭起并首尾相连，再现了陕西乃至中华民族充满生机的童年。 陕西历史博物馆馆藏文物多达 37 万余件，上起远古人类初始阶段使用的简单石器，下至 1840 年前社会生活的各种器物。陕西历史博物馆有三个展区，按照时间序列从夏商周到元明清，从精美绝伦的商州青铜器到独步全国的汉唐金银器等。这些都可以反映当时社会的具体面貌，体现当时生产力状况与生产关系特点。 高中《哲学与文化》中学到，文化传播产生于人类生存和发展的需要。文化传播是生生不息，绵延不断，贯穿于人类社会发展过程的始终，是恒久长存的人类活动文化传播使得各具特色的文化相互交流、借鉴和融合，传播的方式多种更多样，在当代社会，面对世界范围内的文化交流，我们要保持正确的态度，做中外文化交流的友好使者。 在《中国特色社会主义》一书中，我们坚信科学社会主义，这有助于弄清楚我们从哪来，现在在哪，我们将往哪里去，人类社会发展的总趋势是什么，人类社会形态的更替和发展是如何进行的。探究这些问题，必须深化对人类社会发展规律的认识。我们可以从不同的生产工具中发现社会的生产力水平，总结当时的生产关系特点，以及二者的矛盾如何促进人类社会形态的更替。 请同学们结合所学，根据所见所察，思考以下问题： 1. 陕西博物馆是通过哪些途径和手段传播丝路文化的？请你为丝路文化更好“走出去”提出两条建议。		

续表

天次	时间	行程安排	课本内容	研学教师讲解景点教学设计 （含景点选择、教学讲解、学生组织方式）	根据景点与主题设计的学生研学课题	对学生研学评价内容与方式
				2. 观看文物修复特展，简述科学技术在文化建设中的重要作用。 3. 如何保护优秀文化遗产，请你提出几条建议。 4. 从馆藏文物中，探索不同社会形态使用的生产工具有何不同，由此体现生产力发展的什么状况？建立在不同生产力基础上的生产关系有何特点		
	12:00—13:00 午餐					
	下午	【西安—北京】返回北京				

第七章　贯通基础教师发展体系

贯通基础教育学院与民大附中领导亲自精细规划与参与，共同构建贯通基础师资队伍建设和发展体系。增强贯通教师的专业发展意识，提高教育教学研究能力，努力构建教学和学术共同体。每年上课的教师包括贯通基础教育学院专职教师、民大附中教师、学校校内兼课教师、学校外聘教师、购买服务的合作机构教师、外籍教师等100余人。积极开展教师综合素质提升培训，从教学方法、教学理念、教学能力等多个方面不断提升教师素质，每学期都会集中开展教师培训。为促进教师教学能力的提高，提升教师教育教学素养，搭建教师成长平台。贯通基础教育学院组织了两届教师教学基本功比赛和教学大练兵活动，从教师说课、教案、板书书写等三个方面考察教师的教学基本功。共有23个学科205人次教师参加。教学基本功系列比赛的开展，为教师进步和成长搭建了展示自我的平台，提高了教师的专业化水平和业务素质。

2017年以来，贯通基础教育学院教师发展成效显著。二十多名教师获评高级和中级职称（其中获评高级职称5人）。现有2名学校教学名师，4名优秀教师，1名学校师德先进标兵，1人荣获北京高校第十一届青年教师基本功比赛三等奖，40余人次获得学校教学质量优秀奖。立项教学内涵、教学改革、科研课题等60多个项目。发表80多篇学术论文。语文和数学两个教学团队代表学校参加了2020年北京市职业院校教师教学能力比赛。2018年还获批成为北京市职业院校贯通项目语文师资培训基地。

第一节　贯通基础首届教师教学基本功大赛

贯通基础教育学院首届教师教学基本功大赛实施方案

为落实立德树人教育要求，引导教师做新时代“四有”好老师和“四个引路人”，打造一流的贯通基础教育教师队伍，促进贯通基础教育阶段教师教学技能水平的提高，提升教师教育教学专业素养，促进贯通基础课程教学改革与创新，加强教师之间的相互交流与学习，搭建教师成长平台。学院决定举办首届教师教学基本功比赛。具体工作方案如下。

一、比赛宗旨

为贯通基础教育教师的成长成才搭建平台，提高教师教学技能水平，促进贯通基础教育课程教学改革与创新，加强教师之间的相互交流与学习。

二、比赛组织

成立教师基本功比赛活动领导小组，统一策划、组织各项活动。比赛设办公室，具体工作由教务科负责。

组　长：董雪梅　郭秋生

副组长：王国德　夏　飞　付新建　周晓凌

成　员：马诗凯　刘　雷　吴晓鹏　李彦湄　何　静　王海茹　张艳云　周　莉
李　成　张瑞亭　学院教学督导专家

工作组：马诗凯　刘　雷　张立　曾滨冰　梁艳波

三、参赛人员

1. 所有贯通基础教育学院在职教师（包括签订合同的教师），民大附中专职贯通上课的教师均需参加初赛。

2. 欢迎民大附中跨头教师、财贸学院外聘教师以及购买服务机构的教师参加比赛。

四、比赛内容

参赛教师自选一节课，分别完成说课、教学设计（含课件）以及板书设计（含粉笔字书写）三个部分，其中，说课和板书设计（含粉笔字书写）通过现场展示进行，教学设计（含课件）上交电子版稿。

五、比赛流程

比赛分为初赛和决赛两个阶段，具体参赛流程如下：

（一）初赛阶段

1. 初赛分语文、数学、英语、文科（政治、历史、地理）、理科（信息技术、物理、化学、生物）、综合（音乐、体育、美术、心理、其他）六个组，比赛以组为单位分别进行（各组比赛细则另行通知）。每组排名前 30% 的教师可获得推荐参加决赛阶段比赛。

2. 2018—2019 学年第一学期末完成说课比赛的初赛，学期末将全体参赛教学设计（含课件）以及该项成绩前 30% 作品提交给教务科（细则另行通知），2018—2019 学年第二学期期初进行板书设计（含粉笔字书写）的比赛（细则另行通知）。

（二）决赛阶段

2018—2019 学年第二学期期中前后进行决赛。重点是说课比赛，采用现场教学演示方式进行，专家根据教师现场教学演示情况进行提问并打分，现场公布专家评分结果。

六、奖项设置

1. 比赛设综合奖和分项奖。其中综合奖设立一、二及优秀奖；一等奖为决赛人数的 20%、二等奖为决赛人数的 40%。说课、教学设计（含课件）、板书设计（含粉笔字书写）

三部分单独设立奖项，每部分包括一等奖、二等奖及优秀奖三个级别，原则上优秀奖不低于总参加人数的 60%，比赛还设立优秀组织奖。

优秀组织奖条件：院级决赛前组织本部门教师基本功比赛，且领导重视，教师参赛率高，通过比赛带动教师队伍建设效果显著，院级决赛成绩好。

2. 获奖教师在参加教学名师、优秀教师等项目评选时予以优先考虑。

3. 获奖教师在职称晋升、岗位评聘及各类推优评选时予以优先考虑。

4. 获奖教师是推荐参加学校、北京市青年教师教学基本功比赛和其他单位主办的国家级、省部级教学技能比赛的基本条件。

七、报名方式

符合条件的教师需全员参加，具体比赛时间、地点、方式将按照语文、数学、英语、文科类、理科类、综合类分组进行比赛，具体时间由教务科另行通知。

贯通基础教育学院

2018 年 11 月 8 日

贯通基础教育学院首届教师教学基本功比赛说课比赛实施方案

一、说课内容

说课是教师用口头陈述的方式（可借助信息化手段）系统讲解课程教学设计及其依据的一种教研活动。本次比赛重点内容为教师针对某门课程 1 节课的说课能力。说课要重点说清楚“教什么、怎么教、为什么这样教、如何考核”等问题。通过说课，厘清“教学目标、教学内容、教学重点、教学难点、教学方法、教学手段、教学评价”等因素之间的关系，全面展现教师的课程设计与实施能力、现代信息技术应用能力和表达能力。

二、说课要求

（一）教材简析

1. 本节课内容的特点、重点和难点。

2. 本节课在全册（或单元）中的地位和作用。

3. 由此确定学生应学什么，学到什么水平（教学目标）。

（二）学法指导

1. 依据教材的特点和学生的学情特点确定学生的学法。

2. 简述所定学法的理由。

（三）教学设想

1. 阐述大致的教学思路和步骤。

2. 阐述所选择教法的依据和理由。

3. 阐述所设计的问题或活动的依据和理由。

（四）教学评价

1. 采用何种方式评价学生的学习结果（知识、技能、情感、态度、价值观）。

2. 阐述这样做的理由。

三、关于说课的细则

1. 说教材。说课首先要说明自己对教材的理解。说教材的目的有两个：一是确定学习内容的范围与深度，明确“教什么”；二是揭示学习内容中各项知识与技能的相互关系，为教学顺序的安排奠定基础，知道“如何教”。具体来讲：（1）说教材的地位作用。要说明新课标对所教内容的要求，说明所教教学内容在节、单元、年级乃至整套教材中的地位、作用和意义，说明教材编写的思路与结构特点。（2）说教材的重点难点。教学重点除知识重点外，还包括能力和情感的重点。教学难点，是那些比较抽象、离生活较远或过程比较复杂，使学生难以理解和掌握的知识。并要具体分析教学难点和教学重点之间的关系。

2. 说学情。“学情”主要包括三个方面：学生已有的知识基础、已有的生活经验、已有的学习方式和学习习惯及风格。

3. 说目标。一说目标的完整性，教学目标应该包括知识与技能目标、过程与方法和情感态度三个方面的目标；二说目标的可行性，即教学目标要符合课标的要求，切合各种层次学生的实际；三说目标的可操作性，即目标要求具体、明确，能直接用来指导、评价和检查该课的教学工作。

4. 说方法。重点的落实、难点的突破、训练的扎实都需要适当、有效的教学方法。方法的背后是教学理念与教学智慧的集中体现，是整个说课过程中最值得思量、观摩的。

5. 说模式。教学模式是在一定教学思想或教学理论指导下建立起来的较为稳定的教学活动结构框架和活动程序。作为结构框架，突出了教学模式从宏观上把握教学活动整体及各要素之间内部的关系和功能；作为活动程序则突出了教学模式的有序性和可操作性。

6. 说设计。教学设计是说课过程中最重要、重实在、最能看出底细的环节。这一环节，说课者应当介绍自己在对教材与学情分析的基础上，根据本门学科的教学模式，这节课设计了几个教学环节，每个环节的预设时间是多少，每个环节的根据是什么，设计的意图和目的是什么。说完设计，要让听课者明白此节课的教学目标、知识脉络、流程安排、预设问题、双边活动、教学手段、课堂场景，等等。这节课怎样上，不仅要感性呈现，还要有理性分析。

四、说课比赛流程

大赛分为初赛和决赛两个阶段，具体参赛流程如下：

（一）初赛阶段

初赛分语文、数学、英语、文科（政治、历史、地理）、理科（信息技术、物理、化学、生物）、综合（音乐、体育、美术、心理及其他）六个组，比赛以组为单位分别进行。每组前 30% 可获得推荐参加决赛阶段比赛。时间初步定在 2018—2019 学年第一学期第 13 周、15 周、17 周的各学科进修时间进行。每名参赛教师说课时长原则上控制在 8~10 分钟。不足 8 分钟或超过 10 分钟都要扣分。抽签决定说课顺序。

（二）决赛阶段

2018—2019 学年第二学期期中前后进行决赛。采用现场教学演示方式进行，专家根据教师现场教学演示情况进行提问并打分，现场公布专家评分结果。说课分为一等奖、二等奖及优秀奖三个级别，一等奖为决赛人数的 20%、二等奖为决赛人数的 40%。

五、联系方式

教学运行科张老师，接收申报材料邮箱 gtjwk2016@163.com。

贯通基础教育学院

2018 年 11 月 8 日

贯通基础教育学院首届教师教学基本功比赛说课比赛评分标准

项目	内容	分值
说教材（10 分）	1. 讲清教材的编写意图、地位和作用	5
	2. 教学重点、难点把握准确	5
说学情（10 分）	“学情”主要包括三个方面：学生已有的知识基础、已有的生活经验、已有的学习方式和学习习惯	10
说目标（10 分）	一说目标的完整性，教学目标应该包括知识与技能目标、过程与方法和情感态度三个方面的目标	5
	二说目标的可操作性，即目标要求具体、明确，能直接用来指导、评价和检查该课的教学工作	5
说方法（20 分）	1. 教案编写体现学生如何学及为什么这样学	5
	2. 教学环节目的明确，简洁、实用，教学策略选择、运用合理、有效	5
	3. 突出教学重点、突破难点	5
	4. 有教学资源的开发利用和教学手段的创新生成	5

续表

项目	内容	分值
说设计 （30分）	这节课设计了几个教学环节，每个环节的预设时间是多少，每个环节的根据是什么，设计的意图和目的是什么	10
	说完设计，要让听课者明白此节课的教学目标、知识脉络、流程安排、预设问题、双边活动、教学手段、课堂场景，等等	10
	简而言之，这节课怎样上，你把它说出来。不仅要感性呈现，还要有理性分析	10
演示文档 （10分）	说课演示文档的制作水平和说课稿	10
说课水平 （10分）	说课教师语言表达能力、普通话标准程度、教师的仪表和仪态、时间控制能力（时间不足或超时扣分）	10

贯通基础教育学院首届教师教学基本功比赛教学设计评分标准

评价项目及权重		评价内容	得分
教学目标	10	依据课程标准、学生的年段特点和原有经验确定教学目标	
		目标设置准确、合理，可测性强，有层次	
学情分析	5	充分考虑学生基础知识、学习能力、认知风格、性格特征等多方面的差异，针对学生的特点设计教学模式	
教学重点	5	把握准确，切合学生实际	
教学难点	5	依据学生的认知特点和原有经验准确把握难点	
教学准备	5	准备充分，教具、设备、资料等无遗漏，有助于本节课的教学	
教学过程	50	教学内容准确无误，教学过程完整严密，各教学环节安排得当，时间分配合理科学（10分）	
		创设一定的教学情境（5分）	
		学生活动围绕教学目标，引导学生进行自主、合作、探究学习，突出“开放式、个性化、高效率”的特点（10分）	
		突出重点，突破难点，围绕重难点设计有一定思维深度的问题，能够激发和调动学生的学习积极性（10分）	
		重视多种教学手段的设计运用，能结合教学内容与学科特点，合理选择教具、实验、多媒体等适当教学手段和资源辅助教学（5分）	
		教学方法设计巧妙，新颖独特，注重启发性和研究性，师生互动性强（5分）	
		有完整的预设，但也留给生成一定的时间和空间，注重培养学生独立获取知识的能力（5分）	

续表

评价项目及权重		评价内容	得分
作业设计	5	依据课程标准设计训练题，难度和题量适中，要求明确（2 分）	
		有针对性、层次性和实践性，注重知识的内化和能力的培养（3 分）	
板书设计	5	言简意赅，表述准确；重点突出，鲜明直观；思路明晰，条理清楚；体现本节课所学知识的内在逻辑联系	
教学后记	5	能够体现教学规律的总结，教学方法的创新，知识点的处理，对之后教学的启迪，课堂练习落实情况等	
其他	5	教案完整、格式合理、图式规范、内容丰富、信息量大	

贯通基础教育学院首届教师教学基本功比赛
粉笔字比赛要求及评分细则

一、比赛内容

本学科的板书内容。

二、比赛形式

在统一规定的时间内，参赛教师按要求当场书写、现场评分。（黑板擦、粉笔、黑板由学院统一提供）。

三、比赛要求

1. 要求作品具有美观性、完整性、艺术性。

2. 各选手在参赛黑板指定位置（右下角）标明自己的姓名。

3. 粉笔字要求：（1）粉笔字适合上课板书用字或符号（正楷或行楷或相应学科数字、符号、图形）；（2）标题和内容的字号应有所区别；（3）书写时间：30 分钟。

4. 具备良好的书写习惯，做到笔顺正确，笔画清楚，字形规范，字体美观，行款格式正确，卷面整洁，注重实用性与艺术性的结合与统一。

四、评分细则（粉笔字比赛评分标准）

1. 书写规范，版面整洁、美观大方。（3 分）

2. 结构合理、用笔精熟、间距得当。（3 分）

3. 笔画明亮度高，力量感强。（2 分）

4. 规格大小及排版符合课堂教学板书要求。（1分）

5. 书写内容完整，在规定时间内完成比赛。（1分）

注：（无错别字，内容完整，无多、漏字；每错一字或多、漏一字扣1分，扣完为止。）

第二节　贯通基础第二届教师教学基本功大赛

贯通基础教育学院“教学能力大练兵”活动暨
第二届教师教学基本功比赛实施方案

为落实学校“双高校”“特高校”建设任务，引导教师做新时代“四有”好老师和“四个引路人”，打造师德高尚、业务过硬的贯通基础教育教师队伍，促进教师教学能力的提高，提升教师教育教学素养，促进贯通基础课程教学改革，加强教师间的交流与学习，搭建教师成长平台。按照学校要求，结合我院实际，决定举办贯通基础教育学院“教学能力大练兵”活动暨第二届教师教学基本功比赛。具体实施方案如下。

一、比赛组织

成立比赛活动领导小组，统一策划、组织各项活动。比赛设办公室，具体工作由教务科负责。

组　长：董雪梅　郭秋生

副组长：王国德　夏　飞　付新建　周晓凌

成　员：马诗凯　孔　玲　李　淮　刘　雷　吴晓鹏　李彦湄　何　静　王海茹
张艳云　李　成　张瑞亭　韩冰凌　刘　旭　学院教学督导专家

工作组：马诗凯　刘　雷　马淑红　曾滨冰　梁艳波

二、参赛人员

1. 所有贯通基础教育学院在职教师（包括签订长期合同的教师），民大附中专职贯通上课的教师均需参加比赛。

2. 欢迎民大附中跨头教师、财贸学院外聘教师以及购买服务机构的教师参加比赛。

三、比赛内容

1. 设计两节课的教案

教师根据统一模板，确定本人参加比赛课程和内容，设计两节课教案。教案应包括授课信息、任务目标、学情分析、活动安排、课后反思等要素，设计合理、重点突出、规范完整、详略得当。

2. 课堂教学展示

教师根据教案，准备 10 分钟说课（说这两节课的教学设计、教学组织与实施、教学实施后的反思）、并选择一个相对独立的教学环节，准备十分钟课堂教学展示。

3. 板书设计（粉笔字书写）

教师根据教案，准备本学科 1 节课（40 分钟）的板书内容。

说课和板书设计（粉笔字书写）通过现场展示进行，教案（含课件）上交电子版文稿。

四、比赛流程和时间

1. 分语文、数学、英语、文科（政治、历史、地理）、理科（信息技术、物理、化学、生物）、综合（学前、体育、美术、心理、其他）六个组，比赛以组为单位分别进行。

2. 2019 年 11 月 27 日完成课堂教学展示和教案提交，11 月 30 日前评选出优秀教案提交学校。2019 年 12 月底前完成板书设计（粉笔字书写）比赛。

五、奖项设置

1. 比赛设综合奖和分项奖。其中综合奖设立一、二及优秀奖；一等奖为完整参赛人数的 10%、二等奖为完整参赛人数的 20%，其他教师均为优秀奖（原则上完整参赛者）。教案（含课件）、课堂教学展示、板书设计（粉笔字书写）三部分单独设立奖项，每部分包括一等奖、二等奖及优秀奖三个级别，原则上各项获奖人数占总参赛人数为一等奖 10%、二等奖 20%、优秀奖 30%，比赛还设立优秀组织奖。优秀组织奖条件：教研室组织有序、配合主动，互助研究讲团队、指导得法有提高，参赛出勤率高、比赛表现有水平、课件设计有质量。

2. 获奖教师是推荐参加学校、北京市教学能力比赛、青年教师教学基本功比赛和其他国家级、省部级教学技能比赛的基本条件。

3. 获奖教师在参加教学名师、优秀教师、职称晋升、岗位评聘等评选时优先考虑。

六、比赛要求

1. 全员参与，注重实践。比赛要求符合条件的教师需全员参加，确因特殊原因无法参加者，需个人申请，由学院院长审批；比赛倡导科学分析，注重交流学习。

2. 合理统筹，务求实效。各教研室要妥善处理工作与比赛的关系；比赛内容要与课堂教学紧密结合，做到练有所得、练以致用。

具体比赛时间、地点、方式将按照语文、数学、英语、文科类、理科类、综合类分组进行比赛，具体时间另行通知。

贯通基础教育学院

2019 年 11 月 5 日

贯通基础教育学院“教学能力大练兵”暨第二届教师基本功说课比赛评分标准

评价指标	分值	评价要素	得分
目标与学情	20	1. 适应新时代对技术技能人才培养的新要求，符合教育部发布的公共基础课程标准有关要求，紧扣学校专业人才培养方案和课程教学计划，强调培育学生的学习能力、信息素养。 2. 教学目标要符合课标的要求，表述明确、相互关联，切合不同层次学生的实际，重点突出、可评可测。 3. 客观分析学生的知识基础、认知能力等，整体与个体数据翔实，预判教学难点和掌握可能	
内容与策略	20	1. 联系时代发展和社会生活，融通专业课程和职业能力，弘扬劳动精神，培育创新意识；思政课程充分反映马克思主义中国化最新成果，其他课程注重落实课程思政要求。 2. 教学内容有效支撑教学目标的实现，选择科学严谨，容量适度，安排合理、衔接有序、结构清晰，体现学科核心素养。 3. 教学内容配套提供丰富、优质学习资源，提供学生课堂学习、课外延伸学习活动的有效指导。教案完整、规范、简明、真实。 4. 教学过程系统优化，流程环节构思得当，方法手段设计恰当，技术应用预想合理，评价考核考虑周全	
实施与成效	30	1. 体现先进教育思想和教学理念，遵循学生认知规律和教学实际。 2. 按照设计方案实施教学，关注重点难点的解决，能够针对学习反馈及时调整教学，突出学生中心，实行因材施教。 3. 教学环境满足需求，教学活动开展有序，教学互动广泛深入，教学气氛生动活泼。 4. 关注教与学全过程信息采集，说明课程考核实施的思路与做法，明确评价学生学习结果的方式，针对目标要求开展考核与评价。 5. 合理运用信息技术、数字资源、信息化教学设施提高教学与管理成效	
教学素养	15	1. 充分展现新时代职业院校教师良好的师德师风、教学技能和信息素养，发挥教学团队协作优势。 2. 教师课堂教学态度认真、严谨规范、表述清晰、亲和力强。 3. 教学过程自然流畅、设置情境能激发学生学习兴趣、主动性和创造性。既有感性呈现，又有理性分析。 4. 通过说课能够明确教学目标、知识脉络、流程安排、预设问题、双边活动、教学手段、课堂场景，等等	
特色创新	15	1. 能够引导学生树立正确的理想信念、学会正确的思维方法。 2. 能够创新教学模式，给学生深刻的学习体验。 3. 能够与时俱进地提高信息技术应用能力、教研科研能力。 4. 具有较大的借鉴和推广价值	
总分			

贯通基础教育学院第二届教师教学基本功比赛教学设计评分标准

项目及权重		评价内容	得分
教学目标	10	1. 依据课程标准、学生的年段特点和原有经验确定教学目标。（5 分）	
		2. 目标设置准确、合理，可测性强，有层次，突出学科核心素养。（5 分）	
学情分析	5	充分考虑学生基础知识、学习能力、学习兴趣、认知风格、性格特征、学习本课可能遇到的困难等多方面的差异，针对学生的特点设计教学模式	
教学重点	5	把握准确，切合学生实际，解决策略针对性强	

续表

项目及权重		评价内容	得分
教学难点	5	依据学生的认知特点和原有经验准确把握难点，解决策略针对性强	
学习评价 教学准备	5	1. 学习评价突出诊断性、激励性，体现学科核心素养发展的进阶。	
		2. 教学准备充分，教具、设备、资料等无遗漏，有助于本节课教学	
教学过程	50	1. 教学内容准确无误，对教材的校本化处理科学合理，教学过程完整严密，各教学环节安排得当，时间分配合理科学。（10 分）	
		2. 创设一定的教学情境。（5 分）	
		3. 学生活动围绕教学目标，引导学生进行自主、合作、探究学习，突出“开放式、个性化、高效率”的特点。（10 分）	
		4. 突出重点，突破难点，围绕重难点设计有一定思维深度的问题，能够激发和调动学生的学习积极性。（10 分）	
		5. 重视多种教学手段的设计运用，能结合教学内容与学科特点，合理选择教具、实验、多媒体等适当教学手段和资源辅助教学。（5 分）	
		6. 教学方法设计巧妙，新颖独特，注重启发性和研究性，师生互动性强。（5 分）	
		7. 有完整预设，但也留给生成一定的时间和空间，注重培养学生独立获取知识的能力。（5 分）	
板书设计	5	1. 言简意赅，表述准确；重点突出，鲜明直观；思路明晰，条理清楚；体现本节课所学知识的内在逻辑联系	
作业设计	5	1. 依据课程标准设计训练题，难度和题量适中，要求明确。（2 分）	
		2. 有针对性、层次性和实践性，注重知识的内化和能力的培养。（3 分）	
教学反思	5	1. 从教学理念、教学方法、教学过程、目标达成、重难点解决效果等方面着手，做到联系实际、思路清晰、观点明确、文理通顺，有感而发。（2 分）	
		2. 能够体现教学规律的总结，教学方法的创新，知识点的处理，对之后教学的启迪，课堂练习落实情况等。（3 分）	
其他	5	教案完整、格式合理、图式规范、内容丰富、信息量大	
总分			

贯通基础教育学院第二届教师教学基本功比赛
板书设计（粉笔字）比赛要求及评分细则

一、比赛内容

本学科 1 节课（40 分钟）的板书内容。

二、比赛形式

在统一规定的时间内，参赛教师按要求当场书写、现场或之后评分（黑板擦、粉笔、黑板由学院统一提供）。

三、比赛要求

1. 要求作品具有美观性、完整性、教育性。

2. 为体现公平、公正的原则，专家匿名评分。参赛教师只书写比赛内容和比赛编号，不署名。

3. 粉笔字要求:（1）粉笔字适合上课板书用字或符号（正楷或行楷或相应学科数字、符号、图形）。（2）以文字为主，篇幅适中。（3）书写时间不超过 30 分钟。

4. 具备良好的书写习惯，做到笔顺正确，笔画清楚，字形规范，字体美观，行款格式正确，卷面整洁，注重实用性与美观性的结合与统一。

四、评分细则（粉笔字比赛评分标准）

1. 行平列直、间距得当，布局合理、版面整洁。2 分

2. 字体规整、字句准确，书写规范、图形精美。2 分

3. 设计讲究、形象直观、重点突出。2 分

4. 提现教学过程的渐进性、与教和学呼应、学科特点鲜明。2 分

5. 引起学生注意、帮助学生理解、引导学生完成笔记。2 分

五、具体比赛安排

1. 比赛时间：按学院工作周历，计划在第十六周五下午进行板书设计（粉笔字）比赛。

2. 比赛顺序：分两阶段进行比赛，第一阶段参赛时间 13:00—13:30（班主任老师）；第二阶段参赛时间 13:30—14:00（非班主任老师）。具体顺序见比赛名单。

3. 比赛地点：教学楼一至五层教室。

4. 成绩评定：参赛教师需要在规定时间和地点完成板书设计书写，在参赛教师确认完成书写后，由教务安排人员拍照留存，邀请相关专家现场或之后进行成绩评定，按成绩排定名次。

第三节　贯通基础教师教学培训活动

“充电版”的教师节——贯通基础教育学院教职工综合素质提升培训会系列报道（一）

2017 年 9 月 10 日，在第 33 个教师节这样一个特殊的日子，贯通基础教育学院教职工综合素质提升培训会在蟹岛隆重开班。学校党委书记高东、学校副校长李永生、贯通基础教育学院党总支书记郭秋生、院长董雪梅等党政领导班子出席开班仪式。贯通基础教育

学院的全体教工参加了培训，度过了一个“充电版”的特殊节日。

学校党委书记高东为培训会做了第一场的报告。报告围绕“全员育人，切实推动我校思想政治工作创新发展”展开。

高东书记深入浅出地讲解了习近平总书记多次到高校视察工作时的讲话精神，讲解了习近平总书记对青年学生“修德、勤学、明辨、笃实”的期望。结合生动的教育事例，引领大家学习孙维刚的教育思想，引领大家学习职业教育、教育教学新理念。最后，高东书记提出，我们要进一步加强校风和学风的建设，教师要精心从教、学生要精心学习，通过学问提升境界，通过读书学习升华气质，以学养人、治心养性。我们广大教师要做学生锤炼品格的引路人，做学生学习知识的引路人，做学生创新思维的引路人，做学生奉献祖国的引路人。全体教工要共同致力于实现全程育人、全方位育人，要加强师德师风建设，坚持教书和育人相统一，坚持言传和身教相统一，坚持潜心问道和关注社会相统一，坚持学术自由和学术规范相统一。引导广大教师以德立身、以德立学、以德施教，做有理想信念、有道德情操、有扎实知识、有仁爱之心的教师，加强教育教法的研究，以学生为中心立德树人，要一日为师，做学生终身的人生导师。

下午，学校李永生副校长为培训班做了《如何认识和实践我们学校现在的教育探索》的专题报告。从认识我们学校，认识我们学生，认识我们自己，践行我们的教育改革四个层面进行了详尽的讲解。讲座中，希望大家认真思考王成荣校长在教师节大会上提出的处理好五种关系，即处理好职业与事业的关系；处理好教育与德育的关系；处理好师道尊严与行为世范的关系；处理好千篇一律与因材施教的关系；处理好自身发展与担当奉献的关系。最后，李永生副校长提出，在践行现代教育改革中，一要加强教育自信；二要认识贯通人才培养基础文化课的改革实践；三要做有专业素养的教育；四要优化教学方式。

贯通基础教育学院党总支书记郭秋生在讲话中简要回顾上半年党群工作，简要讲解新学期工作设想，重点讲述如何深入落实全国高校思政会议讲话精神，如何构建全员育人工作机制问题。

晚上，在分组讨论中，全体教工结合各自工作岗位谈心得、找问题、谈设想、讲改进。大家纷纷表示，在充实的学习中度过了一个别样的教师节，虽然忙碌而不轻松，但是从上级政策、学校目标与战略、师生事业学业发展规划、教育教学新理念等方面收获多多，坚定了政治信仰、树立了职业信念，明确了方向目标，大家在以后工作中将更有奔头、有干劲、有热情，进一步讲学习、讲落实、讲创新。这次特殊的教师节，是全体教工一次全方位的充电与加油。

全方位烧脑进行时——贯通基础教育学院教职工综合素质提升培训会系列报道（二）

2017 年 9 月 11 日，是贯通基础教育学院教职工综合素质提升培训的第二天。各位专家讲座精彩纷呈，为大家带来全方位烧脑培训。

学校教师工作部、人事处处长武飞教授作了《学科建设与教师发展》的讲座，学校科研处处长孙万军教授做了题为《教师如何开展科研工作》的讲座，潞河中学的全国优秀班主任赵月灵老师做了题为《真爱时刻相伴，生活永远灿烂》的讲座，北京工业职业技术学院张莉副教授做了题为《教学大赛点亮人生，信息技术助力成长》的专题报告。

武飞教授从贯通学生的教育培养目标谈起，阐述了构建贯通学科素养、学科建设的取舍、重组与再造，教学设计由传统的灌输式向以学生为中心的探讨式转变。提出，改变孩子先改变自己，改变学生先改变老师。作为教师应具有敬业和专业的科学精神及社会责任，在工作中以学生为中心，不断丰富和完善自己，实现师生共同成长，教师学校共同成长的和谐发展。

孙万军教授从科研工作的四个方面生动详细的剖析了科研项目分类与成，选题与申报，实施与结题，推广与绩效。让大家对课题选题思考，课题申报途径，创新课题研究，规范课题成果有了清晰地了解和认识。

张莉副教授是2013年全国信息化教学大赛教学设计一等奖获得者。作为基础学科教师，她用一张大货车右转弯右后轮轨迹危险区域图的计算，让学生了解到数学学习的科学性、应用性，同时也增强了数学学习的趣味性。提出，在贯通项目的教学中，要把学生当朋友，模糊课堂边界、师生边界，在教学中植入移动互联思维，提升学生的学习兴趣，使数学学习无处不在。引发大家思考，如何针对贯通学生的特点，适当把基础学科教学与生活中的科学结合起来，与职业技能实践结合起来。

赵月灵老师是全国优秀班主任。她用近二十年班主任工作中的生动事例，讲解了班主任教师如何在学生管理工作中发挥教育引导核心作用。提出，班主任之道:“没有爱就没有教育”，班主任工作标准是“爱而有度，严爱结合”，带班原则是“严格管理、一视同仁、一个都不能少”。班主任老师要用奉献和付出，做学生的知心朋友；用激励和引导，给学生精神的支撑；用理性和浪漫，教学生处事的态度；用积累和开拓，助学生终生发展。为我们贯通教育的班主任工作注入了满满的正能量，丰富了新的理念，新的方法。

全方位烧脑培训进行时，密集的学习交流安排，冲击着大家的头脑，震撼着大家的心灵，启迪着大家的思考。尤其是下午，我们迎来了来自军训基地的2017级全体班主任老师们参加培训。往返3小时风尘仆仆但精神饱满的她们，只为亲耳聆听赵月灵老师关于班主任工作的讲座。这也为我们的培训掀起了一个高潮。

构建学习共同体——贯通基础教育学院教职工综合素质提升培训会系列报道（三）

2017年9月12日，碧空如洗，艳阳高照，贯通基础教育学院综合素质提升培训会进行到了一个高潮。我们成为讲座的积极参与者，甚至成为讲座的主体。大家积极与专家交流互动起来，尤其是在心理讲座中，大家一同舞动起来。

北京市教科院职成教研中心二室王春燕主任为大家带来《北京市高端技术技能人才贯通培养实验项目》的讲座。学校教务处处长龙洋进行《迈向更优质的教学》专题讲座。资深心理咨询师岳平组织“感受舞动，体现非语言沟通”拓展活动。北京市教委学校后勤处处长武怀海倾情讲座《如何提高学校后勤管理服务能力》。

各位专家及领导“一切为了学生，紧扣贯通培养项目特色”等理念始终贯穿在培训之中，对待工作的热情与激情点燃着大家。连续三天的教与学，学与思，我们每一个人聆听专家讲座时是学生，在互动交流中又相互学习。我们面对学生时是教师，为了更好地开展工作，我们又必须不断地为自己充电，时刻体现着教学相长，共同成长。我们全体教工是一个学习共同体，我们全体师生也是一个学习共同体。

桃李不言下自成蹊，相信这次培训中的精彩将萦绕在我们心中，将点亮我们每一位以后的工作。构建学习共同体永远在路上，We are together！

贯通基础教育学院开展学科督学聘任及“以老带新”导师制下的师徒结对共建活动

2017 年 11 月 16 日，贯通基础教育学院举行了学科督学聘任及师徒结对共建活动。学校副校长李永生，教学督导与评价中心王学梅老师，贯通基础教育学院院长董雪梅、副院长夏飞，中央民族大学附属中学副校长王国德及民大附中导师代表、朝阳校区全体任课教师等参与活动。

副院长夏飞宣读学科督学聘任名单及师徒结对名单，并颁发聘书。这是继去年“以老带新”导师制下的师徒结对成功后的第二次共建活动，共有语、数、英三门学科 6 对师徒结对成功并颁发了 6 张聘书给三门学科的导师，同时还为语、数、英、文综、理综 5 位教研室主任分别颁发聘书。民大附中导师代表孙岗希望青年教师们抓住课堂主阵地，提升自身综合素质；把握每一次机会，多多参与教学大赛，为自身发展开拓进取。青年教师代表王静莉老师跟大家一起分享了从教一年以来对师徒结对活动的感受和收获。

民大附中王国德副校长对督学和师徒结对共建工作提出了具体要求。结合实际，了解贯通项目特点，扎实开展青年教师的培养工作，引导青年教师走专业化、个性化成长之路，提高教育教学技能，丰富和提升教育教学理论，以适应学校特色发展需要。

李永生副校长在总结发言中对于此次活动给予了肯定，希望大家拥有正确价值观，弘扬正能量，爱岗敬业，培养创新意识；提升教师教育教学能力、专业实践能力和教改科研水平，发挥优秀教师的“传帮带”作用，为青年教师成长搭建平台，提升师资队伍的整体素质。

贯通基础教育学院 2018 年学校科研计划课题培训会顺利召开

2018 年 3 月 22 日，贯通基础教育学院召开 2018 年学校科研计划课题培训会。学校科研处处长孙万军，贯通基础教育学院院长董雪梅、副院长夏飞和 2018 年学校科研课题项目负责人及成员等参加会议。

孙万军就 2018 年度贯通基础教育学院立项的科研课题内容进行逐一梳理，对立项课题的范围和广度予以了肯定，并对贯通基础教育学院的科研工作提出了以下建议：要坚持理论研究联系贯通项目教学实际；坚持让科研始终站在学校教育改革与发展的前沿，夯实研究基础，研究解决我校教育改革与发展中的重点、热点、焦点问题；注重体现贯通项目教育科研的特色，切实增强科研的针对性和实效性。孙万军还对我校科研项目经费的管理办法及申报流程进行了详细解读。董雪梅和夏飞也分别就如何做好学校科研课题的开题准备和课题研究的相关具体问题进行了说明。

2018 年度，贯通基础教育学院共申报立项了十二个校级科研计划课题，选题涵盖语文、数学、英语、思想政治、体育、理科综合、信息技术等多门学科，包括对教材、教法和学生行为管理、学生学习兴趣提升策略等多方面研究。本次科研课题培训会为各课题项目负责人及成员指明了科研工作的方向，坚定了做好贯通基础阶段科研工作的决心和信心。

文史融通，两位教师同登台
探讨质疑，引领学生勤思考
——贯通基础教育学院探索文史融通课程模式改革

一节课上，走来两位教师，语文老师和历史老师从不同的视角阐释不同的观点，各有各的精彩。这是 2017 级基础 11 班学生 2018 年 3 月 27 日上的一堂文史融通特色课，以《古代文学作品中的女性选择》为专题，语文教师李古月和历史教师铁振联袂登台，开始“文史融通课程模式改革”的初步探索。

李古月结合学生当前所学内容导入新课。她从文化视角出发，对古代女性在诗词作品里的情感选择进行生动细腻的解读，不断启发学生思考主人公种种选择背后的文化动因，进而提炼出其主要观点——古代女性可以自由大胆的追求爱情。铁振老师提出质疑，以史实论证古代女性在社会和家庭的双重规训下难以实现自身价值，难以满足自身对爱情的绝对追求。李老师展示明朝汤显祖所作《牡丹亭》中的女性角色对情感的执着追求过程，论证自己的观点。铁老师举出《大明律》中关于婚姻关系的条文，突出古人礼法之烦琐，强调婚姻过程之艰难，从而说明古代女性情感选择不易。新颖的课程模式极大地激发了贯通学生的学习兴趣和参与热情，在思想碰撞中引发学生对问题的深入思考。最后，在“蓝墨云班课”等信息化教学手段的辅助下，老师组织学生对两种观点进行现场投票。学生们有感而发，也纷纷阐明了自己对于古代女性情感选择的见解。一位听课教师现场出联点赞——上联：李老师妙语连珠引人入胜，下联：铁老师思维缜密发人深思，横批：学无止境。

文史融通课程是一种全新的尝试，一方面为打造符合贯通基础阶段学生自身特点、培养学生学习兴趣的课堂探索模式，另一方面也是为了弥合贯通学生不同学科知识间的空隙，引导学生用大文学、大历史的眼光去解读历史事件、分析文学作品；引导学生观点交锋的氛围中锻炼自己勤于思考、独立思考的能力。

“文史融通课程模式改革”是贯通基础教育学院基础文化课程改革的一种有益尝试。2018 年贯通基础教育学院将继续深化完善贯通基础文化课程体系，建立适应贯通项目的课程标准。

探索集体教研新模式 开拓贯通英语新领域

为加强对外籍教师的管理，规范外籍教师的教学行为，贯通基础教育学院构建了每

名外籍教师配备一名中教英语教师协调日常管理、配备一名学生助理协助课堂教学的“1+1+1”教学管理模式。为了使外籍教师进一步了解贯通基础教育学院学生英语学习的实际状况，制定更加科学、合理的英语教学目标，从本学期开始，贯通基础教育学院和学校外事与港澳台办公室一起探索建立中外籍教师集体教研的新模式。

2018 年 4 月 12 日下午，本学期第一次中外教师集体教研会在贯通基础教育学院综合楼二层会议室举行。中外籍教师齐聚一堂，在交流中互学互助。国际教育学院（国际交流中心）、外事与港澳台办公室副院长牛增辉，贯通基础教育学院副院长夏飞，外籍英语教师以及贯通基础教育学院英语教师参加了集体教研活动。

牛增辉介绍了外事与港澳台办公室和贯通基础教育学院对于外籍教师的工作职责，说明了此次教研活动的目的，希望进一步加强中外教师的配合与衔接，从而促使外教的教学和科研工作顺利开展并取得更好的成果。学校外教教学科研团队的负责人 Mitchell 做了简要的自我介绍，并就本次教研活动的目的、达到的共识、未来的工作安排作了详细的说明。随后，在座中外教师围绕如何提高贯通项目基础阶段学生的听说能力，如何设计课堂活动以及提高学生学习积极性逐一展开，每位外籍老师分享了自己在课堂上的教学经验，并提出遇到的一些问题，大家畅所欲言，热烈讨论。夏飞在总结中表示今后将继续加大中外教师集体教研教改力度。

本次教研活动不但拉近中外教师的关系，加强了中外教师的沟通及交流，同时也有力地推动了贯通项目基础教学阶段英语教学工作的开展。

贯通基础教育学院召开校级科研计划一般课题立项开题报告会

2018 年 5 月 8 日上午，贯通基础教育学院在综合楼第一会议室召开学校科研课题开题会，北京教育科学研究院研究员王春燕、北京工业职业技术学院基础教育学院院长王佼、北京农业职业学院贯通基础教育学院副院长李英军作为外请专家与贯通基础教育学院董雪梅院长、校区所有科研课题项目负责人共同参加会议。

副院长夏飞简要介绍了学院承担的 2018 年校级科研计划一般课题的基本情况，他表示学院将在时间、经费、人力、物力等方面为课题的顺利开展给予大力支持，希望课题组把课题研究做得更规范，明确突破点和主攻方向，做好设计、实施、论证、总结、反思等工作。

12 名科研课题项目负责人依次对自己负责的课题做了分析，内容围绕研究目标、研究条件、预期成果等方面展开。与会专家从不同角度，就课题的命名、课题研究的方向及具体内容、研究方法、课题存在的问题进行了深入的分析与论证。

专家们普遍认为课题的选题针对性强，很有研究价值，但开题报告还存在目标制定不太准确等问题。专家们针对问题一一提出了建议，并希望兄弟院校间加强沟通交流与合作，使贯通教育实现新的跨越式发展。

董雪梅院长希望参与科研课题的教师们认真听取专家的意见，修改并完善科研课题，在教育教学上积极参与教科研的实践，以科研带教研、教研促进教改，进一步促教育教学的改革。

共叙六十载育人成果 再创新时代财贸辉煌
——青年教师座谈会在朝阳校区举行

2018 年 6 月 15 日下午，青年教师座谈会在贯通基础教育学院综合楼多功能厅召开，校长王成荣，纪委书记、工会主席胡庆平，工会常务副主席刘国勇，贯通基础教育学院院长董雪梅以及学校 20 余名近三年入职的青年教师参加了此次座谈会。会议由胡庆平主席主持。

王成荣校长首先为青年教师讲述学校 60 年的发展历史和办学成果，分享了知难而上、坚忍不拔、不屈不挠，永不放弃的精神，寄语青年教师们在学校新的发展阶段积极进取，主动作为，同心协力，为建设“首都特色、国内一流、国际品质的财贸应用技术型大学”的目标而奋斗。

在座谈环节，青年教师们纷纷结合个人实际，在融洽欢快的氛围里畅所欲言。贯通基础教育学院张瑞亭描绘了心中的北财贸——“北运河畔，人才摇篮北财院，学子好学不厌，为北京副中心，甘愿添砖加瓦；扬帆启航，创新创业进课堂，教师澎湃激昂，厚积薄发，为祖国大家庭，乐于锦上添花！”，并希望“岁月静好，迎着朝阳，向着朝阳，心系卓越，我们一路前行！”。刘越超在发言中讲到，作为年轻教师，共同祝贺北财院六十甲子辉煌，感谢学校为大家成长营造的良好氛围，青年教师们会为北财院的美好未来而奋斗。张冲谈到，感谢学校这个温暖和谐的大家庭，要做有理想有信念有创新有作为的年轻教师。贯通基础教育学院院长董雪梅代表贯通基础教育学院祝愿学校六十华诞精彩无限，祝愿学校新时代有新辉煌，祝愿贯通基础教育学院在学校的领导下大有作为。

胡庆平主席在讲话中提出，学校是温暖的家，建设家靠大家，我们每一位教职员工要为家的建设有责任有担当，有梦想有努力，共同拥抱美好的未来。

王成荣校长对青年教师为学校教育事业做出的努力和贡献表示感谢。青年教师是学校的未来，是学校发展的骨干力量，肩负立德树人重任，希望大家在学校扬长教育的平台上，实现人人是胜者，与学校共同创造共同分享共同成长，为世纪之约、百年华诞的北财院而共同奋斗。

贯通基础教育学院开展教师职业能力培训

2018 年 8 月 31 日上午，贯通基础教育学院教师职业能力培训班开班，党委书记高东、副校长李永生，人事处处长武飞、贯通基础教育学院领导班子及全体教职员工 80 余人参加培训。

高东以“师德师风”为题做了第一场报告。高东讲到，要坚持把立德树人作为中心环节，把思想政治工作贯穿教育教学全过程，实现全程育人、全方位育人；教师要做好科研，要不断发挥自身优势，促进学科建设；对学生要注重行为养成教育，注重德智体美全面发展；领导班子成员要团结一心，心往一处想，劲往一处使，高标准培养社会主义建设者和接班人。

李永生以“用科研精神做好我们各自负责的教育、教学和管理工作”为主题做了第二场报告。他首先介绍了五种科研精神：求实、创新、协作、牺牲、自律，重点分析了在关于中外教学理论及其运用中任务、思想、制度管理的基本指标、表现形式及发展规律。他提到，学生的行为养成取决于职业核心素养教育。对管理服务人员的工作要求既要有“情感、态度、价值观”也要有“认识、技能、过程与方法”。

中央民族大学附属中学副校长、贯通基础教育学院副院长王国德以“众志成城促学风”为题，对新学期教学工作做了部署。培训会还聘请校外专家就班主任常规工作和如何上好每一堂课对全体教职工进行了能力培训。

通过培训，贯通基础教育学院全体教职员工充分认识到开展师德师风建设的重要意义、牢固树立了“立德树人”的使命感、做好“四个引路人”的责任感和争做“四有好老师”的坚定信念，纷纷表示要以争创“特高校”为目标，努力做好教书育人工作，打造过硬的教学、科研和管理能力，努力培养更多更好的贯通学子！

贯通基础教育学院召开首届教师教学基本功大赛启动会

为落实立德树人的要求，引导教师做新时代“四有”好老师和“四个引路人”，促进贯通基础教育课程教学改革与创新，提高教师教学技能水平，贯通基础教育学院于 2018 年 11 月 8 日下午召开了首届教师教学基本功大赛启动会。贯通基础教育学院领导班子，中央民族大学附属中学王国德副校长，全体贯通教师、民大附中专职贯通上课教师，相关科室负责人参加了此次启动会。

中央民族大学附属中学副校长王国德对此次大赛做了具体的部署和安排，并就比赛实施方案、比赛要求、评分细则做了简明扼要的阐述，鼓励参赛教师在此次大赛中崭露头角、脱颖而出。

贯通基础教育学院副院长夏飞说到，教学基本功大赛旨在为贯通教师搭建一个锻炼自己、展示风采的平台，通过此次大赛，促进贯通教师教育教学能力的提升，促进教师间相互交流，共同提高。

院长董雪梅希望全体贯通基础教育阶段的教师能够精心打磨每一门课程，进一步提高教学技能、教学素养、教学水平，实现以赛促教、以赛促学的目的，厚积薄发打造贯通基础教学品牌，更好地担负起学生健康成长指导者和引路人的责任。

据悉，此次大赛分初赛和决赛两个阶段进行，参赛内容由教师自定，完成说课、教学设计（含课件）及板书设计（含粉笔字书写）三个部分内容。

贯通基础教育学院举行“互联网 +”背景下信息化教学设计讲座

2018 年 11 月 29 日下午，北京财贸职业学院贯通基础教育学院邀请北京理工大学教授董宏建，为全体任课教师展开了主题为“互联网 +”背景下信息化教学设计的讲座。贯通基础教育学院院长董雪梅、副院长夏飞，以及贯通基础教育学院全体任课教师等参与活动。

为了搭建贯通基础教育教师的成长成才平台，提高教师教学技能水平，打造“三有课堂”，让更多教师了解信息化教学设计理念。董宏建教授从信息化教学设计的内涵、信息化教学设计的过程模式及要素、信息化教学设计理论基础、信息化教学设计作品赏析四方面进行讲解。

在讲座中，董宏建教授建议全体教师在“互联网+”的背景下转变教学理念，从静态教学设计，转变为动态信息设计，让课堂充满活力，激发学生学习兴趣；从传统教案编写，转变为网络和资源设计，让教师解读教材变为引导学生主动学习；从重视结果评价，转变为能力评价，教师应学会创新和提升自身综合素质。

董宏建教授细致分析了信息化教学设计过程的模式和要素，他从学习需要、教学内容、学生特征、教学目标、教学模式与策略、教学评价设计等角度进行详细解读。在过程中重点强调了信息加工分析方法包括归类分析法、图解分析法、层级分析法等。讲座的最后提醒教师们注意信息化教学设计的误区与问题。

通过本次讲座，教师明确了信息化教学设计的整体流程，了解了信息化教学设计的内涵，促进了自身教学技能水平的提高，为教师教学基本功大赛的顺利举行，奠定了良好的基础。

北京市职业院校教师素质提升计划贯通项目语文教师“新理念、新课程与新发展”培训班顺利举行

为构建北京市贯通项目语文师资发展交流平台，切实提高贯通项目语文学科师资水平，2019年3月8日至9日，北京市职业院校教师素质提升计划贯通项目语文教师第一期培训班顺利举行，副校长李永生出席了开班仪式，贯通基础教育学院党总支书记郭秋生及全体领导班子成员、北京地区职业院校及合作院校的百余名一线语文教师和教育教学管理人员参加培训。

在主题报告环节，北京市教科院职教所副所长吕良燕对贯通项目老师从“明确地位、立德树人，了解形势、提高认识，更新理念、深化改革，提高素质、学以致用”四个方面提出了建议。中央民族大学附属中学教师姜明亮从国家、学校和师生三个层面介绍了自己作为“参与者”和“观察者”对于贯通项目语文教学的体验和感悟。北京市教科院基础教育教学研究中心副主任李卫东从自身经验和专业成长经历出发，通过实例详细阐述了教师如何“写论文、做研究、厚修养”。北京市第八中学教科室主任赵鑫以“新时代新课程背景下语文教学的思考”为题，从新时代语文教育的地位、新时代语文教育的特征和新时代语文教学的思考三个方面做了专题讲座。赵鑫老师还展示了“二月里来好春光”等教学活动设计实例，令现场的教师们受益匪浅。

专家的主题报告环节后，来自语文教学一线的教师们分为三组，就各自院校贯通项目语文课程的设置情况、教学教法亮点等方面各抒己见，展开了深入讨论。

李永生副校长在讲话中，贯通语文教学大纲既不能照抄普通高中，也不能照搬高职语

文，需要贯通教师们在不断探索，不断修订中形成具有贯通特色的语文教学大纲，既要遵循基础学科语文的重要性，又要满足语文教学的职业要求。

本次培训内容充实、信息丰富，既有前沿理论，又有实践总结，具有很强的理论指导意义和现实借鉴意义，为参训教师们拓展了思维，开阔了眼界，在教师自身增长业务技能和提高教育教学水平方面提供了助益。

习字立人，以赛促练 ——贯通基础教育学院举行首届教师教学基本功大赛之粉笔字比赛

掌握规范、端正、整洁的板书书写是一名教师的基本业务技能。为了全面提升贯通教师的综合素质，夯实教学内功，提升育人品位，同时也为贯通教师搭建一个锻炼自己、展示风采的平台，2019 年 3 月 22 日下午，贯通基础教育学院首届教师教学基本功之粉笔字比赛在朝阳校区教学楼一至五层各教室进行，共有 49 名贯通教师参加了比赛。

本次比赛采用现场书写的形式，要求在规定的 30 分钟时间里，各位参赛教师用粉笔在黑板上书写自己学科教学的一节课（40 分钟）的板书内容。每位教师都认真准备，一行行整齐的字体，或方正，或圆润，或清秀，或苍劲，充分展示粉笔字的基本功。粉笔在教师的手中灵活跳动，与黑板碰撞的“沙沙”声似乎在说“写的真不错”，所有老师在规定的时间里完成自己的作品，可谓是“一分耕耘，一分收获”。

参加这次粉笔字比赛的老师感受颇深，数学教师张冲表示，学院举办的教师教学基本功系列比赛，为教师提供了展示、学习的平台，各学科老师同台竞技，各展所长。同时，以赛促学，取长补短，督促贯通青年教师要不断学习，加强教学基本功练习，不断提升专业能力。

思政课教师邢梦潺说，作为一名思政课教师，要时刻牢记习近平总书记在学校思想政治理论课教师座谈会上的重要讲话精神——要给学生心灵埋下真善美的种子，引导学生扣好人生第一粒扣子。参加学院组织的教师教学基本功大赛获益匪浅，同时也更加坚定了自己作为一名人民教师的初心和使命。她表示将在日后教学工作中，重视教学基本功的同时，积极响应习总书记所提要求，即政治要强、情怀要深、思维要新、视野要广、自律要严、人格要正，自觉作为学为人的表率，做让学生喜爱的人。

粉笔字板书是课堂教学中所必需的教学手段，规范美观的粉笔字对学生审美能力和书写能力的提高起着潜移默化的影响；此次比赛，不但让贯通教师的风采在这个平台上得以淋漓尽致的展现，也有力促进贯通教师教育教学能力的提升，促进教师间的相互交流，共同提高。

北京市职业院校教师素质提升计划贯通项目语文教师“聚焦人文素养 优化语文教学”培训班顺利举行

2019 年 4 月 12 日至 13 日，2019 年北京市职业院校教师素质提升计划贯通项目语文教师第二期培训班顺利举行。本次培训参训人员由北京地区职业院校及合作院校的 70 余名一

线语文教师和教育教学管理人员构成，培训主题围绕“聚焦人文素养 优化语文教学”进行。根据第一期培训的问卷调查结果，本次培训设置了观摩课、经验分享和主题讲座环节。

中央民族大学附属中学唐静老师组织了一场面向贯通师生的观摩课，课程主题为杜甫的《蜀相》。唐静老师的教学设计独具匠心，贴近学生实际，根据学生课前预习的反馈及时调整教学策略，实现了“自主，合作，探究式”的课堂教学。在兄弟院校经验分享环节，来自北京财贸职业学院、北京劳动保障职业学院、北京商业学校和北京丰台区职业教育中心学校的教师代表分别上台进行了本校的语文教学经验分享，各院校因材施教，根据本校学生的不同情况采取多种教学手段，为贯通语文教育教学水平的提升以及课堂理念的更新作了积极的探索。

第二天是专家的主题报告分享环节。北京外国语大学丁启阵副教授开展了名为“我们应该如何读《论语》”的精彩讲座。丁老师旁征博引，解读了《论语》其书和孔子其人，主张应理性客观地进行描述、解读和阐释。下午，北京市潞河中学李岫泉老师以“贯通教育背景下的语文教学策略”为题，从自身教育教学经验出发，分“教书篇”和“育人篇”两部分分享了针对贯通学情的语文教学策略，令现场的教师们收获颇丰。

本次培训为北京市贯通语文师资培训基地组织的第二期培训，培训内容丰富，形式多样，既有课堂观摩和经验分享，又有专家讲座，为北京市贯通项目语文教师搭建了交流、学习和共同进步的平台。

深化教学改革 落实项目建设
——贯通 2019 年校级教改立项项目建设推进会顺利召开

为深入开展“使命在肩 奋斗有我”主题教育——“我的学校我建设活动”，落实学校“双高校”“特高校”建设任务，做好贯通基础教育教学改革成果培育，2020 年 5 月 7 日下午，贯通基础教育学院 2019 年校级教改立项项目建设推进会顺利召开。马克思主义学院莫俊峰副院长、教务处杜丽臻老师参会，贯通基础教育学院院长董雪梅、副院长夏飞和全体教师参加会议。

杜丽臻从我校教改立项背景、教改立项项目类型、预期教学应用成果以及项目管理经费预算进行了详细的解读。并表示，教务处将做好管理与服务工作，协助教师们顺利高效完成项目。2019 年校级教改项目中贯通基础教育学院有 16 个项目确认立项，其中，课程思政建设项目 9 个、专业群职业平台课建设项目 2 个、混合式教学改革项目 3 个、扬长教育进阶发展模块化课程项目 2 个。

16 个教改项目负责人分别从所承担项目的研究目标、研究内容、研究思路方法、研究进度安排、预期教学应用成果等方面一一作了陈述，介绍了项目拟解决的问题。报告中，各项目负责人精心准备、认真阐述，既是一次教学改革理念的思维碰撞，又是一次开拓教学思路、创新教学方法的“头脑风暴”。

马克思主义学院莫俊峰副院长从课程中如何渗透思政、最新理论要进入课堂以及教师要关注国内外时事等三个方面给以指导。他深入浅出，从国家政策方针到课程落实方法路径进行阐释，指出应将专业知识传授与课程思政有机结合起来，将课程思政贯穿于教学设计和实施的全过程，实现思想政治教育与知识体系教育的有机统一。

此次会议既促进了教师们的互相学习交流，又拓宽了教师们进行教育教学改革的思路。贯通基础教育学院各项目负责人将在项目研究探索中认真听取专家意见，扎实做好教改项目的建设工作。

第八章 贯通基础教学竞赛活动体系

激发学生学习兴趣，引导学生对知识的活学活用，是贯通基础教育学院教学改革的一个重要方向和目标。通过不断的探索和实践，秉承“以赛促教、以赛促学”的学科教学改革理念，形成了系列教学竞赛活动体系。构建和完善语数英“一月一季一节”竞赛体系，规范其他各学科赛事活动。深化贯通学生人人能参加、人人都受益的贯通基础学科竞赛体系。

语文文化月主要由古诗词吟唱比赛、课本剧比赛、朗诵比赛、手抄报展示、好书欣赏等系列活动组成。数学竞赛季由应用计算能力、笔算能力、空间组合体模型设计、思维导图和数学综合知识竞赛组成。英语文化节举办英语演讲、英文歌曲、英语文化知识竞赛、单词争霸赛、配音比赛、短剧大赛、嘉年华等活动。文综教研室举行政治知识竞赛和各地特色文化展示。艺术教研室举办贯通学子绘画大赛、音乐才艺大赛。理综教研室举办信息技术文字录入达人秀和科学知识小达人活动。体育教研室每年举办春季田径运动会、秋季趣味运动会和贯通篮球赛。精心打造“三节两会一讲堂”为载体的贯通文化活动体系，丰富和完善文化活动内涵。“三节”包括学科竞赛节、文化艺术节、阳光体育节。“两会”即新年联欢会、春季运动会。“一讲堂”即贯通大讲堂，组织系列专题讲座（包括知识、文化、素养、健康、安全、法制等多个方面）。

第一节 贯通基础语文第二课堂竞赛活动——语文文化月

一、贯通培养项目基础阶段语文课程介绍

高端技术技能人才贯通培养试验项目基础阶段语文课程由优质的第一课堂教学、丰富的第二课堂活动和多彩的第三课堂研学旅行组成，践行“兴趣先导”理念，致力于培养学生听、说、读、写能力，全面提高学生语文核心素养，用文字浸润心灵，用经典丰盈灵魂。其中，第二课堂是语文课程教学的重要阵地，是第一课堂的重要延伸。贯通基础阶段语文课程第二课堂教学，不仅是传统意义上的“课外活动”，而是通过精心策划的系列活动，拓展原有的教学领域，突出职业能力，深化教学内容。

二、贯通基础阶段语文学科第二课堂竞赛活动总体思路

1. 体现“三个维度”

面向中国基础教育阶段学生的核心素养包括文化基础（人文底蕴、科学精神）、自主发展（学会学习、健康生活）、社会参与（责任担当、实践创新）三个维度。但不同课程

所承担的核心素养培养点也是有差异的，需要在确保方向性的基础上赋予新的课程内涵。工具性和人文性是语文课程的两个基本点，这也决定了语文第二课堂学科活动必须将“文化基础”作为培养的方向性要求，而“自主发展”“社会参与”则以方法论和价值观目标要求贯穿于实施过程。

2. 落实“四个方面”

语文学科核心素养包括“语言建构与运用”“思维发展与提升”“审美鉴赏与创造”和“文化传承与理解”四个方面，是学生在语文学习中获得的语言知识与语言能力、思维方法与思维品质、情感态度与价值观的综合体现。在核心素养理念指导下，语文第一课堂确定并落实知识、思维、感悟、技能等，第二课堂则追求语言、技能、知识和思想情感、文化修养等多方面、多层次目标发展的综合效应，重视协同、沟通与表现，而不仅局限于学科知识逐“点”解析、技能逐项训练等单一任务的线性连接。

3. 实施“五个模块”

在把控核心素养培养的方向性上，充分选择恰当的活动形式和内容是十分必要的。而注重学生的文学作品阅读和语言表达能力，则真正体现语文课程工具性和人文性在第二课堂的拓展。因而，贯通语文教研室将语文学科第二课堂活动从形式上分为“文化传承”“文化交流”“文化实践”“文化创意”和“文化体验”五个模块实施。

“文化传承”包含古典诗词诵读、飞花令、书法比赛等活动，通过“复原”中华传统文化中的经典形式，思接千古。

“文化交流”包括“语文达人”知识挑战赛、文学文化知识竞赛、趣味成语比赛、朗诵比赛、演讲比赛、辩论赛等活动，以学生之间的实时竞赛比拼为主。

“文化实践”包括主题征文活动、原创诗歌比赛、主题书信比赛、主题读书会等，以深度阅读和落于笔尖的活动为主。

“文化创意”包括课本剧展演、盒子里的宋词、扇子上的春天、创意书签评比、主题手抄报等，主要为创新联动活动形式。

“文化体验”主要为“走出户外”系列，如走进恭王府、潞河中学行、“记录春天”户外语文课等。

4. 打造“一个品牌”

打造一个贯通基础阶段品牌活动——“语文文化月”。语文文化月是北京财贸职业学院贯通项目的品牌系列活动，通过持续一个月的形式多样、内容丰富的语文实践活动，引导学生养成爱读书、读好书的良好习惯，培养学生语言文字应用、阅读、写作、口语交际等能力，视通万里，思接千载，全面提升学生的人文素养，继承和发扬中华经典文化，夯筑民族文化的殿堂。

三、贯通基础阶段语文学科第二课堂竞赛活动总体目标

1. 在课外学习渠道中，进一步提高学生的语文听、说、读、写能力，并能够在社会实践和日常工作生活中体现具有个性特征的良好语言素养。

2. 通过语文课外探究活动，增强学生思考问题和解决问题的能力，培养具有灵活性和创新性的思维品质。

3. 通过语文第二课堂审美体验活动，在发现美、感受美、创造美的过程中提高学生审美素养。

4. 以中华优秀传统文学为主要内容，创设有时代气息的语文第二课堂文化活动，让学生在体验和创造中实现文化素养的提升。

四、贯通基础阶段语文学科第二课堂竞赛活动内容展示

1. 文化传承模块

（1）古诗文吟唱比赛。

在古代的蒙馆和学馆，“吟诵”是课本中的必修内容。吟诵是欣赏古典美文行之有效的独特手段，古诗文吟唱大赛通过“吟唱”这一形式，读雅言，诵经典，让学生把经典诗文“唱出来”，充分领略古典诗词文章的意境美。

（2）飞花令比赛。

飞花令，原本是古人行酒令时的一个文字游戏，源自古人的诗词之趣，得名于唐代诗人韩翃《寒食》中的名句“春城无处不飞花”。行飞花令时，每人轮流说出带有规定主题字的诗词，说得多者取胜。这一古人的雅令，也在语文教研室的引领下，在贯通项目学生中流行开来。

（3）书法比赛。

书法比赛分为硬笔组和软笔组，鼓励学生开展书法研习与创作，激发学生的民族自豪感和爱国主义情感。通过初赛的同学齐聚一堂，现场挥毫泼墨，在笔走龙蛇、妙笔生花中，让汉字之美走近心灵。正值北京财贸职业学院 60 周年校庆，学生们在书法比赛中用“甲子辉煌 匠心独运”和毛泽东诗词《沁园春·长沙》表达对母校的祝福。

2. 文化实践模块

（1）读书征文活动。

“好书丰富人生”征文活动通过书写对某本书或某篇文章的阅读心得和感悟，结合自己的学习生活及成长经历抒发真情实感，阐发读书对自身成长的意义与影响。获奖征文都主题鲜明，内容健康，文笔流畅，富有真情实感，具有深入的思考和独到的见解，体现了同学们的博学、创新。

（2）原创诗歌作品征集。

“月圆中秋，师恩难忘”原创诗歌作品征集活动佳作节选活动共收到原创诗歌作品近百篇。

（3）主题读书会。

每期读书会使用不同的主题，使学生在阅读中、在与同好交流中开茅塞，除鄙见，得新知，养性灵。

3. 文化体验模块

（1）走进恭王府。

贯通文学社走进恭王府，领略古代建筑文化魅力，学生们不仅了解恭王府更丰富的知识，同时也感受到了北京的胡同文化。

（2）贯通文学社中国传媒大学交流行。

贯通培养项目禹志文学社赴中国传媒大学参加中文系研究生文学沙龙活动并交流。

（3）贯通文学社潞河中学行。

贯通培养项目禹志文学社社员及指导教师前往北京市潞河中学，与潞河中学潞园文学社的同学老师们一起，开展了一场诗意盎然的交流活动。

（4）文学社爱心图书捐赠活动。

（5）“记录春天”户外语文课。

由学生在校园里寻找充满“春天”的角落，拍下来并配上符合意境的古诗。

2018年贯通培养项目第三届语文文化月活动方案

一、活动宗旨

引导学生积极参与语文实践活动，培养学生语言文字应用、阅读、写作、口语交际等能力，鼓励学生养成爱读书、读好书的良好习惯，提升学生的人文素养，营造清新高雅的校园文化氛围。

主题：畅享青春 与梦同行

二、活动时间

2018年4月中旬—5月中旬

三、活动安排

1. 古诗词吟唱比赛暨活动启动仪式

活动主旨：华夏经典，千年传承。吟唱诗词，为经典注入时代活力；陶冶性情，让国学走进校园生活。

活动时间：4月中旬

活动地点：民大附中礼堂

参与对象：2016级和2017级贯通全体学生

参赛要求：

①以班级团体参赛的形式参加，每班不少于10人；②以歌曲的形式，吟唱古典诗词，彰显中华文化和语言的魅力；③脱稿表演，鼓励舞蹈、乐器演奏、舞台表演等各种形式创

新；④表演时间3~5分钟，不得多于5分钟。

活动流程：

（1）古诗词吟唱比赛。

①各班自行准备节目参与初赛。初赛分2016级、2017级两个年级组进行，共选出12个作品（暂定）参与复赛。②复赛在通州本部进行，评选出一、二、三等奖及优秀奖若干。

（2）开幕仪式。

2.“翰墨书香，写意人生”书法比赛

活动主旨：弘扬书法文化、传承书法艺术，鼓励学生开展书法研习与创作，激发学生的民族自豪感和爱国主义情感。

活动时间：4月中下旬

活动地点：朝阳校区

参与对象：2016级和2017级贯通全体学生

参赛要求：

①各班组织学生以个人身份参赛；②书法作品内容可以是表现积极向上的诗词、励志的名言警句，或摘录领导、名人的论著，宜文句精练，寓意深刻。③作品书体不限，硬笔、软笔均可。提交软笔作品的选手，需同时提交硬笔作品一幅。④初赛作品大小自行裁定，不宜太小。

活动流程：

①学生以个人身份提交作品参加预选，视作品提交情况，评选出优秀作品并组织进行现场书法比赛。（注：如果软笔书法作品提交数量及质量尚可，可同时组织硬笔、软笔现场书法比赛，否则，只举办现场硬笔书法比赛）。时间：4月15日—25日，参赛学生将作品上交各班语文老师，由语文教研组统一收齐并进行初选。②选拔学生进行命题现场书法创作并现场打分，可邀请专家点评。时间：4月25日—30日，进行现场评比。③大赛评选出一、二、三等奖及优秀奖若干，设置组织奖，奖励参与人数较多的班级。获奖作品将统一进行宣传展示。

3.“我的梦·中国梦”演讲比赛

活动主旨：丰富校园文化生活，培养学生语言表达能力，在提高综合素质的同时拓宽视野、明确目标，更好的规划自己的校园生活。

活动时间：5月上旬

活动地点：朝阳校区

参与对象：2017级贯通全体学生

参赛要求：

①以班级为单位，每个班级派出一名代表参加比赛。②演讲内容健康，积极向上，切合此次比赛的主题，体现对青春梦想的追求及理想信念，将自己的青春梦想融入国家梦想当中。③演讲稿需原创，尽量脱稿进行，演讲过程可采用PPT或现场表演等辅助手段。④

演讲时间不得超过 5 分钟。活动流程：各班选手参赛，评选出一、二、三等奖及优秀奖。

4. 民俗文化展演比赛

活动主旨：使现代文化与传统文化能够通过活动贯通连接，使在现代物质文化熏陶成长下的学生能够通过欣赏、展示以及制作的过程，深入的了解和感受我国传统民俗文化的魅力。

活动时间：5 月上旬

活动地点：朝阳校区

参与对象：2016 级贯通全体学生

参赛要求：①以个人为单位准备关于某种民俗知识的材料，PPT 展示。②以个人为单位制作与民俗文化有关的工艺品。③展示环节需内容积极向上，弘扬中华民族传统风尚。活动流程：选手自主报名参赛，评选出 PPT 展示的一、二、三等奖，以及手工制作的一二三等奖。

5. “感悟生活 诗意栖居”主题读书沙龙

活动主旨：为了让师生通过读书增加底蕴，培养学生的阅读习惯和记录读书笔记的好习惯。积累学生的语言、丰富学生的课外知识、发展智力、陶冶情操、造就品格，丰富学生的精神世界。

活动时间：4 月中旬—5 月中旬

活动地点：朝阳校区

参与对象：2016 级、2017 级贯通全体学生

参赛流程：读书沙龙分为两期，主题分别为“汪曾祺 – 品悟文学之趣味”以及“川端康成 – 品味文学之静美”。

（1）前期准备：①老师推荐两大主题作者的必读经典著作，自主选择至少一本书进行阅读（附注为推荐的必读经典著作，学生自由通过各类渠道借阅）。②以个人身份按照兴趣加入读书沙龙。

（2）活动流程：①第一期，同学们在读书沙龙中交流推荐对自己影响比较大的汪曾祺的作品，并谈一谈自己的感受，交流者均有奖品。②第二期，同学们选择自己最爱的川端康成的作品进行品读，并谈一谈自己的感受，交流者均有奖品。③品读过程中可自备背景音乐及 PPT。

6. 语文知识竞赛暨闭幕式

活动主旨：检验学生的语文综合学力，激发学生的学习热情，提高学生语文素养水平。

活动时间：5 月中旬

活动地点：民大附中礼堂

参与对象：2016 级和 2017 级贯通全体学生

活动流程：

（1）语文知识竞赛：把语文知识分为基础知识、文学常识、诗文阅读、语言表达四个

模块，通过闯关的形式积累分数，得分最高者胜出。先利用语文课或班会在各班进行初赛，最后每班派出代表参加决赛。（2）闭幕式及颁奖。

2019 年贯通培养项目第四届语文文化月活动方案

为引导学生积极参与语文实践活动，培养学生语言文字应用、阅读、写作、口语交际等能力，使学生爱上语文、爱上阅读、爱上文化，贯通基础教育学院贯通培养项目将举办第四届语文文化月活动。现将活动方案制定如下。

一、活动宗旨

引导学生积极参与语文实践活动，培养学生语言文字应用、阅读、写作、口语交际等能力。

二、活动时间

2019 年 3 月中旬至 4 月中旬

时间	活动	详情	地点	负责人
3 月 18 日—3 月 26 日（周二）	盒子里的宋词（2017 级） 扇子上的春天（2018 级）	用纸盒、扇子、卡纸进行制作，每班人数不限	各班	韩冰凌 李古月
3 月 21 日（周四）	趣味成语比赛	每班派两名选手参赛	301 教室	岳宗硕 张慧
3 月 25 日—4 月 1 日（周一）	创意书签制作比赛	各班制作书签	各班	李彦湄
3 月 26 日（周二）	读书沙龙第四期（刘慈欣）	自愿参加，围绕刘慈欣的科幻小说进行交流	小教室	李超
3 月 28 日（周四）	语文文化月开幕式暨文学文化知识竞赛	每班派两名选手参赛	民大附中礼堂	全体语文教师
4 月 8 日（周一）	古诗词吟诵比赛预赛	各班按要求参加，每个节目不低于 12 人	301 教室	全体语文教师
4 月 11 日（周四）	语文文化月闭幕式暨古诗词吟诵比赛	各班按要求参加	民大附中礼堂	全体语文教师
4 月 16 日	读书沙龙第五期（余华）	自愿参加，围绕余华的作品进行交流。	小教室	韩冰凌 李古月
4 月 18 日（周四）	飞花令比赛	各班预赛，每班派三名选手参加决赛	301 教室	王丛珊 左人吉

三、活动安排

1. 文学文化知识竞赛

把语文知识分为基础知识、诗文阅读、语言表达三个模块，通过闯关的形式积累分数，得分最高者胜出。先利用语文课或班会在各班进行初赛，最后每班派出代表参加决赛。

比赛时间

2019 年 3 月 28 日（星期四）

参赛要求

每班派两名代表参加决赛。

比赛规则

参赛班级通过答题积累分数，共四轮比拼，其中，第一环节为积分制，第二环节以后为淘汰制。起始基准分为 100 分。

第一环节：选择题

第一轮，每班按照顺序，依次回答问题，每题 10 分。答对计分，答错扣分。第一环节题目均在题库之中。每道题答题时间为 30 秒。

第二轮，按照顺序答题，每班自由选择分数。有 10 分、20 分、30 分三种题型。本环节答对计分，答错扣分。每题答题时间为 30 秒。

第一环节结束后，得分高者胜出，进入第二环节比拼。

第二环节：抢答题

第二环节为抢答题，形式为判断题和成语题。本环节题库仅为示例，不包含现场真题。

第三环节：飞花令

请在 10 秒内说出包含“春”的诗句（花、月）。

2. 趣味成语比赛

活动目的：弘扬中华民族传统文化，巩固已学成语，扩大词汇积累，提高学生对成语的理解能力和运用能力，促使学生阅读成语，激发学生积累成语的兴趣，让学生感受合作竞争的热烈、紧张与欢乐，培养健康向上的情感。

活动主题：弘扬传统文化经典，争做风华正茂少年

活动时间：3 月 21 日

活动对象、内容：

参加活动对象：2017 级、2018 级全体学生。

本次比赛以班级为单位参加年级决赛（每班一组，每组两人）。

活动流程：

比赛分为快乐成语、你来比划我来猜、成语接龙、狭路相逢四关。

第一关：快乐成语

（每组队员在规定时间内按要求答题，答对加 10 分，答错不扣分）

第一轮："珠联璧合"，按要求补充成语。

第二轮："看图猜成语"，根据出示图片，说出所示的成语。

此环节淘汰 10 组（等待复活）

第二关：你来比划我来猜

团队合作题。根据出示成语每组派两名成员，一个比划一个猜，要求不能说话，但可以发出模仿声音。（例如语气音，动物叫声等）在 2 分钟内猜对一个成语得 2 分。

此环节淘汰 10 组（等待复活）

第三关：成语接龙

主持人给出首发成语，后手只允许接前手最后一个字作为成语的开头，组成新的成语，不得重复，可同音不同字。限时 10 秒，答对加 10 分，答错不扣分。

隐藏复活环节：如果某一个小组 15 秒内没有答案，可现场求助有答案的同学，该同学可以以个人身份复活，从而争取个人奖项。

此环节淘汰 4 组

第四关：狭路相逢

两两 PK，先按要求说出 3 个含某字的成语的小组得分。每次加十分。

本环节决出三等奖、二等奖、一等奖。

评奖办法：

各队所得总分为代表队成绩。根据总成绩评出冠、亚、季代表队各一队。

根据个人表现评选出：最具学识奖、最佳风采奖、最佳表现奖各一人。并颁发奖状和奖品。

注：每场比赛后主持人会宣布答案，以标准答案和评委意见为准。

3. 盒子里的宋词

活动时间：3 月 18 日—3 月 26 日

活动地点：各班教室

参与对象：2017 级贯通全体学生

参赛流程：

（1）盒子里的宋词制作的内容：用一个盒子来表达宋词中的风景和故事（必须是立体的）。

（2）盒子制作要求：①各班语文教师先讲解盒子里的宋词制作方法。②盒子材料：纸盒、丝带，胶水，彩纸等。③盒子大小：直径 35 厘米以内。④盒子着色：图案彩色，设计立体⑤盒子数量：1~3 人为一组，各班开辟专栏展示，在班级进行展示评比的基础上，各班择优选出 10 个优秀作品进行评比。

（3）盒子上交时间：3 月 26 日之前。

4. 扇子上的春天

活动时间：3 月 18 日—3 月 26 日

活动地点：各班教室

参与对象：2018 级贯通全体学生

参赛流程：

（1）制作内容：①把诗词中春天的画面画到扇子上。②各班先由学生在 A4 纸上画底稿，每班选出最多 5 名同学进行扇子上的作画。

（2）扇子制作要求：①材料：空白团扇。②大小：统一配备③扇子着色：图案部分可以是彩色、也可以是黑白的，由于扇面材质特殊，需要使用丙烯颜料或水彩笔。

（3）上交要求：每班以个人名义报名，报名者先上交初稿，经语文老师筛选后，每班选取 5 名同学参加正式比赛，发扇子制作，统一上交。备注：上交作品时要以班级为单位整理包装上交。

（4）上交时间：3 月 26 日之前。

5. 创意书签制作比赛

活动时间：3 月 25 日—3 月 31 日

活动地点：各班教师

参与对象：2017 级、2018 级贯通全体学生

参赛流程：

（1）书签制作的内容：用一幅画来表达诗词中的某个意象。例如，雨景与“清明时节雨纷纷”。

（2）书签制作要求：①书签材料：白纸板、丝带。②书签大小：长 15 厘米，宽 6 厘米，竖版制作

（3）书签着色：图案部分必须是彩色。

（4）书签数量：各班择优选出 5~8 个优秀作品参加年级评比。

6. 读书沙龙

活动主旨：为了让师生通过读书增加底蕴，培养学生的阅读习惯和记录读书笔记的好习惯。积累学生的语言、丰富学生的课外知识、发展智力、陶冶情操、造就品格，丰富学生的精神世界。

活动时间：3 月 26 日（第四期）、4 月 16 日（第五期）

活动地点：朝阳校区

参与对象：2017 级、2018 级贯通全体学生

参赛流程：读书沙龙分为两期，主题分别为“刘慈欣——畅游未来”，以及“余华——品味人生”。

前期准备

（1）老师推荐两大主题作者的必读经典著作，自主选择至少一本书进行阅读（附注为推荐的必读经典著作，学生自由通过各类渠道借阅）。

（2）以个人身份按照兴趣加入读书沙龙。

活动流程

（1）第一期，同学们在读书沙龙中交流刘慈欣的科幻作品，并谈一谈自己的感受，交

流者均有奖品。

（2）第二期，同学们选择自己最爱的作品进行品读，并谈一谈自己的感受，交流者均有奖品。

（3）品读过程中可自备背景音乐以及PPT。

7. 飞花令比赛

活动主旨：中华古诗词历史源远流长，名篇佳作篇目繁多，美不胜收。通过开展丰富多彩的诗词教育活动，不仅可以提高学生的记忆力、想象力，以及对语言的感悟力，挖掘学生发现美、欣赏美、创造美的能力，还可以增强学生的文化底蕴，陶冶情操，完善人格，提高人文素养。

活动时间：4月18日（决赛）

活动地点：301教室

参与对象：2017级、2018级贯通全体学生

参赛流程：

（1）本次比赛以年级为单位，每班先在班级开展初赛，然后各班推选出胜出者3人参加年级决赛。比赛的具体内容及篇目详见“附件”。

（2）初赛以班级为单位，由组织者提前一周公布一或两个“令词”，全班学生积极准备。班内利用班会等时间组织初赛：按照抽签顺序，如：第一周由签号1组和2组对决，胜者为擂主，第二周由第3、5组对决，此后以此类推，比到最后，决出小组冠军。在初赛举行过程中，每次分赛的最高得分选手再次决出胜者为个人冠军，并同时产生决赛选手3名。

（3）决赛：各班选派3名选手参加。比赛设选手必答题和共答题两类。每轮由主持人提出关键字，如“花”“山”“春”“月”“夜”等诗词中出现的高频字，必答题由班级代表队参赛选手依次对句（不得重复），直到有选手背不出则一令结束，每一令中对1句代表队可计5分，给个人计1分。共答题由各班代表队选手共同合作完成，规则同必答题。计分则为每令每句10分，给上场答题者计2分。场上得分最高的代表队为诗词飞花令大赛一等奖获得者，而场上个人计分从高到低依次排名。

评奖办法：奖项设置为：2017级、2018级各设团体奖一等奖1个，二等奖2个，三等奖3个，个人奖6名。

8. 古诗词吟诵比赛

活动主旨：华夏经典，千年传承。吟诵诗词，为经典注入时代活力；陶冶性情，让国学走进校园生活。

活动时间：4月11日下午3点至5点

活动地点：民大附中礼堂

参与对象：2017级、2018级贯通全体学生

参赛要求：

（1）以班级团体参赛的形式参加，每班不少于12人；

（2）以朗诵的形式，诵读古典诗词，彰显中华文化和语言的魅力。可加入歌曲，但需以“诵”为主；

（3）脱稿表演，鼓励舞蹈、乐器演奏、舞台表演等各种形式创新；

（4）表演时间 3~5 分钟，不得多于 5 分钟。

活动流程：

（1）各班自行准备节目参与初赛。初赛分 2017 级、2018 级两个年级组进行，共选出 12 个作品（暂定）参与复赛。

（2）复赛在民附礼堂进行，评选出一、二、三等奖及优秀奖若干。

古诗词吟唱比赛评分标准

项目	内容	分值
诗词内容（10 分）	主题鲜明、深刻，积极向上，思想性强	
服饰仪表（10 分）	服装整洁得体，修饰有度，举止大方	
姿态神情（30 分）	1. 姿态、动作、表情、眼神能准确、自然、形象地表达吟唱内容和思想感情，渲染气氛，增强表达效果。 2. 完全脱稿	
节目创意（20 分）	配乐、背景、伴舞、道具使用等协调有创意，或以其他富有创意的形式朗诵，给人耳目一新的感觉	
吟唱效果（30 分）	声情并茂，吸引观众，气氛活跃，感染力强，能与观众心灵与情感共鸣，现场整体效果好	
合计		

2020 年贯通培养项目第五届语文文化月活动方案

为引导学生积极参与语文实践活动，培养学生语言文字应用、阅读、写作、口语交际等能力，养成爱读书、读好书的良好习惯，贯通基础教育学院贯通培养项目将举办第五届语文文化月活动。在新冠疫情防控特殊形式下，本方案活动将分为线上、线下两部分。现将活动方案制定如下。

一、活动宗旨

在各种形式的语文活动中，体验读书的乐趣，帮助学生养成热爱读书的习惯，多读书，读好书，提高读写能力，充实文化底蕴，陶冶情操。

二、活动时间

2020年4月至5月

时间	活动	内容
4月7日开启	古诗文吟唱大赛	以个人名义参赛，用吟唱的形式展现经典古诗文的内容
4月17日（初赛） 5月（复赛）	贯通诗歌朗诵会	以个人名义参赛，选择古今中外任意一首经典诗歌，声情并茂进行朗诵
4月28日	书法大赛	分为硬笔、软笔两组进行评选。每位学生最多可提交该两组作品各一幅
5月7日	创意书签比赛	学生按要求制作书签
3月—5月	“爱上阅读”读书活动	学生在教师的带领下，每周提交“阅读打卡”，完成阅读时长、阅读篇章和阅读心得及截图内容

三、活动内容

1. 古诗文吟唱大赛

活动对象：2017级、2018级、2019级全体学生

活动内容及要求：以个人名义参赛，用吟唱的形式展现古诗文的经典片段，彰显中华诗词文化和传统文学的魅力。

活动流程：

初赛（线上）：4月。学生自行演唱，将作品上传至“全民K歌”APP，分享给各班语文老师。由各班语文老师进行搜集，在年级内评选出决赛选手。

决赛（线下）：恢复正常教学秩序后，组织学生进行现场决赛，角逐一、二等奖。

奖项设置：

按2017级、2018级组和2019级组进行奖项设置。进入决赛的即为三等奖，决赛结束后，两组分别拟设置：

一等奖：8名

二等奖：15名

三等奖：若干

最终获奖人数会根据参赛人数进行调整。

2. 贯通诗歌朗诵会

活动对象：2017级、2018级、2019级全体学生

活动内容及要求：以个人名义参赛，选择古今中外任意一首经典诗歌，声情并茂进行朗诵。

活动流程：

初赛（线上）：4月中旬开启。学生以小视频的方式拍摄朗诵作品，上传给各班课代表，课代表整理后发给语文老师，语文组老师组织评选。

复赛（线上或线下）：5 月。根据疫情防控形式，做好两手准备。①线上：组织复赛学生、评委及观众开启视频会议，线上进行复赛。②线下：正常进行。

奖项设置：

按 2017 级、2018 级组和 2019 级组进行奖项设置。进入决赛的即为三等奖，决赛结束后，两组分别拟设置：

一等奖：10 名

二等奖：20 名

三等奖：若干

最终获奖人数会根据参赛人数进行调整。

3. 贯通书法大赛

活动对象：2017 级、2018 级、2019 级全体学生

活动内容及要求：书法大赛分为硬笔、软笔两组进行评选。每位学生最多可提交该两组作品各一幅，硬笔书法需用米字格书法纸，软笔书法大小不限。

活动流程：

4 月下旬开启。学生完成书法作品后，拍照上传给各班课代表，课代表整理后发给语文老师，由老师组织评选。暂定该活动全程线上进行，如教学秩序恢复后时间较为充裕，可考虑组织线下复赛。

奖项设置：

按 2017 级、2018 级组和 2019 级组进行奖项设置。两组分别拟设置：

一等奖：15 名

二等奖：30 名

三等奖：若干

最终获奖人数会根据参赛人数进行调整。

4. 创意书签制作比赛

活动对象 2017 级、2018 级、2019 级全体学生

活动内容及要求：

（1）书签制作的内容：用一幅画来表达诗词中的某个意象。例如，雨景与“清明时节雨纷纷”。

（2）书签制作要求：书签材料：白纸板、丝带。书签大小：长 15 厘米，宽 6 厘米，竖版制作。

（3）书签着色：图案部分必须是彩色。

（4）书签数量：各班择优选出 5~8 个优秀作品参加年级评比。

活动流程：活动将于 5 月中旬开启。视情况，学生上交书签实体或书签照片。

奖项设置：

按 2017 级、2018 级组和 2019 级组进行奖项设置。两组分别拟设置：

一等奖：20 名

二等奖：40 名

三等奖：若干

最终获奖人数会根据参赛人数进行调整。

5.“爱上阅读”读书活动

活动对象：2018 级全体学生

活动内容及要求：由各班语文教师提供经典阅读书目，组织学生进行阅读。

活动流程：该活动为连续性活动。学生在教师的带领下，每周提交“阅读打卡”，完成阅读时长、阅读篇章和阅读心得及截图内容。每周均参加的同学视为参与活动，奖项将在线上教学结束后，从阅读心得笔记优秀的同学中评选。

奖项设置：

一等奖：15 名

二等奖：30 名

三等奖：50 名

最终获奖人数会根据参赛人数进行调整。

经典浸润年华 诗词点亮人生
——贯通项目第三届语文文化月暨古诗词吟唱大赛顺利举行

2018 年 5 月 31 日下午，贯通基础教育学院在中央民族大学附属中学（朝阳校区）电教馆举行了高端技术技能人才贯通培养项目第三届语文文化月活动开幕式暨古诗词吟唱大赛，拉开了朝阳校区庆祝北京财贸职业学院建校 60 周年教育教学成果展示的序幕。副校长李永生、中央民族大学附属中学副校长王国德、朝阳校区党总支书记郭秋生、校团委书记武少侠及贯通基础教育学院全体师生出席本次活动。

语文文化月系列活动作为贯通培养项目基础学段的品牌活动，旨在让学生通过参与各项语文文化活动，陶冶情操，传承汉语言文化，诵经典，读诗书，全面提高语文素养。本届语文文化月包含了古诗词吟唱比赛、书法比赛、主题读书沙龙、演讲比赛、民俗文化展演等多项活动。

在开幕式上，贯通基础教育学院的语文教师代表和小朋友们带来的《声律启蒙》，拉开了古诗词吟唱比赛的序幕。经过前期初赛的选拔，十个班级的同学们入围复赛。他们用古诗词吟唱的方式传承了中国文化，用创新表演的形式为古诗词赋予了新时代的精神气息。同学们惟妙惟肖、引人入胜的表演，展示了古诗词的诗情画意和悠远意境。古诗词与中西音乐交融汇合，表演大气悠扬，感人至深，博得了在场师生的阵阵掌声。

经过现场评委的打分和评选，2016 级外培 5 班表演的《蒹葭》获得了一等奖，2016 级内培 3 班《念奴娇》、2017 级基础 1 班《菩萨蛮》的表演获得了二等奖。

语文文化月以学生喜闻乐见的形式展示基础教育学段语文教育教学的初步成果，不但为学生提供了发挥优长的舞台，也为教师探索教育教学改革和课程建设指明了的方向。

贯通基础教育学院举行“经典诗文诵读”决赛

为传承和弘扬中华优秀传统文化，培养学生阅读、解读、诵读中华经典诗文的习惯，增强学生的文化自信与文学素养，2018 年 12 月 27 日，贯通基础教育学院举行贯通项目基础阶段“经典诗文诵读”大赛决赛。

本次大赛经过初赛的角逐，全院共有 14 组学生参与决赛。参赛选手分别诵读了《我骄傲，我是中国人》《在秋天，说出祖国的名字》《满江红》《将进酒》《蒹葭》等文质兼美的经典作品，他们或抑扬顿挫，或慷慨激昂，或柔声细语，或载歌载舞，深情的朗诵博得了在场的评委与学生们的阵阵掌声。

最终，2017 级 1 班李想等 17 名同学和 2018 级 4 班黄佳君同学获得一等奖。本次大赛提高了学生们对经典诗文的兴趣，营造了不忘经典、争相传颂的校园文化氛围。

妙趣横生猜成语，国学经典显风姿
——贯通基础教育学院第四届“语文文化月”大幕拉开

为了丰富学生的成语积累，提升学生的人文素养，营造班级浓厚的读书氛围，2019 年 3 月 21 日下午，贯通基础教育学院在朝阳校区多功能厅举办了第四届“语文文化月”——趣味成语大赛，来自 2017 级、2018 级的 30 个班级的同学们踊跃参与角逐。

大赛分为“珠联璧合”“你来比划我来猜”“成语接龙”“狭路相逢”四个环节，同学们时而欢声笑语，时而敛容屏气，展现了极高的参与热情。

随着题型和内容难度的层层递进，有扎实的成语功底的参赛队伍逐渐崭露头角，脱颖而出。最终经过语文教研室全体老师的审议评定后，2017 级 13 班凭借极高的默契度、丰富的成语储备和过硬的心理素质，以高分摘取了成语大赛的桂冠。2017 级 1 班、2017 级 6 班斩获第二名，而 2018 级 1 班等三个班级、2017 级 8 班等四个班级分别获得三等奖、优秀奖的好成绩。

本次比赛正式开启了“第四届语文文化月”序幕，不但开阔了学生的视野，寓教于乐的方式让学生更加注重成语的学习和积累，同时也展现了莘莘学子勇于挑战自我的风范。后续的系列活动主要是围绕着致敬国学经典的方向，师生们将会共同感知与重温文化的魅力。

高谈雄辩 欢声雷动
——第四届语文文化月开幕式暨文学文化知识竞赛顺利举行

迟日江山丽，春风花草香。2019 年 3 月 28 日，贯通基础教育学院第四届语文文化月开幕式暨文学文化知识竞赛如期举行。开幕式暨知识竞赛地点设于中央民族大学附属中学礼堂，各班选手们精心备赛，摩拳擦掌，博得了在场师生们的阵阵掌声和欢呼。

本次文学文化知识竞赛分为三个环节。第一个环节为文学文化常识题，选手们在必答题结束后，需要从 10 分、20 分、30 分不同分值的题型内选题，决出进入第二轮比赛的队伍。第二个环节为抢答题，妙趣横生的看图猜成语和诗词九宫格等题引发了不仅是答题选手，也包括了现场观众的答题热潮。两轮过后，2017 级 10 班、2017 级 11 班和 2018 级 5 班三个班级进入第三轮飞花令比赛，夺得三甲。

“语文文化月”是贯通项目基础阶段学科品牌活动。为营造书香校园氛围，提高学生对语文的学习兴趣，感受中华传统文学文化的博大精深，每年的“文化月”均设置不同的语文学科活动，内容涵盖听、说、读、写等方面。本届文化月以“诗意青春”为主题，设置了趣味成语大赛、飞花令比赛、盒子上的宋词、扇子上的春天、创意书签比赛、读书沙龙和古诗词吟诵比赛，形式丰富，覆盖面广，为贯通基础教育阶段学子搭建了互动、互助的语文学习交流平台。

思接千载 视通万里
——第四届语文文化月暨古诗文吟诵比赛圆满落幕

2019 年 4 月 11 日下午，第四届语文文化月暨古诗文吟诵比赛在中央民族大学附属中学礼堂举行，为期一个月的语文文化月活动圆满落下帷幕。

闭幕式上，来自贯通项目 2015 级的李祎、2016 级的韩笑宇、2017 级的马铭蔚和 2018 级的何冬靖四位同学作为学生代表进行了语文文化月传承仪式，口号“书香北财，卓越贯通”表达了他们传承传统文化、提高语文素养的决心。随后，经过激烈的角逐后胜出的十四个班级进入到古诗文吟诵比赛决赛现场。集古人之思，绘今人之卷，合百家之辉芒，铸贯通之华章，他们载歌载舞，声情并茂，为在场师生奉献了一场视听盛宴。

2017 级基础 1 班的《诗经·击鼓》用或铿锵，或激昂，或柔和，或悲戚的吟诵，演绎了古代战士的征战之悲。2017 级基础 8 班的《阿房宫赋》融合了朗诵、歌唱、戏曲、舞蹈元素，令人仿佛穿越到那舞殿冷袖，风雨啼啼的场景。2018 级基础 4 班的《山鬼》衣袂飘飘，佳人翩翩，歌声渺渺，舞姿袅袅，再现了美丽而又哀怨的山鬼形象。2018 级基础 1 班的《少年中国说》展现了正在成长的中国少年英姿，也歌颂了正在崛起的少年中国景象。

此外，英姿飒爽犹酣战的《木兰辞》，同是天涯沦落人的《琵琶行》，愁肠百结的《如梦令》，回旋婉转的《长恨歌》，琵琶、大鼓、古筝、二胡，都传递着古诗文历经千年不衰的魅力。最终，贯通 2017 级 1 班的节目《诗经·击鼓》、贯通 2018 级 1 班的节目《少年中国说》以震撼人心的表演分别获得 2017 级、2018 级一等奖。

思接千载，视通万里。本届贯通语文文化月活动在精彩的演出中书写下圆满的句号。作为贯通项目基础阶段学科的品牌活动，“语文文化月”将继续弘扬中华传统文化，营造书香校园氛围，提升语文学科素养，谱写贯通学子青春的乐章。

盒子里的宋词：创新人文素养教育新载体

宋词作为中国古代文学皇冠上光辉夺目的一颗明珠，多少的千古佳作流传至今，让一代又一代的读者陶醉其中。本学期贯通 2018 级学生的语文课一开学便是宋词单元，贯通语文教研室的老师为了提高同学们学习宋词的兴趣，加深对宋词的理解，开展了“盒子里的宋词”教学创新活动。

“盒子里的宋词”语文教学创新活动结合环保主题，倡导同学们利用废旧纸盒制作与宋词内容相关的场景，以直观的色彩和图案展现宋词的意境。通过同学们的精心设计，小桥流水的婉约，大江东去的豪迈，执手相看的深情，都在小小的纸盒上精彩呈现。有的同学更是发挥奇思妙想，制作出立体的景观，更形象地表达了人与景的关系，更深刻地阐释了宋词的意境。

2018 级贯通培养项目的 16 个班全部参与了此次活动，同学们的文学底蕴、书法和绘画特长、手工技艺都得到了充分展示，各班提交的作品都构思巧妙、制作精美。同学们表示，非常喜欢这样形式新颖的教学创新活动，也希望以后开展更多集知识性、趣味性、创造性为一体的教学活动，为同学们搭建更好的人文素养培养平台。

2018 级贯通“聚焦热点”主题新闻剪报大赛成功举办

为提升同学们的新闻素养，培养良好的阅读习惯，提高欣赏、概括、判断和辨识等多种能力，勤学深思，学为已用，2019 年 12 月，2018 级贯通“聚焦热点”主题新闻剪报顺利举行。本次活动由 2018 级语文教研组主办，来自全年级 16 个班级的 375 名同学参与了大赛。

参赛的同学们按照活动要求，搜集不同报纸上同一题材的新闻，自定主题，匠心设计，精心编排，细心描绘，耐心剪贴，呈现出一张张内容丰富、图文并茂的剪报，涉及政治、经济、文化、艺术、医疗等多个方面。同学们通过主题剪报，关注社会热点，记录时代发展，传递着新一代贯通学子的正能量。本次大赛共评出一等奖 12 人，二等奖 22 人，三等奖 39 人。

第二节　贯通基础数学第二课堂竞赛活动——数学竞赛季

数学学科构建了由笔算能力竞赛、空间组合体模型设计大赛、思维导图比赛、逻辑推理能力比赛和数学综合知识竞赛组成的贯通基础数学竞赛体系。贯通学生第一学期开展了“数学笔算能力大赛”，第二学期开展“科学计算器使用大赛”或“思维导图比赛”；第三学期开展“空间组合体模型设计大赛”；第四学期开展“逻辑推理能力比赛”或“数学综合知识竞赛”。特别是空间组合体模型设计大赛已经成为贯通基础阶段教学的品牌竞赛。并出版了 2017 级、2018 级和 2019 年年贯通基础阶段学生空间组合体模型设计大赛作品集。贯通学生通过数学比赛脱颖而出获得了木梁承重比赛全国一等奖。

通过数学技能技术创新大赛的实践活动，使学生进一步体会了“数学服务于人类、服务于生活”的深层意义。从而使学生除掌握必要的数学基础知识，还具备必需的相关技能与能力，为学习专业知识、掌握职业技能、继续学习和终身发展奠定基础。

贯通基础教育学院学生“数学笔算能力”竞赛活动方案

一、指导思想

培养学生具有一定的笔算能力是培养数学核心素养的一项重要部分。计算是一种复杂的智力活动，计算能力也是综合能力的具体体现，计算能力的培养不仅与数学基础知识密切相关，而且与训练学生的思维、培养学生的非智力因素等也是相互影响、相互促进的。

二、活动目的

通过数学笔算能力竞赛，提高学生的数学计算能力、归纳推理的逻辑思维能力和探索实践的创新能力。进一步拓展学生的数学知识面，使学生在竞赛中体会到学习数学的成功喜悦，激发学生学习数学的兴趣；同时，通过竞赛了解数学教学中存在的问题和薄弱环节，为今后的数学教学收集参考依据。

三、竞赛内容

初中部分：实数运算、代数式计算、解方程（组）与不等式（组）；高中部分：指数运算、对数运算。

四、竞赛对象

贯通 2017 级全体学生（14 个班）

五、竞赛时间和地点

竞赛时间：2017 年 11 月 27 日至 2017 年 12 月 29 日
竞赛地点：贯通教室（以通知为准）

六、竞赛的相关人员

策划组织者：屠宗萍、王安娜、王培、韦天珍、张瑞亭、张冲、张晓霞

七、竞赛形式：笔试

预赛 60 分钟；参赛对象：2017 级全体学生
决赛 60 分钟；参赛对象：初赛前 60 名

八、竞赛流程

1. 准备阶段：11 月 27 日至 12 月 8 日

2. 预赛阶段：12 月 11 日至 12 月 15 日

3. 决赛阶段：12 月 18 日至 12 月 22 日

4. 评定阶段：12 月 25 日至 12 月 29 日

阅卷、评出奖项、竞赛总结和资料整理、公众号推送

九、奖项设置

评选出评出一、二、三等奖和优秀奖 40~60 名。

贯通基础教育学院

2017 年 11 月

贯通基础教育学院学生“数学计算器使用能力大赛”活动方案

一、指导思想

数学运算是六大数学学科核心素养之一，它是指在明晰运算对象的基础上，依据运算法则解决数学问题的素养。主要包括：理解运算对象，掌握运算法则，探究运算思路，选择运算方法，求得运算结果等。通过科学计算器的使用学习，进一步发展学生的数学运算能力，有效借助运算方法、运算工具解决实际问题的能力，通过运算促进数学思维的发展，形成规范化思考问题的品质，养成一丝不苟、严谨求实的科学精神。

二、活动目的

数学是贯通高端技术技能人才从事专业工作的工具，数学科学计算器的使用既能加强学生的基本运算能力和动手能力，同时也可以为后续专业课（如测量、预算等）的学习铺平道路、打下基础，使我们的学生在今后的工作中如果遇到了数学问题，可借助各种数学工具都能迅速、准确地得到结果，完成任务，让学生觉得数学好用而且并不难用。使学生在竞赛中体会到学习数学的成功喜悦，激发学生学习数学的兴趣。

三、竞赛内容

（1）小学、初中已学四则运算；

（2）普通高中课程标准实验教科书数学必修一、必修四涉及的计算器内容：

※ 有理指数幂的计算：y^x 键和 $\sqrt[x]{y}$ 键；

※ 对数值计算：log 键和 ln 键；

※ 角度与弧度的显示和换算：DEG 键 DRG 键；

※ 三角函数值的计算：sin、cos、tan 键和 $\sin^{-1}$、$\cos^{-1}$、$\tan^{-1}$ 键。

四、竞赛对象：贯通 2017 级全体学生（14 个班）

五、竞赛形式

初赛：2017 级全体学生（14 个班）。

决赛：前 40 名学生，评出一、二、三等奖各 10 名、15 名、15 名。

六、竞赛奖励

1. 平时成绩加分（任课数学教师负责）。

2. 证书和奖品奖励（学校颁发）。

七、竞赛流程

1. 准备阶段：4 月 3 日至 4 月 27 日（利用课堂教学穿插学习复习计算器已学键的使用、制作宣传海报、模拟题练习）。

2. 初赛阶段：5 月 2 日至 5 月 4 日（初赛具体日期待定）。

3. 决赛阶段：5 月 7 日至 5 月 18 日（决赛具体日期待定）。

4. 评定阶段：5 月 21 日至 5 月 31 日。

贯通基础教育学院

2018 年 3 月 28 日

贯通基础教育学院学生“数学思维导图大赛”活动方案

一、活动介绍

思维导图是有效的思维模式，应用于记忆、学习、思考等的思维“地图”，利于人脑的扩散思维的展开。思维导图已经在全球范围得到广泛应用，包括大量的 500 强企业。思维导图又叫心智图，是表达发射性思维的有效的图形思维工具，它简单却又极其有效，是一种革命性的思维工具。思维导图运用图文并重的技巧，把各级主题的关系用相互隶属与相关的层级图表现出来，把主题关键词与图像、颜色等建立记忆链接，思维导图充分运用左右脑的机能，利用记忆、阅读、思维的规律，协助人们在科学与艺术、逻辑与想象之间平衡发展，从而开启人类大脑的无限潜能。思维导图因此具有人类思维的强大功能。教师利用思维导图设计课堂教学，以开发学生的创新思维和发散思维为本，结合学生特点灵活掌握数学知识，是实现课堂教学“高效”的有效途径，我们将以课堂为载体从教师行为、学生行为、师生共同行为三方面研究创设教学情境，构建初中数学思维导图高效课堂教学模式。

（一）教师根据自己对知识的理解为学生制作出一个模板

教师在备课过程在可以利用思维导图勾画出教学的重难点，以及对重难点的处理方法。在讲授数学知识时，注意到各知识点前后的联系，教师可以为学生做出一幅便于学生理解的思维导图，在画的过程中，一边复习所学的知识，一边可以阐述各知识之间的思维关系，并板书思维导图的一种形式。

（二）学生模仿画图，再根据自己的理解做出思维导图

思维导图的创作灵活，没有严格的限制条件，故而能够充分体现个人的思维特点，具有个性化特征。对于同一个主题的思维导图来说，由于学生的兴趣爱好、知识结构、思维习惯和生活经历不同，因而其所制作的思维导图也有差异，这样思维导图就有利于张扬个性，体现个体思维的多样性。

（三）师生共同画思维导图

心理学研究认为，在讨论问题的过程中，人们的思维处于高度集中状态，接受和处理信息的能力强，灵感容易显现。所以在讨论中将大家的意见和观点及时地记录下来，然后进行必要的整理，便能够得到较好的思维成果。小组共同创作思维导图，首先由各人自己画出自己已知的材料，然后将各人的思维导图合并及讨论，并决定那些较为重要，再加入新想法，最后重组成为一个共同的思维导图，最后的思维导图是小组共同的结晶，各组员有共同的方向及结论。因此，思维导图在学生的合作学习和研究性学习等过程中形成较高的实用价值，培养师生之间的合作精神和团结意识。

在新课程教学中，要体现学生的主动性，以教师为主导、学生为主体，利用思维导图，既可以激发学生的潜能和学习兴趣，又可以帮助学生从整体上系统地提高学习效率和成绩。这是一种有效的、积极的新型教学方式。在教学中推广和应用思维导图具有积极的现实意义。

二、活动安排

3 月 :“数学思维导图大赛”动员阶段。

4 月 :“数学思维导图大赛”进行阶段。

5 月 :“数学思维导图大赛”收集作品阶段。

6 月 :“数学思维导图大赛”总结与表彰阶段。

三、参赛对象

2017 级全体学生。

贯通基础教育学院

2018 年 3 月 1 日

贯通基础教育学院学生“空间组合体模型设计大赛”活动方案

一、指导思想

贯通培养项目是深化职业教育改革，探索实施素质教育的新途径，对学生成长和人才培养有着重要的意义。为提升学生综合素质，拓展知识面，增强团队合作精神，贯通基础教育学院数学教研室组织承办 2017 级贯通培养项目空间组合体模型制作大赛，搭建一个自我展示的平台，营造一个健康积极的学习氛围。

二、大赛目的

数学是研究现实世界中数量关系和空间形式的学科。目前，2017 级的学子们已经学习了柱体、锥体、台体等空间几何体，对空间形式已经不再陌生。对数学的学习不能死记硬背、生吞活剥，而应该注意问题的分析和解决，更应该培养创新的能力。在此基础上，我们举行了空间几何体模型制作大赛，旨在强化学生对空间几何体的认识，提高学生空间想象能力，激发学生探索数学的兴趣，更进一步地，让学生真正走进数学、了解数学、领悟数学的美。

三、比赛要求

1. 参赛对象：2017 级贯通培养项目全体学生。
2. 活动参赛时间：2018 年 10 月 1 日至 2018 年 10 月 20 日。
3. 作品提交时间：2018 年 10 月 20 日截止。

四、比赛方案

1. 参赛方式

参赛者独立查找相关资料，利用材料（废旧纸板，绳线等）制作几何体模型，对所做作品进行文字性的描述，最后提交一份自己满意的作品！

2. 竞赛流程

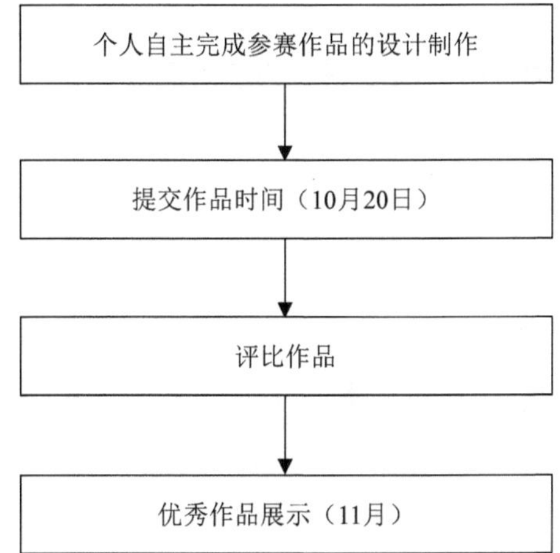

3. 参赛作品

空间几何模型：空间组合体、建筑物模型、教具模型等；

材质：木质、纸质、模具等（材质选择环保材料）；

尺寸：不限。

4. 注意事项

（1）作品为手工制作，不允许购买成品模具；

（2）设计制作过程注意安全事项；

（3）作品内容严谨抄袭，复制；

（4）作品制作过程要留有照片材料；

（5）提交作品注明作品名称、年级、班级、姓名。

五、竞赛奖励办法

一等奖：证书＋奖品；

二等奖：证书＋奖品；

三等奖：证书＋奖品。

贯通基础教育学院

2018 年 9 月 19 日

贯通基础教育学院学生“数学逻辑推理能力大赛”活动方案

一、指导思想

逻辑推理是数学学科六大核心素养之一，它是指从一些事实和命题出发，依据逻辑规则推出一个命题的思维过程。主要有两类：一类是从特殊到一般的推理，推理形式主要有归纳、类比；一类是从一般到特殊的推理，推理形式主要有演绎。逻辑推理对得到数学结论、构建数学体系，保证数学严谨性有重要作用，是数学活动的基本思维品质。逻辑推理素养能够让学生发现问题、提出问题；掌握推理基本形式，表述论证过程；理解数学知识间的联系，建构知识框架；形成有论据、有条理、合乎逻辑的思维品质。本次大赛秉承落实数学学科核心素养的思想，进一步发展学生的数学逻辑思维能力，体会逻辑推理在表达和论证中的作用，形成规范化思考问题的品质，养成一丝不苟、严谨求实的科学精神。

二、活动目的

逻辑推理能力是当代社会公民应该具备的基本能力，推理有着概括程度、逻辑性以及自觉性程度上的差异，同时又有演绎推理、归纳推理等形式上的区别，推理能力的发展遵循一定的规律。无论从事哪项事业、干什么样的工作，都要进行思考分析，正确地运用逻辑用语表达自己的思想。通过本次大赛，激发学生学习数学的兴趣，让学生觉得数学好玩而且贴近生活，让学生在竞赛中体会到学习数学的乐趣。

三、竞赛内容

1. 逻辑用语：命题与量词；基本逻辑连接词；充分条件、必要条件与命题的四种形式。

2. 数独：一种逻辑性较强的数字填充游戏，玩家须以数字填进每一格，而每行、每列和每个宫（即 3 × 3 的大格）集齐 1~9 所有数字。设计者会提供一部分的数字，使谜题只有一个答案。

四、竞赛对象

贯通 2017 级全体报名学生。

五、竞赛形式

闭卷考试 60 分钟，评出一、二、三等奖各若干名（待定）。

具体考试时间地点待定。

六、竞赛奖励

1. 平时成绩加分（任课数学教师负责）。

2. 证书（学校颁发）。

贯通基础教育学院

2019 年 3 月

第三节 贯通基础英语第二课堂竞赛活动——英语文化节

在贯通培养基础文化教育阶段的英语教学过程中，开展丰富多彩的英语第二课堂活动能够有效地帮助学生利用教学计划以外的时间以及教室以外的空间来进行英语学习，从而能够进一步提高学生的英语语言运用能力，激发学生潜藏着的英语学习动力。

对贯通基础教育学院英语教研室来说，既要为贯通学子打造优质高效的精品课程，又要设计丰富多彩的英语实践活动，工作虽然忙碌但却充实。为丰富学生的课余生活，提高学生的英语运用能力，教研室全体教师坚持集体研讨，积极建议，群策群力，认真制定预案，精心策划每学期的第二课堂活动。活动过程中，教研室利用“三方融合”模式，通过本校教师、外籍教师和外聘教师团队三股力量相结合，细化分工，每一项任务都做到专人负责，形成从筹划、预案、实施到总结反思的精细化流程，打造出有衔接、有默契、全覆盖的师资结构来实现提升学生英语运用能力的目标。

第二课堂活动是常规教学的有益补充，但不同于常规教学，也不受教学进度限制，有极大的灵活性和选择性。精彩纷呈的第二课堂活动开阔了学生的视野，提高了他们对语言的理解力、领悟力和使用能力，同时也大大调动了学生的英语学习主动性，培养了英语学习兴趣。

贯通基础教育学院首届外语文化节活动方案

一、活动目的

为丰富校园文化生活，激发贯通培养项目学生学习外语的兴趣，营造学习外语的浓厚氛围，给学生搭建“想说、敢说、能说、乐说”外语的平台，在丰富多彩的活动中感受异域文化魅力，提高外语应用能力，展示北财院贯通学子个性风采，为成为有国际视野的世界公民奠定基础。

二、活动主题

学习外语文化，我与世界对话

Learning foreign cultures Communicating with the world

三、活动时间

2018 年 6 月 7 日下午 15:00—17:00

四、活动地点

准备阶段：各班教室。

文化节当天：大操场。

五、活动组织

组织部门：英语教研室。

协助部门：办公室、教务科、学生科、宿管科、后勤保卫等部门。

六、活动内容

选取 29 个较有文化辐射力的国家，所有班级随机抽取一个国家，负责展示该国文化特色。（服饰、美食、音乐、文学等重要人文文化及其他自然文化）必完成的项目有：

1. 制作展示该国文化的海报一张。
2. 制作该国代表性美食一道。
3. 歌舞或者服饰展示该国特色文化。
4. 每个展台由 4~5 名同学负责推荐、介绍及宣传。

（以上活动现场展示，海报文字及口头介绍语言要求使用英语）

七、评比方式

依据各班所得投票帖数量及英语教研室评委的集体裁定，确定班级名次。

八、活动流程

主持人：常新宇、荣佳琪、李想、朱欣妍

时间	内容
15:00—15:30	各班布置展位，人员和物品就位
15:30—15:35	开幕式：介绍参会领导
15:35—15:40	校领导致辞
15:40—15:45	校领导宣布外语文化节开始

续表

时间	内容
15:45—17:00	各班展台前游园活动，领操台前展示歌舞

九、投票规则

投票规则：

1. 投票者必须坚持公平性原则，投票过程中如果违反投票规则，该票将不被计入有效投票。

2. 每个班有 10 位投票的学生，投给本班的票数不能多于 5 票，多者无效；投给其他班最多 1 票，多者无效。

3. 投票需依据各班对代表国家整体的展示效果而定，包括解说、表演、道具等。

投票方法：

投票者需将所持票贴到支持班级的展示牌上。

贯通基础教育学院 2019 年第二届外语文化节活动方案

一、活动背景及意义

随着经济的发展和社会的进步，世界一体化已经成为当今国际社会发展的趋势，经济的国际化和全球化也带动了国家对国际化人才的需求，所以加强国际交流对国家和个人的发展都具有深远的意义。作为在校学生，我们更应该主动接触并学习其他国家和民族的文化，取其精华去其糟粕，努力充实自己，为今后的发展打下坚实的基础。

此次“外语文化节游园会活动”旨在将世界各国的文化引入校园，实现其与学生零距离的接触，使学生对各国文化有更广泛的认识和更深刻的领会，在轻松欢快的氛围中体验和学习各国文化，丰富学生的课余文化生活。

二、活动简介及形式

1. 活动名称：外语文化节游园会活动。

2. 活动时间：2019 年 5 月 23 日下午 16:00—18:00。

3. 活动地点：贯通基础教育学院大操场。

4. 活动主办：贯通基础教育学院。

5. 活动承办：100 留学教育北京校区。

6. 活动参与：贯通基础教育学院 2017 级 14 个班级、2018 级 16 个班级及全体教职工。

7. 活动形式：以游园会的形式作为本届外语文化节的收尾活动，15 个左右的国家主题在固定摊位中展示国家文化（照片、音乐、书籍等多个方面），同时主舞台穿插文化节前期优秀节目（英文演讲和英文歌曲演唱）。

8. 建议国家类别：埃及、澳大利亚、阿拉伯、巴西、德国、俄罗斯、法国、韩国、美国、瑞士、泰国、西班牙、新加坡、新西兰、意大利、印度、英国。

9. 贯通基础教育学院外籍教师参与本次游园会活动，并设置独立展位，规定其主题国家为“中国”。

三、游园会安排

1. 国家选定

2019 年 5 月 9 日下午两个年级分别在以上建议国家类别中抽签选择其中一个国家。

2. 主题划分

文化旅游介绍、娱乐互动、生活习俗、历史讲解、特色表演等。

以英国为例可进行的主题展示说明（仅供参考，展示角度可自选）。

英国的节日 British Festivals	英国的气候 Weather In Britain
英国的动画 British Animations	英国最伟大的发明 The Greatest British Inventions
英国货币 British Currency	英国礼仪 British Social Etiquettes
英国首相 British Premier	英国皇室 British Royal Family
英国法律 British Laws	英国军事 British Military
英国交通 British Traffic	英国建筑 British Constructions
英国影视 British Movies and Televisions	英国服饰 British garments
英国饮食 British Food Culture	英格兰足球超级联赛 English Premier League
英国的大学教育与知名学府 British College Education and Prestigious Universities	英国历史 British History
英国运动和传统校园游戏 British Sports Games and Traditional Campus	英国文学与歌剧 British Literature Operas and Dramas

3. 展位活动建议

展示类活动（主题海报、特色表演）要求每个班级手绘或制作一张国家的主题海报，特色表演可以邀请参与的同学一起唱歌跳舞表演等；操作类活动（娱乐互动）应考虑到互动性，比如可以邀请观众参与一些小游戏等；讲解类活动（生活习俗、旅游介绍、历史讲解）应注意趣味性，并要求使用英语讲解。

四、规则及评优

1. 参与规则

为鼓动学生能够更积极主动地参与到活动中，参与者从活动入口处领取活动签到单（签到单上有邮戳区域）。参与者每参加一个国家的活动就可获得一个相应的印章，最后由本班课代表收齐交给英语老师，作为参加活动的凭证。

2. 评奖评优

根据参与者的评价和主办方的调研，主要由组委会选派出评审团，进行评选。评选出最佳组织奖、最佳创意奖、最佳人气奖、最佳表演奖及各年级的第一名等多种奖项。颁奖名单在会后公布，并颁发奖状。

备注：各班展位评分标准

评分项目	评分要求	分值
主题海报	创意（立意、构图、版式、用色） 文案（英文表述） 海报上标明班级	30
英语讲解	英文发音准确，表达流利，仪态大方	40
特色表演	感情充沛，富有表现力	20
娱乐互动	设计趣味小游戏，与参与者巧妙互动	10
合 计		100

贯通2016级英语“我行我秀”活动完美谢幕

2018年1月，本学期贯通2016级全体英语老师们除了坚持集体备课、教研、群策群力，为贯通学子打造优质高效的课堂，忙碌之余，还为2016级贯通学生设计了一场丰富多彩的英语实践活动——“我行我秀”！既丰富了学生的课余生活，又提高学生的英语运用能力。老师们集体研讨，正积极建议，认真做出了活动的预案，并且下发了活动报名表，学生参与热情高涨。

本次我行我秀活动分为三个板块内容，分别是英语演讲、英语创意广告和英文才艺表演，并将选拔出来的节目汇总，上演一场精彩的会演。

这次活动，不仅给学生搭建使用英文实践的舞台，为学生的学校生活添上一笔色彩，也为他们的青春留下美好的记忆。

步朝阳校区 体验世界脉动
—贯通基础教育学院首届外语文化节活动在朝阳校区顺利举行

2018 年 6 月 7 日下午，贯通基础教育学院首届外语文化节在朝阳校区大操场举行。副校长李永生，贯通基础教育学院院长董雪梅、副院长夏飞、周晓凌、付新建及朝阳校区全体师生共同体验“世界脉动”。

李永生副校长发表了热情洋溢的讲话。他说，学校始终高度关注贯通学生的全面发展，贯通基础教育学院利用课堂教学、学生活动、与外教面对面等浸入式方式培养、提高学生的英语语言能力，拓展学生的国际视野。结合“学习外语文化，我与世界对话”的文化节主题，为同学们打造了展示外语交流的平台，架起了了解各国文化、增进交流与友谊的桥梁。随后，李永生副校长与贯通基础教育学院领导揭牌并宣布文化节开幕。

活动包含舞台歌舞表演和各班展棚展示。舞台表演充分展示了同学们的活力与激情，有纯正欧美腔的 freestyle，有包罗万象、神形兼具的日韩舞蹈，还有具有传奇色彩的沙特阿拉伯的东方舞蹈……而此时另一边的各班展棚里，有的班级用乐器演奏来吸引“游客”的目光，有的班级用流利的英语口语介绍异域文化引得“游客”驻足，有的穿上极具异国风情特色的服饰装扮，搭配抑扬顿挫的“各国方言”，不禁让“游客”捧腹大笑。除此之外，品尝各国地道美食也是“游客”的娱乐项目之一。热情的推荐，精致的手工制品，特色鲜明的服装，传递了各个班级代表的国家文化。

活动结束后，英语教研室的老师们组织评选最佳展棚奖。此次外语文化节，既丰富了课堂教学，也是英语教学的有力抓手。活动的圆满结束，分享了优秀的英语教学成果，营造了浓厚的英语学习氛围，充分展示了学生的英语才能与潜力。贯通基础教育学院将陆续开展更为多元的文化活动，努力培养学生的创新精神和实践能力，通过外语的学习，架起中外文化交流的桥梁。

贯通学子参加“21 世纪赛学杯”全国中学生英语写作大赛（北京赛区）喜获佳绩

为提升学生国际素养和英语水平，我校贯通基础教育学院组织学生参加了“21 世纪赛学杯”全国中学生英语写作大赛，并在北京赛区复赛喜获佳绩。

在英语教研室刘洋、孙岗老师的指导下，我校贯通基础教育学院 2017 级基础 7 班赵垠萱和基础 5 班苗芷赫同学，经过初赛和复赛的激烈角逐，获得了北京赛区二等奖的好成绩。

此项比赛由中国日报社主办，是面向全国初中生和高中生举办的英语写作选拔展示活动，旨在配合教育部贯彻落实关于素质教育英语教学改革精神，激发广大学生学习英语的兴趣，同时促进中学生英语写作水平的全面提高。全国有28个省的30万名学生参加初选，备受中学师生的认可和重视。

我校贯通学子与普通高中学生同台竞技并获奖，展示了我校贯通培养项目教学水平，极大鼓舞了师生英语技能的教与学。

“一带一路”学语言，“一班一国”看世界——贯通基础教育学院第二届外语文化节圆满结束

2019年5月23日下午，北京财贸职业学院朝阳校区的操场上，贯通基础教育学院第二届外语文化节在潮酷的Hip-Pop音乐声中动感开幕，北京财贸职业学院2017级、2018共30个班级的同学们一起穿过璀璨星河，领略“外国风情”，一起聆听世界的脉动。国际教育学院（国际交流中心）、外事与港澳台办公室黄荣老师，贯通基础教育学院领导班子、朝阳校区外籍教师，贯通全体师生共同参与了此次文化节活动。董雪梅院长用中英双语宣布第二届外语文化节正式开幕后，同学们嘻哈唱起来，街舞跳起来，游园会逛起来。朝阳升起处，步履无国界，在这个特殊的日子里，纵览这四方之地，世界就在你脚下，朝阳小小的怀抱托起整个世界。

各班展位也创意无限，精彩纷呈，吸引着大家的目光。热带国家托在掌心的一抹艳阳，塞纳河畔浪漫典雅的一个回眸，来自五千年华夏的一声呼唤，建设国际化的贯通基础教育学院是我们坚定不移的目标。学院一直以来非常关注学生的全面发展，注重培养具备人文素养、专业知识、国际视野、创新精神和实践能力的高端技术技能人才；以“三方融合”模式，即通过本校英语教师和外籍教师、外聘教师团队三股力量相结合，以课堂教学、学生活动、学科竞赛等多种形式打造中外融合的平台。本次文化节的主题是“‘一带一路’学语言，‘一班一国’看世界”，为同学们搭建“想说、敢说、能说、乐说”外语的平台，展示北财院贯通学子的个性风采，在丰富多彩的活动中接触各国文化，深入体会“一带一路”建设，学会合作、包容，了解世界、了解时事、开阔眼界，树立个人梦想。

此次外语文化节活动体现了贯通基础教育学院这个大家庭的温暖。学院各位领导给予全程指导与鼎力支持；100留学教育团队提供策划方案和各项支持；学院各个部门有效组织，及时沟通，相互协作，全体员工不辞辛苦，任劳任怨，体现出了团队凝聚力。

贯通基础教育学院2019级新生“书写之星”杯英语书写大赛成功举办

为增强学生学习英语的兴趣和自信心，丰富学生的校园文化生活，为同学们提供一个展示自我的舞台，2019年10月，北京财贸职业学院贯通基础教育学院2019级贯通学子“书写之星”杯英语书写大赛拉开序幕。

“书写之星”大赛是贯通项目基础阶段英语教研室筹划的固定活动，在每年新生入学的第一学期举办，面对新生开展，从入学起就规范学生的英语书写，培养良好的书写习惯，在校园中营造积极的书写文化。本次大赛分为初赛和预赛两个阶段，初赛由各班英语教师自行组织，自定材料，用指定的纸张模板，各班推选出3~5名同学参加学校决赛。决赛于10月24日在朝阳校区综合楼三层多功能厅举行。决赛指定篇目，规定时间、纸张等进行现场比赛，66名入围决赛的选手参加了比赛，参赛的同学们都积极认真地对待本次大赛，现场被一丝不苟的书写氛围和浓厚的创作热情包围，感染了在场的每一位师生。

在学生现场书写结束后，评委教师邀请外籍教师一起对学生的作品进行点评并评出奖次，最后评出一等奖7名、二等奖14名、三等奖20名。

本次大赛真实地展现了学生的练字水平，充分展现了他们的书写天赋，其中以获奖学生最为典型。标准的英文书写要求能够熟练、清楚的书写大小写，字词句、标点运用正确、规范，而他们的作品字迹工整，书写漂亮美观、整洁大方，就整体来看，书写水平有了较大的提高。很多教师反映个别学生的书写简直跟字帖一样完美。以本次大赛为契机，英语教研室将针对学情，继续扎实开展书写训练，把写好字的观念深入到每个学生的心中，进而形成良好的英语学习氛围。

贯通基础教育学院2018级外语文化知识竞赛决赛圆满举办

2019年11月28日下午，贯通基础教育学院2018级外语文化知识竞赛决赛在朝阳校区综合楼三层多功能厅圆满举办。贯通基础教育学院夏飞副院长、100留学教育何琪校长和雷士建副校长及英语教研室2018级备课组全体老师作为评委参加了此次活动。

本次外语文化知识竞赛活动旨在提高同学们对英语的学习兴趣，丰富校园生活，促进学生了解外语文化知识。竞赛历时半个月，面向2018级各班同学，以班级为单位组队参赛，每班3名学生，以鼓励同学们为了班级荣誉感积极地参与进来。大家为了这次竞赛，利用课余时间认真准备，希望通过团队的共同努力争得荣誉。经过预赛，共6支队伍进入决赛。

参赛选手简单自我介绍后，主持人宣读比赛规则，比赛正式开始。比赛分为四个环节举行：必答题、判断题、抢答题、“生死”题。参与比赛的小组并排而坐，前两回合采取轮流答题方式、第三回合采取抢答方式比赛。参赛学生情绪高涨，组员们积极轮番上阵回答问题。在紧张激烈的抢答环节中，参赛选手们都充满自信，沉着冷静。第四轮“一锤定音”环节，选手可以自由押分，可谓是本次比赛中最具有悬念的一个环节，选手们思维敏捷，反应迅速，就连台下的观众也一起紧张起来。压轴环节中，夏院长与观赛学生提问互动，考验观赛同学的知识积累，同学们也展现出了丰富的英语知识，答题正确率非常高。比赛结束后，夏飞副院长、何琪校长和雷士建副校长为获胜队伍颁发了获奖证书和奖品。最后，参赛人员、主持人与老师们共同上台合影留念，现场洋溢着一片愉快的气氛。最后，2018 级基础 5 班夺得冠军，2018 级基础 3 班和 7 班获得二等奖，2018 级 2 班、10 班、11 班获得三等奖。

本次竞赛内容涉及外国文学艺术、政治经济、历史地理、民俗宗教等多方面的知识，既丰富了选手们的综合知识，提高了选手们的综合素质，也在一定程度上向同学们普及了外语文化知识，扩大了学生的知识面，提高了同学们学习英语的主动性，培养了同学们的团队合作、竞争意识和进取精神。

第四节　贯通基础体育第二课堂竞赛活动

强健体魄振奋精神 努力建设高水平贯通运动队

2018 年 4 月 11 日上午，贯通项目学校运动队成立仪式在朝阳校区多功能厅举行。校体育运动委员会常务副主任、副校长李宇红，校体育运动委员会秘书长、人文学院院长、体育部主任平若媛，校体育运动委员会副秘书长、人文学院副院长、体育部副主任周跃群，贯通基础教育学院院长董雪梅、副院长夏飞出席仪式，男篮、女篮、田径、健美操队的教练员及 66 名队员参加仪式。

会上宣读了贯通项目学校运动队成立决定，颁发了运动员证、队员徽章和教练员聘书。平若媛向全体运动员、教练员提出“遵守规则，熔炼团队，强指导勤训练求卓越”的要求。

李宇红代表学校体育运动委员会向贯通项目学校运动队表示祝贺，希望大家要有“少年强则中国强，少年兴则中国兴”的家国情怀和“为祖国健康工作五十年”的人文情怀，并希望全体贯通运动员在教练员的带领下，在运动场上诠释青春的荣耀与成绩，在校园里绽放青春的多彩与美丽，在青春的跑道上追逐人生与梦想。

“体育比赛是一个尽情释放自我精彩的竞技场，是一个充分展示团队精神，为集体争光的地方。每一个新的高度，都是一个不断挑战自己的过程。人生如赛场，路途似跑道，愿我们的运动队团结拼搏奋勇争先，为年轻的生命焕发光彩。”运动员代表揣璐嘉同学激情澎湃的发言迎来大家阵阵掌声。“拥有强健体魄和良好心态的人，才会是人生赛场上永远的冠军，一支团结拼搏、奋发进取的队伍，才会永远立于不败之地。我们全体教练员将带领队员发挥潜能、超越自我，建设一支能力强、素质高、敢拼搏的贯通高水平团队”说出了所有教练员的心声。

随后，李宇红一行步入朝阳校区体育场地、体育教研室慰问体育教师。李宇红表示我校将不断加大体育教育投入，希望贯通师生不断努力建设贯通体育品牌。

贯通基础教育学院一贯注重学生体育锻炼，积极开展丰富多彩的冬季阳光体育活动，磨炼意志的同时让同学们有更多机会展示自己。多一份融入，多一份友爱，更多一缕阳光，人人争做不畏险阻、积极进取、勇攀高峰的贯通学子！

努力拼搏 超越自我 展现贯通新风尚
——学校第十五届田径运动会（朝阳赛区）隆重举行

最是一年春好处，姹紫嫣红笑春风。2018 年 4 月 25 日上午 8 点，我校第十五届运动会（朝阳赛区）开幕式在朝阳校区运动场上隆重举行，贯通基础教育学院 1000 多名师生精神饱满，共同迎接这场期盼已久的体育盛会。党委书记高东，纪委书记、工会主席胡庆平，副校长李宇红、李永生，民族大学附属中学副校长王国德等领导出席开幕式。高东书记宣布运动会开幕。

伴随着李永生副校长一声“请运动员入场”的号令，激昂的运动员进行曲响起来，国旗队、校旗队、会徽队、红旗队、花队接续入场，贯通 2016 级、2017 级 29 个班级和教师代表方队顺次走过主席台前。全体学生精神饱满、步伐有力，口号声声入耳，彰显出贯通学子的青春风采和高昂斗志，赢得了主席台上领导们的热烈掌声。

开幕式上，学校纪委书记、工会主席胡庆平在致辞中预祝大会圆满成功。裁判员代表尹瑶老师、学生运动员代表盖乐分别代表裁判员、运动员宣誓。随后的学生团体表演里，旗帜动起来、花朵摇起来，健美操跳起来，充分展现了青春的活力，也表达了对学校从 1958—2018 年六十华诞的祝福，为本次运动会的隆重开幕增添了一道亮丽的风景。

在运动中，我们增强体质、享受快乐。在比赛中，我们收获荣誉、赢得尊重。广大运动员服从指挥、团结向上、奋力拼搏，各班运动员和班主任老师讲风格、讲友谊、密切配合，全体裁判员严守规程、公正裁决、以身作则，全体工作人员团结协作、不计得失、无私奉献。历时一天的运动会，组织稳妥有序，成绩硕果累累，共评出 48 个单项竞赛奖项，27 个集体奖项。运动场上充满了紧张、激烈、青春、友爱、文明、互助的气氛。各班运动员奋力拼搏、努力争先，取得了竞赛成绩和精神文明的双丰收，赛出了水平，赛出了风格；全体裁判员、工作人员，一丝不苟、认真负责、坚守岗位，发扬不辞辛苦的作风，表现了良好的精神风貌。教工 4×50 米的接力赛和托球跑比赛为运动会带来了新的高潮。

这是一次成功、和谐的盛会，这是一次欢乐、令人感动的盛会。青春不言败，爱拼才会赢，团结有力量，奋斗创佳绩。虽然一天的时间不足以让我们挥洒激情，展示青春，但一天的时间可以记载一种精神，传承一种动力，希望我们全体贯通师生把永不服输、永不言弃、咬牙坚持、努力争先的运动精神带到今后的学习、工作和生活中去，以饱满的热情、昂扬的斗志，坚持把学生放在正中央，落实全面发展的育人理念，积极为学生搭建不断超越、展现自我的机会和平台，创造出事业发展和学生成长的优秀业绩。为把我校建成“具有首都特色、国内一流、国际品质的财贸应用技术型大学”而努力奋斗！

“贯通杯”篮球赛火热开赛啦

2018 年 5 月 28 日下午，万众瞩目的“贯通杯”篮球赛火热开赛啦。周副院长高高抛起篮球，为激烈而热情的篮球赛正式拉开战幕。赛场上各班队员都全力以赴，双方拼抢激烈，带球、运球、投篮等一系列动作规范、潇洒，引来围观同学一阵阵的喝彩；赛场外，同学们文明观赛，呐喊助威，不时为队员打气、加油，整个比赛场面异常精彩。努力拼搏的宝宝们，听说有的成员带病参赛。真的被你们感动到了。为了集体荣誉努力拼搏的你们都是冠军!

据悉，参加此次篮球赛的班级为贯通 2016 级 13 个班，分为四个小组，赛程第一轮采用小组单循环赛积分制进行比赛，分别决出小组前 4 名，第二轮进行交叉赛，第三轮决冠亚军及三、四名。

激情燃烧赛场 青春无限精彩——喜迎建校六十周年 2016 级“贯通杯”篮球联赛完美收官

2018 年 6 月 14 日下午，贯通基础教育学院 2016 级“贯通杯”篮球联赛决赛如期举行。学院党总支书记郭秋生为决赛开球，全体领导班子为球赛助威加油。

冠亚军在 2016 级外培 5 班与内培 10 班之间决战。烈日炎炎比不过球场上的激情澎湃，比赛异常激烈，比分格外胶着，队员们全力投入、敢打敢拼，为现场观众呈现了一场精彩绝伦、惊心动魄的篮球盛宴。最后，外培 5 班以 3 分险胜内培 10 班，成功问鼎冠军。外培 5 班为问鼎冠军欢呼，内培 10 班也为打出风格打出团结打出配合打出水平而喜悦，此次篮球联赛完美收官，最终外培 5 班夺得冠军，内培 10 班获亚军，内培 2 班获季军。

此次篮球联赛历时近一个月，2016 级 13 支班级球队参加比赛。联赛精彩纷呈，竞争激烈，各个参赛班级都积极发扬团队协作、奋力争先的体育精神，在拼搏中超越自己，在拼搏中体现团队精神。一声声激动的呐喊，一个个跃动的身影，一个个胜利的微笑，一次次沮丧的叹息……高高地跃起，快速的奔跑，漂亮的抢断，优美的跳投，组成了一幅幅充满灵动色彩的画卷。在这个赛场上，我们人人努力做最好的自己，人人都是胜利者。

首届“贯通杯”篮球联赛已经圆满落下帷幕，各班的队员们挥洒的汗水，昂扬的身影，对运动的热爱之情，成为这个盛夏里最凉爽的记忆，这是贯通学子们送给北财院建校六十周年的庆贺之礼，也是贯通学子送给转段的一份礼物。

带着拼搏团结协作的精神和人人是胜者的理念，贯通学子将继续努力，在更多平台上展示青春精彩的无限美好，做最好的自己，成为更多贯通学子们的榜样！

助力上冰雪、圆我冬奥梦
——冰雪项目走进贯通基础教育学院

2018 年 9 月 20 日下午，“助力上冰雪，圆我冬奥梦”冰雪项目走进校园活动走进贯通基础教育学院。在世锦赛、亚冬运会、全运会上多次斩获奖牌、享有盛名的退役运动员、冰壶高级教练员王奉春、姜思淼，前中国花样滑冰优秀男单运动员、花滑主教练李成江来到朝阳校区，与贯通 2017 级、2018 级近百名学生、全体体育教师、部分班主任以及学院领导一同分享运动训练经验、夺冠感受，普及冰雪运动知识。

王奉春教练先给大家展示了冰壶运动的技巧，同学们安静地倾听讲解，仔细观察教练的示范，跃跃欲试。进入体验环节，同学们争先恐后走上试验场地。经过短暂有序的熟悉动作要领的阶段后，现场举行了一场小小的初级对抗赛，2017 级、2018 级同学分成两个战队进行较量，场上顿时充满了胜利的欢呼和喝彩。同学们纷纷表示，冰壶运动很吸引人，既有力量的较量又有智慧的结晶，既具有对抗性又不失趣味性。随后，李成江教练给大家讲解了花样滑冰运动大项里队列滑的基本知识，鼓励同学们去体验这项冰雪项目，享受冰雪运动带来的快乐。

此次冰雪项目进校园的体验活动，不但有助于学生对冰雪运动的了解，也丰富了贯通基础教育学院师生体育活动项目。学院希望同学们积极参与、体验、冰雪运动，涵养冰雪文化，作为 2022 年冬奥会的东道主，积极传承冬奥精神，增强体质、锤炼品质。

健康为梦想插上翅膀 运动让生命更加精彩
——贯通基础教育学院“阳光体育节”暨趣味运动会

2018 年 12 月 14 日上午，伴随着欢快的进行曲，一场别开生面、妙趣横生的开幕式在朝阳校区拉开了“阳光体育节”暨趣味运动会的大幕，贯通基础教育学院1000多名师生在料峭的寒风中精神饱满地参加了这次活动。

首先在开幕式亮相的是英姿飒爽的国旗班方阵，英俊挺拔的身姿和整齐划一的动作依旧是师生目光的聚焦点，紧接着走来的是34名女生组成的花队，她们手捧鲜花、俏丽多姿，恰似含苞待放花朵。

开幕式最大的亮点是各班的团体展示比拼，动物装舞蹈萌趣可爱，嘻哈舞表演热情似火，二次元展示充满梦幻。同学们尽情发挥无限的想象与才能，看台上的师生们笑声不断、掌声不停。团体啦啦操的表演将入场式推向高潮，“想飞上天，和太阳肩并肩，世界等着我去改变”他们在校园里挥洒热情，在寒冬中闪耀青春的光芒！

趣味运动会赛项均是团体比赛项目，以展示学生团队协作精神为特色，突出趣味性，注重健康体魄的塑造和良好心理的培养。此次运动会除了常规的拔河、跳绳等传统项目外，新增三个项目，“摸石头过河”的同学要努力保持身体平衡，才能成功“摸”到石头过了河；“能量传输”的小伙伴们要想将能量球顺利传送向目的地，必须迈开大步、勇往直前、向着梦想、冲刺！“插秧与收获”虽少了些许冲刺的激情，队友团结一心、互帮互助才是取胜的关键所在。

所有的项目从11月21日开始预赛，持续近一个月，吸引了全体师生加入到冬季阳光体育活动中。今天的比赛为冠亚季军的争夺赛，各班同学全力以赴，努力争先，取得了竞赛成绩和精神文明的双丰收，赛出了水平，赛出了友谊，赛出了风格！

贯通基础教育学院一贯注重学生体育锻炼，积极开展丰富多彩的冬季阳光体育活动，磨炼意志的同时让同学们有更多机会展示自己。多一份融入，多一份友爱，更多一缕阳光，人人争做不畏险阻、积极进取、勇攀高峰的贯通学子！

第二届“贯通杯”篮球赛火热开赛啦！

万众瞩目的贯通杯篮球赛火热开赛啦！2019年4月9日下午，料峭的春寒中，贯通基础教育学院第二届“贯通杯”篮球赛如期开赛，贯通基础教育学院董雪梅院长及有关院领导、体育教研室全体教师、学生科相关老师、贯通2017级参赛运动员及运动队共同参加了开幕式。

开幕式上，董雪梅院长亲手把“贯通杯”冠军奖杯交到2017级篮球代表队队长手里并提出要求，希望2017级的队员们要继续发扬团结进取、拼搏向上的运动精神，友谊第一，比赛第二，赛出水平，赛出风格，赛出友谊，赛出团结。

开赛哨声响起，夏飞副院长为首场篮球赛开球。首场出战的六个班级在各自的场地严阵以待，迅速进入投入比赛，不断地向对方防守区以及篮筐发起冲击，进攻，防守，反击，投球。激烈的身体对抗一轮接着一轮，充分展现了贯通学子敢于挑战、勇于拼搏的精神风貌。参赛班级的班主任和同学们在场外为队员们呐喊助威，此起彼伏的喝彩声、鼓掌声让现场比赛氛围更加热烈。

据悉，本次篮球赛将历时约一个月，贯通 2017 级 14 个班级的运动队将经历一一对抗赛、轮回赛、晋级赛等数次对决后产生前四强，最后胜出的队伍将成为本届“贯通杯”篮球赛冠军队伍。

贯通基础教育学院第二届“贯通杯”篮球赛完美收官

2019 年 6 月 10 日下午，贯通基础教育学院第二届“贯通杯”篮球赛在一片欢呼声中完美收官，贯通基础教育学院董雪梅院长为冠军队颁发奖杯。

冠亚军争夺赛在 2017 级基础 2 班和基础 3 班之间展开，夏日炎炎比不过球场上的激情澎湃，比赛异常激烈，比分格外胶着，队员们全力投入、敢打敢拼，为现场观众呈现了一场精彩绝伦、惊心动魄的篮球盛宴。最后，基础 2 班以 13 分胜出基础 3 班，成功问鼎冠军。基础 2 班为赢得冠军欢呼雀跃，基础 3 班也为打出风格打出团结打出配合打出水平而互相击掌庆祝。

此次篮球联赛历时一个多月，2017 级 14 个班级球队参加比赛。联赛精彩纷呈，竞争激烈，各个参赛班级都积极发扬团队协作、奋力争先的体育精神，在拼搏中超越自己，在拼搏中体现团队精神。一声声激动的呐喊，一个个跃动的身影，一个个胜利的微笑，一次次沮丧的叹息……高高地跃起，快速的奔跑，漂亮的抢断，优美的跳投，组成了一幅幅充满灵动色彩的画卷。在这个赛场上，人人努力做最好的自己，人人都是胜利者。

第二届“贯通杯”篮球赛已经圆满落下帷幕，各班队员们挥洒的汗水，昂扬的身影，运动的热情，成为这个盛夏里最凉爽的青春记忆，也是 2017 级贯通学子送给转段的一份弥足珍贵的礼物！

带着拼搏团结协作的精神和人人是胜者的理念，贯通学子将继续努力，在更多平台上展示青春精彩的无限美好，做最好的自己！

快乐运动 欢乐贯通 活力朝阳
——贯通基础教育学院举行 2019 年“阳光体育节”暨秋季趣味运动会

2019 年 11 月 1 日，贯通基础教育学院举行了 2019 年“阳光体育节”暨秋季趣味运动会，1200 余名师生参加了这次运动会。

首先出场的是英姿飒爽的国旗班方阵，他们一丝不苟、精神抖擞，他们步伐有力、庄严肃穆，这正是贯通基础教育学院严谨求实，开拓创新，勇往直前的精神风貌！

接下来的运动员方队精彩纷呈，各具特色！六个模块主题各异：弘扬爱国主义、传承奥运精神、体现财贸特色、展示青春活力、表现团结互助、展现拼搏奋进。在激昂的大鼓声中，鲜艳的五星红旗下，队员们昂首挺胸，精神焕发，他们以“蝶恋花”“奥运精神”等不同形式献礼中华人民共和国成立70周年，表达贯通学子对祖国的无限眷恋、深情祝福和满腔热爱。他们本着“友谊第一，比赛第二”的宗旨，发扬“团结，拼搏”的精神。他们要争取优异成绩，为美好的贯通生活留下青春记忆和韶光年华！

团体表演中，大型啦啦操《奔跑吧，学前教师》展示出贯通学前专业同学超强的动手能力，节目中所有道具均是自己独立设计制作！“快乐篮球、欢乐校园”表演，篮球是力量的角逐，是智慧的较量，也是贯通基础学院的传统体育项目，篮球在同学们手中传来传去，划出一道道美丽弧线，又一次点燃了校园的希望与活力。

伴随着优美的旋律，“旗语”表演开始，红绿小旗在2019级同学们手中翩翩起舞；他们以其整齐划一的动作、虎虎生威的气势、团结协作的精神，熟练地用挥旗动作打出“无声语言”；他们高喊“祖国万岁”“少年强则国强”“今日我以贯通为荣，明日贯通以我为傲”等口号，同学们在用最优美的舞姿、最青春的活力和最震撼的表演铸就运动会上最亮丽的风景线！

趣味运动会赛项均是团体比赛项目，以展示学生团队协作精神为特色，突出趣味性，注重健康体魄的塑造和良好心理的培养。此次趣味运动会共设了六个团体赛项，其中毛毛虫竞速和击鼓颠球是本次新增项目。运动会所有的项目从10月21日开始预赛，持续近半个月，今天的比赛是各个项目的决赛，各班同学全力以赴，努力争先，取得了竞赛成绩和精神文明的双丰收！

贯通基础教育学院一贯注重学生体育锻炼，积极开展丰富多彩的体育活动，每年开展两次运动会，帮助贯通学子在体育运动中享受乐趣、增强体质、健全人格、锤炼意志。通过运动会也希望贯通学子把拼搏奋斗追求进步的精神带到学习中，把团结协作爱班爱校的集体精神带到生活中，不负青春不负韶华追求卓越，做人人精彩人人出彩的贯通学子。

第五节 贯通基础文综第二课堂竞赛活动

文化引领 以文化人 以文育心
——中华优秀传统文化展示走进贯通2016级课堂

2018年3月，贯通基础教育学院政治教研室以十九大精神为指引，以思想政治课《文化生活》为依托，开展优秀文化进课堂活动，培养学生的文化自信。

同学们充分学习和利用课内课外资源，深刻体味文化魅力，展贯通学子风采。贯通2016级内培二班的学生分组展示了北京民俗文化。贯通2016级外培三班的学生展示了中医药文化，从中医文化的介绍，到一包包中药材的展示简介，在阵阵药香中体会中医文化的博大精深。贯通2016级内培六班学生为大家展示了中华服饰文化、建筑文化及美食文化。在各种展示活动中，贯通2016级学子成了中华优秀传统文化的践行者。

从历史追溯，到文化之美，学生们用自己的体会感受着中华传统文化的魅力，用自己的视角讲述着中华优秀传统文化的故事，培育着文化自信的心灵。

家事国事天下事事事关心
——贯通基础教育学院文综教研室政治教研组举行政治知识竞赛

2018年6月，临近期末，贯通基础教育学院文综教研室政治教研组开展的政治知识竞赛经历了激烈的比赛，徐徐落下帷幕。

此次比赛采用抢答的形式，根据所学内容，2016级、2017级分别进行。

每学期一次的政治知识比赛，旨在引导学生关注政治，关心国家发展，培养学生爱国主义精神和强烈的社会责任感，这种抢答的比赛形式，有效调动了学生学习政治的热情和积极性，让学生在轻松和谐的比赛中掌握了政治知识。

关心国家大事，领略世界风云，通过此类比赛，激发和培养学生学习政治课的兴趣，实现了让学生从“两耳不闻窗外事”到“家事、国事、天下事，事事关心”的转变，开阔学生视野，塑造学生健康的心理品质。

贯通基础教育学院首届中华民族文化艺术节顺利举行

2019年5月10日中午，贯通基础教育学院首届中华民族文化艺术节在朝阳校区综合楼多功能厅举行，副院长夏飞与部分2017级、2018级同学一起揭开了艺术节的序幕。

身着各民族服饰的同学带来了独具风情的民族舞蹈——热情大方的蒙古舞、婀娜多姿的孔雀舞、活泼舒展的新疆舞……同学们用歌舞的方式演绎了各民族的文化精华，赢得在场观众阵阵掌声。

歌舞表演后，师生们来到各班展位前，品尝民族特色小吃。活动现场气氛欢乐，展现了多元的民族文化、团结向上的民族力量，掀起了贯通校园的“最炫民族风”。活动结束后，文综教研室的老师们将组织本学科教师评选出一系列的奖项。

此次中华民族文化艺术节，是对课堂教学的有益丰富以及政治教学的有力抓手。贯通基础教育学院将陆续开展更为多元的文化活动，努力培养学生的创新精神和实践能力，发挥扬长教育，培养全面发展的贯通学子。

贯通基础教育学院举办新中国成立七十周年知识竞赛

为迎接新中国成立七十周年，弘扬爱国主义精神，贯通基础教育学院文综教研室于2019年9月26日下午四时，举办了“新中国成立70周年”知识竞赛。

此次竞赛以政治、历史、地理三大学科知识为竞赛主要内容，选取了关于中华人民共和国的重大历史事件、伟大成就、政治常识、地理常识等知识，在2018级和2019级每个班中经初赛选拔出5名学生代表，进行现场答题。

决赛过程中，每位参赛选手都极其认真。从开始填涂姓名、学号，到仔细判读竞赛题目；从划出题目重点，到小心翼翼填涂答题卡；从冷静迅速的答题，到完成检查的轻松笃定。每个班的参赛代表都在积极地你争我赶，显示出了强劲的实力。

经过紧张的角逐，2018级学前教育3班和2019级高端贯通8班斩获本次竞赛的团体冠军，2018级王梓涵、韩意清、王雨婕和王晶并列第一名。2019级王泽兴获得了个人单项一等奖。

本次大赛针对贯通学生的年龄特点，秉承了解社会、热爱祖国、建设祖国的宗旨，将知识性、教育性、趣味性融为一体，立德树人，激发了学生的爱国情感。

活动中，各班级代表紧张备战，沉着应对，既传达了积极向上的奋斗精神，又展现了团结协作的班集体风采。竞赛的圆满举办，进一步激发了贯通学生的学习热情，营造了浓厚的“比学赶超”学习氛围，展现了同学们锐意进取、朝气蓬勃的精神风貌，提升了同学们的个人理论知识素养和政治意识。

致敬抗疫中的平凡英雄
——文综教研室举行抗击疫情文化大赛

新冠疫情给人们带来灾难的同时，也变成了一本活生生的教材。2020年5月，贯通基础教育学院文综教研室变疫情危机为教育良机，让学生及时发现身边的平凡英雄，学习他们坚守初心使命、敢于担当作为的精神，对学生进行责任教育、生命教育，激发学生的爱国情感，近期举办了线上竞赛活动。

本次活动组织2019级学生结合思想政治课必修三《政治与法治》所学内容，讲述身边人的抗疫故事：抗疫期间平凡而伟大的中国人（视频或音频）。要求：参赛者本人亲自讲述，吐字清晰，情真意切。

组织2018级学生结合思想政治课必修三《文化生活》所学内容，联系抗疫时事，积极制作抗疫文化作品，可以是视频、音频、诗歌、文章、绘画、照片、美食等。要求：鼓励原创作品，亦可推荐他人作品，但需注明出处，尊重知识产权，要求内容健康、积极向上、传递正能量。活动期间共收到176份作品，根据最后统计，认定符合上述要求的作品视为有效，经文综教研室老师无记名投票，最终评选出个人奖项共56项（含并列名次）：2019级一等奖6名、二等奖6名、三等奖6名；2018级一等奖11名、二等奖10名、三等奖17名。团体奖14项：2018级和2019级一等奖各1个、二等奖各2个、三等奖各4个。

第六节　贯通基础艺术第二课堂竞赛活动

我校贯通学子参加青少年原创绘本画国际大赛并获奖

2017年10月28日，青少年原创绘本画国际大赛在北京青年政治学院附属中学举办。我校贯通基础教育学院2016级内4班陈佳鑫和贾明晖、内9班胡冰均获得鼓励奖，我校代表队获优秀组织奖，熊长芳教师获“优秀指导教师”称号。

本次大赛由北京市联合国教科文组织协会、北京市教育学会中小学国际教育研究分会主办，主题为“童话森林”，意在引导孩子通过绘本画的形式讲述自己对大自然的感受和思索，从而认识自然提供给人类的宝贵资源，增强环境保护的意识，自觉爱护人类共同的地球家园。

来自5个国家和地区的29个学校（包括画室）的446幅作品参加了本次展览交流活动。我校由2016级贯通基础教育学院4名学生组队参赛。自5月以来，参赛队员利用课余时间，认真构思绘画。时间虽然短暂，但是在熊长芳老师的指导下，孩子们沉着冷静，认真作画，将自己对森林和大自然的感情，融入绘画作品中，最终在大赛中喜获佳绩。本次比赛不仅展示了我校贯通孩子们的绘画热情，也增强了院校间的相互交流和学习，有利于培养孩子们的艺术情操。

妙心巧设计，妙手绘丹青
——记贯通基础教育学院（朝阳校区）学生绘画大赛

2018年1月，辞旧迎新之际，贯通基础教育学院（朝阳校区）贯通艺术教研室举办学生绘画大赛。82名学生报名参赛，在3个小时的比赛时间里，他们充分发挥自己的特长，挥洒自己的画笔，描绘出动人的画卷。一幅幅精彩之作在学生们的认真精心设计之后跃然纸上，最终评选出一等奖3名、二等奖6名、三等奖9名。在人人精彩的扬长教育中，贯通基础教育学院努力着，进步着。

贯通基础教育学院举办2019年绘画大赛

2019年12月13日下午，贯通基础教育学院艺术教研室组织举办了2019年度绘画大赛，共105名同学报名参加了此次大赛。

此次绘画大赛面向全体贯通学生，比赛不限内容、形式、和材料，限时3个小时，给同学们以最大的空间去充分发挥自己的特长，完成了一幅幅动人的画卷。

最后经过评委们的认真评选，遴选出一等奖5人、二等奖10人、三等奖15人、优秀奖20人。贯通基础教育学院始终高度重视学生的美育教育，从2017年开始连续举办学生绘画比赛，今年已经是第三届。通过比赛激发了贯通学子的绘画热情，培养了同学们的艺术情操，在同学们的心中种下了艺术的种子！

律动音符，唱响青春
——贯通基础教育学院首届音乐才艺大赛圆满落幕

2019年5月16日下午，一曲中阮演奏的悠扬动听的《丝路驼铃》热场后，贯通基础教育学院首届音乐才艺大赛决赛在朝阳校区多功能厅热情开唱。贯通基础教育学院领导班子，艺术教研室全体教师、60余名观众及相关人员悉数到场，一起聆听进入决赛的10名（组）同学律动音符，唱响青春。

首位登台的张佳帅同学演唱《我曾》，一开嗓，浑厚的声音瞬间就让赛场冷静了下来，也迅速将同学们带入了音乐的殿堂。比赛中，选手们尽显青春本色，演唱的曲目或激昂高亢，或低语呢喃，或深情款款，真情实感的演绎了自己对歌曲的理解，美妙的唱腔也赢得了老师及评委的阵阵掌声。看完歌曲大赛情况，来看看乐器比赛的情况吧！乐器比赛于早些时候在音乐教室进行，决赛现场同样精彩。

此次大赛准备的过程漫长且充满了种种困难，聂晶老师和杨光耀同学师徒二人组一起无数次的修改计划方案，从海选，初赛、复赛，到决赛，这一路走来，克服了种种困难，有成长，有收获，有惊喜、有感动。所有的付出，只为给同学们提供一个挥洒青春、展现才艺的舞台。

贯通基础教育学院首届音乐才艺大赛落下了帷幕，此次比赛不但丰富了贯通学子的校园文化生活，展示了孩子们的音乐才华和青春风采，同时还是音乐教学课程的成果展示，更是为贯通基础教育学院校园文化艺术建设的推动留下绚烂的一笔。

贯通基础教育学院艺术教育结硕果

贯通基础教育学院始终重视学生德智体美劳五育并举全面发展，特别在美育领域取得了积极进展。2019 年在院领导的大力支持下，在老师和同学们的共同努力下贯通学子在艺术类竞赛中频频获奖。

2019 年广播之声全国青少年艺术大赛（民乐）全国总决赛中，2017 级 13 班赵向怡同学获得古筝项目青少年二组铜奖。2019 年我校学生参加了全国青少年艺术大赛（民乐）初赛，荣获 1 个二等奖、1 个三等奖和一个优秀奖。聂晶老师获得优秀辅导教师奖。

第二届青少年原创绘本画国际艺术节有来自中国、韩国、朝鲜、俄罗斯、日本、美国、印度、巴基斯坦、哈萨克斯坦、奥地利、印度尼西亚、尼泊尔、澳大利亚、芬兰等多个国家的 186 个学校的 1354 名选手参赛。我校 2017 级学前教育 2 班刘佳星和 2018 级学前教育 1 班王晶获得三等奖，杨来等 12 名同学获得入围奖，张艳云老师获优秀指导教师奖。在全国第二届全国少儿水彩粉画展中，我校 2017 级 7 班刘沄蔓、2017 级 2 班赵童和 2018 级学前教育 1 班王晶获得金奖，2018 级 7 班朱紫妍、2017 级学前教育 2 班杨来、赵奕凡同学获得银奖，张艳云老师获全国优秀美育教师称号。

竞赛开拓了同学们的视野，丰富了课余生活，为贯通学生提供了弘扬个性、展示特长的舞台，对于弘扬中华传统优秀文化，繁荣校园艺术教育，推进我校素质教育的深入开展，起到了积极的推动作用。

第七节　贯通基础理综第二课堂竞赛活动

展现贯通风貌敲出指尖精彩
——贯通基础教育学院举行第一届信息技术文字录入达人秀活动

为了丰富学生的课余生活，提高学习信息技术的兴趣和热情，提升学生的信息素养，让学生在参与中体验竞争，在竞争中不断进步，在进步中提升自我价值。理综教研室于 2019 年 12 月 12 日举办了第一届信息技术文字录入达人秀活动。

本次参赛对象为我院2018级和2019级同学，通过预赛班级选拔，半决赛的英雄逐鹿，每个年级有10名达人脱颖而出。在总决赛的跨级巅峰对决中，达人们轻敲起舞、指尖飞扬，最后角逐出一等奖1名，二等奖3名，三等奖6名和优秀奖5名同学。2018级5班的赵明东同学以225字 / 分钟的成绩夺得巅峰达人。在赛后采访时赵明东同学说，文字录入是一项自己终身受用的技能，这次比赛提升了自己的能力，也感受到了成功带给自己的紧张和快乐。

夏飞副院长对本次活动进行了指导。他指出，今后要多搭建这样的平台，挖掘学生的闪光点，让贯通学子展现风貌，人人出彩！

科学知识小达人就是你！

为了进一步拓展学生的科普知识，培养学生爱科学、学科学、用科学的好习惯，科学看待时下疫情，提高贯通学子的科学素养，理综教研室于2020年4月15日下午5点至4月16日下午5点举办了科学知识线上竞赛活动。

本次活动以抗疫知识及自然科学、信息技术、化学、物理、生物等基础知识作为竞赛内容，选取25道题，每题4分，共100分，组织2018级、2019级同学全员参与，线上限时竞答。活动期间共收到520份答卷，根据后台统计，认定答题时间为100~900秒的答卷为有效。

最终评选出2018级和2019级一等奖各5名、二等奖各10名、三等奖各20名同学。

第八节　财贸大讲堂——贯通讲堂活动

专业认知明方向 技能展示显风采——商学院开展2016级贯通专业认知实践活动

2018年5月11日上午，商学院开展了“专业认知明方向，技能展示显风采”为主题的2016级贯通专业认知实践活动。活动分为专业技能展示和才艺展示以及参观实训室两个环节。

上午八点半，在电教馆开展专业技能展示和才艺展示活动，活动在热烈的气氛中拉开帷幕。副院长张慧、王凤宏，教授孙林，商学院团总支书记王杜娟、系主任及骨干教师代表出席了此次活动，活动共吸引500余名学生参加。

商学院副院长张慧针对学院总体情况、专业特色、教研成就、团学建设等方面进行了具体介绍，进一步加深了参会学子对商学院的了解，带领学生走进商学院。

专业技能展示和歌曲、舞蹈等节目悉数登场，现场气氛热烈、精彩纷呈。蔡顺峰老师通过自身丰富的实践经验，为同学们分析了工商管理专业的广阔前景和发展方向。刘璐宁老师从职场定位出发，深入浅出地讲解了工商管理专业内容，并指导三位学生以情景模拟方式，生动演绎了面试过程，凸显在工作竞争中的优势。孙林教授为大家分享了新时代下智慧物流的技术与应用。蔡蕊老师带领电子商务班的全体学生，采用“一句话独白”的形式展现了商院人精益求精的专业素养、积极向上的精神风貌、永不言败的豪情壮志。

以敲击方式呈现的《Cups 合奏》整齐划一，节奏鲜明，令人耳目一新。《舞动青春》中活力四射的舞步，踏出了商院学子以梦为马、不负韶华的追求。大三学长的《歌曲串烧》更是引发台下同学的阵阵欢呼，把现场气氛推向新的高潮。最后，优秀学生代表韩放进行了主题演讲，激励、鼓舞同学们砥砺奋进，筑梦新时代。

在实训室参观环节，2016 级贯通学子分组依次参观了智慧零售厅、物流管理实训室、工商企业管理实训室，全方位体验了教学、实验环境，对专业加深了认识。

此次活动，体现了商学院的专业特色和育人理念、展示了商学院师生的风貌，促进了学生专业认知、激发了学生专业兴趣、明确了学生专业方向。

创新实践助力专业认知 专业展示凝聚金融力量

2018 年 5 月 8 日上午，金融学院开展了 2016 级贯通教育项目培养学生“专业认知”教育活动。活动分为参观创新实践基地和专业展示两个部分。

上午 9 点，在金融学院副院长武雪周、杨莹和贯通基础教育学院 2016 级辅导员老师们的带领下，2016 级贯通教育项目学生共同参观了金融学院智慧金融体验中心和咖啡银行。

范嵩老师带领同学们全方位体验了“智慧银行”的咨询引导、自助服务等功能，演示了迎宾机器人的智能咨询和引领服务。听到语音咨询，迎宾机器人自行引领顾客到各个柜台办理业务，引来同学们的阵阵赞叹。

有的同学主动体验了银行柜员的日常工作，具体感知了即将步入的专业和未来的就业岗位。咖啡厅超市敞亮的活动空间，琳琅满目的商品让同学们赞不绝口。有些同学当即拿出手机进行体验，购买商品。

参观结束后，同学们前往电教馆参加专业展示活动。金融学院党总支书记、院长胡君晖、党总支副书记李燕晖、副院长武雪周、杨莹及教师代表出席了本次活动。浙江金融职业学院（下称“浙金院”）前来学习、交流的同学们也一起参加了活动。

整场活动以金融学子在校三年学习成长历程为线索展开，全方位展现出金融学院专业建设、人才培养，团学活动方面的突出特色。《开学典礼》代入职业人的身份，别出心裁地介绍了各位专业老师和专业发展方向。小品《开始的我们》带大家忆起初次相逢相识的美好场景。与浙金院同学合作的“金融服务礼仪与金手指舞蹈表演”展示了金融人的干练形象、综合素质和高超的专业技能，两院的互访视频记录了两院学生在互访中一路学习成长的经历，突出了“三地四色”的育人理念。

浙金院学子带来了热情欢快的金融好青年“浙友”之舞，点燃全场激情。歌曲表演《春夏秋冬的你》引发全场合唱，将气氛推向高潮。小品《最好的我们》和《有生有师》演绎了大学生活的温馨瞬间，告诫同学们惜时奋斗。

《毕业典礼》上，金融学院 2015 级优秀毕业生徐岩琳分享了一路成长的经历与收获，表达了对北财院及金融师生的感激之情。最后，伴随着师生合唱《告白北财院》的旋律，专业认知活动完美落幕。

专业认知教育活动是贯通教育学生认识专业、选择专业的重要基础，是培养学生专业兴趣和职业兴趣的关键路径。通过这次专业认知教育活动，2016 级贯通教育学生体验了仿真工作环境、工作氛围和前沿金融科技技术，直观地认知了未来专业选择和发展的道路，激发自己的专业兴趣，启发做出适合自己的专业选择；同时增进了金融学院的师生关系，加强了与浙金院的感情联系。未来，期待更多精彩！

与商同行，不负青春
——商学院开展 2017 级贯通专业认知实践活动

“青葱岁月流淌成河，风华记忆谱写成歌”。为彰显商学院优势与专业特色，帮助转段学生更好地了解各专业及方向，2019 年 5 月 23 日下午，商学院在校本部电教馆开展了以“与商同行，不负青春”为主题的 2017 级贯通专业认知实践活动。商学院部分教师以及 2017 级贯通全体学生参加了本次活动。

活动在 2017 级贯通基础一班诗经击鼓节目的精彩表演中闪亮开场。张慧副院长首先介绍了商学院的总体情况、专业特色、教研成就、团学建设等，带领学生走进商学院辉煌的历史，并期待同学们共同铸就商学院精彩的未来。

系主任说专业与节目表演交替进行，韩舞团、小虎队、舞蹈典狱司、学长学姐谈体会、少年行等节目悉数登场，现场活动精彩纷呈。各系说专业环节为同学们详细介绍了专业方向特色、优势及未来就业方向。蔡顺峰老师通过自身丰富的实践和大赛指导经验，为同学们分析了跨国连锁企业营运经理方向的广阔前景和发展方向，同时展示了上届贯通学生自主创作的专业宣传片成果。刘璐宁老师从职场定位出发，深入浅出地讲解了董事会秘书方向的发展前景，并播放往届学生原创校园活动编排视频，引来阵阵欢笑和称赞。刘健老师通过专业讲解和视频结合的方式诠释了国际物流经理方向的真正内涵，智能化物流运作的视频打破了同学们心中“物流即快递”的常识误导，让大家重新认识了物流。蔡蕊老师将电商运营经理方向与当前的科技发展时代背景相结合，精准定位专业方向，并用结合本专业的炫酷快闪播放将同学们带入 5G 时代的电商初体验。

飞扬的歌声，吟唱难忘的岁月。熟悉的旋律，演绎时代的激情。希望商学院有了这波新鲜血液的加入，将会创造出更加美好的明天。此次活动，展现了商学院的专业特色、展示了商学院师生的风貌，对 2017 级贯通学生促进了专业认知、激发了专业兴趣、明确了专业方向。

财贸大讲堂——贯通讲堂：走进建筑工程管理学院顺利开讲

为深入开展“不忘初心、牢记使命”主题教育，更好实现学校贯通项目基础阶段和高职阶段的有机衔接，提升贯通基础学生的专业素养。作为学校财贸大讲堂的组成部分，贯通基础教育学院和五个有贯通专业的二级学院积极合作组织开展“贯通讲堂”活动。

2019 年 11 月 21 日，贯通讲堂的第一讲：走进建筑工程管理学院顺利开讲。建筑工程管理学院仇务东为 2018 级贯通学生详细介绍了建筑室内设计专业的特色、行业发展、师资力量、实训基地、合作企业、现代学徒制教学、课堂剪影、学生风采等内容，并表示该专业具有良好的就业前景。

贯通讲堂通过情景体验、系统规范、循序渐进的专业认知，对于开阔贯通学生视野、培养贯通学生专业志趣和职业志向、为贯通学生“转学习阶段”和选择高职阶段的学习专业做准备。并为其今后在基础教育阶段的学习注入不竭动力。

财贸大讲堂——贯通讲堂：走进旅游与艺术学院

为了培养具有社会主义核心价值观和国际视野，有较高文化素质和综合职业素养的人才，加深贯通学生对高职阶段专业课程的了解，帮助学生明确自身发展目标，实现基础教育阶段向高职阶段的良好过渡。2019 年 12 月 5 日，贯通讲堂的第二讲：导游带您放飞理想顺利开讲。

旅游与艺术学院国际导游系主任程伟为 2018 级贯通学生详细介绍了国内丰富的旅游资源、北京的世界遗产、中国的旅游市场现状、旅游热点目的地城市等内容。并深入分析了目前旅游业发展趋势是与农业、交通、教育、工业、健康、冰雪等行业跨界融合。

程主任在讲座中谈到，随着旅游新产品竞相发展，旅游的内涵和外延不断扩大，业态全面升级，旅游大消费时代已经到来，使得市场对旅游人才的需求不断提升，尤其对旅行社行业中导游服务岗位的需求逐渐扩大，因此专业发展前景较好。在此次讲座中，程主任明确了导游人员的工作内容、导游（国际领队与旅游规划师）专业的贯通培养形式、贯通高职阶段培养目标、二级学院师资配备、特色教学模式、技能大赛等内容，学生可以在这里实现自身职业理想。

此次贯通大讲堂让学生认识到具有较强的国际语言沟通能力，岗位适应能力，团队组织协作能力，可持续发展能力的重要性，帮助学生进一步明确了在贯通基础教育阶段的学习目标，为高职阶段学习专业课程打下良好的基础。

财贸大讲堂——贯通讲堂：走进立信会计学院

为了培养职业能力突出、掌握会计基本理论和方法，熟悉国内和国际会计准则，掌握现代数据分析技术的优秀人才，加深贯通学生对会计专业课程的了解，帮助学生明确学习目标，为进入高职阶段打下良好基础。2019 年 12 月 19 日，贯通讲堂的第三讲：立信会计学院顺利开讲。

立信会计学院副教授谭智俐为 2018 级贯通学生详细介绍了会计专业现状、会计师的具体职责、会计职业优势、培养目标、课程设计思路、会计证书等内容。谭教授在讲座中谈到，会计行业被誉为“金饭碗”，以其稳定性高、公司需求高、薪资待遇高、职业寿命高等优势成了常年的热门职业，各行各业都需要会计师。在此次讲座中，谭教授明确了会计专业具有工作稳定，就业范围广，就业机会多，发展空间大，专业性强，可替代性弱，不易失业，会计证书含金量高，全国通用等优势。

此次贯通大讲堂让学生认识到具备较强职业协作意识、沟通能力和英语运用能力的重要性，使学生们努力成为“国际化、精核算、通税法、会分析、懂管理”的全方位人才，进一步实现自身的职业理想。

实践活动认知专业 助力学生职业规划
——贯通基础教育学院组织学前专业学生参观幼儿园

2019 年 3 月 29 日上午，贯通基础教育学院组织 2017 级学前教育专业 13 班、14 班的两个班级的全体学生参观了朝阳区新世纪幼儿园。

进入幼儿园时，小朋友们正在做操，他们活泼可爱又整齐有序的样子，吸引了同学们驻足观看。按照事先分好的小组，同学们在幼儿园老师带领下有序深入到幼儿园的各个班级进行观摩，并拿手机记录下优秀的环境创设与精彩瞬间。看到小朋友们天真烂漫的笑容，同学们被幼儿园小朋友们的活力感染了，纷纷和小朋友们互动起来，一起做游戏、下棋、搭积木、跳舞。随后，幼儿园陈园长与同学们进行了面对面的交流，并就同学们关心的问题做了耐心细致的回答。陈院长说，一名优秀的幼儿教师，既要有扎实的专业知识，也要有良好的美术、音乐、舞蹈功底，还要具备良好的沟通和表达能力。同学们纷纷表示要扎实学好知识和基本技能，成为一名优秀的幼儿教师。

本次参观活动是贯通教育学院学前专业的同学们首次亲身接触幼儿园的一线教学环境的专业认知活动，“纸上得来终觉浅，绝知此事要躬行”，学院将创造更多的机会，让学生能够亲身感知未来职业。

“我是一名学前教育准教师”

为促进学前教育专业学生强化身份认知，进行角色转换，增强学生的“荣誉感”和“自豪感”，2019 年 9 月 10 日在第 35 个教师节来临之际，贯通基础教育学院举行了“我是一名学前教育准教师”的宣誓活动。2017 级学前教育专业的 74 名学生进行宣誓，学院领导班子成员和全体教师，以及 2018 级学前教育专业学生参加活动。

夏飞副院长代表学院向学前教育专业的同学们提出新的要求，希望大家不断增强“责任感”和“使命感”，不断理解为人师表的内涵，不断提高教书育人的本领。在这个特殊的日子里，夏院长还向这些未来的准教师们送上了美好的教师节祝福，希望她们能够牢记，这是一份承诺，也是一份责任，这是一份宣誓，也是一份使命。

“我承诺，做孩子最好的教师，自觉弘扬‘厚载商道，精益财贸’的校训精神……”学生们同一时刻举起右手宣誓，铿锵有力的誓言在校园回荡，更在学生们心中共鸣。在庄严的誓词中，他们表明了自己的态度，发出了内心的声音。宣誓后，学生们在誓词板上认真写上了自己的姓名。这不是一次普通的签名，而是一个郑重的承诺，一个对自己的承诺，对千万家庭的承诺，对学前教育事业的承诺。

最后，领导和老师们向学生们送上了代表传承的花朵，既是祝福，也是嘱咐，愿同学们勤奋严谨，努力学习，带着爱心和智慧，顺利走上学前教育教师的岗位。

我校贯通项目学前教育专业于 2017 年首次招生，本次参与活动的 2017 级学前教育 1 班、2 班正是首批招收的两个班级。今年是她们在校学习的第三年，从这个学年开始，课程更加专业化，除了学习文化课程外，学生们也用了大量的课后时间苦练基本功，她们自发形成了学习小组，利用自习课时间和休息时间，踏实勤奋地练习书法、国画、舞蹈、钢琴等专业课程，不足 18 岁的她们为了成就最好的自己，也为了学前教师这个职业在努力。此次活动，更为学生们坚定了职业信念——成为更优秀的学前教师。

贯通基础教育学院开展“不让毒品进校园”禁毒专题讲座

为了贯彻落实“两委”不让毒品进校园的指示精神，深化“平安校园”建设，增强学生认识毒品危害，强化预防毒品意识，普及预防毒品知识，提高拒绝毒品能力，2018 年 12 月 20 日下午，贯通基础教育学院在多功能厅举行禁毒教育专题讲座。

北京市禁毒教育基地禁毒公益讲师常月婷作为特别邀请的老师，为贯通 2017 级 160 多名学生做图文并茂的现场讲座。常老师用 PPT 展示了禁毒宣传视频资料、图片资料，详细讲述了当前错综复杂的毒情形势，常见毒品一一展示在同学们面前，新型毒品不断出现，毒品渗透形式多样，常老师提醒同学们一定要增强风险意识，自觉拒毒防毒，远离毒品，自珍自爱，珍惜生命，增强社会责任感。

整场讲座，常老师语言幽默有趣，同学们认真聆听。这次讲座对预防和减少毒品违法犯罪是一次助攻，帮助同学们树立正确的法治观、人生观和价值观，切实增强了同学们的风险防范意识，讲座达到了预期效果，为学院“平安校园”建设夯实了基础。

贯通基础教育学院举办法治教育专题讲座

为增强学生的法治意识，提高学生遵纪守法的自觉性，做明事理、懂规矩、守法纪的好学生，2018 年 12 月 25 日下午，贯通基础教育学院在多功能厅举办法制教育专题讲座，贯通 2018 级 160 余名学生认真聆听了来自朝阳公安分局内保大队闫海楠警官的法制讲座。

讲座中，闫警官对学生应有的法制责任以及如何提高自身的法律意识、安全意识等问题进行了深入浅出的讲解，用生动鲜活、触目惊心的青少年犯罪案例，联系实际，以案释法，以法论事，告诫同学们要增强法制观念，提高法律的意识，同时，闫警官还向同学们介绍了运用法律维护自己的合法权益、预防犯罪、打击犯罪，以及自我防范和保障生命安全的一些方法和策略，具有很强的针对性和实用性。

听了闫警官的“现场说法”，同学们更加意识到学法、懂法、守法、用法的重要性，纷纷表示要做一名遵纪守法的学生，讲座达到了预期效果，为贯通基础教育学院“平安校园”的建设夯实了基础。

贯通基础教育学院组织学生参观安永会计师事务所

2019 年 5 月 31 日，贯通基础教育学院组织部分同学，来到了位于东单附近的安永会计师事务所进行参观。经历了专业认知周，同学们对职业发展有了一定的规划，这次参观安永会计师事务所，同学们亲临职场，切身感受了职业的魅力，再次刷新对会计专业的认知。这次参观团队除了贯通学子，还有宏志中学的同学们，请大家跟随小编，一起来看看贯通学子的风采吧。

在志愿者的耐心讲解下，同学们对会计师事务所的工作内容、方式、流程逐渐熟知了起来，期间与讲解员的沟通交流，同学们的职业思路不断地被打开，对会计等相关专业的认知也更加立体。

实践参观后，贯通学子与宏志中学的同学们共同合作，展示大家对安永会计师事务所的“初体验”，贯通学子在展示环节的表述时，语言得体、内容全面、体态大方、以良好的精神风貌赢得了在场所有人的掌声！

贯通基础教育学院召开2017级贯通项目转段志愿填报说明会

2019年6月25日下午，贯通基础教育学院在民大附中（朝阳校区）召开2017级贯通培养项目转段志愿填报说明会，北京财贸职业学院招生办公室彭静副主任、武岳科长，贯通基础教育学院夏飞副院长出席，2017级全体学生及家长参加了会议，会议由夏飞副院长主持。

夏飞副院长对2017级顺利转段的386名同学表示祝贺。他说到，同学们经过自己的努力，顺利完成了贯通阶段的学习，大家用优良的成绩为自己的贯通生活画上了圆满的句号。夏飞副院长寄语同学们在高职阶段要继续拼搏，再接再厉，争取更好的成绩。

学校招生办公室科长武岳老师为家长及学生们做详细的转段志愿填报说明。她细致的解读了北京财贸职业学院高职各专业招生计划，专业特点、报考要求等相关政策和内容，并向家长建言—要放平心态，客观分析孩子的学习综合能力和学业实际情况；要与孩子真诚沟通，切实指导志愿填报；要时刻关注孩子的学习和生活情况。她希望家校联络形成育人合力，共同促进学生成长成才。

散会后，招生办公室彭静副主任、武岳科长、夏飞副院长及各班班主任就如何填报中考志愿向部分家长作详细说明与具体指导，耐心地解答家长有关志愿填报过程中的疑问与困惑，让家长与和学生充分了解了填报的相关事宜，助力学生顺利选择到心仪的专业，迈入高职阶段的学习。

参考文献

1. 刘兰明，王军红 . 高端技术技能人才贯通培养的顶层设计与实现路径［J］. 中国高教研究，2017（9）

2. 国务院:《国务院关于加快发展现代职业教育的决定》，2014 年 6 月 22 日，中华人民共和国教育部网站（http:// www.moe.gov.cn）

3. 国务院:《国务院关于印发国家职业教育改革实施方案的通知国发〔2019〕4 号》，2019 年 1 月 24 日，中华人民共和国教育部网站（http:// www.moe.gov.cn）

4. 北京市教育委员会:《北京市教育委员会关于 2017 年开展高端技术技能人才贯通培养试验的通知（京教职成〔2017〕8 号）》，2017 年 3 月，北京市教育委员会网站（http:// jw.beijing.gov.cn/）

5. 北京市教育委员会:《北京市教育委员会关于 2018 年开展高端技术技能人才贯通培养试验的通知（京教职成〔2018〕1 号）》，2018 年 1 月，北京市教育委员会网站（http:// jw.beijing.gov.cn/）

6. 北京市教育委员会:《北京市教育委员会关于 2019 年开展高端技术技能人才贯通培养试验的通知（京教职成〔2019〕4 号）》，2019 年 1 月，北京市教育委员会网站（http:// jw.beijing.gov.cn/）

7. 北京市教育委员会:《北京市教育委员会关于 2020 年开展高端技术技能人才贯通培养的通知（京教职成〔2020〕5 号）》，2020 年 4 月，北京市教育委员会网站（http:// jw.beijing.gov.cn/）

附录：北京高端技术技能人才贯通培养项目的政策设计

从2015年开始，每年北京市教育委员会都要通过正式政策文件的形式发布年度开展贯通培养项目的通知，做了北京市贯通项目的顶层设计。本节我们通过部分发布2017—2020年四年来的北京市教委文件内容的形式来展示北京市贯通项目的顶层设计。

一、北京市教育委员会关于2017年开展高端技术技能人才贯通培养试验的通知

（一）项目类别

1. 高端技术技能人才贯通培养项目

以北京市重点高等职业院校和中等职业学校为招生单位，与优质高中、本科高校、国内外企业协作，选择对接产业发展的优势专业开展高等职业教育和本科专业教育（其中本科教育通过专升本转段录取）。

2. 高级外语人才培养项目

以北京第二外国语学院为招生单位，培养高层次、高素质、高水平的外语人才。包括非通用语和“外语+”项目（其中本科教育通过专升本转段录取）。

3. 学前教育与基础教育师资培养项目

以首都师范大学、北京第二外国语学院、北京联合大学、北京城市学院、北京财贸职业学院为招生单位，培养学前教育与基础教育教师（其中本科教育通过专升本转段录取）。

（二）招生管理

1. 招生对象

符合当年中考升学资格的本市正式户籍考生。

2. 招生计划

2017年计划招生6760人，其中：高端技术技能人才贯通培养项目招生计划5090人，高级外语人才培养项目招生计划220人，学前教育与基础教育师资培养项目招生计划1450人。

3. 招生录取

所有招生计划全部通过提前招生的方式进行，按专业大类下达到各区。按项目和专业类别设置最低录取分数线。具体招生录取方式参见北京市教育考试院当年招生管理办法。

（三）学籍管理

1. 对于高等职业院校和本科高校招录的学生，1~3 学年执行中等专业学校学籍管理办法，4~5 学年执行高等职业学校学籍管理办法，完成 5 年学习任务成绩合格者取得高等职业教育毕业证书；完成高等职业教育阶段学习通过专升本转段考试进入本科阶段学习，完成 6~7 学年学习任务成绩合格者，取得普通高等教育本科层次（专升本）毕业证书。

2. 对于中等职业学校招录的学生，1~3 学年执行中等专业学校学籍管理办法；完成 3 年学习任务，成绩合格者取得普通中等专业教育毕业证书；4~5 学年进入高等职业教育阶段学习，成绩合格者取得高等职业教育毕业证书；完成高等职业教育阶段学习通过专升本转段考试进入本科阶段学习，完成 6~7 学年学习任务成绩合格者，取得普通高等教育本科层次（专升本）毕业证书。

3. 依据学生个人意愿，允许学生在完成中等职业教育或高等职业教育时提前毕业，由学籍所在学校颁发相应学段的毕业证书。本科院校招录的学生只能在完成高等职业教育时提前毕业。提前毕业者不再具有贯通培养资格。

（四）教育教学

1. 整合优质教育资源，聚焦创新人才培养

（1）基础文化课教育可以引进优质高中课程方式予以强化；本科教育阶段与市属本科高校联合培养。

（2）学生在校学习期间，综合成绩优秀者通过中外双方设置的选拔机制，同时达到国外院校专业考核标准及该国家语言水平要求，由政府给予部分资助进入国外院校开展访学研修。

（3）试验院校要与合作院校、合作企业和国外合作单位建立联合培养机制，并签订合作协议。共同设计一体化人才培养方案，整合校内外教师、设施、实验、实训等资源，构建整体设计、系统培养、贯通实施、校企合作、协同育人的人才培养新机制。

（4）学生入学后基础文化课程教育阶段不分专业，进入专业课程教育阶段可按学校规定申请相应专业。

2. 深化教育教学改革，着力提升学生面向未来的核心素养

（1）基础文化课程按照素质教育的理念搭建课程体系，开展通识教育，引入大学先修课程和创新创业课程，培育和践行社会主义核心价值观，提升学生的人文素养、科学素养、健康素养，增强学生创新精神、实践能力和社会责任感，培养学生国际交往能力和可持续发展能力。

（2）专业教育课程瞄准高精尖产业人才需求，通过与国内外高水平大学、国际大型企业的合作联合培养，共同制定人才培养方案和计划，培养国际化、高水平、创新型、复合型人才。

（3）全方位推动教学组织、教学方法、教育科研、教学评价、教学资源开发利用创新，推行小班化教学、选课制、走班制、学分制、导师制，实施启发式、参与式、讨论式、探究式等教学改革，充分激发学生学习兴趣，切实增强学生自主学习能力。

（五）组织领导

1. 加强组织领导

（1）市教委成立贯通培养试验工作领导小组，相关处室按照责任分工指导相关学校做好改革试验的各项工作，协调解决试验推进过程中的重大问题，指导各区、各试验院校做好相关政策解读。领导小组下设工作办公室，统筹协调开展试验的具体组织实施工作。

（2）各区教委要加强对招生工作的领导，做好初中毕业生升学辅导工作。北京教育考试院要研究制定招生录取办法，并认真组织实施。北京教育科学研究院要加强对试验实施过程的跟踪研究和质量监测。

2. 保障经费投入

各试验院校开展改革试验所需经费，按照财政相关预算管理规定予以保障。

3. 明确各方责任

（1）试验院校是贯通培养试验的责任主体，要成立由主要领导任组长、分管领导任副组长，相关部门参加的工作领导小组。要积极与各合作单位建立紧密联系，签订合作协议，明确各方责任，建立健全协作机制，推进资源共享，实现优势互补。科学制定实施方案与工作计划，精心组织实施，做好项目风险评估和相关调整预案，扎实推进各项工作。

（2）试验院校要加强教师培训力度，按照素质教育的目标和要求，逐步建立适应贯通培养试验项目的教师队伍，尤其要注重基础文化课程阶段的教师队伍建设。继续聘请高水平外籍教师参与改革试验，逐步将外籍教师教授的课程从语言类课程向专业技术类课程转移。

（3）对接试验院校的本科高校要积极参与一体化人才培养方案的整体设计，做好与试验院校在招生录取、专业建设、课程改革、质量评价等方面的衔接工作，确保人才培养质量。

（4）贯通培养试验工作中的重大问题，试验院校要及时上报市教委。

二、北京市教育委员会关于2018年开展高端技术技能人才贯通培养试验的通知

（一）项目类别

1. 高端技术技能人才贯通培养项目

以北京市重点高职院校和中职学校为招生单位，与本科高校和国内外企业协作，选择对接产业发展的优势专业开展高等职业教育和本科专业教育（其中本科教育通过专升本转段录取）。

2. 校企深度合作人才培养项目

以北京市重点职业院校为招生单位，支持职业院校与国内知名企业开展深度合作，本科阶段对接市属本科高校，三方合作培养契合北京城市定位和紧缺人才需求的高端技术技能人才（其中本科教育通过专升本转段录取）。

3. 非通用语外语人才培养项目

以北京第二外国语学院为招生单位，培养高层次、高素质、高水平的非通用语外语人才（其中本科教育通过专升本转段录取）。

4. 学前教育与基础教育师资培养项目

以北京第二外国语学院、北京城市学院、北京财贸职业学院、北京市商业学校、北京市昌平职业学校为招生单位，培养学前教育与基础教育教师（其中本科教育通过专升本转段录取）。

（二）招生管理

1. 招生对象

符合当年中考升学资格的本市正式户籍考生。

2. 招生计划

2018 年计划招生 5330 人，其中：高端技术技能人才贯通培养项目招生计划 4100 人，校企深度合作人才培养项目 140 人，非通用语外语人才培养项目招生计划 100 人，学前教育与基础教育师资培养项目招生计划 990 人。

3. 招生录取

非通用语外语人才培养项目的招生计划按专业大类下达到各区，其他项目在全市范围招生，不对各区分配计划指标。

贯通培养试验各项目通过提前招生方式录取，按项目和专业类别设置最低录取分数线。具体招生录取办法按北京市教育考试院有关文件执行。

（三）学籍管理

（1）对于高等职业院校和本科高校招录的学生，1~3 学年执行中等职业学校学籍管理办法，4~5 学年执行高等职业学校学籍管理办法，完成 5 年学习任务成绩合格者、按相应学段实际学习时间取得高等职业教育毕业证书；完成高等职业教育阶段学习通过专升本转段考试进入本科阶段学习，完成 6~7 学年学习任务成绩合格者，取得普通高等教育本科层次（专升本）毕业证书。

（2）对于中等职业学校招录的学生，1~3 学年执行中等职业学校学籍管理办法；完成 3 年学习任务，成绩合格者取得普通中等职业教育毕业证书；4~5 学年进入高等职业教育阶段学习，成绩合格者取得高等职业教育毕业证书；完成高等职业教育阶段学习通过专升本转段考试进入本科阶段学习，完成 6~7 学年学习任务成绩合格者，取得普通高等教育本科层次（专升本）毕业证书。

（3）依据学生个人意愿，允许学生在完成中等职业教育或高等职业教育学段后选择毕业退出贯通培养项目，由学籍所在学校颁发相应学段的毕业证书，毕业后学生不再具有贯通培养资格。本科院校招录的学生只能在完成高等职业教育学段后选择毕业。

（四）教育教学

1. 整合优质教育资源，聚焦创新人才培养

（1）基础文化课教育可以引进优质高中课程予以强化；基础文化课要为专业培养目标

服务；本科教育阶段与市属本科高校联合培养。

（2）学生在校学习期间，综合成绩优秀者通过中外双方设置的选拔机制，同时达到国外院校专业考核标准及该国家语言水平要求，由政府给予部分资助进入国外院校开展访学研修。

（3）试验院校要与合作院校、合作企业和国外合作单位建立联合培养机制，并签订合作协议。共同设计一体化人才培养方案，整合校内外教师、设施、实验、实训等资源，构建整体设计、系统培养、贯通实施、校企合作、协同育人的人才培养新机制。

（4）学生入学后基础文化课程教育阶段不分专业，进入专业课程教育阶段可按学校规定申请相应专业。

2. 深化教育教学改革，着力提升学生面向未来的核心素养

（1）基础文化课程按照素质教育的理念搭建课程体系，开展通识教育，引入大学先修课程和创新创业课程，培育和践行社会主义核心价值观，提升学生的人文素养、科学素养、健康素养，增强学生创新精神、实践能力和社会责任感，培养学生国际交往能力和可持续发展能力。

（2）专业教育课程瞄准高精尖产业人才需求，通过与国内外高水平大学、国际大型企业的合作联合培养，共同制定人才培养方案和计划，培养国际化、高水平、创新型、复合型人才。

（3）试验院校要重视校企合作，进一步推动产教融合。支持各院校与国内外知名企业共同成立工程师学院，探索“人才共育、师资共建、设备共用、技术共享”的校企深度合作运行机制，发挥工程师学院在高端技术技能人才培养中的重要作用。

（4）全方位推动教学组织、教学方法、教育科研、教学评价、教学资源开发利用创新，推行小班化教学、选课制、走班制、学分制、导师制，实施启发式、参与式、讨论式、探究式等教学改革，充分激发学生学习兴趣，切实增强学生自主学习能力。

（五）组织领导

1. 加强组织领导

（1）市教委成立贯通培养试验工作领导小组，相关处室按照责任分工指导相关学校做好改革试验的各项工作，协调解决试验推进过程中的重大问题，指导各区、各试验院校做好相关政策解读。领导小组下设工作办公室，统筹协调开展试验的具体组织实施工作。

（2）各区教委要加强对招生工作的领导，做好初中毕业生升学辅导工作。北京教育考试院要研究制定招生录取办法，并认真组织实施。北京教育科学研究院要加强对试验实施过程的跟踪研究和质量监测。

2. 保障经费投入

各试验院校开展改革试验所需经费，按照财政相关预算管理规定予以保障。

3. 明确各方责任

（1）试验院校是贯通培养试验的责任主体，要成立由主要领导任组长、分管领导任副组长，相关部门参加的工作领导小组。要积极与各合作单位建立紧密联系，签订合作协

议，明确各方责任，建立健全协作机制，推进资源共享，实现优势互补。科学制定实施方案与工作计划，精心组织实施，做好项目风险评估和相关调整预案，扎实推进各项工作。

（2）试验院校要加强教师培训力度，按照素质教育的目标和要求，逐步建立适应贯通培养试验项目的教师队伍，尤其要注重基础文化课程阶段的教师队伍建设。继续聘请高水平外籍教师参与改革试验，逐步将外籍教师教授的课程从语言类课程向专业技术类课程转移。

（3）对接试验院校的本科高校要积极参与一体化人才培养方案的整体设计，做好与试验院校在招生录取、专业建设、课程改革、质量评价等方面的衔接工作，确保人才培养质量。

（4）贯通培养试验工作中的重大问题，试验院校要及时上报北京市教委。

三、北京市教育委员会关于2019年开展高端技术技能人才贯通培养试验的通知

（一）项目类别

1. 高端贯培项目

以北京市重点高职院校和中职学校为招生单位，与本科高校和国内外企业协作，选择对接产业发展的优势专业开展高等职业教育和本科专业教育（其中本科教育通过专升本转段录取）。

2. 校企深度合作人才培养项目

以北京市国家中职改革发展示范学校为招生单位，支持其与国内知名企业开展深度合作，本科阶段对接市属本科高校，三方合作培养契合北京城市定位和紧缺人才需求的高端技术技能人才（其中本科教育通过专升本转段录取）。

3. 非通用语人才培养项目

以北京第二外国语学院为招生单位，培养高层次、高素质、高水平的非通用语外语人才（其中本科教育通过专升本转段录取）。

4. 基础教育师资培养项目

以北京第二外国语学院、北京城市学院为招生单位，培养高素质的中小学教师；以北京市学前教育专业的传统优势职业院校为招生单位，培养专业意识强、发展能力好的学前教育教师（其中本科教育通过专升本转段录取）。

（二）招生管理

1. 招生对象

符合当年中考升学资格的本市正式户籍考生。

2. 招生计划

2019年计划招生4020人，其中：高端贯培项目招生计划2770人，校企深度合作人才培养项目360人，非通用语人才培养项目招生计划100人，基础教育师资培养项目招生计划790人。

3. 招生录取

贯通培养试验各项目在全市范围招生，不对各区分配计划指标。通过提前招生或统一招生方式录取，按项目和专业类别设置最低录取分数线。具体招生录取办法按北京市教育考试院有关文件执行。

（三）学籍管理

1. 对于高等职业院校和本科高校招录的学生，1~3 学年执行中等职业学校学籍管理办法，4~7 学年执行高等学校学籍管理办法，完成 5 年学习任务成绩合格者、按相应学段实际学习时间取得高等职业教育毕业证书；完成高等职业教育阶段学习通过专升本考试进入本科阶段学习，完成 6~7 学年学习任务成绩合格者，取得普通高等教育本科层次（专升本）毕业证书。

2. 对于中等职业学校招录的学生，1~3 学年执行中等职业学校学籍管理办法，4~7 学年执行高等学校学籍管理办法；完成 3 年学习任务，成绩合格者取得普通中等职业教育毕业证书；4~5 学年进入高等职业教育阶段学习，成绩合格者取得高等职业教育毕业证书；完成高等职业教育阶段学习通过专升本转段考试进入本科阶段学习，完成 6~7 学年学习任务成绩合格者，取得普通高等教育本科层次（专升本）毕业证书。

3. 依据学生个人意愿，允许学生在完成中等职业教育或高等职业教育学段后选择毕业退出贯通培养项目，由学籍所在学校颁发相应学段的毕业证书，毕业后学生不再具有贯通培养资格。本科院校招录的学生只能在完成高等职业教育学段后选择毕业。

（四）教育教学

1. 整合优质教育资源，聚焦创新人才培养

（1）基础文化教育阶段各学校可根据自身实际，引进优质高中课程予以强化；基础文化课应区别于普通高中的课程框架，要为专业培养目标服务，并将职业认知和职业素养渗透其中，努力构建以初中毕业生为起点的高端技术技能人才培养体系。本科教育阶段与市属本科高校联合培养。

（2）学生入学后基础文化课程教育阶段不分专业，进入专业课程教育阶段可按学校规定申请相应专业。

（3）试验院校要与合作院校、合作企业或其他合作单位建立联合培养机制，共同设计一体化人才培养方案。整合校内外教师、设施、实验、实训等资源，构建整体设计、系统培养、贯通实施、校企合作、协同育人的人才培养新机制。

2. 深化教育教学改革，着力提升学生面向未来的核心素养

（1）基础文化课程按照素质教育的理念搭建课程体系，开展通识教育，引入大学先修课程和创新创业课程，培育和践行社会主义核心价值观，提升学生的人文素养、科学素养、健康素养，增强学生创新精神、实践能力和社会责任感，培养学生国际交往能力和可持续发展能力。

（2）专业教育课程瞄准高精尖产业人才需求，通过与国内外高水平大学、国际大型企业的合作联合培养，共同制定人才培养方案和计划，培养国际化、高水平、创新型、复合

型人才。

（3）试验院校要重视校企合作，进一步推动产教融合。支持各院校与国内外知名企业共同成立工程师学院，探索“人才共育、师资共建、设备共用、技术共享”的校企深度合作运行机制，发挥工程师学院和技术技能大师工作室在高端技术技能人才培养中的重要作用。

（4）全方位推动教学组织、教学方法、教育科研、教学评价、教学资源开发利用创新，推行小班化教学、选课制、走班制、学分制、导师制，实施启发式、参与式、讨论式、探究式等教学改革，充分激发学生学习兴趣，切实增强学生自主学习能力。

（五）组织领导

1. 加强组织领导

（1）市教委成立贯通培养试验工作领导小组，相关处室按照责任分工指导相关学校做好改革试验的各项工作，协调解决试验推进过程中的重大问题，指导各区、各试验院校做好相关政策解读。领导小组办公室设在职业教育与成人教育处，统筹协调开展试验的具体组织实施工作。

（2）各区教委要加强对招生工作的领导，做好初中毕业生升学辅导工作。北京教育考试院要研究制定招生录取办法和转段考试办法，并认真组织实施。北京教育科学研究院要加强对试验实施过程的跟踪研究和质量监测。

2. 保障经费投入

各试验院校开展改革试验所需经费，按照财政相关预算管理规定予以保障。

3. 明确各方责任

（1）试验院校是贯通培养试验的责任主体，要成立由主要校领导任组长、分管领导任副组长，相关部门参加的工作领导小组。要积极与各合作单位建立紧密联系，签订合作协议，明确各方责任，建立健全协作机制，推进资源共享，实现优势互补。科学制定实施方案与工作计划，精心组织实施，做好项目风险评估和相关调整预案，扎实推进各项工作。

（2）试验院校要加强教师培训力度，按照素质教育的目标和要求，逐步建立适应贯通培养试验项目的教师队伍，尤其要注重基础文化课程阶段的教师队伍建设。支持试验院校聘请高水平外籍教师参与改革试验，逐步将外籍教师教授的课程从语言类课程向专业技术类课程转移。

（3）对接试验院校的本科高校要积极参与一体化人才培养方案的整体设计，要提前谋划接收贯通培养项目学生的相关事宜，做好与试验院校在招生录取、专业建设、课程改革、质量评价等方面的衔接工作，确保人才培养质量。

（4）贯通培养试验工作中的重大问题，试验院校要及时上报北京市教委。

四、北京市教育委员会关于2020年开展高端技术技能人才贯通培养的通知

（一）项目类别

1. 高本贯通

由优质高职院校与应用型本科院校联合培养。前5年在高职院校学习（第4学年和第5学年为高等职业教育），后2年在本科院校学习。成绩合格者由合作本科院校颁发本科层次（专升本）毕业证书。个别项目可由本科高校独立承担所有学段培养任务。

2. 中本贯通

由优质中职学校与应用型本科院校联合培养。原则上前3年在中职学校学习，后4年在本科院校学习（第4学年和第5学年为高等职业教育）。成绩合格者由合作本科院校颁发本科层次（专升本）毕业证书。

（二）项目实施

1. 招生录取

（1）招生对象为符合当年中考升学资格的本市正式户籍考生，通过中考在全市范围内招生。

（2）按照专业类别设置最低录取分数线，通过提前招生或统一招生方式录取。

（3）招生计划按照当年职业院校事业发展需求，由市教委统筹安排，具体招生录取办法按照教育考试院有关文件执行。招生计划及招生专业详见附表。

2. 教学管理

（1）基础文化课应区别于普通高中的课程框架，要为专业培养目标服务，将职业认知和职业素养渗透其中，专业课要随着信息技术发展和产业升级情况动态调整，努力构建以初中毕业生为起点的高端技术技能人才培养体系。

（2）相关院校要全方位推动教学组织、教学方法、教学评价的创新，充分激发学生学习兴趣，切实增强学生自主学习能力。注重学生综合素质与职业能力的培养，形成具有职业教育特点的课程体系。

（3）高本贯通项目的学生完成基础文化教育阶段后，在进入专业教育阶段前，可按学校规定申请调整专业。中本贯通项目的学生无特殊情况原则上不予调整专业。

（4）合作院校之间要建立联合培养机制，整合校内外教师、设施、实验、实训等资源，根据我市经济社会发展和产业转型升级的需要，联合行业企业，科学制定专业培养目标，系统设计人才培养方案。

3. 学籍管理

（1）高本贯通项目的学生，中职教育和高职教育阶段注册为所在高职院校学籍，本科教育阶段注册为所在本科院校学籍。由本科院校独立承担培养任务的项目，其招录的学生在各教育阶段都注册为所在本科院校学籍。

（2）中本贯通项目的学生，中职教育阶段注册为所在中职学校的学籍，高职教育和本

科教育阶段注册为所在本科院校学籍。

（3）贯通培养各项目的学生，在中职教育阶段执行中等职业学校学生学籍管理办法，在高职教育和本科教育阶段执行高等学校学生学籍管理办法。学费收取和学生资助相关事宜在不同教育阶段分别按照各阶段相关政策规定执行。

（4）学生如因个人原因提出转学，将视为自动放弃本项目培养资格；如因个人原因提出休学，按照相应学段学籍管理规定，对符合复学条件的学生，转入本校下一届开设相同专业项目学习；如下一届不再开设相同专业，可转入相近专业学习。

（5）依据学生个人意愿，允许学生在完成中等职业教育或高等职业教育学段后选择毕业退出本项目，由学籍所在学校颁发相应学段的毕业证书，毕业后学生不再具有贯通培养项目的培养资格。

4. 转段升学

（1）贯通培养各项目的学生通过转段升学的方式升入下一学段学习。

（2）从中职到高职的转段升学工作按照合作院校共同制定的相关规定执行。从高职到本科的转段升学工作纳入"专升本"范畴，按照市教委《关于做好北京市高端技术技能人才贯通培养试验项目专升本转段工作的通知》相关规定执行。

（3）未能通过转段升学的学生，可选择留级到下一届开设相同专业的班级学习，如下一届未开设相同或相近专业，应从转段前的中职学校或高职院校毕业。如学生留级一年后仍未达到转段升学条件，也应从转段前的中职学校或高职院校毕业。

（4）学生在校期间在市级、国家级和世界级技能大赛中获得奖项，且品德优秀者，可免试转段升学。

（三）工作要求

1. 组织保障

（1）市教委成立贯通培养工作领导小组，相关处室按照责任分工指导相关学校做好改革的各项工作，协调解决项目推进过程中的重大问题，指导各区教委、相关院校做好政策宣传和解读工作。领导小组办公室设在职业教育与成人教育处，统筹协调开展改革的具体组织实施工作。

（2）各区教委要加强对招生工作的领导，做好初中应届毕业生的升学辅导工作。北京教育考试院要研究制定招生录取办法和转段考试办法，并认真组织实施。北京教育科学研究院要加强对试验实施过程的跟踪研究和质量监测。

（3）各学校在项目实施过程所需经费，按照财政相关预算管理规定予以保障。

2. 明确责任

（1）各学校要成立贯通培养工作领导小组，主要校领导要担任组长。合作院校之间要签订合作协议，明确各方责任，建立协作机制，推进资源共享，实现优势互补。科学制定实施方案，精心组织实施，做好项目风险评估和相关调整预案，扎实推进各项工作。

（2）各有关本科院校要积极参与一体化人才培养方案的设计，要提前谋划转段升学的相关事宜，做好与职业院校在各方面的衔接工作，确保人才培养质量。

（3）在项目实施过程中，各院校要坚持职业教育的培养方向，突出职业教育的培养特点，加强应用型人才培养模式改革，进一步提升职业教育对区域经济发展和产业转型升级的人才支撑水平。

（4）改革推进中的重大问题，各院校要及时上报市教委。